李欣荣 ／ 著

近代中国的知识与制度转型丛书

自创良法

清季新刑律的编修与纷争

社会科学文献出版社
SOCIAL SCIENCES ACADEMIC PRESS（CHINA）

目　录

绪　论

一　解题

　　庚子年的义和团事件给近代中国造成的影响巨大而深远，一方面如张一麐所指出，"庚子以后一切内政，无不牵及外交"；① 另一方面，中国思想界也大体经历了"从西学为用到中学不能为体"② 的转变过程。为了因应内外形势的变化，清廷采取了一系列旨在"寻求富强"③ 的新政措施，其中包括政治、法律、经济和教育等多方面带根本性的改革，以至任达（Douglas R. Reynolds）认为中国发生了"革命性"的变化。④ 其中，法律作为国家建制和运作的基础，改变尤为巨大，从原来以《大清律例》为主体的传统法律体系，逐步转变到模范西方的新律体系。

① 张一麐：《古红梅阁笔记·五十年来国事丛谈》，上海书店出版社，1998，第59页。
② 相关的论述参见罗志田《失去重心的近代中国：清末民初思想与社会的权势转移》，《道出于二：过渡时代的新旧之争》，北京师范大学出版社，2014。
③ 这是借用史华兹（Benjamin Schwartz）的书名，见其《寻求富强：严复与西方》，叶凤美译，江苏人民出版社，1996。
④ 〔美〕任达（Douglas R. Reynolds）：《新政革命与日本——中国，1898～1912》，李仲贤译，江苏人民出版社，1998，第215页。

其中，新刑律的制定，为清季修律进程（1902～1911）之焦点事件。中华法制自为体系，从春秋末年子产铸刑典开始，以强力刑罚制裁犯罪。刑法不过是君主统治之手段，亦为经世致用者必学之一科。晚清西法东渐，时人对比中外法制便发现歧异极大。严复在翻译《法意》时指出：

> 西人所谓法者，实兼中国之礼典。中国有礼、刑之分，以谓礼防未然，刑惩已失。而西人则谓凡著在方策，而以令一国之必从者，通谓法典。至于不率典之刑罚，乃其法典之一部分，谓之平涅尔可德，而非法典之全体，故如吾国《周礼》、《通典》及《大清会典》、《皇朝通典》诸书，正西人所谓劳士（laws）。若但取《秋官》所有律例当之，不相侔矣。①

这表明当时不少国人是把"刑"（平涅尔可德，"penal code"音译）当"laws"来看的。故修律大臣沈家本提出："各法之中，尤以刑法为切要，乃先从事编辑。"② 以刑罚为工具的《大清律例》首先被肢解，脱胎换骨变成新的刑法法典。

关于该法名称，沈家本在 1907 年上奏时称其为"刑律草案"；1909 年经法律馆和法部的修订成为"修正草案"；1910 年军机处、宪政馆和资政院讨论该法时均称为"新刑律"；1911 年清廷以"钦定大清刑律"之名正式颁行。而报刊舆论和相关书籍的广告大多数以"新刑律"或"大清新刑律"指代该法案，正如时人马有略所言，此名已成为"我国一般人之称谓"。③ 因此，本书除了需要区别历次草案和成案

---

① 严复：《〈法意〉按语》，《严复集》第 4 册，中华书局，1986，第 936 页。

② 《修律大臣沈家本奏刑律草案告成分期缮单呈览并陈修订大旨折》（光绪三十三年八月二十六日），《清末筹备立宪档案史料》（下），中华书局，1979，第 845 页。

③ 马有略：《大清新刑律规定缓刑之理由及各国缓刑制度之比较》，《北京法政学杂志》第 1 年第 2 期，宣统三年八月初十日，第 1 页（文页）。

之处，一般称其为"新刑律"。①

　　随着西潮影响的深入和中外商约收回法权条款的签订，朝野对于仿照西法以收回法权的方针存有共识。至于采用哪国西法以及如何采用，各人容有不同，但清季修律必将极大冲击根深蒂固、绵延千年的传统法律体系。由日本法学家起草、留学生和沈家本合力编订的新刑律草案，宣称要"折衷各国大同之良规，兼采近世最新之学说，而仍不戾于我国历世相沿之礼教民情"。② 这部准备立宪时采用的新式刑法典，的确为调适中西新旧而煞费苦心，既翻译移植了欧美和日本的大量法典，兼采并蓄，又变造体例，设法保守礼教条文（如制订附则和拟订判决录），努力做到"自创良法"。③ 以往所谓新刑律抄撮日本法律之说，不过沿袭反对者之说辞，值得认真商榷。

　　新刑律作为清廷立宪的重要立法事项，始终受到外交情势的有力影响。沈家本呈奏新刑律草案时提出的三大原因——收回治外法权、解决教案争端、应对海牙保和会危机，以及支持者如徐世昌、袁树勋和驻外使节的辩解，均是从外交视角着眼。部院督抚以礼教为辞群起奏驳，亦每每声言不会妨碍收回法权或造成外交上的困难。正是外交人事在清季最后十年的关键性影响，并全力为新刑律保驾护航，才使之最终微调

---

　　① 先行研究对此有不同意见。朱勇认为："《刑律》之前冠以'新'字，仅是在表述中为区别于当时正实施的《大清现行刑律》所用。该《刑律》从制定到正式颁布，其正式名称中均无'新'字。……宣统二年颁布的该刑律以《钦定大清刑律》为正式名称。"周少元表示赞同，认为"无论是官方的奏折、上谕还是人们的习惯，几乎均称《大清刑律》"，并据宣统三年六月刊印的殿本《钦定大清刑律》为正式名称（见其《钦定大清刑律研究》，博士学位论文，中国政法大学，2003，第1页）。但从史料看，"大清刑律"的称谓甚少见，而"钦定大清刑律"只是新刑法的最终名称，无法指代从草案到成案的诸多史实。

　　② 《修订法律大臣法部右侍郎沈家本奏刑律分则草案告成折》（光绪三十三年十一月二十六日），《政治官报》第69号，光绪三十三年十一月二十九日，第11页。

　　③ 邮传部质疑新刑律初次草案第八条的合理性，以日本新刑法并无其例为由，法律馆的答复稿称："日本新刑法无此种规定，可不必过问。中国具中国之见地，何妨自创良法？"语见《法律馆答复部院督抚签注新刑律之案语原稿》，中国第一历史档案馆（以下简称"一档馆"）藏，修订法律馆，全宗第6号。

通过。

新刑律案的纷争，反映清季朝野复杂缠绕、变化多端的人事关系。军机大臣张之洞极力主张维持礼教，出手反驳新刑律。其保荐之官员如劳乃宣、刘廷琛、曹元忠等人后亦参与论争，表面看似有"礼教派"之存在，然细究之下，各人对礼教的看法与修订的侧重点竟大有不同。沈家本与留日学生之间对于新旧法律的取舍亦甚有异同，未可一概而论。清季时人多是新中有旧、旧中有新，应落实到具体的人事中加以分析。

此案发展至最后，已超越法律史之范畴，具有政治史与思想史的意义。宣统二年（1910）九月，该案提交资政院审议后，新旧势力掺杂其中，利用法律议题进行话语权的争夺和派别的分化组合，进而形成蓝、白票党之争，是为清季政党政治之萌芽。而杨度借该案提出以"国家主义"代替"家族主义"的立法原则，虽然并未获得时人的广泛赞同，但是已为批判"三纲"（特别是君臣之纲）提供了契机。章宗祥所谓"清末新旧思想嬗换最明显之事，为改订新刑律问题"，[①] 其言确有所见。

上述所言，旨在表明本书并非法史的专门研究，而是通过讨论新刑律创制、修订和审议进程中发生的种种问题，以展现清季最后十年政治和思想的历史脉络。

二　相关研究述评

清季新刑律久被视作中国法律从传统迈向近代的标志性法典，[②] 历

---

① 章宗祥：《新刑律颁布之经过》，全国政协文史资料委员会编《文史资料存稿选编》（晚清·北洋上），中国文史出版社，2002，第34页。

② 例如陈顾远指出："现代刑法法典及其特别法之渊源，固应追溯于清末变法参照外国法例而为新刑律之制定。"见其《从中国文化本位上论中国法制及其形成发展并予以重新评价》，《中国文化与中国法系——陈顾远法律史论集》，中国政法大学出版社，2006，第161页。

来为学界所重视，法学院背景的学人尤其注意此事。相关研究甚多，概括述之，其研究路径大约有四。

（一）重建新刑律的出台、修订、颁布和实践过程，即注重修律"本事"之叙述

杨鸿烈的《中国法律发达史》和《中国法律思想史》中关于新刑律的篇幅颇多。前书重在叙述刑制的转变；后者则是以"欧美法系侵入时代"为题，论述新刑律以降西法东渐的原因和过程，指出新刑律与旧律"根本不同之三要点"，并提出"法治派"与"礼教派"相争之说，影响甚为深远。①

西方学者对于清末修律很早便加以关注，并有基础性的研究。美国学者 Marinus Johan Meijer 的 *The Introduction of Modern Criminal Law in China*（《中国近代刑法导论》）② 是首部综论清末刑法改革的专著，多为西方研究者所引用。该书对于相关过程有较为简明的叙述，强调在欧美的影响下，中国刑律经历了从传统到近代的变迁。其书出版较早，就当时可见之史料，奠定刑律改制的叙事基础。Joseph Kai Huan Cheng 的博士学位论文 "Chinese Law in Transition: The Late Ch'ing Law Reform, 1901 – 1911"（《转变中的中国法律：晚清法律改革，1901～1911》）③ 拥有更广阔的研究视野，提供了清季修律的全程概貌，对于新刑律、商律、诉讼法和破产法等清末各项新法案，以及法律教育的转变和部院之争等问题均有论述，有助于认清新刑律在清末修律中的位置，以及沈家本、伍廷芳和法律馆的修律工作和理念。

---

① 杨鸿烈：《中国法律发达史》，商务印书馆，1930；《中国法律思想史》，商务印书馆，1936。后者，本书使用的是中国政法大学出版社 2004 年的版本。所谓"根本不同之三要点"，指的是"主义"的不同、制度的不同和编纂体例的不同（第 287 页）。

② Marinus Johan Meijer, *The Introduction of Modern Criminal Law in China* (Batavia: De Unie, 1950).

③ Joseph Kai Huan Cheng, "Chinese Law in Transition: The Late Ch'ing Law Reform, 1901 – 1911," Ph. D. Dissertation, Brown University, 1976.

日本学者岛田正郎的论文集《清末近代法典的编纂》于 1980 年出版，① 论述主题包括法律馆成立，商律、民律、民事刑事诉讼法和法院编制法的编纂，以及罪犯习艺所与模范监狱、清末的法学教育和留日学生等，较为强调日本在中国修律进程中的作用。小野和子的论文《关于清末新刑律暂行章程原案》，② 补正了此前的一些重要史实。其对修正草案的五条"附则"逐条分析，认为其意在保护伦常，而只适用于中国人的"附则"破坏了正文的效力和完整性，并利用其时刚被发现不久的《汪荣宝日记》，证明"附则"为法部所加。

张晋藩著有《晚清修律》一文，对晚清修律的缘起、成就、特点和影响有较为全面的论述；③ 后续写成《中国法律的传统与近代转型》④ 一书，叙述和分析晚清修律的转型过程与意义，反映法制史学界的主流看法。陈新宇的论文《〈钦定大清刑律〉新研究》，⑤ 辨析历次草案的变革、修订情况，认为"新旧两派的区别并非绝对泾渭分明，而且新派在立法中无视程序要求的做法也极为不妥"。其另文关注新刑律编纂过程中的立法权之争，指出妥协结果出现的原因，"在于更高权威的存在与法政新机构中关键人员的一身多职"。⑥

近年来，随着研究的深入，对于晚清修律原因渐有不同意见，一反外来刺激之说。法国学者 Jérôme Bourgon（巩涛）著文反驳了 Meijer 的观点，即晚清修律主要受到西方的冲击和收回法权愿望的推动。他通过分析薛允升和沈家本对于废除凌迟、枭首和戮尸的意见，认为应重新关

---

① 岛田正郎『清末における近代的法典の編纂——東洋法史論集第三』創文社、1980。
② 小野和子「清末の新刑律暂行章程の原案について」『柳田節子先生古稀紀念・中国の伝統社会と家族』汲古書院、1993。
③ 张晋藩：《晚清修律》，《清律研究》，法律出版社，1992。同书另两文《晚清的宪政运动与"宪法"》和《清代的司法制度》也与本题相关，可一并参考。
④ 张晋藩：《中国法律的传统与近代转型》（第 3 版），法律出版社，2009。
⑤ 陈新宇：《〈钦定大清刑律〉新研究》，《法学研究》2011 年第 2 期。
⑥ 陈新宇：《〈大清新刑律〉编纂过程中的立法权之争》，《法学研究》2017 年第 2 期。

注和评价中国法律传统对于清末修律的作用。① 高汉成认为张之洞在商约谈判中提出收回法权条款，与 1907 年否定"修律以收回领事裁判权"之说前后矛盾，强调"领事裁判权问题始终只是晚清主持改革者推进法律变革的手段"，不能视之为启动修律的主因或直接原因。② 高氏另文重新解释沈家本等"法理派"关于收回法权的言论和举动，认为收回法权只不过是手段，实现法律的近代化才是目的。③ 张仁善的《礼·法·社会——清代法律转型与社会变迁》较为关注清季社会和舆论的变化，认为其时处于礼、法的"分离期"，刑律改革代表着"法制现代化"，其中"中国社会变化的内因起了决定性作用，外来因素只起了催化剂作用"。④

也有学者在深入探讨旧律条文和实践之后，认为中西法律之间存在不小的差异，从而强调外来因素在清末修律事业中的影响力。Nancy Park 发表专文探讨清律中的刑讯和司法审判的关系，对于刑讯的工具、方式、惩罚"非刑"和相关的限制都有较为详细的分析，认为相关的法律兼顾考虑审判、人性化、嫌犯地位和实践等因素，清律比起西方的法律更为关注"公平"而非"程序"；但在晚清修律时，朝廷出于收回治外法权的考虑，才最终下诏废止刑讯。⑤

近年关于清末修律的新材料屡有发现，利用新材料撰写新问题渐成风气。高汉成在其博士学位论文基础上修订出版《签注视野下的大清

---

① Jérôme Bourgon, "Abolishing 'Cruel Punishments': A Reappraisal of the Chinese Roots and Long-term Efficiency of the Xinzheng Legal Reforms," *Modern Asian Studies*, Vol. 37, No. 4 (Dec 2003), pp. 851 – 862.

② 高汉成：《晚清法律改革动因再探——以张之洞与领事裁判权问题的关系为视角》，《清史研究》2004 年第 4 期。

③ 高汉成：《晚清刑事法律改革中的"危机论"——以沈家本眼中的领事裁判权问题为中心》，《政法论坛》第 23 卷第 5 期，2005 年 9 月。

④ 张仁善：《礼·法·社会——清代法律转型与社会变迁》，天津古籍出版社，2001。

⑤ Nancy Park, "Imperial Chinese Justice and the Law of Torture," *Late Imperial China*, Vol. 29, No. 2 (Dec 2008), pp. 37 – 67.

刑律草案研究》，① 主要利用前人较少注意的两本史料《刑律草案签注》和《修正刑律案语》，力图重构各督抚部院的奏折和签注意见的全貌，借此探讨立法条文的得失，并比较分析初次草案和修正草案的异同及其原因。其后发表的论文《大清刑律草案签注考论》续有补正，并申言签注引发的"礼法之争"的本质不是中西、新旧之争，而是法律领域"改良还是革命"的"主义"之争。②

（二）关于人物、群体和机构的专题研究

新刑律相关人物的研究在 20 世纪 80 年代开始受到重视。关于晚清修律的领军人物沈家本的研究尤为热点。1985 年李光灿先生的专著《评〈寄簃文存〉》（群众出版社，1985），逐篇评析《寄簃文存》诸文之精义，做到"沈论我亦论，沈考我亦考"。俞荣根认为，"该书代表沈学研究开创阶段的成果，其《绪论》中对沈家本的评价（'中国近代启蒙的法理学家'）影响巨大，自成一家之言"。③

李贵连的硕士学位论文以"礼教派"和"法理派"的斗争为主线，论述新刑律争论的全过程。④ 以此为基础，后续开展对于沈家本的研究，贡献尤大。接续出版《沈家本年谱长编》，搜罗沈氏资料甚多，颇便于研究者。⑤《沈家本传》和《沈家本评传》系其 20 余年来研究沈氏的成果结集，对沈氏的生平和律学思想的各个方面，如"'会通中西'的法律观"、"人格平等观"、刑法思想、司法审判独立思想等问题都有独到的探讨。同时，书中大量引用沈氏之诗，重构其心理历程，颇为重

---

① 高汉成：《签注视野下的大清刑律草案研究》，中国社会科学出版社，2007。
② 高汉成：《大清刑律草案签注考论》，《法学研究》2015 年第 1 期。高汉成另有《〈大清新刑律〉与中国近代刑法继受》（社会科学文献出版社，2015）一书，以当代刑法学的思路和方法探讨新刑律的法理问题，亦可参看。
③ 俞荣根等编著《中国传统法学述论——基于国学视角》，北京大学出版社，2005，第303 页。
④ 李贵连：《清末修订法律中的礼法之争》，硕士学位论文，北京大学法学院，1981。
⑤ 李贵连：《沈家本年谱长编》，台北，成文出版社，1992。该书另有山东人民出版社2010 年版。

视历史现场的重建，此系其法律史研究的特色之一。①

　　1990 年中国政法大学和北大法律系等单位先后召开纪念沈氏诞辰 150 周年的学术研讨会，会议论文分别收入《沈家本法学思想研究》和《博通古今学贯中西的法学家》两书。② 其中郑秦的论文《沈家本修律的历史环境及其再评论》，③ 认为清廷的"立宪骗局"和沈家本的"真诚修律"同时并存，不过与梁启超相比，沈氏的"思想理论基础仍然没有脱离'旧学'的框架"。俞荣根的《酌古准今，熔铸东西——评沈家本修律》④ 认为沈氏的思维方式和修律方法有四：纳西法精义于仁义，以古制解释西法，以礼教之矛攻礼教之盾和渐进主义的修律原则。作者认为沈氏渐进修律的策略富有成效，既顺应了当时的社会，也减少了压力和阻力。1992 年台湾大学法学院等单位也举办了纪念沈氏诞生 152 周年的国际学术会议，并于次年出版论文集《中国法制现代化之回顾与前瞻》。⑤ 其中，巨焕武的《明刑与隐刑——沈家本考论执行死刑的方式及其场所》，认为中国传统本有密行死刑的方式，只是后来"明刑"压倒了"隐刑"；而沈家本修律时既发掘了传统思想资源，又结合了密行的"世界新潮流"，出色地完成了"恤刑事功"。Kenneth G. Wheeler 的博士学位论文指出沈家本修律的目标在于取得一种平衡：既要尊重中国传统，也可以应付西方模式的挑战，尽管受到不少大吏的反对，但是为中国法制的现代化提供

----

① 李贵连：《沈家本传》，法律出版社，2000；《沈家本评传》，南京大学出版社，2005。后书的第十一章"沈家本的人格平等观"和第十四章"结语：反映论？进化论？会通中西论"由俞江撰写，第十三章"沈家本的司法审判独立思想"由李启成撰写，第十二章"沈家本的刑法思想"由陈新宇撰写。

② "中国政法大学纪念沈家本诞辰 150 年学术研讨会"论文集《沈家本法学思想研究》，法律出版社，1990。张国华主编《博通古今学贯中西的法学家：1990 年沈家本法律思想国际研讨会论文集》，陕西人民出版社，1992。

③ 郑秦：《沈家本修律的历史环境及其再评论》，《沈家本法学思想研究》。亦见其论文集《清代法律制度研究》，中国政法大学出版社，2000。

④ 俞荣根：《酌古准今，熔铸东西——评沈家本修律》，《博通古今学贯中西的法学家》。

⑤ "中国法制史学会"编《中国法制现代化之回顾与前瞻》，台湾大学法学院，1993。

了一种务实的模式。①

在众多研究者赞扬沈氏修律贡献的同时，伍廷芳的作用无形中被忽略。如贺卫方和徐忠明均认为伍氏英美法系的知识背景不利于他在以大陆法系为方向的修律事业中大显身手。② 然亦不乏抑沈扬伍之论者，如苏亦工的论文《沈家本与中国律典传统的终结》，颇怀疑沈家本对于修律事业的实际贡献，认为现有研究存在否定清末法律改革而肯定主持者沈家本的"悖论"。该文通过辨析沈家本和伍廷芳二人的具体作用，强调伍氏的修律贡献，而认为沈家本只是遵从清廷的指导思想，"新刑律的通过最终还靠着日本的榜样力量和清廷的认可，而不单是沈氏的'据理力争'"。③

Bernard Hung-kay Luk 较为强调伍廷芳的西法教育背景和香港的律师经验，认为在伍氏的主导下提出了充满英国法色彩的《刑事民事诉讼法（草案）》，使得陪审员、律师制和对质答辩等新式法律制度引进到晚清的法律改革当中；不过伍氏过于激进，没有注意到中国国情，最后归于失败。④ Linda Pomerantz-Zhang 则认为伍廷芳在修律前期发挥主要的作用，理由包括奏折中排名的先后及行文中的"廷芳"字样；伍的特长在于选择、翻译和编辑外国法典的材料，而这些正是法律馆前期工作的重点。⑤ 马作武后也认为，伍廷芳"在修订法律馆的作用及

---

① Kenneth G. Wheeler, "Shen Jiaben (1840 – 1913): Toward a Reformation of Chinese Criminal Justice," Ph. D. Dissertation, Yale University, 1998.

② 贺卫方：《沈家本传·序二》，法律出版社，2000，第 3~4 页。徐忠明：《关于中国法律史研究的几点省思》，法苑精萃编辑委员会编《中国法史学精萃》（2001~2003年卷），高等教育出版社，2004，第 123~124 页。

③ 苏亦工：《沈家本与中国律典传统的终结》，《明清律典与条例》，中国政法大学出版社，2000，第 368 页。初稿《重评清末法律改革与沈家本之关系》，韩延龙主编《法律史论集》，法律出版社，1998。

④ Bernard Hung-kay Luk, "A Hong Kong Barrister in Late-Ch'ing Law Reform," *Hong Kong Law Journal*, Vol. 11, No. 3, September, 1981, pp. 339 –355.

⑤ Linda Pomerantz-Zhang, *Wu Tingfang (1842 – 1922): Reform and Modernization in Modern Chinese History* (Hong Kong: Hong Kong University Press, 1992), pp. 171 –192.

其贡献恐怕还在沈家本之上", 其根据多与 Linda Pomerantz-Zhang 相
同。①

随着新刑律研究的深入, 沈家本、伍廷芳之外的其他人物也进入
了研究者的视野。俞江注意到吉同钧的《审判要略》和《乐素堂文
集》等重要资料, 对其经历和"例学"思想有所介绍。② 鲍如的《儒
者与法学家: 近代夹层中的吉同钧》③ 主要利用吉氏在光绪二十八年
(1902)"往返百日"的《东行日记》来探讨其法律思想。此外, 还有
闫晓君的《走近"陕派律学"》④ 一文, 将吉氏放入陕派律学的学谱中
加以介绍。

关于新刑律草案的起草者冈田朝太郎, 论者虽早已注意, 但囿于史
料和语言的障碍, 研究较难深入进展。李海东主要使用日文的冈田传记
资料, 对其经历和法学贡献有较为详细的介绍。⑤ 杜钢建比较了沈家本
和冈田法律思想的异同, 并以现代法学的立场评价二人的优劣之处。⑥
音正权的博士学位论文《刑法变迁中的法律家》, 以四页的篇幅叙述冈
田的教育背景, 肯定其为新刑律贯注了崭新的法律思想。⑦ 黄源盛的论
文《冈田朝太郎与清末民初刑事立法》, 详论其学术生平、著作情况及
其刑法思想, 附录为冈田学术生平与清末民初刑事立法关系年表, 以揭
示冈田在华的立法作用。⑧ 娜鹤雅编有《冈田朝太郎法学文集》, 收录

① 马作武:《清末法制变革思潮》, 兰州大学出版社, 1997, 第 167~168 页。
② 俞江:《倾听保守者的声音》,《读书》2002 年第 4 期。后收入其著《近代中国的法
律与学术》, 北京大学出版社, 2008。
③ 鲍如:《儒者与法学家: 近代夹层中的吉同钧》, 硕士学位论文, 中国人民大学,
2004。
④ 闫晓君:《走近"陕派律学"》,《法律科学》(西北政法学院学报) 2005 年第 2 期。
⑤ 李海东:《冈田朝太郎》,《日本刑事法学者》, 法律出版社、成文堂联合出版, 1995。
⑥ 杜钢建:《沈家本与冈田朝太郎法律思想比较研究》, 中国人民大学清史研究所编
《清史研究集》第 8 辑, 中国人民大学出版社, 1997。
⑦ 音正权:《刑法变迁中的法律家 (1902~1935)》, 博士学位论文, 中国政法大学,
2001。
⑧ 黄源盛:《冈田朝太郎与清末民初刑事立法》,《法律继受与近代中国法》, 台北, 黄
若乔出版, 2007。

其重要的中文法学论著，序言概述冈田的生平、法学思想以及著述情况，颇可参考。①

法律馆提调董康的作用逐渐受到关注。陈新宇的论文《向左转？向右转？——董康与近代中国法律改革》②较为细致地叙述董康参与清末民初的修律行动。2005 年何勤华和魏琼编有《董康法学文集》，"编者前言"简要介绍了董康事迹和著作的基本情况。③华友根的专著《中国近代立法大家——董康的法制活动与思想》评析董康在修订刑法、民法、诉讼法，法制史论述以及对外法制交流等方面的实践与思想。④张之洞与清季修律的关系，则可参李细珠《张之洞与清末新政研究》第六章。该章仔细还原了张之洞举荐修律大臣的过程，并分析其始终坚持的"中体西用"修律主张。⑤

陈煜的专著《清末新政中的修订法律馆》，⑥较多使用《政治官报》和中国第一历史档案馆（以下简称"一档馆"）修订法律馆全宗，论述该馆的修律准备、开办情况、内部组织、运行模式、人事关系以及与外界的互动状况及其功业得失等问题，有助于了解刑律修订的进程。谢蔚的《晚清法部研究》一书，⑦考察分析法部的成立、内部机构改革及其新职能的实现，如司法独立和法学教育等问题都有详论，甚可参考。

---

① 《冈田朝太郎法学文集》，娜鹤雅点校，法律出版社，2015。
② 陈新宇：《向左转？向右转？——董康与近代中国法律改革》，（台北）《法制史研究》第 8 期，2005 年 12 月。
③ 何勤华、魏琼编《董康法学文集》，中国政法大学出版社，2005。
④ 华友根：《中国近代立法大家——董康的法制活动与思想》，上海书店出版社，2011。亦可参其《董康法律思想初探》（《薛允升的古律研究与改革——中国近代修订新律的先导》附录二，上海社会科学院出版社，1999）、《董康的刑法思想与近代法制变革》（中南财经政法大学法律史研究所编《中西法律传统》第 2 卷，中国政法大学出版社，2002）。另编有《董康法学文选》，法律出版社，2015。
⑤ 李细珠：《张之洞与清末新政研究》，上海书店出版社，2003，第 259 ~ 282 页。
⑥ 陈煜：《清末新政中的修订法律馆——中国法律近代化的一段往事》，中国政法大学出版社，2009。
⑦ 谢蔚：《晚清法部研究》，中国社会科学出版社，2014。

尚小明主要利用一档馆史料和《汪荣宝日记》，强调杨度、汪荣宝和章宗祥等留日学生在清末修律进程中的作用，重建他们在译介东西方法律、编纂新律、与"礼教派"的斗争以及参与司法体制改革等方面的活动情况。[①] 胡震以《汪荣宝日记》为主要材料，考察汪氏的修律贡献和法律馆的运作情况。[②]

（三）法理层面的讨论与分析

蔡枢衡1936年发表《三十年来中国刑法之辩证法的发展》[③] 一文，将新刑律与《大清律例》、《大清现行刑律》、民国旧刑法（1928）、新刑法（1935）进行法理的比较，虽然肯定新刑律开风气的一面，但也指出法条和法理存有不少矛盾，特别以暂行章程"无夫和奸"的规定说明当中"宗法意识的遗存"。蔡氏后来在1940年完成的论文《近四十年中国法律及其意识批判》[④] 指出，新刑律实施以来，效果不甚理想，存在法条与现实疏离的矛盾，并分析了"沈家本派"和"反沈派"关于礼法关系的观念冲突。

黄源盛的《沈家本法律思想与晚清刑律变迁》[⑤] 较多征引日本的法理学著作，从法律"移植"与"继受"的角度，探讨外国法律对新刑律的影响，特别是对"传统法律文化的特质及其省察"、"新刑律礼法争议的理论"和"沈家本法律思想"等问题颇有阐发。黄氏另有专文论述"无夫奸"的立法问题，既有长时段的关怀，亦有微观的法理分析，"以无夫奸的存废为经，以中西法文化的冲击与交融为纬"，"试图从传统礼法混同概念如何受到近代西法思潮的冲击，论列百年来近代中

---

① 尚小明：《留日学生与清末新政》，江西教育出版社，2002，第112~133页。
② 胡震：《亲历者眼中的修订法律馆——以〈汪荣宝日记〉为中心的考察》，《华中科技大学学报》（社会科学版）2010年第3期。
③ 蔡枢衡：《三十年来中国刑法之辩证法的发展》，《中国法理自觉的发展》，清华大学出版社，2005。
④ 蔡枢衡：《近四十年中国法律及其意识批判》，《中国法理自觉的发展》。
⑤ 黄源盛：《沈家本法律思想与晚清刑律变迁》，博士学位论文，台湾大学，1991。其中礼法之争的部分曾以专文发表，见其《大清新刑律礼法争议的历史及时代意义》，《中国法律现代化之回顾与前瞻》，台湾大学法学院，1993。

国关于礼制与法律的纠结与走向"。① Alison Sau-chu Yeung 的论文从无夫和奸问题入手，注意到资政院和传媒的讨论扩大了该问题的意涵，从而衍生出法理和礼教之间的激辩和冲突。②

此外，中国大陆至少有三篇博士学位论文从法理学的角度进行了论述。徐岱的《中国刑法近代化论纲》③ 以现代法理的眼光，考察清末刑法改制的原因和内容的近代化，对于罪刑法定原则和"刑名体系的科学化"有专章论述，并注意检讨其得失成败。李靓的《近代三大基本刑法原则对〈大清新刑律〉的影响》④ 以西方法的三大立法原则，即罪刑法定原则、罪行相适应原则和刑罚人道主义原则为参照系，用西方法理的原义对新刑律的内容做了法理的考察。周少元的《钦定大清刑律研究》⑤ 考察新刑律如何从"诸法合体"的传统法系中分离出来，分析新刑律"如何对传统刑法与西方刑法文化进行取舍"，并讨论刑律修订事件的"历史启示"。

（四）注重刑律与文化、社会、思想等方面的联系，强调历史的时空语境

日本学者小野和子《五四时期家族论的背景——刑法典论争》⑥ 注意到清末刑法典之争与民初全面反传统的新文化运动之间的内在联系。首章"清末的刑法典论争"指出新刑律修正草案"附则"和第三案"暂行章程"之歧异，并利用《时报》等传媒史料，探讨社会舆论对于纲常礼教的看法。第四章"刑法改正与吴虞"曾以《吴虞与刑法典论

---

① 黄源盛：《晚清继受外国法中"无夫奸"存废的世纪之争》，高明士编《东亚传统家礼、教育与国法（一）：家族、家礼与教育》，华东师范大学出版社，2008。

② Alison Sau-chu Yeung, "Fornication in the Late Qing Legal Reforms: Moral Teachings and Legal Principles," *Modern China*, Vol. 29, No. 3（July 2003）, pp. 297 – 328.

③ 徐岱：《中国刑法近代化论纲》，人民法院出版社，2003。该书在其博士学位论文《清末刑法改制与中国刑法近代化》（吉林大学刑法学专业，2000）的基础上修改而成。

④ 李靓：《近代三大基本刑法原则对〈大清新刑律〉的影响》，博士学位论文，中国政法大学，2002。

⑤ 周少元：《钦定大清刑律研究》，博士学位论文，中国政法大学，2003。

⑥ 小野和子『五四时期家族論の背景——刑法典論争』同朋舍、1992。

争》为题，译成中文发表。① 该文注意到清末新刑律论争对吴虞思想的影响，并通过其言论，"对五四时期如何产生了激进的家族制度批判，加以印证"。王汎森稍后撰文分析，清末民初社会政治条件的改变如何影响到具有反礼教和旧律思想的吴虞的个人命运。②

里赞的论文《"变法"之中的"法变"——试论清末法律变革的思想论争》③，强调要将新刑律的思想争论"置于近代中国思想及社会的实际背景之下加以探讨"，认为既存研究对于新与旧、"礼教派"和"法理派"的区分并不确切，清廷内部"既没有什么新旧之分，也不存在多少'妥协'的余地，只能在强调礼教的重要性后通过颁行新刑律，希望获得主权与治统两不失的理想结果"。赵娓妮的论文《清末中西竞争语境下的刑律修订》④ 也是从中西竞争的语境着眼，指出沈家本"更多站在了推动讲求'西法'的'新学'一边"，但又与"留洋'新进少年'的'尊西'毕竟不同"，其"修律思想实际明白、清晰，与其修律操作的事实层面实在并无任何矛盾、牴牾之处"。

卜正民等三位外国学者合著的 Death by a thousand cuts⑤ 是首部研究关于中国酷刑和处决方式的历史、图像和法律条文的专著，研究时段从公元 10 世纪到 1905 年凌迟被废。该书以 1904 年最后一位凌迟受刑者王维勤为例切入，分析凌迟图像的意涵，讨论到帝国晚期的刑罚体系、凌迟之源起及其合法性，以及西方人眼中的中国酷刑等重要问题。

---

① 〔日〕小野和子：《吴虞与刑法典论争》，《中国文化》第 11 期，1995 年 7 月。
② 王汎森：《思潮与社会条件——新文化运动中的两个例子》，《中国近代思想与学术的系谱》，台北，联经出版公司，2003。
③ 里赞：《"变法"之中的"法变"——试论清末法律变革的思想论争》，《中外法学》2001 年第 5 期。
④ 赵娓妮：《清末中西竞争语境下的刑律修订》，《社会科学研究》2004 年第 4 期。
⑤ Timothy Brook（卜正民），Jérôme Bourgon（巩涛），Gregory Blue（格力高利·布鲁），Death by a thousand cuts（Cambridge, Mass.: Harvard University Press, 2008）。现已有中译本《杀千刀：中西视野下的凌迟处死》，张光润等译，商务印书馆，2013。

德国学者 Klaus Mühlhahn 出版了专著 *Criminal Justice in China：A History*，① 从近现代西方以中国法律为野蛮的视角着手，尝试从政治、社会和文化等方面去理解中国法律的特质，注意探索近代中国的刑事审判和刑罚体系的演变历史，对于晚清时期有较为详明的梳理。

成富磊的博士学位论文《礼之退隐》，② 以反映传统礼教思想基础的君亲法文为研究对象，揭示从晚清朝廷到南京国民政府处理礼教立法问题的复杂面相和演变轨迹。谭悦的博士学位论文从《大清律例》"逆伦"条文在晚清修律时的变迁入手，探讨朝野伦常观念的近代演变。③

三　方法与材料

治近代法史，最大困难在于古今法制、知识和思维方式的断裂。摆脱现代法学思维和制度框架去思考历史事件，重新投身于历史现场，实为研究成功的关键。④ 中国传统社会的法制有其独特性。就清代而言，一方面，《大清律例》固然是正式的法律文本，但是背靠伦理社会的礼教观念，要懂律，必须先识礼。清季最后十年的所谓"礼法之争"实质反映论辩双方的观念均已西化，难以用"进步"或"保守"、重"礼教"还是"法理"去衡量。另一方面，律法作为王朝治术的一部分，皇帝谕旨即为重要法源，各级官吏根据所谓"天理、国法、人情"，拥有不同程度的酌情权，往往以比附为手段斟酌施行，若以今天罪刑法定

---

① Klaus Mühlhahn, *Criminal Justice in China：A History*（Cambridge：Harvard University Press，2009）.

② 成富磊：《礼之退隐——以近代中国刑律中君亲条文的变动及其争论为中心》，博士学位论文，复旦大学，2012。

③ 谭悦：《从逆伦到侵犯尊亲属——清季律改的伦常观念变迁》，博士学位论文，中山大学，2013。

④ 参见桑兵《晚清民国的知识与制度转型》，《中山大学学报》（社会科学版）2004 年第 6 期。关于法制史研究的具体意见，可参其《比较与比附——法制史研究的取径》，《中山大学学报》（社会科学版）2011 年第 2 期。

的法理评判，自然不合乎法治精神，然而于历史本相无干。又如今人热衷讨论清代官衙是否依律而行，刑、民事的做法是否有所不同，问题意识便源于现行法制，故无论结论如何，离清人的本意不无距离。

前述的各类研究均有其重要的学术价值。最基础的史实重建工作远未完成，特别是第四类已经注意到此前研究偏重法理分析的局限性，注重打通律法与文化、社会、思想等方面的联系，强调历史的时空语境，希望突破目前刑法近代化的叙事框架。但是如何落到实处，恐怕还要有更深刻的思索和具体而微的论证。

中国传统律法与礼教的结合，若从西晋《泰始律》算起，起码有效运作千余年，需要重建和探讨其内在机制。唯在近代遭遇西法，被西人指为野蛮法律，在邓实所谓"尊西人若帝天，视西籍如神圣"①的时代，朝野接受批评，毅然改行西法。新刑律的法律思想既然来自西方，当然需要从西方法律原理出发和探讨，但不能仅仅从西方之义去看，尤其不能仅从其在西方的原义或现状去看，而应更多地从时人所认识和理解的"西方"看；同时也要充分考虑中国既存的法律观念，不必仅以西方观念为标准。②

这并不是说中国固有律法毫无问题，像过度刑讯、刑法残酷、拘押证人和监狱拥挤腐败等弊病，古人皆已痛切言之。不过，西潮入侵也给中国的法制带来了许多新问题，最重要的当然是复杂多歧的治外法权破坏了原有的体制，中外法制的冲突日趋严重。同时也应注意到，西法的确也带给了中国许多可供借鉴的思想资源，通过翻译、考察和留学等途径，影响及于朝野各方，从而推动了清季十年的修律事业。也就是说，西法的冲击既充分暴露了中国律法的自身问题，也增添了不少新问题，

① 邓实：《国学保存论》，《政艺通报》甲辰（1904）第3号，第6张。
② 余英时指出："如果我们真的希望对中国历史和文化传统取得比较客观的认识，首先必须视之为主体，然后再通过它的种种内在线索，进行深入的研究"；同时，"对于西方理论与方法，研究者也仍然应该各就所需，多方吸收"。见其《试论中国人文研究的再出发》，邵东方编《史学研究经验谈》，上海文艺出版社，2010，第157页。

17

同时也提供了一些解决问题的方法。只有多层次地认识西法的冲击，才能看清历史的原貌。

礼与律的关系也因此出现了一些重要的变化。原来是礼指导律，到礼、律分离，渐次出现以律改礼的言论，且有质疑现礼非古礼、复古以求变的趋向，再到直接要求变现礼为西礼。其中过程异常复杂纷呈，但礼教的衰弱化、失语化则是历史发展的趋势。这就需要超越律法的藩篱，深入到礼的层面加以讨论。不难发现，礼教问题的处置实为时人最为关注的焦点，这也是新律中的某些礼教条文引人注目的原因所在。即所谓"礼法之争"产生的原因并不在于法律问题，其实为中西学战所引起的不同应对方式之争。① 因此需要特别关注其时的政情和社会心理，若只注重法律自身的问题，恐怕会受局限。

回到历史现场，切忌以今日观念评判古人旧事。关于分派的论述，问题尤大。从杨鸿烈开始，便多以"礼教派"和"法治派"（或"法理派"）划分派别。诚如罗志田所言："那时不仅区域发展不同步，就是思想、社会和学术之间也都存在程度不一的发展不同步；各种通常被视为冲突的人物和社群，都并非截然对立而是在许多方面彼此相互渗透、覆盖甚至重合。所以，任何'派别'的划分都只能是模糊而非精确的。"② 揆诸历史实际，以维持中国礼教还是宣示西方法理去划分"礼教派"和"法理派"，未必有多大的说服力。最明显一点，在清季的历史文献中，"礼教派"的称呼其实不多见（有也是新派对异己者的称谓，几乎没有旧派自称是"礼教派"的），而"法理派"一词则极少得见。若采用当时较为常见的"新派"和"旧派"的划分方式，则未尝不可，只要意识到新派未必全新、旧派未必全旧的复杂面相。同时，

---

① 关于学战，参见罗志田《学战：传教士与近代中西文化竞争》，《民族主义与近代中国思想》，台北，东大图书公司，1998。

② 罗志田：《国家与学术：清季民初关于"国学"的思想论争》，三联书店，2003，自序第19页。相关的论述可参余英时《中国近代思想史上的胡适》，《现代危机与思想人物》，三联书店，2005；王汎森：《反西方的西方主义与反传统的传统主义——刘师培与"社会主义讲习会"》，《中国近代思想与学术的系谱》。

派别指称及其形成自有其历史涵义，但论者的分析最好还是落实到具体的人和事，以免凿空立论之弊。

　　本书采用"讲故事"的表述方式，尽可能将纸上的法律讨论落实到当时历史发展脉络的实事当中。史家张荫麟有言，"贯穿史材之最好的线索是事实本身的脉络"。[①] 或许，将故事内涵和外延的复杂性清楚表述，实现"求真"的史学根本任务，则史家之能事已毕。[②]

　　讲好"故事"要有好的素材，即丰富多样的史料。本书所用的史料包括档案、政书、实录、法律草案（含说明书）、讲义、报纸、杂志、书信、日记和文集等，以求尽可能地表达各方的意见。考虑到旧派在历史过程中往往呈现"失语"的状态，本书更为注意发掘其相关史料，考辨其言论，使新旧各方的发言显得较为均衡。

　　在档案部分，一档馆的修订法律馆、法部、刑部、会议政务处、资政院、宪政编查馆各全宗和军机处录副奏折、汉文档册为本书提供了关于新刑律的许多重要信息。承蒙日本竹元规人博士的帮助，并利用《近代在华日人顾问资料目录》这条线索，[③] 获得了日本外交史料馆收藏的冈田朝太郎、松冈义正、志田钾太郎和小河滋次郎赴华任法律顾问的相关资料。互联网技术的发达也极大便利了对异国史料的利用。笔者从日本亚洲历史资料中心网站（http：//www.jacar.go.jp）获得了国立公文书馆、外务省外交史料馆、防卫厅防卫研究所图书馆所藏的相关资料（数字化影像），补充了上述法律顾问来华的情况。中国社会科学院近代史所收藏的数量庞大的张之洞、许同莘、钱恂档案，国家图书馆藏美国国家档案馆外交档案（缩微胶卷），以及《英国外交档案》等其他十多种已经出版的档案和政书类史料也为本书提供了

---

① 张荫麟：《关于中学国史教科书编纂的一些问题》，《大公报·史地周刊》第 24 期，1935 年 3 月 1 日。

② 陈寅恪尝言："于史之见解，谓收拾史料，随人观玩，史之能事已毕。"见陈守实《学术目录》（1928 年 1 月 5 日），《中国文化研究集刊》第 1 辑，复旦大学出版社，1984，第 422 页。

③ 〔日〕卫藤沈吉、李廷江编著《近代在华日人顾问资料目录》，中华书局，1994。

许多一手的资料。

孙家红新近发现章宗祥和董康合纂的《刑律草案》稿本，沈家本和吉同钧写有签注，"属于中国近代法史上第一部由国人自己主持起草的刑法草案"。① 后来的新刑律并未采用此稿，而是以冈田草案为原本，并前后经历三案的修改，② 最终在宣统二年十二月钦定颁布。各案均有官方较为详细的注释文字，起草人冈田朝太郎撰有课堂讲义，民间在新刑律颁布后也出现了多种解释文本（如《大清新刑律补笺》），再算上与新刑律关系密切的《大清现行刑律》（含按语），形成了数量众多的立法和释法资料。近年高汉成编有《〈大清新刑律〉立法资料汇编》，收录、编辑部院督抚关于新刑律的奏折、签注及其他的审议、论争材料，颇有益于学界下一步的研究。③ 此外，黄源盛纂辑《晚清民国刑法史料辑注》一书，收录近代以来的各种刑法草案，亦甚便于研究者。④

许同莘、汪荣宝、许宝蘅、严修、恽毓鼎、钱恂、吴虞、刘大鹏、金绍城、胡骏、郑孝胥、孙宝瑄、吉同钧、董康和余绍宋等人已刊和未刊的日记，以及《汪康年师友书札》、《艺风堂友朋书札》、《梁启超知交书札》和《劳乃宣存札》（手稿）等书信集，极大地丰富了研究者对于新刑律之内情和影响的认知。

清末最后十年报纸的重要消息，多来源于秘密充当访事的政府官员或知情人，透露出不少政界内情。⑤ 虽然道听途说之处不在少数，但空

---

① 参见孙家红《清末章董氏〈刑律草案〉稿本的发现和初步研究》，《华中科技大学学报》（社会科学版）2010 年第 3 期。另可参其《光绪三十二年章董氏〈刑律草案〉稿本所附签注之研究》，《华东政法大学学报》（社会科学版）2010 年第 4 期。
② 起草人冈田朝太郎认为新刑律有六案之多，不过其所谓第四、五案只是资政院内的讨论结果，并没有形成正式的文本（比如出版或者颁布）；为简化起见，本书于这两案并不作单独的区分和处理。参见《日本冈田博士论改正刑律草案》，留庵译，《法政杂志》第 1 年第 2 期，宣统三年三月二十五日，第 17～18 页。
③ 高汉成主编《〈大清新刑律〉立法资料汇编》，社会科学文献出版社，2013。
④ 黄源盛纂辑《晚清民国刑法史料辑注》，台北，元照出版有限公司，2010。
⑤ 如宣统三年刚开办的《宪报》，其为"紧要新闻"栏目招聘访员数人，就以"熟悉中央情形，消息灵确"为要求。见《本馆招聘访员》，《宪报》宣统三年三月初六日，第 5 页。

穴来风，未必无因，若再能与档案、书信、日记、文集等其他史料相比勘，实情大致可辨。本书使用的报纸有 40 多种，其中既有全国性的大报，也有地方和外国的报纸；既有官报，也有倾向革命的报纸和面向下层的白话报。期刊方面，数量日渐增长的政法类期刊多会讨论到新刑律及相关的法律问题，而像《东方杂志》和《新民丛报》一类的时政类杂志则较多关注法律与礼教、收回法权的关系。

涉足清末修律的人物在世或身后编有文集传世者不在少数。沈家本的《沈寄簃先生遗书》（甲编收法学著作 22 种，乙编为杂著 13 种）、《沈家本未刻书集纂》（著作 21 种）和 2007 年出版的《沈家本未刻书集纂补编》（著作 13 种，含 70 万字的日记），构成了较为完整的沈氏作品体系（《沈家本辑刑案汇览三编》亦于 2016 年由凤凰出版社影印面世），为研究沈氏的生平和思想提供了最直接的材料。徐世虹主编的《沈家本全集》为目前搜集沈氏作品最为完备者。① 拙编之沈家本选集，收录、整理其重要的奏折和论著约 50 万言，希望能为学界研究沈氏提供便利。② 吉同钧的《乐素堂文集》和《审判要略》，曹元忠的《礼议》和《笺经室遗集》都因作者作用关键，而对本题有着极其重要的价值。除此之外，伍廷芳、胡思敬和刘师培等十多人的文集，以及《新刑律修正案汇录》、《刑律平议汇编》和《西法东渐——外国人与中国法的近代变革》等十余种资料集，也颇具史料价值。

笔记和回忆录也有不少论及新刑律的资料。其中最重要的当数章宗祥《新刑律颁布之经过》、董康《中国法制史讲演录》、江庸《五十年来之中国法制》和《许世英回忆录》，都是当事人对清末修律事业的回忆，而且内容较为翔实。《日本政法考察记》则收有 15 种时人在清末考察日本法政状况的笔记著作。包天笑和周震鳞等人的回忆录，则提供了不少与新刑律直接或间接相关的背景史料。

---

① 徐世虹编《沈家本全集》，中国政法大学出版社，2010。
② 李欣荣编《中国近代思想家文库·沈家本卷》，中国人民大学出版社，2015。

最后值得一提的是，《清朝续文献通考》的作者及其内容是否可据的问题。吴泽勇认为，《清朝续文献通考》指《刑事民事诉讼法（草案）》为伍廷芳起草的说法不可信，因为"刘锦藻不仅顽固守旧，而且缺乏起码的严谨。这么一个人经由传闻得来的一个说法，又如何能当作信史呢？"[①] 其实，该书署名者刘锦藻，即通常所谓总纂（其人在清末民初以兴办实业和藏书知名，其子即嘉业堂主人刘承幹），具体篇目的撰者却不必是刘本人。吉同钧的《乐素堂文集》称："前浙江京卿刘君奏准续修，求鄙人担任刑法一部，分五门，刑制八卷，徒流、详谳各三卷，赎刑、宥赦各一卷，共十六卷。书成已交前途，因将总论五篇附于拙集以备查考。"[②] 经核对，两书的相应内容基本一致。因此，该书刑法部分（包括按语）的实际作者应为吉同钧。则不论刘锦藻是否"顽固守旧"，该部分史料既出自当事人吉同钧，应该很有参考价值。

---

① 吴泽勇：《清末修订〈刑事民事诉讼法〉论考——兼论法典编纂的时机、策略和技术》，《现代法学》第 28 卷第 2 期，2006 年 3 月。
② 吉同钧：《乐素堂文集》卷 6，中华印书局，1932，第 15 页。

第一章

大清律成为改革对象

　　两千多年源远流长的中华法系在短短十年间便转变为以西方和日本为榜样的部门法体系，不能不说是数千年未有之大变局。这种剧烈而深刻的变化一直吸引无数研究者的注意。然而这段法制专史大都在近代进化史观的观照下，作为中国进步的表征加以叙述和研究。其实揆诸法律的基本功能，本以维护社会治安为职志，适应当时当地的民情风俗，进步与否仍要以实际效果做衡量。

　　尽管庚子以后的中国政经形势面临重大的转折，但具有较大稳定性的法制仍在中国租界以外的广大土地上有效实施。充满时代特征的是，朝野的关注点并不在于法律的基本功能，而大有"功夫在诗外"的考虑：在外人和民间的推动下，朝廷修律主要不是为了解决法律自身的适用性问题，而是要彰显朝廷统治的正当性，也就是用西法来证明自己统治的合理，甚至立意要改变外人之观听，根据中外商约的规定，重新收回治外法权，希望获得与西方列强平等的国际地位，进入西方主导的"世界"中去。

　　事实上，朝野上下的这样一种时代氛围，显然并非只是庚子义和团事件的后遗症，应放到此前一百年中西对峙的历史语境中理解。

第一节　"海通"以来中西法制的相遇与竞争

中国传统律法源远流长，自成体系，且独具特点。陈寅恪指出："古代礼、律关系密切，而司马氏以东汉末年之儒学大族创建晋室，统制中国，其所制定之刑律尤为儒家化，既为南朝历代所因袭，北魏改律，复采用之，辗转嬗蜕，经由（北）齐隋，以至于唐，实为华夏刑律不祧之正统。"① 瞿同祖则认为中国自秦汉以后经历了"法律儒家化"的历程，此后的法律"可说全为儒家的伦理思想和礼教所支配"。② 近年虽有新说，③ 然自唐代以后，儒家伦理在王朝律法中的核心地位仍毋庸置疑。例如唐律以服制判定亲疏关系，为伦理犯罪量刑。衍至明清，服制图著于律例之首，不但具备法律效力，更有礼教治国的象征意义。④

律法与税收一样，同属王朝各级政府之要政，地位不可谓不高。但是囿于儒家"无讼"的政治理想以及科举考试的现实需求，士人往往"读书不读律"，⑤ 元、明以后律学尤衰。掌握法律知识者，主要是刑部官员、官府刑钱师爷，以及胥吏、讼师等。正如清季律学家吉同钧所批评："士人束发入学，即读四书五经，志在圣贤；谈及刑律，薄为申韩之学，辄鄙夷而不屑为。"⑥ 修律大臣沈家本也对轻视法律的儒林风气

① 陈寅恪：《隋唐制度渊源略论稿》，中华书局，1963，第 100 页。
② 瞿同祖：《中国法律与中国社会》，《瞿同祖法学论著集》，中国政法大学出版社，2004，第 369 页。
③ 韩树峰：《从法律、社会的变迁审视法律"儒家化"学说》，《汉魏法律与社会——以简牍、文书为中心的考察》，社会科学文献出版社，2011；苏亦工：《固有法律及其相关概念》，《明清律典与条例》，第 13～14 页。
④ 陶希圣：《清末法制改革的风潮——个人主义与家族主义的冲激》，《东方杂志》（复刊）第 13 卷第 9 期，1980 年 3 月，第 9 页。
⑤ 苏东坡尝言："读书万卷不读律，致君尧舜知无术。"参见徐道隣《法学家苏东坡》，《徐道隣法政文集》，清华大学出版社，2017，第 390～405 页。
⑥ 吉同钧：《刑法为治国之一端若偏重刑法反致乱国议》，《乐素堂文集》卷 7，中华印书局，1932，第 15 页。

颇为不满：“举凡法家言，非名隶秋曹者，无人问津。名公巨卿方且以为无足重轻之书，屏弃勿录，甚至有目为不祥之物，远而避之者，大可怪也。”① 沈氏甚至将这种政、学分离的做法看作是后世不能进化的原因，“降及后世，政与学分，所学非所用，所用非所学，治化不进，非无故也”。②

此种律法迟滞的现实，却面临法学日新月异的西方之挑战。嘉道以降来华的西人，遽至法制迥异的中土，又往往戴着“西洋镜”，其不能适应或骤加批评亦可想象。即便如此，一些西人对于清律仍有不错之风评。

1793 年马戛尔尼（Earl George Macartnoy）使团来华被视为近代中西官方交往的标志性事件。当时团里年仅 12 岁的乔治·托马斯·斯当东（George Thomas Staunton）日后成为向西方引介中国法律的重要人物。他在 1810 年翻译了《大清律例》的大部分，包括全部的“律”和小部分的“例”。

该书刚被译出，便备受欧洲舆论的瞩目。译者自述：“没有人指望这样的一本书能大受欢迎，或被摆在会客厅的桌上；然而它在学界受到的喜爱和热衷程度远远超出了我最为乐观的期待。”③ 《爱丁堡评论》（Edinburgh Review）颇为赞赏清律的体例和内容：“这部法典中最突出的东西是合理、清晰、前后连贯，各种不同的条款都能简明扼要，有条不紊，明白而有分寸”；甚至在某些方面要比欧洲法律好，“这样的法律许多方面内容丰富而细致，我们简直不知道欧洲法典有如此丰富和始终如一的内容，或者几乎摆脱烦琐费解、偏见盲从和虚构捏造的毛病”；虽然对清律也有些批评：“关于政治自由或个人独立方面，它确

① 沈家本：《法学会杂志·序》，《历代刑法考（四）·寄簃文存》，第 2244 页。
② 沈家本：《政法类典·序》，《历代刑法考（四）·寄簃文存》，第 2241 页。
③ 〔英〕乔治·托马斯·斯当东：《小斯当东回忆录》，屈文生译，上海人民出版社，2015，第 44 页。包括 *Edinburgh Review*、*Eclectic Review*、*Monthly Review*、*Critical Review*、*British Critic*、*Journal Asiatique* 在内的杂志，都曾给予好评。见该书第 45～49 页。

有缺陷"，"这样所形成的社会状态诚然低下而可悲"，但又认为这样的法律对控制中国庞大人口和抑制混乱方面是有效而明智的。①

美国传教士卫三畏（S. Wells. Williams）在 1848 年初版的《中国总论》中肯定《爱丁堡评论》的"赞美之词在某种程度上是公正的"，中国法律也"比其他亚洲国家高超得多"。他虽然批评说，"仅靠一部合理的法典，也许还不能说在实质上有了进步"，"它没有向臣民明确保证应有的自由度，法律也没有涉及被统治者的权利"，甚至刑讯"为野蛮暴行大开方便之门"，但是也相当赞赏中国法律的立意和效率："除了针对皇帝的叛乱罪之外，就整个而言，不能指责这部律例非常残酷；虽然有许多法律看来好像主要用恐怖手段，施行的刑罚比真实的意图更为严厉，到最后皇帝有其宽容施恩的范围，就像他所说的：仁政不以法律为限。这样做的原则很显然，在实践中的普遍性证明了所谓仁政有其效果。"卫氏强调："从所结的果实来判断一株树的好坏，比旅行家和著作家常以压迫和反抗的个别事例来描绘整个国家机器的做法要好得多。"②

不过，卫三畏参与主编的《中国丛报》（*Chinese Repository*）上却有多篇文章或来信抨击清朝律法野蛮不堪，③ 或认为无法落实罪刑法定，或觉得来华西人受到不公的司法审判，总之实践不如人意。正如一

---

① 《爱丁堡评论报》第 16 卷，1810 年，引自〔美〕卫三畏《中国总论》，陈俱译，上海古籍出版社，2005，第 276 页。这篇对《大清律例》的评论影响相当广泛，除了《中国总论》外，乔治·托马斯·斯当东《中国杂评》（伦敦，1822～1850）、朗顿《中国藏品目录汇编》（伦敦，1844）、倪维思《中国和中国人》（纽约，1869）以及麦利和《生活在中国人中间》（纽约，1861）等作品也有引用。参见〔美〕M. G. 马森《西方的中国及中国人观念，1840～1876》，杨德山译，中华书局，2006，第 87 页。

② 〔美〕卫三畏：《中国总论》，第 276 页。

③ 已有多篇论文关注到《中国丛报》与西人的中律印象的关系。参见苏亦工《另一重视角——近代以来英美对中国法律文化传统的研究》，《环球法律评论》2003 年春季号；李秀清：《〈中国丛报〉与中西法律文化交流史》，《中国政法大学学报》2010 年第 4 期；张振明：《跨文化解读中的知识与权力——〈中国丛报〉与鸦片战争前的中国法律形象》，《西南民族大学学报》（人文社会科学版）2011 年第 5 期。

封读者来信指出："一些法律条文看上去很好，但实际上并不执行。例如中国法上关于官员和绿营兵丁的薪水的规定。法律规定他们只拿到微薄的薪酬，但受雇于政府的人们常常不能依靠他们的薪水过活。其结果自然是求助于贪污、勒索和财政上的诈欺。"① 美国学者基顿（George Williams Keeton）认为，《中国丛报》之批评中律是"呼吁在华外国人共同应付中国的不公"。②

1876 年旅行家菲尔德（Henry M. Field）来到广州，有意参观中国的司法情形，承认有三个地方让其留下恐怖的阴影：公堂、监狱和刑场。在公堂上，没有陪审团、律师和证人的情况下，菲尔德眼见犯人被刑讯时"青筋暴露"的痛苦情状，不忍久视，便匆匆离开。通过行贿进入监狱参观，则立刻被四五十个可怜的犯人（wretched objects）所包围。眼见犯人们展示满身的伤口以博取同情，菲尔德唯有出钱给他们买烟草才能脱身。在广州城外的刑场则血流成河，因斩首盛行，"在这个狭窄的空间里流出的血，比地球上的其他任何地方都要多"。③

1884 年初版的德国传教士花之安（Ernest Faber）的《自西徂东》也写道，中国"刺配、凌迟、戮尸、碎骨、缘坐诸律，颇近惨刻，固有可议者"，"缘坐尤为冤抑"。尤其是审讯方式，"强用拷打，逼人招认，如拧耳、跪链、背凳、压膝、夹棍、火烙，尤为暴虐已极，故常有杖不数巡而人毙于堂下，棍未去胫而毕命于阶前者。是此人之死，非死于法而死于刑也，谁之过欤？"④

可见鸦片战争以后来华之西人对于清朝现行法制的不满，一是实行

---

① An Inquirer, "Execution of the Laws in China", *Chinese Repository*, Vol. 2, No. 3, 1833 July, p. 132.

② George Williams Keeton, *The Development of Extraterritoriality in China* (London: Longmans Green, 1928), p. 99.

③ Henry M. Field, *From Egypt to Japan* (New York: Scribner, Armstrong & Co.), 1877, pp. 377 – 383.

④ 〔德〕花之安：《自西徂东》，上海书店出版社，2002，第 19 页。

有罪推定，缺少陪审团、律师和证人，审案使用刑讯；二是监狱管理问题；三是刑法残酷，特别是偏重身体刑。

中西法制（特别在司法和刑罚方面）的确差异甚大，既有发展不同步的原因，也有立法旨趣的不同。就有罪推定和刑讯问题而言，西方废除刑讯不过是在菲尔德来华以前一百年间逐步完成的。以英国为例，最后的刑讯案件是在17世纪的前半期，但其法理仍长期延续，直到1772年刑讯在法律上才正式被禁止；到1827年，才正式在法律上确立了无罪推定的原则。①

中国监狱本来只是拘押证人或犯人的场所，不入"五刑"刑制。其管理之混乱与卫生之不善，历来为有识之士所抨击。② 西方监狱则是经过之前百年的逐步发展，才规模可观。自18世纪后半叶英国约翰·霍华德（John Howard）提倡改良监狱以后，法学名家辈出，政府亦竞相投入资源，改造犯人的"监狱学"引人注目。③ 列强政府通过修造宏伟舒适的监狱，以达到改造犯人的目的，并借此物质文明的优势来夸耀"文明"。康有为后来游历欧洲，见其监狱"几若公囿、博物院"，即有"其意在竞美，而非谓恤囚"的观察。④

清律刑罚实行"五刑"制度，即笞、杖、徒、流、死（分绞、斩、枭首、戮尸、凌迟各等），此外尚有枷号、刺字、鞭责、铁杆、石墩和站笼等针对特别犯罪的身体刑。损毁身体之刑的确繁多，主要受制于政府行政经费不足，亦体现出对于严重犯罪的厌恶，以及追求罪刑相当的法意。然清廷在咸同时期出于镇压叛乱的需要，多行严刑重典，放任就地正法，刑制趋于紊乱，刑罚过重的问题亟待修律者解决。

欧内斯特·阿拉巴斯特（Ernest Alabaster）在1899年出版的巨著

① 〔美〕马士：《中华帝国对外关系史》（一），张汇文等译，上海书店出版社，2000，第130页。
② 方苞：《狱中杂记》，载《方苞集》（下），上海古籍出版社，2008，第709~717页。
③ 〔日〕小河滋次郎口述，熊元翰编《监狱学》，上海人民出版社，2013，第34~43页。
④ 康有为：《丹墨游记》，载《康有为全集》（七），中国人民大学出版社，2007，第468~469页。

《中国刑法注释与评论》中写道，"比起我们的法律体系，中国法律的程序更加严密且令人满意，远非一般所认为的野蛮和残酷的怪物"。[1]这是西人通过认真研究得出的结论，却从反面透露出一般西方人对于中国法律的认知：野蛮和残酷。到了 1927 年，约翰·M. 赞恩（John M. Zane）的《法律故事》形容中国法律为"半野蛮"（half barbarous），有评论指出这类看法在 20 世纪 30 年代仍有广泛的影响。[2]

中国法律的野蛮形象既在西人的眼中逐渐定格，说服、帮助或诱导中国人摆脱"野蛮"，转进"文明"，就成为某些西方国家和人士的努力方向。而西方法律制度存在、运作于中国土地，正为国人提供了观察西法的窗口。各通商巨埠和香港、澳门都在实行或部分执行西方的法律，身处其中的商民对此感知较早，倾向以西法的立场看待中律的不足。如在上海的郑观应认为："有罪动夷三族。武健严酷之吏相继而起，大失古人清问之意。使不返本寻源，何以服外人之心志，而追盛世之休风耶？外人每论中国用刑残忍，不若外国宽严有制，故不得不舍中而言外，取外而酌中。"[3] 香港的何启和胡礼垣更认为"泰西之陪审胜于皋陶之明刑"，[4] 甚至律法的各方面都是中不如西："在中国无平情律例，无公堂法司耳！……今者中国之律例，其有平乎？无也！罪实未定，遽尔刑威，何平之有！瘐死狱中，有告无诉，何平之有！有凌迟枭首，死外行凶，何平之有！故曰：其（外国）决不肯从者，以中国无

① Ernest Alabaster, *Notes and Commentaries on Chinese Criminal Law* (London: Luzac & Co., 1899), pp. 62 – 63. 作者自言，这本书主要根据 Chaloner Alabaster 的著作写成。作者认为罗马法与中国法有颇多相近之处，而且"中国的制度对中国来说并不落后——而是极为适合他们；它也不是古代制度的遗迹——而是四千年文明演化的结果"（该书第 617 页）。

② Cyrus H. Peake, "Recent Studies on Chinese Law," *Political Science Quarterly*, Vol. 52, 1937, p. 121.

③ 夏东元编《郑观应文选·刑法》，澳门历史学会、澳门历史文物关注协会，2002，第 213 页。

④ 何启、胡礼垣：《康说书后》，郑大华编《新政真诠——何启、胡礼垣集》，辽宁人民出版社，1994，第 253 页。

公平之故也！"① 不过，在传统的功名社会中，布衣商人的影响毕竟有限；真正影响到朝廷和士林言论的，恐怕还要数出身科举正途的政府官员。

作为近代早期被派往西方的使节，光绪二年（1876）郭嵩焘和刘锡鸿途经香港，已感受到了西洋法律的魅力。香港总督铿尔狄等官员在拜见出使团的过程中，便介绍说："西洋法度，务在公平，无所歧视，此间监牢收系各国人民之有罪者，亦一体视之"，显是有意展示西方监狱的"文明"成果。而郭氏一行恰好因为船只问题而延期出发，表示愿往，于是港督乃"欣然请往"，并派员陪同参观。郭、刘以及随员张德彝此行印象极佳，不仅"房舍宽敞整洁，各有衾荐，故囚徒不染疫疫"，就连气味也好，"不独无秽恶之气，并人气亦清淡，不使人作逆"，而且要求犯人运动，"使不至积郁生病，规模尤可观"。②

在其后的航行途中，一行人又参观了新加坡公堂和锡兰监狱。到英国后，郭、刘二人也时常往观监狱和公堂。刘氏在日记中称誉不已："以民命为重，而惩戒从宽"，"制治最恕，无殊死刑，亦不事鞭扑"。印象最好的，恐怕还是监狱："在狱无老少，莫不体胖色华。而堂室、几案、雕镂、画绘之巧，莫非犯人为之。遇客至，咸肃然端立，若素娴礼教者。"英国监狱好到令他难以置信，"虑其有所饰以美观"，有一次甚至搞突然袭击，"突至其他禁犯之所觇之，饲养、督教无异，房室之洁亦无异"。③

---

① 何启、胡礼垣：《书曾侯〈先睡后醒论〉后》，《新政真诠——何启、胡礼垣集》，第86页。

② 《郭嵩焘日记》第3卷，湖南人民出版社，1980，第108页，这里使用的是《使西纪程》原稿，与进呈总理衙门者不同。刘锡鸿：《英轺私记》，岳麓书社，1986，第52页。张德彝：《随使英俄记》，岳麓书社，1986，第282页。许章润注意到，所谓"转铁轴"、"运石"和"运铁球"等运动实为"恶役"，"英国本土已渐次废弃，而在殖民地犹用，这恰恰是殖民者的恶德"，进而批评郭嵩焘赞赏的意见乃是以"六经注我"，见其著《说法·活法·立法》，中国法制出版社，2000，第246页。不同时代的评价竟相差若此。

③ 刘锡鸿：《英轺私记》，第87、110、123、124、178页。

"钦差"日记的尊西言论在时人中流传，其影响力不容小觑。郭嵩焘观察到，"劼刚（曾纪泽）随出示刘生《英轺日记》，见者多惊其闳博"，但又谓"其所谓闳博者，多祖述马格理（Halliday Macartney）、博郎之言，并无所谓心得"。[①] 排除郭、刘交恶的偏见成分，西人的诱导之功确不可抹杀。据《英轺日记》，刘氏在赴英途中曾与翻译官马格理就中西法律的优劣交换意见。马格理指出中国法律比起英国有三大弊端："法密而不果行"，人民"蔑官并以蔑法"，"官势孤，而耳目难遍"；认为"先宜整饬法度，使之必行，然后可及船炮。法度修明，人自敬畏，不生觊觎心"。刘氏"闻其言，相对默然久之"。[②]

郭嵩焘较刘锡鸿更进一步，直接指出，"西洋立国二千年，政教修明，具有本末"。[③] 留学欧洲的严复入法国法庭，"观其听狱，归邸数日，如有所失"，曾向郭嵩焘进言："英国与诸欧之所以富强，公理日伸，其端在此一事。"后者"深以为然，见谓卓识"。故严复为孟德斯鸠《法意》作注时便申言，中国刑狱"以贵治贱，故仁可以为民父母，而暴亦可为豺狼"，"天下虽极治，其刑罚终不能以必中，而侥幸之人，或可与法相遁。此上下之所以交失，而民德之所以终古不蒸也"，这正是"一治之余，犹可以乱"的原因。[④]

在严复看来，西式审判反映的是法治，中国却是依赖以道德为基础的人治。在进化论占据话语霸权的世风下，人治往往被认为是会被淘汰的，因为它无法给人以"明天会更好"的愿景（起码以后还可能会"乱"），其言亦不无对于朝廷的失望之意。同治七年（1868），郭嵩焘尝梦见随扈康熙帝南巡，在途召对，"以吾生平尝憾不生圣祖时，得上受圣人之陶成，庶几有所成立，此梦因积想所致，所谓幻因也，然亦奇

---

① 《郭嵩焘日记》第 3 卷，第 730 页。
② 刘锡鸿：《英轺私记》，第 64、65 页。
③ 《郭嵩焘日记》第 3 卷，第 124 页。
④ 严复：《〈法意〉按语》，《严复集》第 4 册，第 969 页。

矣"。① 实际反映内心或不以当朝统治为然，故此直承人治往往不如法治：

> 圣人之治民以德。德有盛衰，天下随之以治乱。德者，专于己者也，故其责天下常宽。西洋治民以法。法者，人己兼治者也，故推其法以绳之诸国，其责望常迫。其法日修，即中国之受患亦日棘，殆将有穷于自立之势矣。②

然是时中国朝野未能衷心接受西人的示范与诱导。1864 年军机大臣文祥甚至说，"他钱够了，就要送一个佛教的法师去法国'传教'！"③ 可见朝廷大员认为西方的优势只是在于金钱或物质方面，尚有在礼教或精神上对抗的信心。在野者如朱一新则认为："治国之道，必以正人心、厚风俗为先，法制之明备，抑其次也。况法制本自明备，初无俟借资于异俗，讵可以末流之失，归咎其初祖，而遂以功利之说导之哉？"④

只有等到甲午、戊戌和庚子等大变之后，中西之间发生思想的权势转移，人治不如法治的观念才会风行一时。严复起意翻译孟德斯鸠之《法意》，旨在为当时政治开药方，亟称"今者，事事方为更始，而法典居其最要"，⑤ 举的例子却是李兴锐奏参北洋舰队顺从丁汝昌投降之"乱命"，反致"中国军中将令有不复行之忧"。在其看来，旧律缺少下级对上级"毋违令"的精神，也就无力应对未来的国家竞争。署名"狮严"的一篇文章则观察到："回顾吾国甲、庚两创而后，政人失

---

① 《郭嵩焘日记》第 2 卷，第 501 页。
② 《郭嵩焘日记》第 3 卷，第 548 页。
③ 〔美〕凯瑟琳·F. 布鲁纳等编《赫德日记——赫德与中国早期现代化》，1864 年 6 月 12 日，陈绛译，中国海关出版社，2005，第 171 页。
④ 《朱侍御复长孺第四书》，《康子内外篇（外六种）》，中华书局，1988，第 164～165 页。
⑤ 《孟德斯鸠〈法意〉》下册，严复译，商务印书馆，1981，第 740 页。

职，日蹙国百里，国民神经大受刺激，知非改张大法，不足以易天下。"①

不过，甲午后许多士人仍试图区分传统，将现行法制之失归咎于秦汉以后政统的堕落，同时肯定上古三代之制。譬如西人所批评的刑讯，就有论者认为无关三代之法，只是源于汉唐以来的酷吏所为。光绪二十八年（1902）出版的经世文章汇编指出：

> 中国帝王立法之初，意固未尝大意〔异〕于西国也。试读《周礼》秋官之职、《尚书·吕刑》之篇，皆悱恻缠绵，其难其慎，夫岂以刑鞫为能者？……自汉张汤、唐周兴、来俊臣之徒，作俑无后，偕厉至今。近世命盗各案往往屡翻异，此中情实，正不易知，要在当事者以明慎为心，弗参私见焉可耳。②

宋育仁认为三代政教正与西方一致，"反古乃可救时，非好高谈，实不得已"。③ 戊戌年间领导时代潮流的梁启超见解亦类似。如其认为议院古已有之，"法先王者法其意，议院之名古虽无之，若其意则在昔哲王所恃以均天下也"。④ 现今的西方更为接近三代的中国，可见中西夷夏的格局已然易位。在其看来："有礼义者谓之中国，无礼义者谓之夷狄。礼者何？公理而已；义者何？权限而已"；但"今中国众四万万，不明公理、不讲权限之人，以与西国相处，即使高城深池，坚革多

---

① 狮严：《原法》，《腷报》第5号，光绪三十三年七月初一日，第44页。
② 《慎刑说》，何良栋编《皇朝经世文四编》，台北，文海出版社，1972，第739~740页。
③ 宋育仁：《泰西各国采风记（节选）》，《郭嵩焘等使西记六种》，三联书店，1998，第356~358页。
④ 梁启超：《饮冰室合集·文集之一》，中华书局，1989，第94页。后来严复提醒议院为"中国历古之无是物"，梁也自承"生平最恶人引中国古事以证西政"，但仍坚持认为"若以彼为民主也，则吾中国古时亦可谓有民主也"。见其《与严幼陵先生书》，《饮冰室合集·文集之一》，第108页。可见梁氏当时对三代之政还是比较推崇。

粟，亦不过如猛虎之遇猎人，由无幸焉矣"。

"公理"和"权限"来自西方，梁氏试图以之改造法律，成为强国之利器。既然法律为"群之条教部勒"而设，"其条教部勒，析之愈分明，守之愈坚定者，则其族愈强，而种之权愈远。人之所以战胜禽兽，文明之国所以战胜野番，胥视此也"。[①] 故其主张，"今日变政，所以必先改律例"。[②] 其师康有为向李鸿章、翁同龢等人提出变法之策时亦指出："今为列国并立之时，非复一统之世。今之法律、官制，皆一统之法，弱亡中国，皆此物也，诚宜尽撤。即一时不能尽去，亦当斟酌改定，新政乃可推行。"[③]

同时，康梁一派也认为修改本国法律有助于进入西方的"世界"。《南学会问答》指出："泰西立教尚平等，尚自由，然必先自治，乃克自由，能及人之等，乃能平等。今日求入外公法会，必先自修其内公法，此一定之序也。"[④] 湖南趋新士人易鼐所见类似，"若欲毅然自立于五洲之间，使敦槃之会以平等待我，则必改正朔，易服色，一切制度悉从泰西，入万国公会，遵万国公法"。[⑤] 两者试图将国内的法律改同西法，以为这样就可以进入"万国公会"，根据"万国公法"，中国就可以免于危亡。

这里涉及"公法"与国内法律（特别是刑律）的关系。有学者注意到，19 世纪的国际法理论经历了从自然法到"文明标准"的转变，也就是说，非基督教国家的法律只有达到了"文明"的程度才可成为国际法中的完全参与者。1836 年由惠顿（Henry Wheaton）完成的《万国公法》正是反映这种转变。这种理论其实合理化了不平等条约、治

---

① 梁启超：《论中国宜讲求法律之学》，《湘报》第 5 号，第 17 页。
② 《宾凤阳等上王益吾院长书》，苏舆编《翼教丛编》，上海书店出版社，2002，第 147 页。"律例"未必专指《大清律例》，当可扩充解释为官制、则例等方面。
③ 康有为：《我史》，姜义华、张荣华编校，中国人民大学出版社，2010，第 70～71 页。
④ 《南学会问答》，《湘报》第 70 号，第 278 页。
⑤ 易鼐：《中国宜以弱为强说》，《湘报》第 20 号，第 77 页。

外法权和针对非基督教世界的国际法准则的侵犯。①

所谓"万国公会"，徐中约、王铁崖等学者指出，即国际法改革和编纂协会（the Association for the Reform and Codification of the Law of Nations），1873 年在比利时的布鲁塞尔成立，即当今最大的国际法学术团体国际法协会（International Law Association）的前身。② 1876～1877 年曾邀请当时的驻英公使郭嵩焘与会。到 1879 年，该会人士劝说当时的驻英法公使曾纪泽，"东方诸国未入公法，会中人深愿中国首先倡导"。后者却表示反对：

> 中国总理衙门现已将公法一书择要译出，凡遇交涉西洋之事，亦常征诸公法以立言，但事须行之以渐，目下断不能锱铢必合者。公法之始，根于刑律；公法之书，成于律师。彼此刑律不齐，则意见不无小异。③

尽管西人劝诱，④ 曾氏并不愿意为了符合"公法"而擅改本国之刑律，恰与戊戌年间康梁的主动姿态形成鲜明对照，多少反映出其后二十年间中国人对于本国法律的信心有所动摇。

戊戌以后，尹彦铢认为："全地球不得入此会者，不能列于文明之

---

① 参见：Richard S. Horowitz, "International Law and State Transformation in China, Siam, and The Ottoman Empire during the Nineteenth Century," *Journal of World History*, Vol. 15, No. 4, Dec 2004, pp. 452 – 455。此外，佐藤慎一注意到这样以文明为基准而将对象差别化的做法，颇类于中国对于朝贡国的模式。见其《近代中国的知识分子与文明》，刘岳兵译，江苏人民出版社，2006，第 160～161 页。

② Immanuel C. Y. Hsu, *China's Entrance into the Family of Nations: The Diplomatic Phase, 1858 – 1880* (Harvard University Press, 1960), pp. 206 – 207.

③ 《曾纪泽日记》中册，光绪五年五月十四日，岳麓书社，1998，第 890 页。

④ 当时在华的外交官也试图说服中国遵守"公法"。如英国公使普鲁斯称"西方诸国不是以实力作为唯一的法律，而是持有（国际法这一）指导原理"。美国公使沃特（J. E. Ward）和蒲安臣（Anson Burlingame）曾给丁韪良翻译《万国公法》以助力，美国以外的其他国家的外交官"也几乎都对中国政府自身刊行《万国公法》给予了高度的评价"。见〔日〕佐藤慎一《近代中国的知识分子与文明》，第 46 页。

邦。夫斐洲野蛮，朝鲜、突厥半化，固无论矣。乃我中华而不得与，不亦大可耻乎？"这种认知便是源于德国在 1897 年胶州湾事件中质疑中国"乖公法、悖战例"的表态："本国以中国律法互异，不能厕万国公会之列，凡公法得享之权利不能并论也。"①

此前不是没有人想过利用公法来保国。例如薛福成认为"（强弱之国）是同遵公法者其名，同遵公法而损益大有不同者其实也。虽然，各国之大小强弱，万有不齐，究赖此公法以齐之，则可以弭有形之衅"。② 郑观应则谓"国之强弱相等，则借公法相维持。若太弱，公法未必能行也"，"公法固可恃而不可恃者也"。③ 言下之意，公法可为外交之工具，根本仍在于国家实力的对比。然而对于戊戌时期的趋新士人而言，首要的问题就是要先变国内法律，实行公法，进于文明：既然西方是文明的，将来自然也会接纳文明的中国，以平等待我，变法以前似乎不用多加讨论。

这种以加入"公法"为导向的变法思路，使得大清律面临合理性的危机。年方十五的长沙时务学堂学生郑宝坤在《湘报》刊有《公法律例相为表里说》的作文。文内提出："律例者，内治也，本惠也；公法者，正外也，制末也。律例之不明，遑言公法！此中国之所以见侮于西人也。"虽然作为范文刊登，但学堂先生仍认为该文"于相为表里处未能切实发挥"。而先生的"切实发挥"，根据的正是丁韪良所译德国人伯伦知理的作品《公法会通》（即 Bluntschli 的《文明国家的近代国际法法典》）。伯氏书中有言："至民风、国政与公法不合者，亦必改革归正也"；"如邦国之例俗不近天理人情，或于教化大旨相背者，即应废之"。先生则解读为"是律例不当，不惟不以公法视之，且灭其国无

---

① 尹彦鉌：《论刑律》，甘韩编《皇朝经世文新编续集》，台北，文海出版社，1972，第 349 页。
② 薛福成：《论中国在公法外之害》（1892），马忠文、任青编《中国近代思想家文库·薛福成卷》，中国人民大学出版社，2014，第 283 页。
③ 郑观应：《公法》，夏东元编《郑观应集·盛世危言》，中华书局，2013，第 167 页。

罪也"。伯氏书中又说到"邦国人民之习尚，莫不见于例俗，故公法之渐进，每由于例俗之归厚"；先生则反向推论认为，"律例不明，则国俗不厚，有沮各邦公法渐进之路。此公法所谓蛮野之国，不当以公法待之者也"。①

不过就戊戌修律的实际进展论，仅有张荫桓奏请严加考核州、县、道、府的听讼事宜（奉旨依议），② 以及礼部侍郎李端棻等人奏请改订六部之则例，奉旨删改旧例，另定简明则例。后折为梁启超所拟。③ 梁氏于《戊戌政变记》解释此折之用意："拟采欧洲之制，先更律法，以为他日条约更正张本。至是李端棻言之，故有删改则例之谕，盖制于西后，未敢开局大修法制，先借是为嚆矢耳。"④ 无奈八月初六日政变突发，修律进程戛然中止。

1928 年陈寅恪敏锐地指出："今日神州之世局，三十年前已成定而不可移易，当时中智之士莫不惴惴然睹大祸之将届。"⑤ 时间点正指向戊戌变法之年。其间，康梁一派目睹国家危亡，意欲通过修改国内律法，达到加入"万国公会"和参与"世界"之目的。此事开启了试图以外交引导国内修律的先例。庚子以后国难更亟，修律事业也只能沿此潮流继续前行。

第二节　江楚奏请"恤刑狱"

从戊戌年开始，朝野逐渐形成改用西法的共识。如果以梁启超的"器物"、"制度"和"文化"三阶段论去分析，中国在义和团事变后

---

① 郑宝坤：《公法律例相为表里说》，《湘报》第 113 号，第 449～450 页。
② 清华大学历史系编《戊戌变法文献资料系日》，上海书店出版社，1998，第 928页。
③ 茅海建：《从甲午到戊戌：康有为〈我史〉鉴注》，三联书店，2009，第 581 页。
④ 梁启超：《戊戌政变记》，中华书局，1954，第 37 页。
⑤ 陈寅恪：《俞曲园先生〈病中呓语〉跋》，《寒柳堂集》，三联书店，2001，第 164 页。

则已走到了制度改革的阶段。[1] 庚子年底的变法上谕说得明确："至近之学西法者，语言、文字、制造、器械而已；此西艺之皮毛，而非西政之本源也。"并著军机大臣、大学士、六部九卿、出使各国大臣、各省督抚条陈变法事宜。[2] 在如此语境下，"忧时之士，咸谓非取法欧美，不足以图强。于是条陈时事者，颇稍稍议及刑律"。[3] 其中"颇稍稍"三字值得注意，意指不少人论及修改刑律，但尚不主根本更张。

如报人汪康年向清廷和地方督抚提出《整理政法纲要》，宣称"改革宗旨，系本诸经典，并本朝名人论说，并非专以泰西为法"。这份全面改革的方案在法制方面仍是向西学习，但是提倡循序渐进的改革。"应选通晓刑律之人，先将过重及不能施用之律除去，并收各种律例，酌改以后，逐渐改正，务与东西各国合符而后已。"对于西人抨击的断讼、刑求之法仍主张先行保留，数年后方行酌改。[4] 同时期汪氏给某疆臣的说帖也谈到，"刑法一项，应暂仍旧贯，俟诸事就绪，再行斟定"。[5]

署理浙江巡抚余联沅提出"以改律例为最先最急之务"，"为大纲

---

[1] 梁启超：《五十年中国进化概论》（1923 年 2 月），《饮冰室合集·文集之三十九》，第 44 页。梁漱溟亦谓："及至甲午之役，海军全体覆没，于是大家始晓得火炮、铁甲、声、光、化、电，不是如此可以拿过来的，这些东西后面还有根本的东西。乃提倡废科举，兴学校，建铁路，办实业。此种思想盛行于当时，于是有戊戌之变法不成而继之以庚子的事变，于是变法的声更盛。这种运动的结果，科举废，学校兴，大家又逐渐着意到政治制度上面，以为西方化之所以为西方化，不单在办实业，兴学校，而在西洋的立宪制度、代议制度。"见《东西文化及其哲学》，《梁漱溟全集》（一），山东人民出版社，2005，第 333~334 页。三段论自然颇为粗疏，然大体反映出近代各时期学习西方的不同侧重点，可备一说。

[2] 《宣统光绪两朝上谕档》第 26 册，光绪二十六年十二月初十日，第 460~462 页。

[3] 国务院法制局法制史研究室注：《〈清史稿·刑法志〉注解》，法律出版社，1957，第 26 页。"刑法志"由参与修律的法律馆司员许受衡撰写，其中颇多眼光独到的观察。"刑法志"著述详情参见朱师辙《清史述闻》，上海书店出版社，2009，第 26 页；李典蓉《〈清史稿·刑法志〉史源问题探析》，《清史研究》2012 年第 4 期。

[4] 汪康年：《整理政法纲要》，汪林茂编校《汪康年文集》上册，浙江古籍出版社，2011，第 74、83 页。此说帖还送给日本政要犬养毅、大隈重信、山县有朋等人"省览"。

[5] 汪康年：《上某疆臣说帖》，《汪康年文集》下册，第 593 页。

中之大纲"。其论称："查中国六部则例本已美备精详，奉行日久，时局迁流，弊多利少，遂不得不急图变计。若不从此处做起，则如水无源，如木无本，旧弊未除，新章不一。"故奏请各省先开律法馆，"遴选中西精于律法之员，就中国现有之六部及应行新设之外部、商部，分为八类，广取各国现在通行之律，择要翻译，与中国各省现行之律参互考订，厘定妥章，进呈圣鉴批定之后，颁行为律"。① 这是提出参考西法、先行改订地方法制的主张，然尚未专言刑律事宜。

在应诏奏陈变法事宜的督抚中，详细论及刑律变革之事者，应数两江总督刘坤一和湖广总督张之洞。② 其《江楚会奏变法三折》[下简称《江楚折》，分别奏于光绪二十七年（1901）五月二十七日与六月初四、五日，刑狱的内容在第二折，正是此次会奏的重点③]，根据李细珠的研究，张謇、郑孝胥、梁鼎芬、黄绍箕、汤寿潜和沈曾植等人都参与了奏折的起草。④

不过各人发挥的作用不一。刘坤一认为："张、汤稿宏深博大，意在一劳永逸。惟积习太深，一时恐难办到。沈稿斟酌损益，补偏救弊，较为切要"，"似可用沈稿为底本，再得我公斧正润色，必卓然可观"。⑤ 沈稿之所以获得刘坤一青睐，在于其立意稳健，开新而不主破坏，"先布新而后除旧者，人情安；先除旧而后布新者，人心危"，⑥

①　《署浙抚余中丞议复变法事宜折》，《申报》光绪二十七年七月二十五日，第1版。原奏时间为光绪二十七年三月十四日。
②　李细珠认为："当庚子变法上谕发布后，张之洞在与各省督抚大臣会商联衔复奏时就已经提出'酌改律例'的主张，而《江楚会奏变法三折》不过是将此主张的内容具体化。"见其《张之洞与清末新政》，第259页。
③　里赞已注意到，"'恤刑狱'虽然只是12项之一，但具体的内容却多于任何其他一项，超过了奏折总篇幅的四分之一，可知这是此次会奏的重点"。见其《"变法"之中的"法变"——试论清末法律变革的思想论争》，《中外法学》2001年第5期，第623页。
④　参见李细珠《张之洞与清末新政研究》，第91～96页。书中指出，陈衍自称江楚会奏还曾采择了他的《变法榷议》，见第92页。
⑤　《刘制台来电》，《张之洞全集》第10册，河北人民出版社，1998，第8562页。
⑥　《与陶制军书》，许全胜：《沈曾植年谱长编》，博士学位论文，华东师范大学，2004，第244页。

甚至谓"以开新为乐者，文明之象也；以除弊为快者，野蛮之习也"。①

沈稿涉及十个方面，包括"设议政，开书馆，兴学堂，广课吏，设外部，讲武学，删则例，重州县，设警察，整科举。稿凡八九千字"。② 关系法制者主要在"删则例"一项，"小节或可变通，大体断难轻议"，只需改革户部、吏部和兵部的则例，并未提及刑部事项。关于改革刑律者，只提到"各县各派一理刑官，专司刑名词讼"。然而，沈曾植在这六人之中是以刑律知名的。沈氏"在刑部，由主事迁郎中，前后十八季，兼充总理衙门章京。既精今律，复考古律令书，由大明律、宋刑统、唐律以上治汉、魏律令，著有《汉律辑补》《〈晋书·刑法志〉补》，而尤究心于通商以来外交治革"。③ 连沈家本也称其"熟悉刑名，于汉、唐以来刑法罔不研究，兼及欧美之书，淹贯古今，参讨中外"。④ 身为刑律专家而不言其弊，既晓西法而不采用，可见其对大规模改造中律的必要性存有疑问。⑤

有意思的是，不以律学知名的张謇在其《变法平议》中却提出了四大项修律意见："增现行章程"（包括教案、租界、报馆和矿山等章程）、"增轻罪条目"（增罚锾、废笞杖）、"清监狱"和"行讼税"。⑥

① 《与南皮制军书》，《沈曾植年谱长编》，第 243 页。

② 《与陶制军书》，《沈曾植年谱长编》，第 241 页。原稿即《沈子培拟新政条陈》，清末石印本。

③ 谢凤孙：《学部尚书沈公墓志铭》，汪兆镛辑《碑传集三编》卷 8，台北，文海出版社，1980，第 404～405 页。

④ 《修订法律大臣沈家本等荐举人才折》（光绪三十四年五月二十五日），一档馆藏，军机处录副奏折，档案号：03-5505-057。

⑤ 沈曾植后来为曹元忠《礼议》作序时指出，"（反驳新刑律的）律议四篇，谔谔闾阎，干城名教，伟哉，昌言勇过贲育矣"。见其《序》，曹元忠：《礼议》，南林刘氏求恕斋刻本，1916，第 2 页。激赏之词溢于言表，亦可知其维持旧律的基本立场。

⑥ 张謇：《变法平议》，《张謇全集》第 1 卷，江苏古籍出版社，1994，第 69～71 页。从其日记可知，该书正是提供给刘坤一的条陈。见《张謇日记》，《张謇全集》第 6 卷，第 450 页。当时传媒亦注意到此事。《新闻报》"宁函"说："张殿撰謇有《变法平议》一篇，未另办折稿，详论极为谛当。"见《江鄂会奏志闻》，《新闻报》光绪二十七年三月十九日。

而张氏完成这部分（属于刑部）和工部之事，其实只用了短短两天。①平素缺少法律积累，却能对修律问题下笔无碍，耳食可知。② 除了最后一项外，《江楚折》基本加以采纳。

《江楚折》对于中西刑狱状况的基本判断是中不如西。中律"滥刑株累之酷，囹圄凌虐之弊，往往而有，虽有良吏，不过随时消息，终不能尽挽颓风"。外人"亲入州县之监狱，旁观州县之问案，疾首蹙额，讥为贱视人类，驱民入教，职此之由"。反观西法，"听讼之详慎，刑罚之轻简，监狱之宽舒，从无苛酷之事，以故民气发舒，人知有耻，国势以强"。③ 所见与严复所谓"英国与诸欧之所以富强，公理日伸，其端在此一事"④ 颇有共鸣之处。

该奏关于改革刑狱的建议共有九条，若按照沈曾植"除旧"和"开新"的分类，《江楚折》的"禁讼累"、"省文法"、"恤相验"和"派专官"这四条属于前者。"禁讼累"要求革除差役；"省文法"宽减官员对命盗案件的连带责任，旨在"禁绝拖延命案，讳饰盗案之法"；"恤相验"的灵感来源于四川三费局的办法，⑤ 要求"各州县就地筹款，务以办成为度，仍责令州县轻骑简从，不准纵扰，违者严参"；"派专官"则是采用宋、明旧法，派遣专官管理监狱。

其余的"省刑责"、"重众证"、"修监羁"、"教工艺"和"改罚锾"诸条可谓"开新"，皆有西法的影子在。有趣的是《江楚折》却将之比附为中国古法，"明慎用刑不留狱，大《易》之文；圜土教职事，

---

① 《张謇日记》（光绪二十七年二月十八日），《张謇全集》第 6 卷，第 450 页。《变法平议》"以六部为次"，其余吏、户、礼、兵四部用了 12 日之久。

② 张謇承认："刑律不可遽议，理至繁，时未至也"，"今欲遽引各国刑法之书，编为定律，非得专家通才，详审参酌，不给于用"。见《变法平议》，《张謇全集》第 1 卷，第 69 ~ 70 页。可知其自定位亦非刑律专家。

③ 张之洞：《遵旨筹议变法谨拟整顿中法十二条折》，《张之洞全集》第 2 册，第 1415 ~ 1416 页。

④ 严复：《〈法意〉按语》，《严复集》第 4 册，第 969 页。

⑤ 关于三费局的详情，参见里赞《晚清州县诉讼中的审断问题——侧重四川南部县的实践》，法律出版社，2010，第 242 ~ 252 页。

《周礼》之典；疑狱与众共，《王制》之法，此皆中国古典旧章"，强调"与西法无涉"。① 李细珠注意到，此前某军机章京密报安徽巡抚王之春"奏复变法，毋偏重西"，王氏随即表示"复我古法立论，或不干怒"。当张之洞向军机鹿传霖打探消息，鹿的回复亦是"似不必拘定西学名目，授人攻击之柄"。② 在朝廷没有宣示大规模变法的情况下，张氏比附之举既可减少阻力，亦可自保。

"省刑责"和"重众证"密切相关，针对的是旧律以犯人口供定罪和刑讯之法。《大清律例》载明："除本犯事发在逃，众证明白，照律即同狱成外，如犯未逃走，鞫狱官详别审问，务得输服供词，毋得节引众证明白、即同狱成之律，遽请定案。"③ 此法属于中律传统："中法供、证兼重，有证无供，即难论决。《唐律》狱囚取服辩，今律承之。可见中法之重供，相沿已久。"④ 实际上，即便问官强引"众证明白、即同狱成"之文，"照此断拟者，往往翻控，非诬问官受贿，即诋证人得赃，以故非有确供，不敢详办"。⑤ 因此，犯人若不认罪，没有取得"输服供词"，就无法定案。而各级官吏面临最长半年的审结期限，在问案官员"心证"已成的情况下，可能会对犯罪嫌疑人施行刑讯，以取得口供定案。⑥

---

① 张之洞：《遵旨筹议变法谨拟整顿中法十二条折》，《张之洞全集》第 2 册，第 1416 页。
② 详见李细珠《张之洞与清末新政研究》，第 85 页。
③ 薛允升：《〈读例存疑〉重刊本》，黄静嘉编校，台北，成文出版社，1970，第 125 页。
④ 沈家本：《裁判访问录·序》，《历代刑法考（四）·寄簃文存》，第 2235 页。
⑤ 张之洞：《遵旨筹议变法谨拟整顿中法十二条折》，《张之洞全集》第 2 册，第 1417 页。
⑥ 不过清律的刑讯规定却颇有限制。《清史稿·刑法志》指出："凡讯囚用杖，每日不得过三十。熬审得用掌嘴、跪链等刑，强盗人命酌用夹棍，妇人拶指，通不得过二次。其余一切非刑有禁。"见《〈清史稿·刑法志〉注解》，第 108 页。已有学者发表专文为清律中的刑讯制度辩护，参见：Nancy Park，"Imperial Chinese Justice and the Law of Torture," *Late Imperial China*，29：2（Dec 2008），pp. 37 – 55。

这种结案方式与西方以证据为准的做法相当不同。[①] 一位"令人尊敬且了解情况"的中国人向英国香港法庭解释说："中国法庭不要求发誓，因为他们知道如果能查清原因，人们不在乎作伪证。地方官只用威胁和拷讯的方法迫使人们招供，然后他们比较各个供词做出判决；或者他们会用计谋及私访（by arts and private inquiries）的方式发现真情，并不依靠证词。"[②] 换言之，刑讯其实是官员判案的工具，有经验和较为廉明的官吏则可以之为手段得到实情。此外，在中国传统的人情社会里，经验会告诉官员，专重证据会容易产生弊端。正如安徽巡抚冯煦所指出："中国民情，习于刁诈，往往假公事以泄私愤，或串通证人搭作讹诈，或凭虚构造，陷害善良，弊端百出，防不胜防，稍不留神，便坠其术中而不觉。谚所谓无谎不成状者是也。"[③]

不过，刑讯的做法在 19 世纪末似乎受到越来越多的质疑。[④] 即如刑部尚书薛允升（1820～1901）也在法理上质疑口供定罪的合理性。他认为，"案情以众证为凭，固已十得八九，舍众证而信犯供，供遂可尽信乎？"既然"犯逃者准引众证明白，即同狱成之律"，"犯未逃者不得遽请定案，是何情理？"[⑤]

---

① 有学者认为旧律重口供不过为"形式主义"（赵晓华：《晚清讼狱制度的社会考察》，中国人民大学出版社，2001，第 225 页），未免过于相信西方的证据定案之法，正如日本学者山路爱山指出："仅以精神而言，则亦以非有确供不先定罪为至公之理。证据云者，无论如何确凿，难保冤抑之必无。观古来判决例自明也。"见沙世杰笔述《山路爱山论清国法律学之事》，《法政杂志》（东京）第 1 卷第 4 号，光绪三十二年闰四月二十日，第 1 页。

② Norton-Kyshe, *The History of the Laws and Courts of Hong Kong*, Hong Kong：Vetch and Lee Limited, 1911, p. 311. 引自苏亦工《中法西用——中国传统法律及习惯在香港》，社会科学文献出版社，2002，第 164 页。

③ 《开缺安徽巡抚冯煦签注清单》，第 12 章签注，宪政编查馆编《刑律草案签注》第 1 册，油印本，无页码。

④ 相关的例证可参赵晓华《晚清讼狱制度的社会考察》，第 232～242 页。李秀清则认为"从秦朝开始，司法上就不认为刑讯是一项好的制度，法律上并不提倡，相反，滥用刑讯的官员要被追究责任和惩罚"。见其《中法西绎：〈中国丛报〉与十九世纪西方人的中国法律观》，上海三联书店，2015，第 95 页。

⑤ 薛允升：《〈读例存疑〉重刊本》，第 126 页。

张之洞与西人打交道的过程中，也意识到刑讯问题实为中西司法制度的关键分歧。其在光绪十四年（1888）任两广总督期间，就主张以除刑讯换取香港政府交出内地逃犯："凭问官驳诘之词，旁观证佐之论，傥众论佥同，证据分明，即狡不成招，亦可定案，自无庸遽用严刑，致滋口实。"① "开新"之另外一项"教工艺"，亦是张氏就任两广总督期间实行过的措施，很可能也是仿自邻近的香港。② 可见张之洞对西法有所认识，并愿意为了外交需要而在法律上做出让步。

不过，《江楚折》只是奏请限制刑讯：除"盗案、命案证据已确而不肯认供者"外，"初次讯供时及牵连人证"不准刑讯。③ 也就是说，对于命、盗重案之外的其他案件，在二次讯供之后仍可以进行刑讯，人证则可以免除刑讯之苦。

限制刑讯的同时，同为身体刑的笞、杖之刑在《江楚折》中也被提议废除。张謇在《变法平议》中提出"自当仿洋法增添轻罪"。所谓"洋法"即日本旧刑法（1881年布告），以重禁锢以下的十五种刑名代替笞、杖，如此"目繁而不虐，刑轻而不可免；存其廉耻，不恕其非违"。否则"地方官以意判决，暴者残民，仁者失其罪，徒为外人讪笑耳"。④ 其实，笞、杖刑的实际击打数是律例规定数的"四折除零"，比如法律规定笞三十，实际只是打十下而已，再加上笞杖大小皆有规制，

---

① 《致总署》（光绪十四年三月初八日），《张之洞全集》第12册，第10225页。
② 所谓"教工艺"一项，即"令天下各州县有狱地方，均于内监、外监中必留一宽大空院，修工艺房一区，令其学习，将来释放者可以谋生，改行羁禁者，亦可自给衣履"。早在光绪十三年（1887），张之洞就任两广总督期间，便要求南海、番禺两县设立类似本条的迁善所。所内"各设头目，购置工具，酌募工师，责令各犯学艺自给"，"将来放出，各有一艺可以资生，自然不再为非，囹圄可望减少"。见《札南、番两县勘修迁善所》，《张之洞全集》第4册，第2547页。李细珠据此反驳任达的意见，认为那时张之洞"的确有可能向辜鸿铭等人了解西方，而不太可能受日本的影响"。见其《张之洞与清末新政研究》，第282页。
③ 张之洞：《遵旨筹议变法谨拟整顿中法十二条折》，《张之洞全集》第2册，第1417页。
④ 张謇：《变法平议》，《张謇全集》第1卷，第71页。

若严格遵守相关规定，或不甚残暴。笞、杖在传统的"五刑"体系中
实为剥夺廉耻的轻刑，张謇却以之为重，反而视日本重禁锢（最高禁
锢五年且服定役）等刑为轻刑，判断标准明显西化，想当然地把身体
刑直接等同于重刑。

"修监羁"主要是回应外人的责难。当时外人常指责中国监狱黑暗
无道，国人往往随声附和，其实未能注意中外监狱在制度上本有差异。
中国监狱不列于"五刑"，附于衙署，用于临时羁押犯人；[①] 而西方则
是把监禁作为主要的刑罚，以之为改造犯人的国家机器，[②] 自然倍加注
意。张謇在条陈中提出革除监狱秕政，并采用西方的监狱之法，"西国
于监狱制度，至整且详，所以为瘐死备，无微不至；日本有禁锢场、拘
留所以处轻罪；皆良法之可采者"。[③] 但《江楚折》并未谈及采用西制，
只要求改善监狱内部的卫生和管理："臬司、府、厅、州、县各衙门内
监、外监大加改修，地面务要宽敞，房屋务须整洁，优加口食及冬夏调
理各费，禁卒凌虐，随时严惩"，同时增设专官管理羁所，"务须宽整、
洁净，不准虐待，亦不准多押"。[④]

《大清律例》本有"纳赎""收赎""赎罪"等以钱换刑的规定，
"纳赎大抵指官员者居多，收赎则律内所云老小废疾等类是也，赎罪则
专言妇女、有力及官员正妻"。[⑤] 较诸原律只及于特殊人群的特殊情况，
《江楚折》提议扩大罚锾的适用范围，轻罪如"户婚、田土、家务、钱
债等类之案"，可以罚银，充当监狱经费；举贡、生监、职员犯事，
"罪不致军遣者"，可以处以罚银和看管数月了事。甚至除重犯外，流、

---

① 《清史稿》称："其囚禁在狱，大都未决犯为多。既定罪，则笞、杖折责释放，徒、
　流、军、遣即日发配，久禁者斩、绞监候而已。"见《〈清史稿·刑法志〉注解》，
　第118页。
② 参见〔法〕福柯《规训与惩罚：监狱的诞生》，刘北成、杨远婴译，三联书店，
　2003，第259~354页。
③ 张謇：《变法平议》，《张謇全集》第1卷，第71页。
④ 张之洞：《遵旨筹议变法谨拟整顿中法十二条折》，《张之洞全集》第2册，第1418
　页。
⑤ 薛允升：《〈读例存疑〉重刊本》，第11页。

徒罪犯亦可缴纳罚银后，改加羁禁。[①]

总的来看，"恤刑狱"的内容并不激烈，亦未高扬效仿西法之帜。其时王觉任与康有为谈及《江楚折》。前者指出，《江楚折》的举措"自称与先生判然不同，而无一非剿拾先生之唾余矣。然闻江、鄂之折也，鄂督实主之，遍谋之名士之多，撰述之七八月之久，而仅乃得此，犹知其末而不知其本也"。康有为则认为张之洞已大有进步，因为对比"乙未（1895）吾见之于江南时"，"吾与言西政之至末者，曰银行，曰民兵，而未信也，但言开铁路、购铁舰耳"，"今其三折至言甚多，鄂督大进矣"。[②] 言下有微哂之意，犹不以张氏改革为彻底。

张之洞奏上后不久，政务处就提出刑律的改革要求，"应与公法参订互证，以办民教交涉之案，而民律附焉"。[③] 并指出改革法制之"大纲"，即具体办法：

> 一则旧章本善，奉行既久，积弊丛生，法当规复先制，认真整理；一则中法所无，宜参用西法以期渐致富强，屏除成见，择善而从，每举一事宜悉心考求。凡中国政书及上海所译各种西书，皆当购存公所。东洋与我同洲，变法未久，遽臻强盛，此尤切近可师者。当咨由出使日本大臣将彼国变易各大政，行之已有实效者，概行抄录赍送，并遍咨出使各国大臣，将各国财政、军政、商务、工艺诸大端择其尤要者，分别录送，以备稽核。[④]

所论与《江楚折》颇相近似：一方面整顿旧章，另一方面引进西法，并明确未来变法以效仿日本为路径。

---

① 张之洞：《遵旨筹议变法谨拟整顿中法十二条折》，《张之洞全集》第 2 册，第 1419 页。

② 康有为：《官制议·序（手稿）》，《康有为全集》（七），中国人民大学出版社，2007，第 232 页。

③ 《政务处条议》，《申报》光绪二十七年七月十九日，第 2 版。

④ 《续政务处条议》，《申报》光绪二十七年七月二十日，第 2 版。

第三节 商约谈判与治外法权问题

清季的刑律改制，意在更好地治理在华西人。追溯相关历史，中国看待内、外人等便很有自身特色。传统社会虽然强调夷夏之辨，却不以地域，而是以文化的高下区分文野。正如宋育仁所言："经言夷夏之辨，以礼义为限，不以地界而分；传言降于夷则夷之，进乎中国则中国之。"① 相应地，法律上也做出了"化外人"和"化内人"的区分。《唐律疏议》谓："化外人，谓蕃夷之国别立君长者，各有风俗，制法不同。""化内人"即为受皇朝统治的人民。

原"化外人"一旦归化，便要依律处断。《大明律》规定："凡化外人犯罪者，并依律拟断。"《纂注》解释："化外人，即外夷来降之人，及收捕夷寇散处各地方者皆是。言此等人，原虽非我族类，归附即是王民；如犯轻重罪名，释问明白，并依常例拟断，示王者无外也。"② 《大清律例》"化外人有犯"条加以沿用："凡化外（来降）人罪者，并依律拟断。隶理藩院者，仍照原定蒙古例。"③ 明清律典对于不愿归化或来降的"化外人"并没有明确规定。在司法实践上，来自欧美的未归化之"化外人"对中国民人犯杀人重罪，仍依中国法律惩处，其他情况则多为轻纵。④

---

① 宋育仁：《采风记》卷5，王东杰、陈阳编《中国近代思想家文库·宋育仁卷》，中国人民大学出版社，2015，第104页。详参罗志田《夷夏之辨的开放与封闭》，《民族主义与近代中国思想》，台北，东大图书公司，1998，第35~60页。
② 《明律集解附例》卷1，修订法律馆重刊本，1908，第84~85页。
③ 田涛、郑秦点校《大清律例》，法律出版社，1999，第122页。
④ 美国学者艾德华指出："在18世纪中叶，清政府制定了一项规则，规定只有当案子涉及杀死中国臣民时，欧洲人才在中国依据中国的法律受到审判和惩罚。而在所有的其他的案子中，外国人只是得到指令，对罪犯处以适当的刑罚。"见其《清朝对外国人的司法管辖》，高道蕴等编《美国学者论中国法律传统》（修订版），清华大学出版社，2004，第509页。

1840 年代条约体系初建之时，朝廷对于中外交往的思维仍是华洋分隔。着英主动给予英国领事裁判权，只是沿用了以往的法律惯例和条约先例，① 并未有后来认知中的丧权辱国的问题。事实上，条约所确立的租界—治外法权模式似乎可以适应华洋交往较少的情况，甚至还不无轻视洋人的意味。② 设立租界是为了华洋分治，让洋人有较为封闭的居住地域，因之中国才给予洋人以领事裁判权。正如《中外日报》的"论说"所指："租界者，以内地不能任便杂居，乃为是区划地段，而为之界限，租与外人聚居其间，使彼此不致相扰而保护亦易为力耳。"③后来蒋廷黻亦言："治外法权在道光时代的人的眼中，不过是让夷人管夷人。他们想那是最方便、最省事的办法。"④

实际上，治外法权保护西人的成效未如理想。就如英国驻华公使阿礼国（Rutherford Alcock）所言："如洋人有犯法之事，仍按各国律例遵断，于中外均有不便。"⑤ 这是因为，较之西法中律多重，平民又疑心领事和官府偏袒西人，中外教案冲突频发；西人亦发现涉外案件的审判程序烦琐混乱，中国官府对于判决的执行往往消极延办，更无法进入内地居住和经商。因此，反而是西方首先提出改变以治外法权为核心的中西管治二元体制。

同治七年（1868）阿礼国趁着修约之机，提出"设立有管理各国

---

① 清政府在 1830 年代便给予中亚浩罕国许多经济和审判方面的特权，据约瑟夫·弗莱彻（Joseph Fletcher）的说法，"它为以后西方与北京之间的不平等条约铺平了道路。清帝此时已经给予了全部治外法权，就像他不久就要在沿海给予贸易飞地以治外法权"。见〔美〕约瑟夫·弗莱彻《清秩序在蒙古、新疆和西藏的全盛时期》，费正清编《剑桥中国晚清史，1800～1911》上卷，中国社会科学院历史研究所编译室译，中国社会科学出版社，1993，第 421 页。
② 佐藤慎一指出，穆彰阿主动提出给予外国领事裁判权，乃是因为"西方人文明化的程度之低下"，西方并没有理解中国礼法的能力，将纷争"交给他们自身去裁决，这要远远高明"。见其《近代中国的知识分子与文明》，第 42 页。
③ 《论内地杂居事》，《中外日报》光绪二十八年三月三十日，第 1 版。
④ 蒋廷黻：《中国近代史》，武汉出版社，2012，第 21 页。
⑤ 《英使阿礼国节略》（同治七年十二月），《筹办夷务始末（同治朝）》第 7 册，中华书局，2008，第 2549 页。

洋人之权之外国官"，统一管辖各国在华侨民犯法滋事案件，以及"定一通商律例"等两项主张。文祥则提出以开放内地通商换回治外法权，"废除你们的治外法权条款，商人和传教士就可以住在他们任何想住的地方；但如果保留它，我们必须尽我们的可能把你们以及我们的麻烦限制在条约口岸"！① 经过双方谈判，《阿礼国协约》规定"由两国会同商定通商律例"之条。② 但全约终被英国商人所破坏，英国政府并未批准此约。中国方面，亦担心"恐启内地添设领事之渐"，制订通商律例一事最终未有结果。③

西人为何不愿以治外法权交换内地开放的权益？光绪二年（1876）海关总税务司赫德（Robert Hart）解释说："随意到各地走动并在各地居住的自由并不是所需要的一切；外国人需要到各地去走动并且住下来，是为了又能够进行买卖，提倡改良与变革，他担心这些就是任何样的对治外法权的放弃会使他不可能去做到的事情。"换言之，外人并不愿意在缺乏法权保护的情况下进入内地。为此赫德提出近似《阿礼国协约》的主张："为中外混合的案件订定一种共同的法典"，并设立有洋员参与的条约口岸法庭。④ 其旨在援照西法制订单行法，以规范外人在华行动，同时无碍内地法制的运作。

出使英国大臣郭嵩焘赞同赫德之议，在光绪三年（1877）奏请："参核各国所定通商律法，分别条款，纂辑《通商则例》一书，择派

---

①　〔英〕赫德：《这些从秦国来——中国问题论集》，叶凤美译，天津古籍出版社，2005，第45页。王韬也注意到："向者英使阿利国以入内地贸易为请，总理衙门亦以去额外权利为请，其事遂不果行。"王韬：《弢园文新编·除额外权利》，三联书店，1998，第59页。关于清季中外政府就领事裁判权问题上的角力，可参李育民《晚清改进、收回领事裁判权的谋划及努力》，《近代史研究》2009年第1期。

②　英文本为："It is further agreed that England and China shall, in consultation, draw up a commercial Code。"见《中外旧约章大全》第一分卷，中国海关出版社，2004，第834页。

③　《总署奏拟纂通商则例以资信守折》（光绪三年九月二十五日），王彦威纂辑《清季外交史料》第1册，书目文献出版社，1987，第214～215页。

④　〔英〕赫德：《改善中国法律与政务之条陈》（1876），王健编《西法东渐——外国人与中国法的近代变革》，中国政法大学出版社，2001，第18页。

章京内实任户部、刑部司员二人，另请通知西洋律法二人，专司编纂之责，仍饬总税务司及南北洋大臣参酌，由总理衙门审定，颁发各省，并刊刻简明事例，略叙大纲，颁送各国驻京公使。"① 郑观应在光绪二十一年（1895）出版的《盛世危言》中建议："至于通商交涉之件，则宜全依西例……若仍执中国律例，则中外异法，必致龃龉。不如改用外国刑律，俾外国人亦归我管辖，一视同仁，无分畛域。"②

光绪二十四年（1898），出使美、日、秘、墨大臣伍廷芳奏陈，中西法律轻重不等，建议清廷"采各国通行之律，折中定议，勒为《通商律例》一书，明降谕旨，布告各国。所有交涉词讼，彼此有犯，皆以此为准"，如此便可允准西人内地通商，达致收回租界和法权的目的。③ 同时期严复也提出，"集各国治律之学者，杂议公允，造为一律，以专治来寓中土之外国人"；甚至应该中外各举一人，"凡中外交涉与夫各国交涉之词讼，皆治以此官，断以此律，不得为异。其前之领事官理刑之权，悉去之"。④ 光绪二十七年（1901）湖北巡抚端方上奏，"惟近时华洋杂处，教案繁兴，彼此刑律轻重悬殊，比拟难期允洽，办理殊形棘手。拟略加变通，定一中西参合之公律，讯办教案，易于就绪，亦不至偏枯"。⑤

更为重要者，张之洞、刘坤一的江楚会奏变法第三折，也提出制订"交涉刑律"的主张，专以处理"交涉杂案及教案尚未酿大事者"，"令

① 郭嵩焘：《请纂成通商则例折》，《郭嵩焘奏稿》，岳麓书社，1983，第 383 页。
② 夏东元编《郑观应文选·刑法》，第 215 页。
③ 伍廷芳：《奏请变通成法折》（1898 年 2 月 10 日），丁贤俊、喻作凤编《伍廷芳集》上册，中华书局，1993，第 50 页。上谕："饬令该大臣，博考各国律例及日本改定新例，酌拟条款，咨送总理衙门核办。现当整饬庶务之际，着伍廷芳迅即详慎酌拟，汇齐咨送，毋得迟延。"《大清德宗景皇帝实录》（六），光绪二十四年六月十五日，第 526 页。
④ 严复：《〈原富〉按语》，《严复集》第 4 册，第 901 页。该按语作于 1897～1900 年。
⑤ 端方：《筹议变通政治折》（光绪二十七年三月），《端忠敏公奏稿》卷 1，台北，文海出版社，1982，第 45 页。

民心稍平，后患稍减，则亦不无小补"。他的办法是"访求各国著名律师，每大国一名，来华充当该衙门编纂律法教习"，"限一年内纂成，由该衙门大臣斟酌妥善，请旨核定，照会各国，颁行天下，一体遵守"；同时设立交涉刑律学堂，"选职官及进士、举贡充当学生，纂律时帮同翻译缮写，纂成后随同各该教习再行讲习律法，学习审判一两年"。① 提出访求外国著名"律师"（法律专家）来华制律，其后在商约谈判中又主动要求，正是其办法的核心内容，似亦颇有新意，前述诸人中只有严复提出过。

其后朝廷面临商约谈判的考验，赫德再次提出修律解决法权问题之议，获得了不少官员的支持。② 在赫德看来，治外法权在中外交往中极有负面的作用，"团匪滋乱之一因，系因外人有治外法权之故，并请销除此项法权"。③ 而且它是"造成一切损害的根源"，也是"被各条约国视为对华条约中最重要、最有价值，而且从外国立场看来也是最为根本的一点"。同时，赫德亦不忘向西方列强喊话："只要我们放弃治外法权，关系立刻就会改变过来，积怨就会消除，友好善意就会随之而来，贸易会到处不受限制，资产投资和资源开发也可避免不必要的障碍。"不过，"我们"一词已提示出赫德观察问题的角度仍是西方的，他坚持"没有彻底充分的理由是不应当将它（治外法权）交出的"，并建议"中国有必要如同日本那样制定专门法律，建立专门法庭，培养法律专家，并引进新的司法程序"。只有满足上述条件，西方才可放弃

① 《遵旨筹议变法谨拟采用西法十一条折》（光绪二十七年六月初五日），《张之洞全集》第2册，第1442～1443页。
② 正如西报指出，"乃中国官员一闻彼语，则深以为喜，遂欲订约销除，除此项法权，乃始有此等之款目载于约中焉"。见《英报论中国改法律之无用》，《中外日报》光绪二十九年十二月初九日，第3版，译自同年十二月初七日《文汇西报》。沈曾植也向商约大臣盛宣怀肯定了赫德建议此条的用心，"赫议不归为管辖一条，预设收回治外法权之想，办事者固当如此耳"。见沈曾植《与盛宣怀书》（光绪二十七年十二月初三日），《沈曾植年谱长编》，第268页。
③ 《英报论中国改法律之无用》，《中外日报》光绪二十九年十二月初九日，第3版。

治外法权。①

　　作为先行举措，赫德提出应该先行增加"凡华民照例不准行者，各国人民亦一律遵守"之条，并在通商口岸"另立衙署"，作为领事官审案公堂，中国派员学习，以备日后废除治外法权之用。② 经过与盛宣怀等人商议，赫德将"另立衙署"的建议细化：

> 　　拟由外洋聘请有名律师，督同熟悉中国律例者编纂律法，在通商口岸特设公堂，以便俟英国允准后，华英人民所有词讼案情，均由该公堂按律处理。如中国尚未有本国熟悉新定律例之官员派充听审，或愿聘请英国律师在于公堂代为听审，亦无不可。且准华人听便，或到地方官处伸诉，或到该公堂请办。③

　　其中，外国律师参与修律属于新的内容，未知是否与张之洞、刘坤一的建议有关。

　　但张之洞、赫德等人的主张已赶不上商约谈判的形势变化。英方谈判代表马凯（J. L. Mackay）率先提出内地开放居住和贸易权的问题，"就1896年中日通商行船条约内已经存在的权利加以补充，把侨居贸易的权利由临时性的变为永久性的"。中方代表盛宣怀回应，"中国的法律不久即将修订，以与各国的法律更相接近。将来外国人如能像在日本

----

① 以上引语均见〔英〕赫德《这些从秦国来——中国问题论集》，叶凤美译，天津古籍出版社，2005，第45、92、115、124页。不过，若对比赫德在1863年对于中西法律各有利弊的意见，不难看出数十年来他自己也逐渐产生了西方法律优于中国的看法。他原本认为："英国由陪审团进行审判，有时会惩及无辜；而让真正的罪犯逃脱罪责，则是屡见不鲜的事。中国的审判，罪犯脱逃罪责的事是很少有的；无辜者受害的事则不时发生。从政府存在的目的考虑，到底哪一种制度弊病最少呢？"见《步入中国清廷仕途——赫德日记（1854～1863）》，中国海关出版社，2003，第366页。

② 《光绪二十七年八月二十七日总税务司赫德的修约节略》，《辛丑条约订立以后的商约谈判》，中华书局，1994，第3页。

③ 《光绪二十八年正月二十七日总税务司赫德致外务部函》，《辛丑条约订立以后的商约谈判》，第13页。

一样受地方官吏的管辖，即可准给这项权利"。① 这似是清廷大臣愿意仿照西法修律的首次公开表态。

这是鉴于庚子以后清朝国力大衰，已无力拒绝西方关于内地开放要求的现实。四川总督岑春煊向领班军机荣禄提出："此次商约内地杂居一条，吾师与外务部主持力驳之者，原欲保全腹地耳。今腹地到处有洋商开矿，即何异到处通商，虽无内地杂居之名，固有内地杂居之实，其害何可胜道！"但岑氏唯有拖延之策："目今时局国势如此，既无力与之废约，更无力禁其不开；则惟有求一善办交涉者，坚持婉拒，相机因应，以保此未尽之利权。"②

相比之下，张之洞提出先修律再开放的办法，显得更为积极主动。其预见到"内地杂居通商，此次商约虽然力驳，将来必难终阻。且此时散住内地之教士、游历寄居之洋人，已甚不少。藩篱已溃，不改律例，处处挠吾法矣"，③ "以后若不将律法酌量改定，交涉无从措手，中国处处受亏"。④

由此看来，数月之后才开始颁布的修律上谕，肯定受到了商约谈判的影响。当时传媒亦注意到两者的关系："乃者朝廷亦深知其故，初六日明降上谕，派沈侍郎家本、伍京卿廷芳将一切现行律例按照交涉情形，参酌中外，悉心考订。虽修定呈览，候旨颁行尚须时日，不能就现在改订商约之际收回治外法权，然而蓄艾以治病，今日之改订律法，即可为他日挽回张本。"⑤

光绪二十八年（1902）六月十三日，半途参与谈判的张之洞正式向马凯提出，"在我们的法律修改了以后，外国人一律受中国法律的管

---

① 《1902年1月10日中英修约会议记录》，《辛丑条约订立以后的商约谈判》，第21页。
② 《岑春煊札》，杜春和等编《荣禄存札》，齐鲁书社，1986，第322页。
③ 张之洞：《致江宁刘制台、保定袁制台》（光绪二十八年二月十三日），《张之洞全集》第11册，第8750页。
④ 张之洞：《胪举人才折（并清单）》（光绪二十七年十二月初一日），《张之洞全集》第2册，第1465页。
⑤ 《论参改律法》，《新闻报》光绪二十八年四月初九日。

辖"，甚至说"在最初几年内中国也许要聘用外国法官"。马凯爽快答应，"必定极力赞助这件事"。双方当场敲定了具体条款：

> 中国深欲整顿本国律例，以期与各西国律例改同一律。英国允愿尽力帮助中国，以成此举。一俟查悉中国律例情形，及其审断办法，与一切相关事宜皆臻妥善，英国即允弃其治外法权。[①]

以后的中英商约正式文本即用此条，只字不差。此后中国与日本、美国和葡萄牙等国的商约条文也仿照英约而定。[②] 该条文反映的，正是列强间的一个传统看法："中国应先实施内政特别是法律改革，维持（西方标准的）'正常'社会秩序，然后才谈得上考虑条约的修订。"[③]

该条款的达成，说明双方对于效仿西法修律这个大方向存有共识。张之洞赞同"与各西国律例改同一律"的条文，说明他并不反对效仿西法，亦未意识到采用西法将冲击其誓要保护的纲常礼教。马凯表现出对中国修律颇为热心，认为"越快越好！这是进步的方法，可以挽救你们的国家"。[④] 但他似乎没有充分意识到列强的势力已经内化为中国现存权势结构的重要部分，修改律法、内地开放和收回法权必将严重影响列强的既得利益和现行秩序。尽管义和团事变已经表明，在缺乏中国官民合作的情况下，西人拥有的治外法权其实远没有以前认为的有效，但列强是否有长远的眼光和意愿去变动目前的不平等关系，确实还存有

---

① 《1902 年 7 月 17 日马凯在武昌纱厂与张之洞等会议简记》，《辛丑条约订立以后的商约谈判》，第 137～138 页。

② 参见《中美通商行船续订条约》（光绪二十九年八月十八日）第 15 款、《中日通商行船续约》（光绪二十九年八月十八日）第 11 款、《中葡通商条约》（光绪三十年十月初五日）第 16 款，唯葡未交换批准。见王铁崖编《中外旧约章汇编》第 2 册，三联书店，1959，第 188、194、256 页。

③ 罗志田：《帝国主义在中国：条约体系的文化认知》，《激变时代的文化与政治——从新文化运动到北伐》，第 319 页。

④ 《1902 年 7 月 6 日马凯在"新裕"轮上与盛宣怀会谈记录》，《辛丑条约订立以后的商约谈判》，第 80 页。

很大的疑问。

正因为外人的势力在中国权势结构中日益深入，像法律这些本属中国内政的重大问题，中国的当政者也必须顾虑外人的观听。驻日公使蔡钧向荣禄建言，"刑律之严，惟我国为最。海外列邦虽无仁政足称，而刑戮之惨，似觉稍减。我朝廷宜效法及之，免启外人以残酷之议，此因时制宜，亦足杜敌人口实者也"。并认为同类的改革举措，"如能逐照采行，则外人未有不震而惊之，以为中国惩后惩前，实能奋发有为，决非如前之徒托空言者"。①甚至主张稳健的沈曾植也以为："今之变法者，期于释中外之猜疑，与万国通声气"，"亟宜作新其气象"。②

不过，外国在华传媒对于中国能依据条约收回治外法权甚表悲观，一方面因为条件过于严苛，③另一方面也有不以华人为"同类"的考虑。《文汇西报》指出："欲与西国之法相近，须有基督教之教旨在内方可，但欧美所订之法律多系原于罗马法，又有他种律例如商法者，乃中国所绝无，如欲将法律更改增减，须用精练之华人与洋人肆力多年，方可办妥也。"而且"中国更改审断办法较之更改法律，其工夫更大"，甚至断言"该约之款有数十年归于无用"。④

还有西人认为，即使中国真的改从西法，也未必真的可以收回法权。《字林西报》载，义记洋行大班合立棣认为，"现在南美洲各民主之国，治外法权何在蔑有？而英国商民常因其内乱，而致受累不浅。中国即能将律例改良，远胜于南美洲，英国亦未必可允从"。⑤

相较而言，刚已收回治外法权的日本舆论的态度似乎稍为积极。

① 《蔡钧札》，《荣禄存札》，第369～370页。

② 沈曾植：《沈子培拟新政条陈》，清末石印本，第1页。

③ 美国学者马士认为，该款条约也许是议和人员留下的一个"不表示确定意见的条款"，它"对于一方的希望和另一方的特权，既没有增加，也没有减损"。见其《中华帝国对外关系史》（三），第402页。

④ 《英报论中国改法律之无用》，《中外日报》光绪二十九年十二月初九日，第3版。

⑤ 德贞：《论商约裨益之处》，《中外日报》光绪二十八年八月十九日，第2版。译自八月十八日《字林西报》。

《明治学报》指出，"或谓此宣言不过一理想已耳"，"虽然，未始非支那于外国人之地位有大改良之希望也"。而且中国修律对己对人都有好处："深盼中国速行制定法律，遵据于学理，以公平为主，而设立裁判所。果尔，不第对于有密接之关系之列国已也，实于支那帝国大有利益者。外国人有何求？只求诉讼事件之迅速，与审判之公平足矣，中国何未之察邪？"①

在中国舆论方面，《外交报》认为，中国法律根本不能"与西国改同一律"，英国只是"蒙我"而已。因为"律例为物，由地势、民质、政体、宗教而成，万无可舍己就人之理。前二事由天定，无能移易，后二事则朝野上下，方今断断与西国争。使我国律例可与西国改同一律，又何所用其争乎？此必不能行者也"。而且要由英国确定满意与否，"意在于彼，满与不满，有何界限？则治外法权之弃与不弃，亦无定也"。再者，各国法律并不相同，则中国修律绝对无法与各国一致，缺乏可操作性。作者还担心，受英国协助的条文，"各国欲图自便，持此款以相要，攘臂而前，效尤踵至，则所改之律例，正不知成何景象矣"。②

《中外日报》评论商约条文时也指出，"收回治外法权一语，犹是虚辞，而失权诸款却已成事实矣"。③ 同报另登载《论吏治以轻刑为本》一文，亦是持质疑的态度，"其所谓相等者，究不知指何程度。我无论如何改革，彼不难随意指摘，以为不相似，是终无相等之日也，即终无收回治外法权之事也"。而且"一国之法律，必与其国之人心、风俗、宗教、历史，深相维系，各有所宜，不能任意移易，岂有削趾适履，以

---

① 《论中国之外国人法律上地位》，沈秉衡译，《法政杂志》（东京）第 1 卷第 4 号，光绪三十二年闰四月，第 261 页。

② 《论中英商约》，《外交报汇编》第 1 册，国家图书馆出版社，2009，第 164 页。原载《外交报》第 23 期。后来史实证明其说确有所见，亦如黄源盛所指出："（收回法权的条文）并无一客观衡量标准，如此反变成列强拒绝撤废在华领事裁判权的法律根据，充其量仅系虚应的承诺"，见其《沈家本法律思想与晚清刑律变迁》第 55 页。

③ 《论中英商约之关系》，《中外日报》光绪二十八年八月十二日，第 1 版。

迎合他人意见之理？故欲由此说而冀外人之收回治外法权，真所谓河清难俟矣"。①

当然，国内传媒也不乏乐观者。例如《新闻报》的"论说"指出，收回法权等条款，"尤为中国向来所冀望而不可得者，虽一时尚难照办，而有此成约，则即为将来照办之基础，不能不钦佩商税大臣议成此约之苦心孤诣也"。② 不过，考诸当时中外舆论，如此乐观者似乎只是少数。

无论态度如何，商约谈判以后的治外法权问题确实引起了朝野越来越多的关注。日人开办的《同文沪报》在 1903 年观察到，"中国今年乡试，各省所出题目，其策问及此者亦不一而足，其命意大都欲借以销除各国在中国之治外法权，而整齐其内治，且多引我日本已事为比例，因斯以谈改订刑律之举，中国朝野上下固莫不皆以为然，而急欲图之矣"。③ 其观察颇有所见：一是通过收回法权以"整齐"内政；二是1899 年日本通过变法，收回治外法权，进而跃至西方"文明"国家之列，为时人提供了希望。

有鉴于此，新加坡华侨邱菽园颇为肯定日本的经验："苟一旦发愤为雄，先变刑律，与万国等，即不必船坚炮利，而已进于文明，外之与万国同为平等，内之则兆民之志气可伸，马首是瞻，东有启明，导吾先路。"④ 尹彦铢也从中看到了希望："近闻英、法、俄、德、义、美诸邦

① 《论吏治以轻刑为本》，《中外日报》光绪三十年十一月二十七日，第 1 版。

② 《书中英商约后》，《新闻报》光绪二十八年八月初七日。

③ 《论改刑律》（录八月二十二日《同文沪报》），癸卯（1903）九月十一日，国家图书馆分馆编选《（清末）时事采新汇选》（7），国家图书馆出版社，2003，第 3493 页。由戴鸿慈主试的江南乡试试题便有一道："中外刑律互有异同，通商以来日繁交涉，应如何斟酌损益，妥定章程，今收回治外法权策。"见《许同莘日记》（光绪二十八年八月十一日），中国社会科学院近代史研究所藏，档案号：甲 622 – 11。

④ 邱炜萲（菽园）：《论中国不得享万国公法之益》，《皇朝经世文四编》，第 527 页。茅海建注意到戊戌变法时期，刑部学习主事张宝琛、户部候补主事陶福履、绍兴府举人何寿章、候选知州前内阁中书涂步衢曾上书朝廷，明确提出效法日本，修改法律，谋求废除领事裁判权。见其《救时的偏方——戊戌变法期间司员士民上书中军事外交论》，《戊戌变法史事考二集》，三联书店，2011，第 316 ~ 320 页。

均已画诺，转移之速，固由自强，抑岂非改律法之一助哉！中国不欲自强以持国体则已，如欲持国体，则变通律法不可缓矣。"① 而在华西人也适时鼓吹日本的成功经验。如传教士林乐知就介绍说："日本初与各国通商立约之时，失其半主之权，与中国同受大病。日本君民，引以为耻，遂思变法自新。数十年来，几与西国政俗如出一辙。泰西诸国互相推重，允其同入万国公会，列为平等之国，改正昔日条约。凡寓居境内之他国人民，嗣后皆受治于日本之官吏，此日本君民之大快也。"②

除了榜样激励的作用之外，由于庚子以后"西潮却自东瀛来"③ 的独特形势，日本也成为西方法政知识的转手输出地，留日学生和政治流亡者在其中发挥了掮客的作用。张元济观察到，"光绪己亥以后，东游渐众，聪颖者率入其国法科，因文字之便利，朝受课程于讲室，夕即移译以饷祖国"。④ 其中，关于治外法权的新思想资源强化了国人的危机感。例如光绪二十九年（1903）由留日学生主办的《游学译编》登载了日本守屋荒美雄的《国际地理学》，即以国家拥有的主权程度为标准，将"被领事裁判权国"界定为如同贡国和被保护国一类的"半独立国"。⑤

甚至连"治外法权"之名也来自日本。严复指出："'治外法权'四字名词，始于日本。其云治外，犹云化外；其云法权，即权利也。"⑥《中外日报》也认为："治外法权四字，至东文书盛行于中国后，而后遍于吾人之口耳"，不过"与 Exterritoriality 字之本意不甚密合，且易涉

---

① 尹彦铄：《论刑律》，《皇朝经世文新编续集》，第 349 页。

② 林乐知：《九九新论叙》，《万国公报》第 134 期，光绪二十六年二月，第 2～3 页。

③ 参见葛兆光《西潮却自东瀛来——日本东本愿寺与中国近代佛学的因缘》，《西潮又东风——晚清民初思想、宗教与学术十讲》，上海古籍出版社，2006。

④ 张元济：《〈法学协会杂志〉序》，《法政杂志》（上海）第 1 年第 5 期，宣统三年六月二十五日，第 53 页。

⑤ 〔日〕守屋荒美雄：《国际地理学》，《游学译编》第 5 册，1903 年 3 月。

⑥ 严复：《论国家于未立宪以前有可以行必宜行之要政》，《〈严复〉补编》，第 49页。

误解，不如译为不受驻国法律之权九字，较为明晰"。①

随着国际法知识的增加，时论开始认识到国君和使臣等享有法律豁免权为国际惯例，而中国不能管治外人之现状却是国际法的变例，于是有意识地将前者称之为"治外法权"，后者属于"领事裁判权"。《时报》指出："所谓治外法权乃从通称，即以领事裁判权之实而冒治外法权之名者也，以其区别属于别问题，为避复杂，故混言之。"②《顺天时报》也认为："所谓领事裁判权者，非治外法权也，今学者往往混二者为一谈，盖由于法律学之观念不明，而无以划然剖析耳。"③《神州日报》亦认为两个概念相混，"即吾国民法律思想之不发达之左证"。④《大公报》、《神州日报》和《宪志日刊》都有专文辨析两者的区别。⑤日本早稻田大学毕业生杨廷栋也著文指出治外法权与领事裁判权的不同。⑥ 不仅民间如此，官方也试图加以正式区分。1905 年的朝廷留日学生考试，就出了"治外法权与领事裁判权之异同若何，试条举而累析之"的考题。⑦ 1910 年《帝国日报》甚至以劳乃宣混用治外法权和领事裁判权，来证明其"毫无法学知识"。⑧

朝野不约而同地出现试图区分这两个概念的举动，揭示出时人其实愿意遵守西方的"万国公法"，接受互相平等的"治外法权"，而不愿

---

① 《论治外法权之解释》，《中外日报》光绪三十年十二月初五日，第 1 版。

② 《治外法权之解释》（录《时报》），光绪三十年十二月二十二日，《（清末）时事采新汇选》（12），第 5987 页。

③ 《论国民宜研究法律学》（录《顺天时报》），光绪三十三年二月初三日，《（清末）时事采新汇选》（18），第 9936～9937 页。

④ 《教案上观察中国之裁判权》，《神州日报》光绪三十四年八月二十七日，第 1 页。

⑤ 《论领事裁判权与治外法权不同》（来稿），《大公报》光绪三十三年十一月二十八日，第 2 版；《辨治外法权与领事裁判权》，《神州日报》宣统元年五月二十日，第 1 页；《治外法权与领事裁判权》，《宪志日刊汇订》宣统二年四月初七日，第 11 页。

⑥ 杨廷栋：《论改正条约与编订法律有连结之关系》，《外交报》第 254 期，1909 年 9 月 18 日。

⑦ 《考试留学日本卒业生》，《大陆报》第 3 年第 8 期，光绪三十一年五月十日，第 63 页。

⑧ 蘮：《告资政院议员反对新刑律者》（社说），《帝国日报》宣统二年十一月十三日。该报不分版次。

受到作为弱国（包括朝鲜、暹罗和土耳其）共相的"领事裁判权"的例外对待。正如《神州日报》所言："治外法权为世界各国之所共同，中国不能独异，若领事裁判权在中国最为痛心疾首之事。"①

　　尽管时人对此有过努力，但在晚清的舆论和官文书中，两者还是混用的多。例如光绪三十三年（1907）《大公报》的来稿批评："吴钫者，今奉天提法使也，前曾有司法独立之陈奏而有收回治外法权之言。伍廷芳者，前司法大臣也，抵京后赴法律学堂演说，述明改良法律之起原，而亦有收回治外法权之语。"② 故本书若无特别说明，"治外法权"或"领事裁判权"不做区分，均指在华西人超越国际法许可范围的法律特权。

---

① 《辨治外法权与领事裁判权》，《神州日报》宣统元年五月二十日，第 1 页。
② 《论领事裁判权与治外法权不同》，《大公报》光绪三十三年十一月二十八日，第 2 版。

第二章

重律易改与新法难定

光绪二十八年（1902）开始的修律事业以修订法律馆（简称"法律馆"）为中心进行，包括新刑律和新民律在内的大部分律典、法规均由其起草，再交由宪政编查馆（简称"宪政馆"）核订通过。简言之，法律馆实为清季最后十年起草法令的主要机构，如章宗祥便视之为政府"议行新政机关之一"。[①] 该馆起初依托刑部律例馆，至光绪三十年（1904）四月正式开馆。光绪三十二年（1906）七月清廷宣示筹备宪政，官制先行改革，馆务因此中辍，直至次年九月方重新开馆，重新委派修律大臣。

此为清季修律之前期，具体成绩包括修改旧例，翻译外国法典，删除凌迟等重律，废止刑讯和去除虚拟死罪等方面。修律者意在先行革除现行法律之弊端，为引入西法创造条件。前有论者指出，此期修律事业仍属传统性质的改革。[②] 实际上，"陕派律学"传人吉同钧得到修律大臣沈家本的信任，规划此期之改革，导致传统律法的阵脚大乱，刑制纷歧，然而西律的引入则因清廷内部缺乏共识而阻碍重重，修律大臣伍廷芳亦求退回籍。

---

① 章宗祥：《新刑律颁布之经过》，《文史资料存稿选编》（晚清·北洋上），第36页。

② Joseph Kai Huan Cheng, "Chinese Law in Transition: The Late Ch'ing Law Reform, 1901 – 1911," Ph. D. Dissertation, Brown University, 1976, p. 86.

第一节 刑部传统影响下的法律馆

光绪二十八年（1902）二月初二日，政务处奏上《请改律例折》，提出的修律理由意味深长："（现行律例）足以治内政而不能治外交，则以情势不同也。"篇首便以日本为例："变法之初，即派人赴泰西习律，设立译律局，考定颁行，二十年来国渐强盛，各国以其律例相同，凡旅居之外人竟能受其管辖，遂得收回自主之权力"，以之为"改律收效之明证"。而"中国自通商以来，交涉各事无不大受亏损，即民教之案，刑罚轻重悬殊，受累无穷，皆由于律例不同之故，以致动多窒碍。近日诸臣条奏多以改律为请，刘坤一、张之洞亦请定矿律、路律、商律、交涉刑律，亟宜参酌中西，将律例全行更定，务使中外可以通行，方能有益"。因此，政务处"请旨饬下各国出使大臣，查取各国通行新旧律例，迅速咨送外务部，并请饬各督抚臣遴选熟悉中外律例之员保送至京，以凭请旨特设译律局，将各国律例详加审定，总期贯通中外，切实可行"，"庶使外人不至歧视，以后交涉各事或可收回自主之权力，有裨大局，实非浅鲜"。[①]

朝廷随即廷寄谕旨给外务部、直隶总督袁世凯、两江总督刘坤一和湖广总督张之洞。略称：

> 中国律例，自汉唐以来，代有增改。我朝《大清律例》一书，折衷至当，备极精详。惟是为治之道，尤贵因时制宜。今昔情势不同，非参酌适中，不能推行尽善。况近来地利日兴，商务日广，如矿律、路律、商律等类，皆应妥议专条。著各出使大臣，查取各国

---

① 《奕劻等请改律例折》（光绪二十八年二月初二日），一档馆藏，军机录副奏折，档案号：03-7227-040。

通行律例，咨送外务部，并著责成袁世凯、刘坤一、张之洞，慎选熟悉中西律例者，保送数员来京，听候简派，开馆编纂，请旨审定颁发。总期切实平允，中外通行。①

该谕旨虽缘于政务处之奏请，但省略了"译律局"的名义，改为简派大员"开馆编纂"。同时，朝廷要求当时全国最有权势的督抚袁、刘、张三人举荐修律人选，足见对于修律事务的重视。

袁、刘、张三人经过电文往返商议，最后一致推荐"秋曹老手"沈家本和"西律专家"伍廷芳担负修律重任。张之洞特别推荐沈曾植参与修律，充当帮办或参议等职，亦获袁、刘两人赞同，会同保奏。②四月初六日，朝廷正式任命沈家本和伍廷芳负责修律事宜。上谕称：

> 现在通商交涉，事益繁多，著派沈家本、伍廷芳将一切现行律例按照交涉情形，参酌各国法律，悉心考订，妥为拟议，务期中外通行，有裨治理，俟修定呈览，候旨颁行。③

两人似是中西、新旧搭配的折中组合，章宗祥后来就觉得，"盖有采用新制加入旧例之意，未主完全更张也"。④ 实际上，正如举荐人袁世凯所言，"此次内意重在举通西律者"，⑤ 伍廷芳从一开始就处于修律的主导地位。精通旧律的沈曾植之所以落选，可能也是为了减少引入西法之阻碍。沈家本的官位虽然较高，但其任务恐怕仅是从事删改律例的工作。

---

① 《光绪宣统两朝上谕档》第 28 册，光绪二十八年二月初二日，第 36 ~ 37 页。
② 袁、刘、张三人的商议过程，参见李细珠《张之洞与清末新政研究》，第 261 ~ 264 页。
③ 《光绪宣统两朝上谕档》第 28 册，光绪二十八年四月初六日，第 95 页。
④ 章宗祥：《新刑律颁布之经过》，载《文史资料存稿选编》（晚清·北洋上），第 34 页。
⑤ 《壬寅二月十六日保定袁制台来电》，载《张之洞各处来电》第 51 函，中国社会科学院近代史研究所藏，档案号：甲 182 - 153，引自李细珠《张之洞与清末新政研究》，第 263 页。

沈家本（1840～1913）从同治三年（1864）起任职刑部，此因其父之恩荫关系，"援例以郎中分刑部，公之学律自是始"。[①] 但其科场之路并不顺遂，直到光绪九年（1883）才中进士。晚年回忆备考经历，仍然耿耿于怀。略谓："数十年中，为八比所苦，不遑他学，间或从事经史考证之书，若古文词，未之学也。"中试后"负困于簿书，所讲求者案牍之文，多作狱讼驳诘之语，昕夕从公，幸勿损越而已"。[②] 其语自为谦辞，事实上沈氏是刑部能手，历任刑部秋审处和律例馆司员，"以律鸣于时"，并为堂官所赏识。[③] 光绪十九年（1893）外放，先后任天津知府和保定知府。可见沈氏的仕途虽有波折，但已显示出渐被重用的态势。

论其政治态度，平和中正，并不激烈。光绪二十四年（1898）的中秋节，远在保定的沈家本始悉戊戌六君子被杀，虽在日记中表示同情，谓"党祸至此，惨矣！"但也认为变法不可过激，"行新政者，辟诸祛病，欲速则不达也"。[④] 可知其对康梁变法，未必没有异议。然在庚子年间，沈氏在保定被八国联军囚禁近四个月，性命几乎不保，脱险后赴西安行在。[⑤] 光绪二十七年（1901）十月，刑部尚书薛允升去世，张百熙继任尚书，沈氏又重回刑部，升任侍郎，并成为"当家堂官"。[⑥]

可见沈家本因缘际会，作为旧律专家而得到任用。另一位修律的掌

---

① 《吴兴沈公子惇墓志铭》，《沈家本年谱长编》，第 30 页。

② 沈家本：《寄簃文存·小引》，《沈家本年谱长编》，第 41 页。

③ 王式通《墓志铭》述潘祖荫赏识沈家本之事，见李贵连《沈家本评传》，第 45 页。

④ 《沈家本日记》，韩延龙等整理《沈家本未刻书集纂补编》（下），中国社会科学出版社，2006，第 1333 页。

⑤ 沈氏的这段经历，可参李贵连《沈家本评传》，第 79～93 页。

⑥ 李贵连引徐珂《清稗类钞》和刘体仁《异辞录》，力证沈氏在光绪二十七年底至三十二年官制改革之间为当家堂官。参其《沈家本评传》，第 101～102 页。笔者于此也补充一条例证。吉同钧《上刑部长官减轻刑法书》批评尚书葛宝华核定张氏监禁一案过重，"书上后，果干尚书葛公之怒，侍郎沈公面加许可，即将定张氏等释放"，可知身为侍郎的沈家本实在主持部务。见《上刑部长官减轻刑法书》，《乐素堂文集》卷 7，第 3 页。另外，刑部之有"当家堂官"有助于其政务推行。传媒指出："由刑部各堂官之中，必有起家本部司员，而熟闻例案之一人厕其列，故其治事较他部为核实，遇有一二疑狱，恒执律例以与外吏争，而外吏亦颇惮之，故刑部之权犹稍申于天下。"见《论各部拟设丞参事》，《中外日报》光绪三十一年五月二十八日，第 1 版。

舵人伍廷芳（1842～1922）则以通晓西法著名，教育背景和仕途轨迹与传统士人有异。伍氏在伦敦的林肯法律学院（Lincoln's Inn）获得英国律师从业资格，[①] 使其在欧风东渐的语境下占得优势。早在光绪三年（1877）五月，驻英公使郭嵩焘与驻美、日〔西班牙〕、秘三国公使陈兰彬争聘伍廷芳，[②] 引起李鸿章的注意。[③] 光绪八年（1882）李氏向总理衙门破格举荐伍廷芳，留为北洋法律顾问。戊戌时期，伍廷芳作为驻美公使，奏请修改律例。[④] 庚子之后，张之洞保举伍氏回国负责关于交涉的立法事宜，[⑤] 而袁世凯在修律谕旨下达之后，尚有专片密保伍氏，请朝廷"破格擢用"。[⑥]

不过，四月修律谕旨下达时，伍廷芳尚在美国，因此在光绪二十九年（1903）七八月间伍氏抵京以前，由沈家本独力负责修律事宜，后者遂亦占得了先机。清廷从乾隆年间开始，针对《大清律例》中的"例"，规定五年一小修、又五年一大修；[⑦] 而自同治九年（1870）修例之后，[⑧]《大清律例》便再也没有修订过。沈家本受命后颇知分寸，先按照修律故事，以"则例良久未修，拟先删定完善，再与各国法律互

---

① 伍廷芳之子伍朝枢称："华人之充外国律师者，以先严为第一人。"另外，林肯法律学院是英国四大法学院中最受重视者。均见张云樵《伍廷芳与清末政治改革》，台北，联经出版公司，1987，第42页。

② 郭嵩焘：《保荐伍廷芳折》，《郭嵩焘奏稿》，第371～372页。

③ 李鸿章谓："前出使英、美之郭侍郎、陈太常争欲罗致之，盖有由矣。"语见《李鸿章请用伍廷芳（函）》，《伍廷芳集》（上），第1页。

④ 伍廷芳：《奏请变通成法折》（1898年2月10日），《伍廷芳集》（上），第50页。

⑤ 《胪举人才折（并清单）》（光绪二十七年十二月初一日），《张之洞全集》第2册，第1465页。

⑥ 袁世凯：《密保使臣伍廷芳请破格擢用片》（光绪二十八年六月二十一日），《养寿园奏议辑要》，台北，文海出版社，1967。

⑦ 《修订法律大臣沈家本等奏请编定现行刑律以立推行新律基础折》（光绪三十四年正月二十九日），《清末筹备立宪档案史料》（下），第852页。

⑧ 据薛允升言，同治九年最后一次修例，"不过遵照前次小修成法，于钦奉谕旨及内外臣工所奏准者，依类编入，其旧例仍存而弗论"，见《〈读例存疑〉重刊本·著者自序》，第53页。至于原因，《清史稿》分析说："德宗幼冲继统，未遑兴作。兼之时势多故，章程丛积。刑部既惮其繁猥，不敢议修，群臣亦未有言之者，因循久之"，见《〈清史稿·刑法志〉注解》，第24页。

相参酌"，上谕"依议行"。①

沈氏于六月初二日正式上任，② 暂时以刑部原有的律例馆为修律之所，③ 任用馆员包括提调五员：琦璋、齐普松武、来秀、何汝翰、俞炳辉；总纂二员：饶昌麟、张西园；分纂二员：罗维垣、段书云；分校四员：董康、王仪通、周绍昌、魏震。④ 这份名单以刑部司员为主，旧派占了绝大多数，"大概皆系久在刑部，本有乌布之人"。⑤

光绪三十年（1904）四月法律馆正式成立。⑥ 其时朝廷为了摆脱旧衙门系统的制约，常在旧衙门外另设半独立机构，负责新政事宜，法律馆的成立便是其中之一。《中外日报》的"论说"对此颇不以为然：

> 近年以来，户部以外则有财政处，礼部以外则有学务处，兵部以外练兵处，刑部以外则有修律馆，凡此诸务，固皆分部臣之责任以设之，而亦各部之羞也。然新设之各处各馆，亦因此而不能任事，盖此等差使虽亦以大臣任之，然既列于各部之外，则其势力与名望皆不足以号召天下，乃不得不假执政之力以行之，而执政者又

---

① 《大清德宗景皇帝实录》（七），光绪二十八年四月二十一日，第586页。

② 《时事要闻》，《大公报》光绪二十八年六月初五日，第2版。

③ 伍、沈奏陈修律事宜时称："刑部旧有律例馆房屋尚属敷用，毋庸另行购造"，见《伍廷芳沈家本遵旨参酌各国法律大概办法并请饬部拨款折》，一档馆藏，军机处录副奏折，档案号：03-7227-057。当时此馆似乎并无特别名称，刑部请旨将薛允升《读例存疑》"饬交修例馆"，谕旨"依议"，沈家本为此书作序时却称"奉旨发交律例馆"，可见修例馆和律例馆本是一物，见《光绪二十九年刑部进呈御览奏疏》，《〈读例存疑〉重刊本》，第48页。至于律例馆在庚子以前的概况，可参陈煜《清末新政中的修订法律馆——中国法律近代化的一段往事》，第33～37页。

④ 《时事要闻》，《大公报》光绪二十八年五月十二日，第3版；《时事要闻》，《大公报》光绪二十八年六月初三日，第3版。

⑤ 《时事要闻》，《中外日报》光绪二十八年五月初八日，第1版。"乌布"，满语，"差事"之意。按清制，各部郎中以下官员，凡实际负责办事者，如掌印、主稿等，皆称为"乌布"。见《中国历代职官词典》，上海辞书出版社，1992，第79页。

⑥ 到光绪三十年三月十二日，法律馆才奏请"刊刻木质关防，以资钤用"。见沈家本附片，一档馆藏，军机处录副奏折，档案号：03-5746-124。可知此前并未正式成立修律机构，只是就刑部现有的设施和人员开展修律工作。

非有统筹全局之大才，则因此而益形丛脞。①

可见新设各馆直接中枢，渐有侵夺部权之势。身为刑部"当家堂官"的沈家本主持法律馆，既有名望，又可免除刑部其他堂官的掣肘，对修律的推动颇为便利。

法律馆正式成立时，旧派仍占优势，但已经开始出现留学生的身影。此时的阵容是：总纂饶昌麟，帮总纂罗维垣、吉同钧，纂修中律官王世琪、董康、朱汝珍、张丕基、曾鑑，纂修西律官章宗祥，协修中律官王仪通、麦秩严、王守恂、许受衡，协修西律官陆宗舆。② 较前增加了两位日本留学生——章宗祥③和陆宗舆，负责纂修西律。他们此前已担任大学堂进士馆政法科教习。④

法律馆既多刑部旧人，其律学见解先须了解，则故尚书薛允升（1820～1901）的影响不可小觑。沈家本尝指出：

> 光绪之初，有豫、陕两派，豫人以陈雅侬、田雨田为最著，陕则长安薛大司寇为一大家。馀若故尚书赵公及张麟阁总厅丞，于《律例》一书，固皆读之讲之而会通之。余尝周旋其间，自视弗如也。近年则豫派渐衰矣，陕则承其乡先达之流风遗韵，犹多精此学者。⑤

---

① 《论各部拟设丞参事》（续），《中外日报》光绪三十一年五月二十八日，第1版。

② 《律例馆各员名单》，《大公报》光绪三十年四月十六日，第3版。之所以称之为"律例馆"，大概因为法律馆是从律例馆转变而来，报纸并未留意而沿用旧称。

③ 章宗祥晚年回忆："（1903年）余毕业归国，汪〔汪大燮〕函介于沈子培〔沈曾植〕先生，余之参与修订法律，由此发轫。""至京，以汪伯唐〔汪大燮〕之介绍，谒见同乡沈子敦。沈为汪岳，汪意余可寄寓沈宅，沈一见极诚恳之意，旋以是时宅中无空屋，嘱至吴兴会馆暂住。"见其《任阙斋主人自述》，全国政协文史资料委员会编《文史资料存稿选编（教育）》，中国文史出版社，2002，第934页。前句所云沈子培，可能是沈子敦之误，因沈曾植并未参与修律。

④ 参见韩策《师乎？生乎？留学生教习在京师大学堂进士馆的境遇》，《清华大学学报》（哲学社会科学版）2013年第3期。

⑤ 沈家本：《大清律例讲义·序》，《历代刑法考（四）·寄簃文存》，第2232页。此处"陈雅侬"有误，据王云红《晚清豫派律学的再发现》（《寻根》2016年第1期），应为"陈雅农"。

简言之，以薛允升居首、赵舒翘和张麟阁随其后的陕派律学支配了光绪中叶以后的刑部风气，[①] 沈家本也深受其影响，而所谓"犹多精此学者"便是指陕籍吉同钧等人。从人脉言，各司员或多或少都受到薛、赵等人的提携。后任法律馆提调的董康回忆："释褐官秋曹，以审看秋谳，见赏于左侍长安薛公，谆谆以律设大法、礼顺人情相勖。"[②] 吉同钧入刑部后，被赵舒翘"越级派充正主稿，从此名重一时。部中疑难案件及秋审实缓皆待君审定，虽职属候补主政，而事权则驾实缺员郎之上"。[③]

庚子以后，薛、赵人虽已故，影响犹在。光绪二十九年（1903）十一月，齐普松武、饶昌麟等19位刑部司员呈请堂官将薛允升的《读例存疑》"代为进呈御览"，刑部乘机请旨将该书"饬交修例馆，以备采择，庶编辑新例得所依据"。[④] 沈家本为薛书作序时表示，"今方奏明修改律例，一笔一削，将奉此编为准绳，庶几轻重密疏罔弗当，而向之抵捂而歧异者，咸颟若划一，无复有疑义之存，司谳者胥得所遵守焉"。[⑤] 尊薛之意溢于言表，亦可知刑部对于应付"修例"故事本有积累，难点和关键在于如何引进西法，即伍廷芳负责的部分如何进行。

直到光绪二十九年七八月间，伍廷芳才到京任商部左侍郎，与沈家本面商修律之法。[⑥] 十二月，伍、沈联衔提出修律办法，其大纲有三。

首先，效仿西法，删削身体刑，"非但凌迟、斩首议其残忍，即笞

---

① 关于陕派律学，董康模糊地说过："部中向分陕、豫两系。豫主简练，陕主精核。"见其《我国法律教育之历史谭》，载《董康法学文集》，第 737 页。另可参阅晓君《走近"陕派律学"》，《法律科学》（西北政法学院学报）2005 年第 2 期。对于豫派律学，参见王云红《晚清豫派律学的再发现》，《寻根》2016 年第 1 期。

② 董康：《前清司法制度》，载《董康法学文集》，第 361 页。

③ 定成跋语，见吉同钧《论旧律与新刑律草案中律与旧律可并行不悖》，载《乐素堂文集》卷 7，第 23 页。

④ 《光绪二十九年刑部进呈御览奏疏》，载《〈读例存疑〉重刊本》，第 48 页。薛允升花费数十年之功而成的《读例存疑》本来就是为了将来修例而写，见其自序。

⑤ 沈家本：《读例存疑·序》，载《历代刑法考（四）·寄簃文存》，第 2222 页。《读例存疑》原书序文所署时间为光绪甲辰（1904）冬十月。

⑥ 沈、伍受命之初就开始"函电往复"，讨论修律事宜。见《时事要闻》，《大公报》光绪二十八年五月二十九日，第 3 版。

杖罪名亦以为非。欲期中外通行，惟有大加更改"。

其次，效法日本，"中东本同文之国，自当以彼为标准"。同时要延聘外国法律专家，"不得不以重金酌聘一二员，以为坐办"，"华人之曾习西律者，访调数员以辅之，则薪水稍可从廉"，并延揽留学生翻译西法，"令其各以所习某国之律，分别编译，较之另募翻译生，尤为专精可靠"。

最后，请求朝廷每年拨银三万两，作为修律经费。①

第一项废除重刑和笞杖的问题，详见后节；第三项经费事宜，朝廷照准，此不赘。第二项效法日本，此前政务处已经明确此意，张之洞和刘坤一商议修律人选时也谈及该问题。当时张之洞认为："日本法律学最讲究。其法学共分六门，民法一门极为西人称赞佩服，于东方风土民情，尤为相宜可行，并不专泥欧洲法家言"，建议由外务部命驻日公使蔡钧访求专精民法和刑法的法学博士两人，"来华助我考订编纂"。刘坤一随表赞同，"日本同文之国，风土民情相近，取资较易，此层宜添入"。② 中途参与修律的商约大臣吕海寰也意见相同："泰西律法以法国律例为最善，而最善用法律者莫如日本。今欲参合中西，订一通行例章，非取径于日本不可。将来设馆修律，必须延一二日本法学家为参校，请先与日本使臣筹商云云。""某邸"（应指庆亲王奕劻）对此"颇韪其言"。③

日本的地理、文字和民情，被认为与中国相近，可能使诸大吏倾心于日本法制。尤为关键者，日本在采用西法的同时，仍保留了不少仿自中律（特别是唐律）的条文，④ 却能获得西人的"佩服"，收回治外法

---

① 《伍廷芳沈家本遵旨参酌各国法律大概办法并请饬部拨款折》（光绪二十九年十二月初七日），一档馆藏，军机处录副奏折，档案号：03 - 7227 - 057。

② 《致江宁刘制台、保定袁制台二电》，《张之洞全集》第 11 册，第 8752 页。《壬寅二月十六日江宁刘制台来电》，《张之洞存各处来电》51 函，中国社会科学院近代史研究所藏，档案号：甲 182 - 153，引自李细珠《张之洞与清末新政研究》，第 263 页。

③ 《时事要闻》，《大公报》光绪二十八年十一月二十六日，第 2 版；《时事要闻》，《大公报》光绪二十八年十二月十二日，第 3 版。

④ 日本现行法仿自中律的比例有待研究，然晚清国人颇有这样的事实认定。《时报》就认为："日本现行之法律亦半由唐律中来也。"见《法律馆纪事》，《时报》光绪三十一年二月二十三日，第 6 页。

权。这对于坚持礼教纲常和原有体制的督抚大吏而言，当然尤具吸引力。同时也符合法律馆内尊崇唐律的传统，① 因此才会吸引馆内司员支持效法日本。

光绪三十年（1904）五月法律馆确定具体办法："先将中律与日本律分按门类，逐条比较，列为表式，则中律与日律轻重同异之差已一目了然，再将日律与法律逐条比较列表，然后参以别国之律，折衷去取，统以日律为枢纽。"② 这显示出，法律馆取法西方，日本法固为重要参照，但西方其他国家之法也是需要借鉴的。如吕海寰前谓"泰西律法以法国律例为最善，而最善用法律者莫如日本"，就可见其较认可法国法律的水准。

既要参考西法，就要解决翻译的问题。沈、伍决定："拟先译各国律例，择其宜于中国者存之，中国难行者删之，较之凭空结纂，事易而成速。"③ 日本新、旧刑法的翻译颇受重视：旧刑法由章宗祥、董康合译，日本法学博士严谷孙藏订正；新刑法由陆宗舆翻译，日本法学士杉荣三郎订正，章宗祥、董康复校。《法国律例》虽早有译本，但翻译不佳，需要重译。④ 这些订正、复校或重译的行动，显示法律馆颇为重视

---

① 沈家本指出："古今刑法，隋以前书定夺散失，惟《唐律》独存，完全无阙。论者咸以唐法为得其中，宋以后皆遵用，虽间有轻重，其大段固本于唐也。"见其《历代刑法考（一）·刑制总考》，第51页。

② 《修订新律志闻》，《大公报》光绪三十年五月初十日，第3版。另见《修订新律办法》，《时报》光绪三十年五月十七日，第3页。《中外日报》也登载了类似的消息。见《紧要新闻》，《中外日报》光绪三十年五月初一日，第1版。

③ 《纂律拟先译律》，《大公报》光绪三十年三月二十四日，第3版。

④ 法国律（即《拿破仑法典》）既是西方著名法典之一，又为日本当时刑法所效仿。其中文译本成书于1880年，由法国人毕利干口译。见李贵连《晚清的法典翻译：〈法国民法典〉三个中文译本的比较研究》，《近代中国法制与法学》，第50页。该译本对中国思想界有所影响，康有为曾以此证明西方亦有礼教，见其《答朱蓉生书》（1891年作），《康子内外篇（外六种）》，第169~170页。张謇也曾向汪康年借阅此书，见其《致汪康年函之五》，《张謇全集》第1卷，江苏古籍出版社，1994，第643页。不过由于1880年译本不佳，汪康年打算"译校"该书，其友吴樵甚至提出"书成可上之政府，请修改律法"，见《吴樵致汪康年》，上海图书馆编《汪康年师友书札》（一），上海古籍出版社，1986，第520页。

翻译的质量。就如沈家本所说："参酌各国法律，首重翻译，而译书以法律为最难，语意之缓急轻重，纪述之详略偏全，抉择未精，舛讹立见。"①

到光绪三十一年（1905）二月，"翻译东西刑律，将次告竣"。②沈、伍稍后奏称：

> 自光绪三十年四月初一开馆以来，各国法律之译成者，德意志曰刑法，曰裁判法，俄罗斯曰刑法，日本曰现行刑法，曰改正刑法，曰陆军刑法，曰海军刑法，曰刑事诉讼法，曰监狱法，曰裁判所构成法，曰刑法义解；较正者曰法兰西刑法。至英、美各国刑法，臣廷芳从前游学英国，夙所研究，该二国刑法虽无专书，然散见他籍者不少，饬员依类辑译，不日亦可告成。③

其中大半为日本的律典，符合取法日本的修律方向，亦是依循从易到难的翻译顺序。④

这些翻译由法律馆的附设机构中外法制调查局（或称东西律调查局）完成。该局于光绪三十年（1904）成立，"有日本法学博士多人及

---

① 《修订法律大臣沈家本奏修订法律情形并请归并法部大理院会同办理折》（光绪三十三年五月十八日），《清末筹备立宪档案史料》（下），第838页。

② 《刑律馆译西律》，《大公报》光绪三十一年二月初四日，第3版。档案显示，光绪三十年二月起，至三十三年九月底止，支付给中外译员薪水，为五千七百三十三两四分四钱；印刷书籍费用为一千三百三十八两八钱七分。见《法律馆收支清单》（光绪三十三年十一月二十六日），一档馆藏，军机处录副奏折，档案号：03-6670-073。

③ 沈家本、伍廷芳：《删除律例内重法折》（光绪三十一年三月二十日），《沈家本未刻书集纂·最新法部通行章程》，第498页。

④ 黄源盛指出："在沈家本主导下的晚清法律翻译事业，就国别言，偏重日本法学，日本译著约占百分之四十八。在诸法中，则侧重刑法典，高达十四种，若加上刑事法的著作，则约占译书总数百分之六十一。"见其《沈家本法律思想与晚清刑律变迁》，第90页。然尚遗漏沈氏在宣统元年十一月的统计。李贵连虽注意到该次统计，却未列举全体，见其《沈家本评传》，第117页。此次统计可参《修订法律馆奏筹办事宜折（并清单）》，宣统元年十一月二十五日，商务印书馆编译馆编《大清宣统新法令》卷11，商务印书馆，1910，第28页。

中法学卒业生多人共同研究，以便改律"。① 此机构参考日本经验而建，② 名义上以修律大臣为"总理"，由日本法学博士严谷孙藏③、日本法科大学毕业生章宗祥创设，负责"调查中外成文法及各种习惯"和"草拟中国各种法典及法律案"。④

章宗祥解释馆外另设机构的原因："时京师风气尚未大开，馆初开办，未敢即用外国顾问。余乃创设中外法制调查局，以严谷孙藏博士为局中顾问，由馆酌助经费，间接委以调查及起草各事。"⑤ 所谓"调查中外成文法及各种习惯"，主要就是前面谈到的译书。"草拟中国各种法典及法律案"方面，主要由严谷孙藏负责起草刑律草案，但进展缓慢，直到光绪三十二年（1906）春，方接近完稿，不过最后亦未采用。

在修律的开始阶段，美国法律专家似乎曾参与其中。据吉同钧的说法，"钱债例宜增修"，"一俟美律师创成初稿，再行按照中例逐一酌定"。⑥ 董康也说开始之时"美人林某充顾问"。⑦ 但是具体情况仍待进一步考证。

---

① 《奏设法制局所》，《大公报》光绪三十年三月初四日，第 3 版。该局经费由法律馆支出，自光绪三十年二月至三十三年九月底，共支出白银五千两。见《法律馆收支清单》（光绪三十三年十一月二十六日），一档馆藏，军机处录副奏折，档案号：03 - 6670 - 073。

② "（日本）自明治初年设法制调查局，制定种种法律，汇各国之精，而取其适用者，弃其不适用者。"见林鹍翔《留日法政大学学友会序二》，日本法政大学大学史资料委员会编《清国留学生法政速成科纪事》，广西师范大学出版社，2015，第 168 页。

③ 严谷孙藏，京都法科大学教授、法学博士，明治 35 年（1902）10 月以大学堂仕学馆正教习的名义，受聘来华，至明治 40 年（1907）6 月结束（南里知樹「中国政府傭聘日本人人名表（1903～1912）」『中国政府雇用の日本人——日本人顾問人名表と解説』龍溪書社、1976、7 頁）。

④ 《中外法制调查局规则》，《警钟日报》甲辰（1904）五月初三日，第 4 板。

⑤ 章宗祥：《新刑律颁布之经过》，《文史资料存稿选编》（晚清·北洋上），第 34～35 页。

⑥ 吉同钧：《上修律大臣酌除重法说帖》，《审判要略》，法部律学馆，1910，第 8 页。

⑦ 董康：《中国修订法律之经过》，《中国法制史讲演录》，香港，文粹阁，1972，第 157 页。

第二节　刑制的变与不变

在沈、伍准备修律之时，地方督抚中的趋新者已有所动作。光绪二十九年（1903），护理山西巡抚赵尔巽奏请各省通设罪犯习艺所，军、流、徒犯即在犯事地方收所习艺，同时减少赎罪金额。经刑部议定，御旨照准：省城及各道均设习艺所，徒犯免发配，于本地收所习艺。军、流犯人若系常赦所不原者，仍须发配习艺，"流二千里限工作六年，二千五百里八年，三千里者十年，遣军照满流年限计算，限满释放"；若为常赦所得原者，则无庸发配，即在本省收所习艺，工作年限，亦照前科算。[①]《清史稿》评论称："自此五徒并不发配，即军、流之发配者，数亦锐减矣。"[②] 可见赵奏在晚清刑制改革中的重要作用。

习艺所制度并非赵尔巽首倡。光绪二十年（1894）郑观应的《盛世危言》已然提出："近闻各直省州、县多设有自新所，以处轻犯，法诚善矣。倘要能参用西法以推广之，使军、流以下皆得自新自赎，则保全必多，办理亦易。"[③] 往前追溯，张之洞于光绪十三年（1887）便已下令为南海、番禺两县"礮犯"设立迁善所，"购置工具，酌募工师，责令各犯学艺自给，量能授艺，勒限学成，宽筹宿食，严禁滋事"。[④] 后又加以推广，"其惠、潮、肇、高、廉五府，附郭之归善、海阳、高要、茂名、合浦五县，礮犯较多，游民亦众，并令仿照南、番两县办

---

① 《刑部议复赵尔巽奏请各省通设罪犯习艺所军流徒犯即在犯事地方收所习艺折》（光绪二十九年四月初三日），《沈家本未刻书集纂·最新法部通行章程》，第489~490页。

② 《〈清史稿·刑法志〉注解》，第70页。

③ 《狱囚》，夏东元编《郑观应文选》，广东社会科学院历史研究所，2002，第216页。此篇选自《盛世危言》五卷本，1894年印。

④ 《札南、番两县勘修迁善所》，《张之洞全集》第4册，第2547页。

法，设立迁善所"。①

但是这些毕竟只是趋新督抚所行的地方性措施，而清廷议准赵尔巽之议，却是庚子以后全国刑制的第一次大变，值得重视。与此同时，刑部仍保留少量的军、流旧制，则可见其不欲全废"五刑"。其后会同办理五城练勇局的陈璧奏请军、流、徒犯一律改为监禁，便被刑部否定。刑部奏称：

> 变法原以救弊，然旧法有可变者，亦有万不可变者，必须斟酌权衡，方不至蹈妄议更张之失。如刑律五刑中徒、流二项，历古今而不废，合中外而皆同，此万不可变者也。若充军一项，相沿已久，现在纂修条例，业经奏准将五军删减，亦未便概行裁除。至律章内间有酌加监禁者，不过严加等之法，借以济刑罚之穷，非正刑也。

而且刑部认为监禁亦有不可回避的缺点："监禁不能一年释放，积三五年则多至数千名，再积三五年则多至万余名，愈积愈多，非但监不能容，抑且防范难周，中途可逃，在狱独不可逃耶？"② 对于西方通行的监狱制度，刑部仍有怀疑，只愿其为"五刑"之补充。

刑部温故知新的主张，可以司员吉同钧为代表。吉同钧（1854~1934）籍贯陕西韩城，"受业于长安薛大司寇之门"，③ 为光绪末年陕派律学的代表人物。光绪二十九年（1903）任刑部提牢，次年被沈家本调入修订法律馆任帮总纂，④ 随即在五月提出详尽的修律计划《上修律大臣酌除重法说帖》。其中大部分的意见得到实施，堪称法律馆修律的

---

① 《通饬各属修建监狱迁善所片》（光绪十五年十月二十日），《张之洞全集》第 1 册，第 745~746 页。
② 《刑部议复陈璧请将部拟军流徒三项罪名改为监禁折》，《沈家本未刻书集纂·最新法部通行章程》，第 497~498 页。
③ 吉同钧：《京师法律学堂开学演词》（光绪三十二年），《乐素堂文集》卷 5，中华印书局，1932，第 18 页。
④ 《律例馆各员名单》，《大公报》光绪三十年四月十六日，第 3 版。

前期总纲：

　　一、酌改缘坐之法（谋反大逆仍可缘坐）；

　　二、删除凌迟、枭示、剉尸、戮尸；

　　三、酌减死刑，去除虚拟死罪（所谓"虚拟死罪"，是指律例定为死罪，实际在秋、朝审中一般会减刑，并不执行死刑）；

　　四、除死罪可刑讯外，"一切军流徒罪应加杖者，概予删除。罪止笞杖之犯，即仿照东西各国工作、罚金之法而变通之"；

　　五、"关涉服制名分及职官，宜另分门类"，"他律可议变通，此二项则宜谨守不移，以为纲常名教之助"；

　　六、关于刺字，"窃盗应并计科罪及逃人应按次加等二项仍旧刺字外，及余例内所载刺字各条尽行删除"；

　　七、推广监禁，列为正刑；

　　八、罪犯作工，"罪应笞杖之犯，似应一律改为工作"，但"有力者"可以罚金替罪；

　　九、推广罚锾，除常赦所不原外，所犯笞、杖、徒、流各罪准用银二钱五分折算作工一天（各罪皆已改为作工）；

　　十、增修钱债例。①

　　吉同钧之计划显系受到西法的影响。其时"除法国旧例外，其余各国法律俱无译本"，吉同钧可能从经世文编一类的时务书籍了解到西法的概貌。② 或正因为了解不多，认识不清，故比较中西时颇为大胆。

---

①　吉同钧：《上修律大臣酌除重法说帖》，《审判要略》，第 1~8 页（文页）。下段引语也出于此。

②　陈忠倚编《清经世文三编》（上海书局，1902）收有李经邦《中外各国刑律轻重宽严异同得失考》、孙兆熊《中西律例繁简考》和杨毓辉《中外刑律辨》，以及杞庐主人的《时务通考》（点石斋，1897）卷 10，都有西方法律的介绍以及中西法律的对比，内容与吉氏所言有不少雷同之处。例如李经邦"死罪则中国重于泰西，活罪则泰西严于中国"、孙兆熊"中律似严而实宽，西律似宽而实严"的结论，便与吉氏相同。

例如解释笞杖刑被废，言系因为"中律应拟笞杖罪名者，外国或处以监禁，或限令作工，或酌加罚锾，立法较中国为重"；而监禁之法"既足戢其桀骜，又可免其逃亡，是以外国此法最重"；论及罪犯作工，肯定"现在外洋各国，此法最为详备"。

吉同钧在八月的另文《请减轻刑法说帖》将尊西之意说得更清楚："近年中外交通，外人之入我中国者，均不受我范围，以为中国刑法过于严酷。初闻是言，疑其无理取闹，及详考历代刑章，博览外国律书，始知其言非尽无理。"又谓："观近来各处所办案件，多有涉于严厉者，无怪外人借为口实，不肯收回治外法权也。"特别是"风俗民情与我当无大异"的日本，减少死罪却能富强的事例给予他相当的触动：中日死罪之"轻重繁简，讵可以道里计哉？然彼之国势日进强盛，而民之犯法者逐年减少，此可见严威之不可止乱"。① 在此前两年的日记中，吉氏干脆承认："参用西法以图富强，未始非救国之要务也"。② 可知在修律之始，吉同钧确有学习西法以改造中律的想法。

吉同钧说帖同时也反映了咸同以后刑部的修律见解。"元明以来渐趋严厉，加入一切酷法，如凌迟、枭示之类。前清沿明旧律，又加条例，历朝迭次增添，至同治初年多至二千余条。文繁刑重，识者病之。先师薛云阶有志删修，而卒未逮。"③ 所谓"文繁"，乃指例文繁多，前后牴牾，于是才有薛允升的巨著《读例存疑》。薛氏有谓："律存十分之六七，例存十分之二三，足敷引用，其余不合天理人情，及苛刻显著，彼此舛异者，俱行删除，或亦简便之一道欤！"④ 沈家本为《读例

---

① 吉同钧：《请减轻刑法说帖》，《审判要略》，第 1~2 页（文页）。本文署系"甲辰八月上"；后来收入 1932 年的《乐素堂文集》时，改名为《上刑部长官减轻刑法书》，文字有修改，崇芳谓"是书系光绪二十九年所上"。本文所引文字和时间据前者。

② 杜春和、耿来金整理《吉同钧东行日记》（光绪二十八年四月二十二日），《近代史资料》第 87 期，1996 年 5 月，第 93 页。

③ 吉同钧：《论新刑律之颠末流弊并始终维持旧律之意》，《乐素堂文集》卷 7，第 5 页。

④ 薛允升：《唐明律合编》，法律出版社，1999，第 202 页。

存疑》作序时亦表同情："同治九年修订之本，凡条例一千八百九十二条，视万历时增至数倍，可谓繁矣！"[1]

另如刺字之法，《读例存疑》也论及此事，欲厘正其失，吉同钧提出："近日逐渐繁琐，既有刺臂、刺面之分，而刺臂、刺面复有左右之别。既刺事由，又刺地名，又刺改发。律外有例，例外有案，日益增多，办理反不能划一。"[2] 此次遂提议将刺字仅保留二项（窃盗和逃人之罪重者），其余尽加删除。

说帖重点提到的"刑重"问题，缘于太平天国之乱，"咸、同以来，发逆起事，其时盗贼充斥，故复改宽为严，强盗仍用明律，抢夺、强盗持枪加枭，捉人、发塚重案均照强盗决斩。一切重法相因而起"[3]。薛氏对此亦早有批评："言事者但知非严刑峻法，不足以遏止盗风，而于教化吏治置之不论。舍本而言末，其谓之何？世之治者，犯法者少，刑虽重而不轻用。迨其后，法不足以胜奸，而遂立重辟，乃法愈重而犯者愈多，亦何益乎？"[4] 不过，同治九年（1870）以后，律例便再也没有修订过，薛允升自然无从用力。到庚子以后沈家本主导修律事业，吉同钧继承其师遗志，便着手解决"刑重"之弊，故在说帖中提出诸多减刑的措施。

与此同时，吉同钧却不主张全盘删改现行律例，尤其是律例中的礼教精神不能改变。故在修律说帖中特别提出应保留旧律"关涉服制、名分及职官"的条文，并强调"国粹所在，万古不废，故他律可议变通，此二项则宜谨守不移，以为纲常名教之助"[5]。其解释说：

> 中外风俗不能强同，考各国通例，如干犯祖父母、父母者，较

---

[1]　沈家本：《读例存疑·序》，《历代刑法考（四）·寄簃文存》，第 2221 页。
[2]　吉同钧：《上修律大臣酌除重法说帖》，《审判要略》，第 5 页（文页）
[3]　吉同钧：《论大清律与刑律草案并行不悖》，《审判要略》，第 2 页（文页）。
[4]　薛允升：《〈读例存疑〉重刊本》，第 622 页。
[5]　吉同钧：《上修律大臣酌除重法说帖》，《审判要略》，第 4 页（文页）。下段引文也出于此。

凡人仅加一二等。若期亲以下尊属、尊长与凡人一律同科，并无加
重之文，危害皇族者始较凡人加重拟死，其余无论大小官长，均同
凡论，虽殴死亦不拟抵，夫妻平权并无名分，其夫殴死妻，妻殴死
夫，均一律治罪，无轻重之分。此等法律在外洋习为风气，若以施
之中国，必至举国哗然，且于世道人心大有关系。中律于服制等项
析及毫芒，不稍含混，虽其中不无繁琐之处，然大纲严正，不可稍
为迁就。

吉同钧特别推重薛允升之《服制备考》："礼为刑之本，而服制尤
为礼之纲目，未有服制不明而用刑能允当者。当时欧风东扇，逆料后来
新学变法必将舍礼教而定刑法，故预著《服制备考》一书，以备后世
修复礼教之根据。庶国粹不终于湮没矣。"[1] 现已无从判断薛氏晚年能
否预测到西法对礼教的冲击，但该书"就律文所载各条，详其原委，
并备录群儒之论说，而忝以末议"，[2] 确是考证律文与礼经关系之作，
已成为吉同钧重视礼教的思想资源。

此外，吉同钧也不肯实际减少用于最严重犯罪的死罪条文，只是删
除虚拟死罪的罪名，既解决"文繁"之弊，亦能减少律例上的死刑数
量，应付外人的指责。外国法律近来从宽，"除俄、法、德国外，其余
各国刑止于绞，俱无骈首之刑"，"且拟绞之条亦不多觏"，"若必尽师
彼法，不特风俗民情势难强合，抑且水懦民玩，易启乱萌，然仍照旧不
变，则彼轻我重，彼宽我严，于收回治外法权宗旨亦殊多窒碍"，因此
提出除去虚拟死罪诸条，"嗣后应拟斩绞各案，即照外国法律，实予处
决。如有按秋审情实、应声叙免勾者，一律拟罪监禁，贷其一死。其秋
审分别实缓之法，概从删除，以归简易"。[3] 此外，关于刑讯、刺字和
缘坐的变革并不彻底，都保留了但书的规定。如死罪狱供不招亦可刑

---

① 吉同钧：《薛、赵二大司寇合传》，《乐素堂文集》卷3，第21页。
② 薛允升：《服制备考·自序》，上海图书馆藏稿本。
③ 吉同钧：《上修律大臣酌除重法说帖》，《审判要略》，第3页（文页）。

讯，"窃盗应并计科罪，及逃人应按次加等二项仍旧刺字"，以及谋反、大逆仍可缘坐其母女、妻孥、姊妹和子之妻妾。①

法律馆的其他司员也意见趋同，主张减轻刑罚。董康便提出以删除凌迟等重法为饵，试探朝廷的旨意。其回忆称，当时"沈大臣征求众议，康建议自宋以后，刑制日趋于重，若凌迟犹形残酷，今欲中外划一，须从改革刑制始。如蒙俞允，始知朝廷非虚应故事也"。②伍廷芳、沈家本后来上奏时也明白指出，此举乃效仿各国修律之初"新耳目"之法，请朝廷"明示天下宗旨之所在"。③章宗祥则谓，删除重法之议由其提出，"现在既议改订新律，旧时沿用残酷之制必须先行废除，为人民造福"。伍廷芳立表赞成："外人屡讥中国为野蛮，即指凌迟及刑讯而言。我辈既担此改律重任，大宜进言先废，于他日收回治外法权，必得好结果。"④可见删除酷法在馆议时并无争议，顺利出奏。

唯独作为审讯重要手段的刑讯之废，引起馆中旧派的激烈反对，"辄谓刑讯一废，犯人狡不认罪或任意翻供，其果必致悬案难结。余等以重证不重供驳之，反对者终以不便为言"。幸有沈家本依其名望，引古证今，说服了质疑者。

古来名吏问案，大都搜集要证，洞悉案中隐微，问时旁敲侧击，往往使犯人于不知不觉之中自认其罪，不能抵赖。今之以刑逼供，本非良吏所应出此。须知今日会议，我等一言，可以保全人民

---

① 吉同钧：《上修律大臣酌除重法说帖》，《审判要略》，第3~5页（文页）。

② 董康：《中国修订法律之经过》，《中国法制史讲演录》，第157页。

③ 沈家本、伍廷芳：《删除律例内重法折》（光绪三十一年三月二十日），《沈家本未刻书集纂·最新法部通行章程》，第501页。沈家本在专著中指出凌迟之源流不清，律法亦缺明确规定，故应删除："似此重法，而国家未明定制度，未详其故，今幸际清时，此法已奉特诏删除，洵一朝之仁政也。"见其《历代刑法考（一）·刑法分考》，第111页。

④ 章宗祥：《新刑律颁布之经过》，《文史资料存稿选编》（晚清·北洋上），第35页。下段未注出处者也出于此。

血肉不少，愿诸君熟审之。

众人"遂无再起反对者"。沈氏以古代"名吏问案"之法劝服旧派，诚如章宗祥之分析，"与旧派辨论，以新理晓之，不如以古义析之为有效"。沈说陈义甚高，其实也有实际的审判经验为据。如其论说："官之衡情定狱者，每不胜拷讯之劳，更有严刑拷讯而终不吐实者。其颟顸从事者，一任犯供之狡饰，不事推求，而案情致多出入。凶狡可从轻比，愿直必从重科，亦事之不得其平者也。"①

刑讯既除，同为肉刑的笞、杖刑自应废除。旧派对此则无甚异议，② 反而新派中有人主张保留笞杖刑，因为"下级人民教育程度太低，不用体刑不足以儆其将来。且罚金因贫不能缴者，若折改监禁，监狱亦虑拥挤，于司法经费极有关系"。最后的讨论结果，"以体刑究非人道主义，遂决议废除"。③

因为是修改刑律之第一步，沈、伍等人相当审慎。一方面"欲俟刺弑蒙王一犯处决后，再行入奏"，"恐外间疑其为刺弑蒙王之犯开脱"；④ 另一方面奏折事前曾"呈稿于军机各大臣，由军机大臣改订一二语，斟酌妥善而后发"，⑤ 并获得军机大臣瞿鸿禨的赞赏："年来臣僚，侈谈新政，皆属皮毛，惟法律馆此奏，革除垂及千年酷虐之刑，于小民造福不浅也。"⑥

---

① 沈家本：《论故杀》，《历代刑法考（四）·寄簃文存》，第 2072 页。
② 这或与传统法律思想资源的支持有关。沈家本引用《宋史·刑法志》之语："徒、流折杖之法，禁网加密，良民偶有抵冒，致伤肌体，为终身之辱；愚顽之徒，虽一时创痛，而终无愧耻。"并认为"此段言杖之无益于治，可谓要言不烦，可见古人早见及此，特行之不力耳"。而且笞杖之律也有违古训，《舜典》有言"扑作教刑"，"扑即今之笞杖，三代以上不在五刑之列，惟学校典礼诸事用之，所谓教训之刑也"。见其《历代刑法考（一）·刑法分考》，第 357、367 页。
③ 章宗祥：《新刑律颁布之经过》，《文史资料存稿选编》（晚清·北洋上），第 36 页。
④ 《奏改律例近闻》，《大公报》光绪三十一年三月初六日，第 2 版。
⑤ 《纪奏请删除重刑事》，《时报》光绪三十一年四月初四日，第 6 页。
⑥ 董康：《中国修订法律之经过》，《中国法制史讲演录》，第 157～158 页。

光绪三十一年（1905）三月二十日，沈、伍齐上两奏（《删除律例内重法折》①和《议复江督等会奏恤刑狱折》）要求修律。前者奏请废除凌迟、枭首、戮尸、刺字和缘坐等重法，"凡律内凌迟、斩枭各条俱改斩决，斩决俱改绞决，绞决俱改监候，入于秋审情实，斩候俱改绞候，与绞决人犯仍入于秋审，分别实、缓"。表面上只是改变了死刑的执行方式，实际上死刑减等，有利于斩候和绞候之犯；且将缘坐和刺字一律废除，较吉同钧保留但书为彻底。②美国驻华公使馆的报告针对缘坐被废，敏锐地指出："这是一项相当激进的改革，因为中国法律直到目前为止，都是在每个家庭成员的行为代表着家庭责任的前提下实施的。"③

后者则是借着奏复张之洞等人提出的"省刑责、重众证、修监羁、派专官"诸项主张，实行限制刑讯和整顿监狱等改革措施。"嗣后除罪犯应死，证据已确而不肯供认者，准其刑讯外，凡初次讯供时及徒流以下罪名，概不准刑讯。"同时对口供的规定也做了相应的修正，"除死罪必须取其输服供词外，其徒流以下罪名，若本犯狡供不认者，果系众证确凿，其证人皆系公正可信，上司层递亲提覆讯，皆无疑议者，即按例定拟，奏咨立案"。④这基本上与《江楚折》相同，只是删除了"拖延至半年以外"一语，限制放宽，旨在无口供亦能迅速定罪结案。

有意思的是，沈、伍原奏认为"若仅空言禁用刑讯，而笞杖之名因循不去，必至日久仍复弊生，断无实效"，遂将笞杖改为罚金或作工。这是担心笞杖不废则刑讯难除，却使得"五刑"顿废其二，对于刑制的冲击犹大。与此同时，要求各省"切实举行警察"，"不特除奸

---

① 董康自言该奏由其"草撰"，见其《中国修订法律之经过》，《中国法制史讲演录》，第157页。

② 伍廷芳、沈家本：《删除律例内重法折》（光绪三十一年三月二十日），《沈家本未刻书集纂·最新法部通行章程》，第499~501页。

③ Coolidge to the Secretary of State, April 26, 1905, Dispatches from United States Minister to China, File Microcopies of Records in the National Archives, R128, No. 1870.

④ 伍廷芳、沈家本：《议复江督等会奏恤刑狱折》（光绪三十一年三月二十日），《沈家本未刻书集纂·最新法部通行章程》，第502~503页。下段引文出于此。

禁暴，可以消患未萌，抑且平日之良莠若何，行踪若何，莫不周知"，以配合限制刑讯新章的执行。

不过，沈、伍的办法仍有相当大的漏洞：在允许无供定案的同时，口供定案的审讯方式并未废止。日本法学教授冈田朝太郎闻讯后直言其弊端：

> 刑讯之弊，不能屈顽梗之囚徒，反使薄弱囚徒自白不实。中国既废刑讯，反取口供，是从前有刑讯，而口供尚难取，今废刑讯，则取口供不更难乎？势必至名废刑讯而实不能废矣。[①]

钦准的做法，既不符合西方"无罪推定"的法理，也做不到助益审讯的传统目标，唯剩慎重死刑的思虑。沈、伍对此也无可奈何，辩称："小民教养未孚，问官程度未逮，出此补救目前之策，已属不得已之办法。"[②] 又谓"以渐进为主义，庶众论不至纷拏，而新法可以决定"。[③]

至于监狱，措施仿自《江楚折》，改制的幅度较小。沈、伍要求"将臬司、府、厅、州、县各衙门内监、外监一律大加修改。地面务须宽敞，房屋务宜整洁，一洗从前积弊，并优加口食及冬夏调理各费，以示体恤"；同时整顿羁所和待质公所，此外，如差带官店、仓铺、班馆，一律严行禁绝。此前刑部对于改良监狱，早已三令五申。光绪三十年（1904）"言纂修律例并及整顿各省刑政之事，并刑部一切积弊。其中最注意者，则改良监狱中一切虐政也"；[④] 次年又通知各省，"务将监

---

① 舒鸿仪：《东瀛警察笔记》（上海乐群图书编译局，1906），刘雨珍、孙雪梅编《日本政法考察记》，上海古籍出版社，2002，第241页。

② 《伍廷芳、沈家本奏复御史刘彭年奏停止刑讯请加详慎折》（光绪三十一年五月初七日），丁贤俊、喻作凤编《伍廷芳集》（上），第269页。集内误题"奏停止刑讯请加详慎折"，径改今名。原折日期据一档馆《军机处录副·光绪朝·法律类》第539卷确定。

③ 沈家本：《死刑惟一说》，《历代刑法考（四）·寄簃文存》，第2101页。

④ 《奏改刑律》，《警钟日报》甲辰（1904）七月初四日，第2板。

狱改为西式，总期宽敞静洁，以免罪犯人等有害卫生"。① 可见监狱改良已为朝廷所关注，唯其旨趣尚与西法无涉，仅止于改善狱囚和证人的生活。

两折上后，两宫并未按照平日处理重大政务的方式——批交会议政务处或该部核议，而是"当即毅然独断，前后降旨宣示中外"。② 三月二十日明发上谕，删削凌迟等重法，巧妙地将之解释为"前明旧制"，为改变祖制辩护，③ 甚至还说，"此外当因当革应行变通之处，均著该侍郎等悉心甄采，从速纂定"。④ 二十一日再发上谕，声明"此次奏定（恤刑狱）章程全行照准"，限制刑讯，要求各督抚督饬各属，认真实行。⑤

两宫的"独断"旨在向中外表明，三年前的下诏修律并非只是虚应故事，而是全面地改革旧律。经此一役，修律进程迈开了至为关键的一步。

次年四月，修律大臣鉴于中国死刑罪名"不惟为外人所骇闻，即中国数千年来，亦未有若斯之繁且重者"，奏请将戏杀、误杀、擅杀三项"虚拟死罪而秋审例缓者"直接改为流罪，无须发配，直接收所习艺。其强调："不过去其虚拟死罪之名，仍于生死无关出入"，虚拟死罪不过是"多费秋审一番文牍而已"。⑥ 但奇怪的是，两宫不再乾纲独断，而是交由刑部和都察院议复。部院的态度甚为保守，反对一律删除

① 《拟咨各省娴习新律并改良监狱》，《大陆报》第 3 年第 5 号，光绪三十一年三月二十五日。又见《申报》光绪三十一年四月初六日，第 1 张第 2 版。

② 《变通刑律事未下廷议》，《时报》光绪三十一年四月初二日，第 6 页。

③ 当时美国驻华公使馆给国务卿海约翰的报告便指出，"这个借口（假如它是一个借口的话）使得现政府至少可以把一部分的酷刑责任推卸给明朝"（Coolidge to the Secretary of State, April 26, 1905, Dispatches from United States Minister to China, File Microcopies of Records in the National Archives, R128, No. 1870）。

④ 《光绪宣统两朝上谕档》第 31 册，光绪三十一年三月二十日，第 44～45 页。

⑤ 《光绪宣统两朝上谕档》第 31 册，光绪三十一年三月二十一日，第 45～46 页。两折同上而处置时间不一，反映出废刑讯在朝议时颇有阻力。

⑥ 沈家本：《虚拟死罪改为流徒折》，《历代刑法考（四）·寄簃文存》，第 2029 页。

虚拟死罪，而主区别对待，分二种："凡秋审例缓决一次即予减等者"和"凡秋审不准一次减等，情节较重"。①

十二月，法部因应两江总督周馥的咨文，再将殴杀、故杀妻等十四项死罪比照戏杀、误杀、擅杀减等处理。② 吉同钧对此颇为肯定："现在方冀收回领事裁判权，亟因删减，免贻外人嗤议。前既将戏、误、擅杀等项减死为流徒，此又将虚拟死罪再为减等，以为修订新律基础。"③

光绪三十二年（1906）十一月，顺天府尹孙宝琦奏请全废枷号，折算罚金。枷号之制始于明代，"于本罪外或加以枷号，示戮辱也"。清代旗人犯罪，多折枷而不实发，"然犯系寡廉鲜耻，则销除旗档，一律实发，不姑息也。若窃盗再犯加枷，初犯再犯计次加枷，犯奸加枷，赌博加枷，逃军逃流加枷，暨一切败检逾闲、不顾行止者酌量加枷，则初无旗、民之别"，④ 可见枷号虽然严重损伤身体，却为针对寡廉鲜耻者而设。法部议复孙奏时采纳其议，却不主全废枷号：

> 罪应枷号人犯，除折枷律有正条及例内载明调发改发，并一应情节较重者，仍照定律定例定章办理外，其由笞、杖、徒、流、军罪所附加之枷，及丁单留养拟枷各犯，俱比照妇女罚赎章程，不论日月多寡，各酌折罚银五两；如无力完缴者，仍折作工二十日。⑤

吉同钧解释此举："现在笞杖既去，枷号似难存留，法部斟酌轻重，仅留数项，以待怙恶匪徒，其余改令工作，并删除一切非刑，亦革弊先从

---

① 《刑部都察院会奏议复虚拟死罪改为流徒折》（光绪三十二年闰四月初八日），《东方杂志》第 3 卷第 7 期，第 161～164 页。
② 《法部奏为秋审应入可矜人犯酌拟援照戏误擅杀新章随案分别减等并开具条款折（附清单）》（光绪三十二年十二月二十二日），《沈家本未刻书集纂·最新法部通行章程》，第 524～526 页。
③ 《清朝续文献通考》（三），第 9887 页。
④ 《〈清史稿·刑法志〉注解》，第 57 页。
⑤ 《法部议复署顺天府府尹孙宝琦奏请将枷号人犯比照笞杖赎金折罚折》（光绪三十三年三月二十七日），《沈家本未刻书集纂·最新法部通行章程》，第 530 页。

其重之意也。"①

朝廷在这两三年间奏准的修律举措，虽只限于删改旧律的范围，但已经受到地方督抚的质疑。光绪三十三年七月，湖广总督张之洞上奏认为虚拟死罪之条不可废：

> 存一绞罪之名，犹不失明刑之旨。定例之所以必俟秋审减等者，盖衡情执法，必如是而始平。……若以省并繁文之故，竟除虚拟死罪之条，则不独情法不得其平，且恐各省民风强悍地方，误谓杀人罪不至死，逞其好勇斗狠之习，无所顾忌，动犯王章，残杀之风由斯而炽。

于是奏请由"绞"改轻为"流徒"之犯，在衣服及其上的文字方面，与一般的流徒之犯量加区别。若死罪改流罪者，并加苦工一年，死罪改徒罪则加工作六个月。②法部复奏基本同意：绞罪改流之犯穿褚衣，绞罪改徒之犯在发式上略做区别，右臂均钉白布，各书罪名。③吉同钧于此甚表同情："此因累次减除虚拟死罪太多，恐民间误会，以为杀人不予抵命，反启残杀之风，故复制此法，仍留绞罪之名，使之望而生畏也。"④

废刑讯的政策因为影响到刑案审讯的进行，受到的阻力更大。当两宫传谕军机拟旨时，"某中堂及某尚书大为反对，曾经觐见，力求下廷臣议，未蒙允准"。⑤"某尚书"当为刑部尚书葛宝华。因废刑讯等折事前竟未知会刑部，葛氏"极忿忿不平"。当时刑部"各司当家之主稿承审案件，不用刑讯，各犯均坚不招供，颇难断结，纷纷请示堂官如何办

---

① 《清朝续文献通考》（三），第 9889 页。
② 张之洞：《虚拟死罪改为流徒各项请仍存死罪之名片》（光绪三十三年七月二十六日），《张之洞全集》第 3 册，第 1800 页。
③ 《法部奏核议大学士张奏虚拟死罪人犯变通办理折》（光绪三十三年十月初三日奉旨），《政治官报》第 27 号，光绪三十三年十月十六日，第 5～7 页。
④ 《清朝续文献通考》（三），第 9890 页。
⑤ 《变通刑律事未下廷议》，《时报》光绪三十一年四月初二日，第 6 页。

理"，葛氏讽言："此次奏定新章，我未与闻，君等请问之沈侍郎，当有妙策。"刑部其他堂官"亦多不满意之词"。[①] 废刑讯之举使得刑部各司员"无所适从，只得将现审案件暂行停止"。随即在四月初四日，在左侍郎沈家本缺名的情况下，刑部以审案殊多不便，奏请恢复刑讯，[②] 明确反对沈、伍二人废刑讯的政策。后来又有曾经任职刑曹的御史刘彭年和钱能训同时上奏反对限制刑讯。[③] 前者被修律大臣以收回治外法权为由驳回，[④] 后者则可能因为军机大臣维护废刑讯政策而归于无效。[⑤]

朝廷匆忙下诏废限刑讯，各级官吏未能适应或加以准备，暗中用刑者颇不乏其人。京师是首先奉旨之区，但据《大公报》报道，"内务府慎刑司、步军统领衙门遇案仍有掌颊用杖之举，又闻慎刑司禁卒周某、白某等凌虐人犯尤甚。不准刑讯之诏，纸墨未干，而司法各衙门已藐玩若此，若无良法以善其后，虽有此明诏，亦仍归有名无实而已矣"。[⑥] 而在"通商最久，观望所系"的上海，会审公堂"时闻有刑求杖责之事"，更引起修律大臣上折弹劾，要求重申废刑讯的新章，严饬各属执行。[⑦]

光绪三十二年（1906），法律馆提出的《刑事民事诉讼法（草案）》要求一律废止刑讯。除了直隶总督袁世凯外，[⑧] 各省督抚、将军因为废刑讯不利于审讯而多表反对。闽浙总督松寿指出："闽省民情强悍，下

---

① 《记葛司寇反对沈侍郎奏除刑讯事》，《时报》光绪三十一年四月初十日，第6页。

② 《电报一》，《时报》光绪三十一年四月初七日，第3页。

③ 《御史刘彭年奏为禁止刑讯有无窒碍请再加详慎折》（光绪三十一年四月初五日），一档馆藏，军机处录副奏折，档案号：03 - 7285 - 015。《御史钱能训奏改定刑律宜策万全折》（光绪三十一年四月初五日），一档馆藏，军机录副奏折，档案号：03 - 7227 - 066。

④ 《伍廷芳、沈家本奏复御史刘彭年奏停止刑讯请加详慎折》（光绪三十一年五月初七日），丁贤俊、喻作凤编《伍廷芳集》（上），第270页。

⑤ 董康：《中国修订法律之经过》，《中国法制史讲演录》，第157～158页；《纪奏请删除重刑事》，《时报》光绪三十一年四月初四日，第6页。

⑥ 《停刑讯有名无实》，《大公报》光绪三十一年四月二十三日，第2版。

⑦ 《伍廷芳、沈家本奏轻罪禁用刑讯笞杖改为罚金请申明新章折》（光绪三十一年九月十七日），《沈家本未刻书集纂·最新法部通行章程》，第512页。

⑧ 袁世凯：《遵旨复陈新纂刑事民事诉讼各法折》（光绪三十二年十月二十五日），廖一中等整理《袁世凯奏议》（下），天津古籍出版社，1987，第1422页。

游一带械斗频仍，强盗会匪不时出没，一经获案，明知身犯重罪，不肯吐实认供，若非稍加刑责，该犯必任意狡展，决狱永无定期。"① 浙江巡抚张曾敭也认为，虽然诉讼法规定不必有供即可定谳，似可废除刑讯，但"各国于证据一事，立法备极精详"，而"中国则无汇集证据之检事，又无秘密调查之预审判来登堂问案，所凭者两造所呈之证据而已，其证据既未必确凿，而欲执以定案，恐转不如取供之可凭。若定案仍须问供，刑责威吓之事皆在所不免"。新疆、山西、陕甘、广西和四川的督抚则强调人民程度不足，难以废除刑讯。以陕甘总督升允为例，其认为："甘省回番杂处，良莠不齐，良者固不应威吓刑责，若莠者，施以刑威，尚难戢其凶恶之心，而化其强悍之性。今一切案件，概不准掌责暨用语言威吓，恐凶焰日长，而善良反不得安处矣。"

督抚们的众口反对，反映出废刑讯对于地方官审案的确不便。原来提议限制刑讯的湖广总督张之洞，此时也开始激烈反对全废刑讯。其与按察使梁鼎芬言："今若一概不准刑讯，则盗贼、凶犯狡供避就，永无吐实之时，重案皆不能结，如何可行？"② 并向朝廷专上一片要求保留刑讯，"论目前人民程度，实不能博尽废刑讯之美名，贻刑罚失中之隐患"。③ 由于绝大多数省份对此草案持保留和反对的态度，最后法部宣布无限期冻结诉讼新法。④ 沈、伍推动的废刑讯政策因此未竟全功。

修律新政在执行上困难重重的另一项是监狱。新章规定：笞杖一律改为罚金，若无镪可罚，即收入罪犯习艺所作工；若习艺所未有建成者，则以监禁代之。只是，晚清政府财政拮据，各级官吏对于建立新的

---

① 《诉讼法驳议部居·闽浙总督按语》，陈刚主编《中国民事诉讼法制百年进程》（清末时期·第1卷），中国法制出版社，2004，第144页。浙江巡抚和陕甘总督的意见亦见于此。

② 张之洞：《致梁节庵先生》（光绪三十二年八月二十四日），《张之洞全集》第12册，第10272页。

③ 张之洞：《丙午十二月二十三日奏请酌留刑讯刑责片》，《张之洞奏稿》，中国社会科学院近代史研究所藏，档案号：甲182-433。

④ 《法部奏遵议刑事民事诉讼法请俟法律草案定议再行妥拟折》（光绪三十四年九月初三日），《政治官报》第338号，光绪三十四年九月初十日，第9页。

习艺所难免徘徊不前。以江苏为例，按察司以为："罪犯习艺公所尚未造成，收押太多，囹圄虑满，且即就苏府而论，地痞、流氓所在充斥，断非押罚猝能感革其心，现今实难一律遵奉，故近闻有详请抚宪展缓之说。"① 既然习艺所未建，监狱也容量有限，且收监也不能"感革其心"，唯有沿用笞杖一途。同时不乏地方大吏公开质疑新章。陕西按察使樊增祥便批示："吴林魁卖妻而图财，段喜豹买妻而赊账，两造皆不名一钱，一妻遂转移两姓。若令罚金，从何处罚起？是笞之一法，断不能免！"并称赞县令杨调元之言"恶人所以犹有忌惮者，天上有雷公，地上有板子"。②

上海的会审公堂执行时，因为外人的关系，情形更为复杂。③ 虽然会审公堂章程规定，"如案内全系华人，归华官审判，毋庸领事干预"，但实情并非如此。"近十余年凡经工部局会提之华人，领事派副领事于早堂陪审。会交涉之案，何国原被即由何国派员。又，华民犯罪，俟会审判定后，枷杖以下罪名由华员发落，徒罪以上归上海县办理。此向来办案大概情形也。"④

接到新章后，署理两江总督周馥电称，"中外情形不同，贫民不名一钱，无镪可罚，工艺厂尚未开办，无工可作"，提议变通办理："拟分罪名为五等：一、交差带取保，保后不再犯，即时省释；二、公堂暂押取保；三、交县发本地保甲管束；四、笞罪自十至五十，暂押公堂十日至五十日，仍准轻重，量为增减；五、杖罪按数改为监禁，如杖一百即监禁百日，情重者量加。"刑部复奏认为前三等"尚属周妥"，后二等"按笞杖实数作为押禁日期，未免过重"，而应按照新章"罚金一两，折作工四日，以次递加至十五两，折作工六十日而止"。给事中左

---

① 《刑部催照新律办案》，《大公报》光绪三十二年正月十六日，第3版。
② 樊增祥：《批韩城县张令瑞玑词讼册》，《樊山政书》，中华书局，2007，第499页。
③ 关于上海会审公廨的运作，可参杨湘钧《帝国之鞭与寡头之链——上海会审公廨权力关系变迁研究》，北京大学出版社，2006。
④ 《光绪朝东华录》（五），第5461～5462页。下段周馥语和刑部复奏也出于此。

绍佐随即上奏反对刑部的意见，认为罚金过少，失之太轻。不过，刑部核议的结果，仍坚持原议。

上海舆论却多主张加重刑罚以惩治犯罪。《新闻报》著文认为"法律之文有一定，而社会之情形无一定"，以上海情况论，"（最多不过）十两、十五两之不足以为罚，明矣"；认为刑部章程沿用旧律收赎之制，罚金轻微，但物价却迥异于前，"无异陈旧历以为占，持古尺以为量也"。因此，论者主张罚金"宜倍蓰其数"，特别是奸盗之案"宜重科监禁，而蠲除罚金"。①

吊诡的是，删减刑罚本是效仿西法的修律新政的重点，舆论对此不以为然，反嫌变法的力度不足。《中外日报》认为，法律未改而废刑讯，充其量只是变甲不变乙，难有实效；中国审案出现问题，除了"断以问官一己意见之是非"以外，律文不佳才是关键原因。宣称："使立法之人能用法定主义之法律，而不用擅断主义之法律，则问官亦不能藉刑求以逞威。是故欲得狱讼之平，在废擅断主义之法律，而不仅在乎废止刑讯。"② 严复也提出，要使刑讯不再死灰复燃，还要其他方面的配合。

> 吾国将于司法之权，而为清源正本之计者，非大变听讼之制必不可矣。将必有公听之平民为之助理，而原被两造亦宜许各请辩护之律师。而所尤重者，在裁判之法官与辩护之律师，皆必熟于国家之律例，与夫本地之风俗旧章。然则一言刑律改良，其事又非学堂不为功矣。③

一直对收回法权颇为乐观的《新闻报》更认为必须全面与西方

---

① 《刑部议复左给谏奏驳上海会审刑章折书后》，《东方杂志》第 3 卷第 9 期，光绪三十二年八月二十五日。录《新闻报》六月二十九日和七月初一日。
② 《二十一日上谕书后》，《中外日报》光绪三十一年三月二十四日，第 1 版。
③ 严复：《论国家于未立宪以前有可以行必宜行之要政》，孙应祥、皮后锋编《〈严复集〉补编》，第 46 页。

"接轨"方可：

> 细按（商约）原约文之意，必须中国刑律与他国之律一体相
> 合，方为妥善，若有一款不合，即不能谓为妥善，各国即不允弃其
> 治外法权之意已在言外。中国今日仍用斩决、绞决等名目，是显与
> 枪毙之律不合，即将借此指为不妥善之处，而治外法权必不允诺放
> 弃。①

作者似乎认为中国每条法律都要符合西法，才可以收回法权。但西法广
漠，各有歧异，实际上难以做到每款皆合。据法律馆的统计，西方各国
同时存在斩、绞和枪毙三种死刑方式，"而用枪毙之国皆系维持往昔西
班牙殖民地之旧惯，非以此法有所独优也"。② 传媒的意见有时难免想
当然和缺乏专业性，然亦可见遵守条约以收回法权的舆论风向。

第三节　伍廷芳提出诉讼新法

前述的修律行动主要属于删改中律的范围，沈家本出力较多；而伍
廷芳因为其西学背景和出使经历，更为注重引进西法的部分。伍氏在光
绪二十九年（1903）七月回国之初，即在上海与吕海寰合奏，指斥
"会审公廨情形黑暗"，要求重订相关条例。

> 租界华洋杂处，贸易词讼本在律中，应由臣廷芳体察情形，查
> 核旧例，妥订办案简便章程。俟新律告成，奏请立案后即咨行督抚
> 臣，转饬江海关道，督率该会审委员，恪守定章，清厘界限。并咨

---

① 《论改定法律》（录《新闻报》），乙巳（1905）四月初六日，《（清末）时事采新汇
　选》（12），第6479页。
② 《初次新刑律草案》第七章说明，油印本，无页码。

呈外部，照会各国使臣，转行领事官一体遵照。①

光绪三十年（1904）四月法律馆正式开馆，确定"西律由伍秩庸侍郎编译，中律由沈子敦侍郎修改"，但是沈氏"欲将西律选择搀入中律"，而其所派司员"皆刑部老手，平时于斩、绞、徒、流、笞、杖等字烂熟，不过未免误会宗旨。是以两边议论不合"。② 议论既不合，唯有各行其是。《申报》报道，"闻法律大臣前此所上之虚拟死罪一折，系沈侍郎家本一人主稿；此次所上之诉讼法一折，系伍侍郎廷芳一人主稿"。③ 另据《时报》消息，新修之律"大致分为内外两编。内编多系《大清律例》删去虐刑改订而已，外编则系将各国之律汇译成裘，而外编之宗旨则专以收回治外法权为主，于本年十月内即可全行奏明"，④则大致可见修改旧律的"内编"由沈家本负责，引进西法的"外编"任务大概就归诸伍廷芳。

由于沈氏的本职在刑部，人脉深厚，故其删改旧律的举措进展顺利，例如废刑讯就因其一言而决。反观伍廷芳负责引入西法，由于羁绊于商部（包括修订商律）和外务部事务上，对于法律馆的修律事务其实甚少过问。⑤ 传媒报道，伍廷芳因"外交事繁，未能常川到馆议办"，后经两宫催办，方"饬令该馆司员等先将中国各律分列数表开明，再将各国律择其宜于中国者选录，其不宜者删之，均限定年底议出端

---

① 吕海寰、伍廷芳：《奏沪会审公廨情形黑暗请定章程片》（光绪二十九年七月二十七日），《伍廷芳集》（上），第 229 ~ 230 页。

② 《记修订律例事》，《中外日报》光绪三十年四月十四日，第 3 版。

③ 《诉讼法通饬各省》，《申报》光绪三十二年四月十四日，第 2 版。

④ 《新律之内容》，《时报》光绪三十一年四月十五日，第 6 页。

⑤ 一些学人认为伍廷芳在修律中的作用要大于沈家本，不过证据似乎稍嫌薄弱。马作武、Linda Pomerantz-Zhang、苏亦工曾以删除重法和刑讯这两道奏折中有"臣廷芳"字样、相关的法理内容以及联衔上奏伍氏排名居首占大多数为证。见马作武《清末法制变革思潮》，第 167 ~ 168 页；Linda Pomerantz-Zhang, *Wu Tingfang* (1842 - 1922): *Reform and Modernization in Modern Chinese History* (Hong Kong University Press, 1992)；苏亦工：《明清律典与条例》，第 351 ~ 352 页。

倪"。①

直到光绪三十一年（1905）十月调任刑部右侍郎后，伍廷芳才将工作重心放在修律事务上。次年四月法律馆提出的《刑事民事诉讼法（草案）》（以下简称"诉讼新法"），便主要出于其手。冈田朝太郎指出，该律是伍氏用英文起草的，接着由在陆军部任职的丁氏翻译。② 董康谓："伍大臣同美顾问林某，最先有民刑诉讼法一编。"③ 吉同钧也指出，"闻此册系修律大臣伍廷芳所草"。④ 诸说皆指向伍氏在编订诉讼法的过程中发挥了关键性的作用。而沈家本生前出版的自编文集《寄簃文存》亦不收呈进该法案的署名奏折，可见诉讼新法与之关系不大。

在法律馆内审议时，该法案引起争议颇多。传媒对此有所报道：

时有留学日本政法科卒业生章君仲和〔章宗祥〕、曹君汝霖等共预参订。章、曹两君初议博采日本裁判各法加入。伍侍郎谓日本裁判法千余条，甚为完密，今日我国初改制度，当求简而易行，若太完密，则必不能行，如此则有名无实矣，不如先就今日中国之程度，编辑大概，务求可行为度，俟将来我国程度日进，则此等法律逐渐添增。盖今日之所编定者，乃系基址而已，条例宜简，且须合于今日之程度，又要包孕深远，可为后日增加精密之地步方可。譬如治病，当病人最沉重之时，骤投重剂，恐病者受不住，不如从缓入手之为佳也。章、曹诸君皆以为然。沈侍郎亦为之首肯矣。⑤

① 《纪修改律例事》，《时报》光绪三十年十二月初六日，第6页。
② 冈田朝太郎「清国ノ刑法草案二付て」『法学志林』12巻2号、明治43年（1910）、119頁。
③ 董康：《中国修订法律之经过》，《董康法学文集》，第464页。
④ 《清朝续文献通考》（三），第10002页。
⑤ 《议决裁判法详请》，《新闻报》光绪三十二年三月初五日。又见《北京日报》光绪三十二年二月二十四日，第3版。其实这部诉讼新法在年初便有消息编纂完成，全文296条，而非呈进时的260条，见《新拟诉讼法不久颁行》，（《申报》光绪三十二年正月二十三日，第2版）、《修定诉讼新法》（《大公报》光绪三十二年正月十七日，第3版）。此距离正式进呈有三个月的时间，说明馆内于此法案颇有些争议。

可见伍廷芳避重就轻，强调该法案不过是过渡之法，使得馆内的亲日派无法全力反对，法案得以顺利通过。但这也为伍氏去后馆员并不积极推动该法案留下伏笔。

提出这部临时诉讼章程的原因，与此前删除酷刑一样，意在收回治外法权。传媒注意到，伍廷芳回京后，常以收回法权进言。"伍秩庸侍郎日前召对将近三点钟之久，力陈治外法权之宜收回。太后颇以为然，令与外务部各大臣筹商收回之法。"① 另一修律大臣沈家本亦复类似，在回答皇太后"垂询编纂法律如何参酌东西各国"和"如何能收回治外法权"时，也认为"朝廷力求变法，莫急于改革刑律，以期收回治外法权，且与民生有益"。②

起草时，伍廷芳便与各国议商相关条文。"闻伍侍郎新修律例中有治外法权多条，闻已与各国议商，颇为许可。"③ 伍、沈的原奏还特别指出，诉讼法草案"尤为挽回法权最要之端"。④ 后来各省督抚复奏时，也对该宗旨加以肯定。如闽浙总督松寿称，该案"为国家收治外法权，用意极为周密"。⑤ 四川总督锡良则谓："今者中外大通，华洋殊制，彼之裁判几遍设于我区域之中，我之法权反不能及彼侨居之众，此对外之策，尤急于对内，而忧时观变者所以举民刑诉讼之法汲汲焉力恳施行也。"⑥ 社会舆论对此也颇示同情，如《申报》的"论说"认为："刑事民事诉讼法所宜平折狱之本，而清裁判之权，虽含有对内之意，然其宗旨在以中西刑律不同，外人往往疑为歧视，华商往往疑为偏袒，时有细故而成交涉，故欲借此以挽回治外法权，属于对外之意为多。"⑦

---

① 《筹商收回治外法权》，《时报》光绪三十年五月初四日，第 3 页。
② 《沈家本氏改革刑律之意见》，《时报》光绪三十年八月二十四日，第 3 页。
③ 《拟收回治外法权》，《申报》光绪三十一年正月初八日，第 5 版。
④ 伍廷芳：《奏诉讼法请先试办折》，《伍廷芳集》（上），第 281 页。
⑤ 《诉讼法驳议部居》，陈刚主编《中国民事诉讼法制百年进程》（清末时期·第 1 卷），第 139 页。
⑥ 锡良：《复陈民刑诉讼各法折（单一件）》（光绪三十二年九月二十九日），《锡良遗稿·奏稿》第 1 册，中华书局，1959，第 610~611 页。
⑦ 《论维持法权》，《申报》光绪三十二年四月十六日，第 2 版。

考其内容，对于外交问题之注重，确系其特色。该草案有"中外交涉案件"一章（共十条），规定该类案件的处理规则和手续。督抚、将军、都统对这一部分很少反对意见。杭州将军瑞兴甚至宣称："按照约章，立法简易，乃为无懈可击。"[①] 唯独湖广总督张之洞颇有异议。收回法权之议在其参与商约谈判时发端，故其极为重视，点出草案中国家权益可能会受损的疑点。[②]

《刑事民事诉讼法（草案）》第 257 条规定："如外国人在内地犯罪，将该犯解交驻扎最近之该国领事官，按该国律例治罪。"张之洞的签注称："此条虽循旧案办理，但外国法权得行于中国土地，本极可痛心之事。今日修改法律，期挽主权，则失权辱国之文，断不宜载于法律。"因为西人有言，"法律有最强效力，凡法律所承认者，虽人主不得夺之"，承认此条则"不啻全国人民同认外国主权得行于中国领土"，而且埃及和土耳其正是因为其法律"认外国有混合裁判权"，令其国将不国，中国"犹幸无法律以为承认"，"只可另订一暂行章程"解决问题。简言之，即使事实上中外法权并不平等，中国也不能将相关约文载诸法律，以免受制于人。此于时人的确是个难题：若不载此条，恐怕不得外人对此法律的承认，收回法权自然无从谈起；若见诸正式法典，则显然授人以柄，反而强化了治外法权的合理性。

上条尚属如实反映中外交涉之实在情形，张之洞更认为诉讼新法存在不少丧权之处。第 258 条规定："凡中国人控告外国人之刑事或民事案件，由被告本国领事官审讯，中国官在堂陪审。"张之洞认为最后一语"尤为错中之错"。因为根据 1858 年中英《天津条约》（又称《中英续约》）第 16 款的规定，"中国人民有赴领事官告英国人民者，由中国

---

① 《诉讼法驳议部居》，陈刚主编《中国民事诉讼法制百年进程》（清末时期·第 1 卷），第 195 页。

② 本节凡未见出处之张之洞意见，均见张之洞《遵旨核议新编刑事民事诉讼法折（并单）》（光绪三十三年七月二十六日），苑书义等主编《张之洞全集》第 3 册，第 1772～1798 页。

地方官与领事官会同审办"，"今忽改'会审'为'陪审'，是明明领事官为主，中国官为客，领事官为正，中国官为副"。华官本来就迫于强权，"已成陪审之势"，"若法律明以'陪审'为限，则权利愈小，不几退入'观审'之列耶？"张氏不由慨叹："聚六州之铁，不能铸此大错也！"检阅条约英文本："If disputes take place of such a nature that the Consul cannot arrange them amicably, then he shall request the assistance of the Chinese authorities, that they may together examine into the merits of the case and decide it equitably"，[①] 确系"会同审办，公平讯断"之义。如此看来，似乎张之洞的见解无误。

然再细考 1876 年中英《烟台条约》对于《天津条约》第 16 款"会同"一词的补充解释，则张论未见公允。该条称："至中国各口审断交涉案件，两国法律既有不同，只能视被告者为何国之人，即赴何国官员处控告；原告为何国之人，其本国官员只可赴承审官员处观审。倘观审之员以为办理未妥，可以逐细辩论，庶保各无向隅，各按本国法律审断。此即条约第十六款所载会同两字本意。"[②] 也就是说，凡中国人控告英国人之案件，主审为英国承审官员，中国官员为观审，反之亦然。伍廷芳所列第 258 条"凡中国人控告外国人之刑事或民事案件，由被告本国领事官审讯，中国官在堂陪审"，反而是将中国官员的权力扩大，由"观审"变为"陪审"。

实际上，经过《烟台条约》的补充解释，"观审"与"陪审"的意义已差不多，即被告人所在国的官员可以干预审讯的结果。张之洞却认为："观审、陪审意义迥殊，观审不能赞一辞，不能参一议，与中国人民之在堂下观览者无甚区别，只以其为外国官员，故待以宾礼，为之设坐。此时中国官吏仍有完全之权，虽观审之员可与承审官辩论，然仍由承审官作主，非必与观审之员商酌办法也。陪审则不然，有审讯之

---

① 海关总署《中外旧约章大全》编纂委员会编《中外旧约章大全（1689～1902 年）》第 1 分卷，中国海关出版社，2004，第 300 页。

② 《中外旧约章大全（1689～1902 年）》第 1 分卷，第 999 页。

权，有判断之权，中国承审官甚至有不能置喙者。治外法权之所以为中国大害，正在于此。"此论难免过于一厢情愿，而不察条约内容之演变。

既有此认知，亦难怪张之洞看到第 255 条规定——"凡条约所准外国官员陪审之公堂，或在通商口岸，或他处"时，觉得"他处"二字"骇怪万分"，因为"遍查条约，并无除通商口岸以外有许外国官员陪审之公堂"，而《烟台条约》只有内地"观审"的条文。而草案起草者实际认为"观审"与"陪审"无甚差别，因此不做区分。当然，起草者也存在疏失，因为无论是"观审"还是"陪审"，仅限于英美两国有此特权，若如第 258 条所列，似乎包含了其他国家。尽管第 251 条已有"凡关涉外国人案件俱依现行条约审讯"的条文，但在第 258 条加上"凡条约所准"字样，法意当更为严密。

诉讼新法第 205 条"凡通商口岸公堂中外交涉之案，有外国官陪审者，亦可准外国律师上堂为人辩案"，张之洞也觉得甚为不妥。一是认为不必明文允许聘用外国律师，"律师虽非官吏，辩案实系公权。各国公权无有许外国人者，故各国律师无有用外国人者。中国通商口岸以外人有治外法权之故，不得不用外人为律师，然以法律承认之则可不必"。然通商口岸用外国律师已成惯例，连清政府在《苏报》案中也聘用洋律师古柏（White Cooper）为己方辩护。起草者不过将这一事实法制化，以争取西人对法案的支持。

二是关于"外国官"的用词问题，张之洞意为"拟请各条内所有外国官字样，均改为领事官，以示领事之外不许有裁判权之意"。因为根据外国学说，"中国所称之治外法权，实外国所称之领事裁判权，言领事而有裁判之权"，其他官员未有裁判之权。但实际上，外人在华的实际司法特权相当广泛和复杂，已不能用"领事裁判权"一词加以概括，[1]

---

[1] 吴义雄：《条约口岸体制的酝酿——19 世纪 30 年代中英关系研究》，中华书局，2009，第 63~64 页。

与其坚守学说，不如适度变通，反而更适合实际的情况。如这里的"外国官"，既可包括领事，又可以指领事派出之翻译或其他外国观审人员，言简意赅，似无不可。

从以上意见不难看出，张之洞及其幕僚对于法权问题极为重视，而且进行了斟酌研究，并试图通过对相关约文的坚持和解释，扭转中国在交涉案件中所处的不利形势。然而，中外既经历数十年条约谈判和实际交涉，外人在华的实际司法特权存在不同条约、中外文本的纸上纠葛，也有政治实力对比的实际影响，恐难空言坚持。而诉讼新法的起草者正是想通过制订简明扼要、便于理解的交涉条文，斩断过去中外司法交涉的藤葛枝蔓，重新开启未来中外交涉案件的审判新局。

光绪三十二年（1906）四月初二日，伍廷芳、沈家本奏上法案，朝廷随即廷寄各省上谕称：

> 法律关系重要，该大臣所纂各条，究竟于现在民情风俗能否通行，著该将军、督抚、都统等体察情形，悉心研究其中有无扞格之处，即行缕析条分，据实具奏。①

可见朝廷内部意见不一，对于新编诉讼法能否适应民情风俗存有疑问，亦显示出随着修律事业的推进，内政因素对朝廷决策之影响力有所扩大。②

各地接旨后，初时咨复者并不多。直到光绪三十二年（1906）十月，法部犹通电催促各省答复，要求"将该省人民程度之高下，并诉

---

① 《大清德宗景皇帝实录》（八），第389～390页。原折单字寄"各直省将军、督抚、热河都统"，即蒙古、西藏等行特殊法制之地并不递送。见中国第一历史档案馆《清代军机处随手登记档》（168），国家图书馆出版社，2013，第527页。

② 是日除呈递诉讼新法外，修律大臣还递上《现行律内虚拟死罪分别改为流徒折》（奉旨交刑部、都察院议奏）、《伪造外国银币治罪专条》和《派饶昌麟赴日本调查法制片》（均奉旨依议）。见中国第一历史档案馆编《清代军机处随手登记档》（168），第530页。

讼之律必如何始可实力奉行，于风土人情毫无窒碍，调查清晰，咨复到部，以备奏订完全律章"。① 法部这一说法，表面欲充分采纳各省的意见，实已为督抚反对该法提供借口。到光绪三十四年（1908）九月初三日，法部总结各省奏折和签注的情况，除山东尚未议复外，"臣等汇阅各省复议，或以为舆情未洽，或以为人材未备，或以为关键多疏，或以为滞碍难行，均系体察各级地方实在情形，确有所见"。②

细检督抚们的上奏意见，其实也有部分趋新的地方诸侯（多属北洋派系）比较支持此法。传媒报道，"闻直督袁宫保（即袁世凯）察阅之后，以此法最合文明办法，特致一长函予修律大臣，极赞此法之精密详审，称誉之词溢于言外"。③ 袁氏正式入奏时，表示赞成陪审制之外的条文，"已严饬各府县暂行试办"，与法部会商"以一年为期，如无流弊，再奏请饬下各省督抚照办"。④ 袁氏本是伍廷芳的保荐人，故给予了最有力的支持。两江总督周馥和江苏巡抚陈夔龙合奏，"惟有照法律大臣所奏，先就省会商埠，而后及于内地"，同意在江宁、苏州和上海"酌量试办"，但"其有涉于陪审、律师各条，均拟缓行"。⑤

反对者固然占多数，却是以官、绅、民之程度不足为由，认为新法陈义太高，难以实行。如山西巡抚恩寿指出："中国当此预备之初，民间之知识未尽开通，新政之人材尤须培植。晋省地偏西北，近数年来风气虽已渐开，地方士绅尚未有输入法律思想，而审判人员亦非能仓卒养成。此原奏内陪审员、律师两项，不免有待踌躇也。"⑥ 浙江虽为富庶省份，巡抚张曾敭亦表示："治乱用重，犹惧弗胜；改从轻典，将何所

---

① 《商订民事诉讼律》，《大公报》光绪三十二年十月十四日，第 3 版。
② 《法部奏遵议刑事民事诉讼法请俟法律草案定议再行妥拟折》（光绪三十四年九月初三日），《政治官报》第 338 号，光绪三十四年九月初十日，第 9 页。
③ 《直督力赞诉讼法》，《北京日报》光绪三十二年四月二十五日，第 3 版。
④ 《民刑诉讼法暂行试办》，《中外日报》光绪三十三年三月初四日，第 2 张第 1 版。
⑤ 《江督苏抚会奏体察诉讼法情形折》，《新闻报》光绪三十二年八月初九日。该折系督抚会同江宁将军诚勋、江宁副都统振格，联衔具奏。
⑥ 《山西巡抚恩寿复奏刑民诉讼法折》（光绪三十三年二月初四日），《宫中档光绪朝奏折》（24），台北故宫博物院，1975，第 320 页。

惩。此各省或尚可行，而浙省实难骤行者也。况新法之行，尤在得人。浙省法政警察甫经开办，官绅均少合格之人材，义务教育尚未实行，小民尤乏普通之知识。"① 可见督抚们并不反对西法，而欲循序渐进仿效之。或言此不过督抚延宕新法之词，然亦可见新法之占据话语权势，已极少人敢撄其锋。

另有督抚指出，新法如陪审制等内容偏离了取法日本的修律方针，因此不能实行。张之洞指出："外国陪审员之制，仿自英吉利。英人重公德，能自制，故陪审员有益而无损。法、德诸国仿之，已多流弊……日本裁判制度多仿西洋，然区裁判所只设判事一人，地方裁判所以上有陪席判事而无陪审员，所以然者，亦以日本人民无陪审员程度之故也。"袁世凯意见亦复相类："陪审之制，创于英，沿于法、德。近世泰西学者，多言陪审制度之非，而尤以德国为盛。日本不用陪审制，特设检事以搜查证据，纠正谳词，主持公诉，与判事同为法律专家，而职务互相对待，较为妥善。"并称将在拟定法部官制当中，"采用其意，有检察官名目以当检事。此后厘定法律，宜与奏定官制相符"。②

由此亦可见，陪审制并非为日后所谓英美法系之专利，法、德亦尝用之。晚清时人倾向于用国别标签法律（如英国法、德国法、日本法等），而少用现代法中的"法系"概念，即便用了，也众说纷纭。大理院正卿张仁黼上奏认为世界现存四大法系，支那法系衍生印度法系，再衍生罗马法系和日尔曼法系；而今修律，将集合各法系之精华，复归于一，"固不仅包含法、德，甄陶英、美而已"。③ 李贵连认为，张的法系说，"如果不是出自顽固的天朝自大狂，简直就是一种胡说八道了"，④

---

① 《浙江巡抚张曾敭复奏新纂刑事民事诉讼法浙省骤难施行折》（光绪三十二年四月二十六日），《光绪朝硃批奏折》（105），中华书局，1995，第1010~1011页。

② 袁世凯：《遵旨复陈新纂刑事民事诉讼各法折》（光绪三十二年十月二十五日），廖一中、罗真容整理《袁世凯奏议》（下），第1421页。

③ 《大理院正卿张仁黼奏修订法律请派大臣会订折》、《大理院正卿张仁黼奏修订法律宜妥慎进行不能操之过急片》，《清末筹备立宪档案史料》（下），第833~837页。

④ 李贵连：《沈家本评传》，第149页。

这恰好说明在晚清朝廷的法界官员并无我们现在的法系认知。①

西法既然不得不用，则如何在未来新律中保存中国的传统礼俗，成为督抚们的集体忧虑。张之洞将此意表达得最为清晰明确，奏折称："自应博采东西诸国律法，详加参酌，从速厘订，而仍求合于国家政教大纲，方为妥善办法。"因为诉讼新法"于中法本原似有乖违"，故其致梁鼎芬之信谓："此件必须议驳，自不待言。"② 奏上之后，法部特别指出张之洞的反对意见，"探原抉弊，最为切中"。③ 有报章甚至指出："清太后为之动容。"④

中西法制之难以融合，张之洞此时已看得相当清楚。这部诉讼新法既名曰"民事、刑事诉讼法"，即区分民事、刑事，实际以西法观念解构中律。第2~3条称："凡叛逆、谋杀、故杀、伪造货币、印信、强劫并他项应遵刑律裁判之案，为刑事案件；凡因钱债、房屋、地亩、契约及索取赔偿等事涉讼，为民事案件。"这是应用西法最基本的刑、民分类观念，来区分各项案件的审判程序和处理结果，无异于传统法律的根本重组。有意思的是，各督抚、将军、都统都没有否定的看法，杭州将军瑞兴甚至有言，此举"明允精当，大致井然"。⑤

然而刑、民事之区分并不简单。张之洞的幕僚许同莘在《新编刑事民事诉讼法驳议》中指出，"各项案件，每有介于刑民之间，极难分析者，如寄顿财产、伪造契据，论理应入刑事，而财产契据，于民事应有专条，必须参互考证"。一方面，同一案件可能同时涉及刑事和民

---

① 李栋论证指出："晚清各阶层对西方法律的认识是整体意义上的，他们既无所谓两大法系的概念，也无所谓明确移植大陆法的规划。"见其《鸦片战争前后英美法知识在中国的输入与影响》，中国政法大学出版社，2013，第4~10页。

② 《致梁节庵先生》，《张之洞全集》第12册，第10272页。

③ 《法部奏遵议刑事民事诉讼法请俟法律草案定议再行妥拟折》（光绪三十四年九月初三日），《政治官报》第338号，光绪三十四年九月初十日，第9页。

④ 《张之洞驳法律》，《中国日报》（香港）丁未（1907）八月十八日，第3页。此消息为该报在北京的特派员电报拍发。

⑤ 《诉讼法驳议部居》，陈刚主编《中国民事诉讼法制百年进程》（清末时期·第1卷），第139页。

事；另一方面，"中国律例如户役、婚姻、田债等项，本属民事，而律文每条之下各条罪名，则入于刑事矣"，现在刑法和民法均未有成，而诉讼法却区分刑事、民事，"譬诸无本之泉、无圭之景，奉法者无所适从矣"。① 张之洞赞成其意，指出民事范围"不及婚姻、亲族等事"是为缺漏，并猜测此为故意，"殆亦以外国婚礼，其势万不能行于中国；而西人身后财产，不专给继嗣之人，与中国风俗判然不同，故未议及"，② 而且在若干法条上颇与中国礼俗相违背。

例如诉讼新法有查封犯人财产而不及亲属之条。张之洞指出："西俗父子兄弟别籍而居，姊妹戚属皆许承产，法律因之，故财产之权，各有界限。中国立教首重亲亲，定律祖父母、父母在，子孙别立户籍，分异财产者有罚，且列诸十恶内不孝一项之小注，而卑幼私擅用财又复定为专律。今以查封备抵之故，而强为分析财产，则必父子异宅，兄弟分炊，骨肉乖离，悖理甚矣"，既然"中外政教各异，此法万不可行"。热河都统廷杰与张之洞的看法相类："东西各国风俗，夫妻父子异财，是以被告遇有查封财产备抵，不封本人妻子之物。中国不然，若遽强而行之，是无纲常也，法可改而纲常不可改也。"③ 其时已有主张变通伦理的黄节提倡，"神州父子之伦理大变通者，得两义：曰析产，曰异居"。④ 可见此问题涉及晚清时代的大关节，修律如何折中新旧，着实困难。

张之洞提纲挈领地认为诉讼新法损害礼教，尤具震撼力。诉讼新法一旦实行，"父子必异财，兄弟必析产，夫妇必分资，甚至妇人女子责

① 许同莘：《新编刑事民事诉讼法驳议》，《许同莘读书札记（交涉篇）》，中国社会科学院近代史研究所藏，档案号：甲 622-8。

② 《诉讼法驳议部居》，陈刚主编《中国民事诉讼法制百年进程》（清末时期·第 1 卷），第 141 页。

③ 廷杰：《复陈刑事民事诉讼法边地骤难试办并分析扞格难行各条折》，《廷杰奏稿》第 2 册，抄本，不分页。

④ 黄节：《黄史·伦理书》，引自郑师渠《晚清国粹派》，北京师范大学出版社，2000，第 247 页。

令到堂作证，袭西俗财产之制，坏中国名教之防，启男女平等之风，悖圣贤修齐之教，纲沦法斁，隐患实深"。其他反对该法的督抚虽没有提升到如此高度，但对于西法损害传统礼俗的担忧则是一致的。

不仅督抚们群起反对，伍廷芳的法案亦没有获得法律馆同人的实力支持。例如沈家本就以不合礼俗为由反对陪审制："即如陪审员，实创自英。英本以自治为国，故此职最重。法改民主之后，经人民要求，亦用此制。德亦仿行，然皆不若英之出于习惯之自然。故日本不用此制，而别设检事一官。此东与西之不同者……凡此不同之故，亦仍视乎其国之政教风俗，有不能强之使同者。"① 袁世凯的幕僚张一麐曾透露："伍拟刑事诉讼草案用陪审制，沈不谓然，乃问诸北洋。"② 这是因为沈、伍均属于北洋派系，③ 故有此一问，请教处置办法。袁氏衡量之后，复奏时才会否决陪审制，而支持其他的内容。

令人深感意外的是，伍廷芳在四月十九日，即提出诉讼新法之后十七日，未及等到各省督抚将军回奏，便欲挂冠归去，奏请开缺回籍修墓。后奉旨赏假三个月，毋庸开缺，刑部右侍郎的职位由李绂藻署理。伍廷芳回籍后，辞意甚坚，两次奏以"中途病发，假满未痊，恳恩赏开差缺"，清廷在十月十五日准奏开缺。④

伍廷芳的辞职可能与诉讼新法未获直接通过有关，但更可能如当时传媒所猜测，乃因为与沈家本不能合作。香港《华字汇报》指出，"系

---

① 沈家本：《裁判访问录·序》，《历代刑法考（四）·寄簃文存》，第2236页。有可能是董康赴日考察裁判制度的报告（其实译自小河滋次郎的讲义）改变了沈氏的看法。

② 张一麐：《古红梅阁笔记·刑事诉讼法之确定》，第44页。

③ 伍廷芳出身北洋，无须赘言。而沈家本在1893年首任外官，即为天津知府，后署理直隶按察使。1902年袁世凯首先提议沈家本和伍廷芳修律。1907年张之洞攻击沈氏修律有违礼教，学部侍郎宝熙和严修请袁世凯出面调停，奕劻又暗中维护，尤可见沈氏之北洋身份。见许恪儒整理《许宝蘅日记》第1册，中华书局，2010，第184~185页。

④ 《伍廷芳奏请开去差缺折》，一档馆藏，军机处录副奏折，档案号：03-5463-102、03-5468-038。

因与沈侍郎家本意见不合，故有此举"。除了前述奏折主稿的问题外，"现又会同办理法律学堂，伍之意见又多与沈不同，以致貌合神离，久之恐生反对之嫌，故伍特借修墓为避嫌之计"。① 《大公报》也谈道，"侍郎奏请开缺之原因，系以办理法律学堂之事，与沈侍郎意见相殊，将以暂作息肩，为避嫌之计"。② 此事主要分歧在于教习之聘请，"伍侍郎拟将美国留学生调回充当最妥，沈侍郎以聘东洋法律学教习为是"，③ 但实际关系到馆内日本法还是英美法的修律路线之争。因为法律学堂的外国教习同时负责起草新律（如日后冈田朝太郎、松冈义正和志田钾太郎等人所为），人选问题自然至关重要。

当然，传媒对于伍廷芳辞职原因的观察并不全面，④ 但正表明伍、沈的不和已经表面化，乃至不能继续合作。沈家本的修律立场，反而与张之洞等忧心礼俗的督抚并无太大不同，均是主张"折衷各国大同之良规，兼采近世最新之学说，而仍不戾于我国历世相沿之礼教民情"。⑤ 诉讼新法之难行，亦喻示着外国法律难以简单移植，而如何取长补短，采用西法又不失传统礼俗之本位，则是下一阶段修律亟待解决的问题。

---

① 《修律大臣伍沈两侍郎意见不合》，《华字汇报》丙午（1906）四月二十一日，第4页。
② 《伍侍郎乞退之原因》，《大公报》光绪三十二年四月二十九日，第3版。
③ 《会议法律学堂意见》，《大公报》光绪三十一年四月十九日，第3版。
④ 伍廷芳回京后，曾向日本驻华公使内田康哉表示："无论是过去在商部，还是现在在外务部，其所主张无一被用。外界将与各国公使交涉上之失策，却俱归咎于其本人。"内田则推测，"当是由于伍失去庆亲王父子之信任"（光绪三十年三月二十八日日本驻华公使内田康哉与伍廷芳的谈话记录，引自孔祥吉、〔日〕村田雄二郎《日本机密档案中的伍廷芳》，《清史研究》2005年第1期，第11页）。而从其后伍氏在光绪三十一年十月改署刑部右侍郎，离开庆王主政的外务部之事实判断，内田的推测颇有道理。也就是说，伍氏调至刑部、专任修律之时，却是他对朝廷不满且失去中枢信任的时候，这就不能不影响到他在馆中的地位，何况伍的右侍郎名位亦低于沈的左侍郎，因此缺乏与沈一争的实力。
⑤ 《修订法律大臣法部右侍郎沈家本奏刑律分则草案告成折》（光绪三十三年十一月二十六日），《政治官报》第69号，光绪三十三年十一月二十九日，第10~12页。张之洞复奏称："果其所定各条皆能符合此旨，臣等尚复何言？"见《学部原奏》，高汉成主编《〈大清新刑律〉立法资料汇编》，第187页。

第三章

新刑律草案起草始末

光绪三十二年（1906）七月，朝廷宣示预备立宪，先从官制入手，"次第更张，并将各项法律详慎厘订"。[①] 之前修律不过亦步亦趋向西法前进，旧制尚有保留；此后随着朝廷明确立宪的根本目标，法制向西方看齐已不成悬念。修律进程遂得以大幅提速，日本法学专家纷纷受聘来华，留学生取代刑部司员，成为新法律馆的修律主力。

其间，冈田朝太郎负责起草刑事法典和法院编制法。其于欧陆各派法学均有涉猎，力主调和新旧，加以留学生（含出洋考察者）来源不一，法学背景各异，修律大臣沈家本又倡言融汇古今，故三者合力所形成的新刑律初次草案呈现出丰富多元的法学面相。沈氏所谓"折衷各国大同之良规，兼采近世最新之学说，而仍不戾于我国历世相沿之礼教民情"，[②] 不应视作豪言壮语，而是法律馆同人孜孜以求的修律方向。

第一节　冈田来华起草新刑律

光绪三十一年（1905）九月，修律大臣沈家本、伍廷芳奏派董康、王

---

① 《宣示预备立宪先行厘定官制谕》，《清末筹备立宪档案史料》（上），第44页。
② 《修订法律大臣法部右侍郎沈家本奏刑律分则草案告成折》（光绪三十三年十一月二十六日），《政治官报》第69号，第11页。

守恂和麦秩严等人往日本考察审判和监狱制度。原奏指出，各国刑律已经基本译齐，而"刑政之执行，尤资于试验"，需要通过考察增加经验。日本因为具有收回治外法权的经验和便利取法的条件，而成为本次考察的对象。

> 　　考查日本改律之始，屡遣人分赴英、德诸邦，采取西欧法界精理，输入东瀛，然后荟萃众长，编成全典。举凡诉讼之法，裁判之方与夫监狱之规则刑制，莫不灿然大备。用能使外国旅居之人，咸愿受其约束，而法权得以独伸。至推原致此之由，实得力于遣员调查居多。我国与日本相距甚近，同洲同文，取资尤易为力，亟应遴派专员前往调查，借得与彼都人士接洽研求。至诉讼裁判之法，必亲赴其法衙狱舍，细心参考，方能穷其底蕴。①

朝廷即日予以批准，但此行之实现却波折重重。

先是王守恂经巡警部奏调未能赴日，改派的饶昌麟亦因病折回，最后是董康、麦秩严和自费的刑部候补员外郎熙桢、四川綦江县知县区天相同赴日本，并得到刑部员外郎王仪通的协助，共同考察审判和监狱事宜。② 其中，董康的表现较为突出，被日人誉为与吴汝纶并肩的"游历家之巨擘"。③ 其时正值伍廷芳回籍修墓，董康等人得到沈家本的授权，与日本法学家冈田朝太郎订下了雇佣合约。④

---

① 《修订法律大臣伍廷芳等奏派员赴日本考察》（光绪三十一年九月十七日），《光绪朝东华录》（五），第5412~5413页。

② 沈家本：《裁判访问录·序》，《历代刑法考（四）·寄簃文存》，第2234页。除董康外，沈家本对王仪通也颇为看重，称其"品端学裕，心细才长，尤于学务探讨有素。前在学务处办事，条理详明。臣家本奏设法律学堂，一切规制颇赖该员区划，兼在臣馆当差，始终不懈"。《修订法律大臣沈家本等荐举人才折》（光绪三十四年五月二十五日），一档馆藏，军机处录副奏折，档案号：03-5505-057。

③ 王仪通：《调查日本裁判监狱报告书·叙》，刘雨珍、孙雪梅编《日本政法考察记》，第151页。

④ 冈田朝太郎「清国ノ刑法草案二付て」『法学志林』12卷2号、明治43年（1910）、119页。中言："光绪三十二年春，为法制调查，熙桢、麦秩严、董康三人东渡我国，与我订立雇佣合约。"

冈田朝太郎（1868～1936）是日本法律权威梅谦次郎之高弟，1897～1900 年留学德、法，颇受德国法学家李斯特的影响。学成返国担任东京帝国大学法学教授。① 选之原因，传媒报道称，冈田"月修八百元已允就席，而沈侍郎则只允给六百元，故刻下尚未定议。闻沈侍郎已电商伍侍郎。伍复电云，月修八百未免太多，惟欲聘好手，亦不能吝惜重价。究竟冈田品学如何，商之仲和〔章宗祥〕诸君，然后酌定可也"。② 可知沈家本初时对冈田并无把握，而伍廷芳回籍修墓，心灰意冷，对于人选已无成见。故关键在于馆内章宗祥等留日学生以及董康的意见。

日本外交史料馆的档案显示，董康先与冈田接洽、草拟合同，再通过驻日公使杨枢，并在六月初一照会日本外务大臣林董，请其知会文部大臣牧野伸显备案。③ 七月二十一日，杨枢又照会外务大臣西园寺公望，称"准修订法律大臣电请本大臣代订合同，业已照订"，请其"转咨文部大臣查照，并希转嘱冈田博士迅速启程"。④ 八月初五日，日本驻华公使馆电告林董，冈田已于近日到达北京，并附上冈田的聘用合同。⑤

---

① 关于冈田的教育背景和法律思想，可参李海东主编《日本刑事法学者》第二章"冈田朝太郎"，法律出版社、日本成文堂，1995。相关研究可参：〔美〕任达《新政革命与日本——中国，1898～1912》，第 181～182 页；宫坂宏「清末の近代法典編纂と日本人学者 - 刑律草案と岡田朝太郎」『専修大学社会科学研究所月報』46·47、1968 年 8 月；杜钢建《沈家本与冈田朝太郎法律思想比较研究》，中国人民大学清史所编《清史研究集》第 8 辑，1997 年 12 月；黄源盛《清末民初近代刑法的启蒙者——冈田朝太郎》，《黄宗乐教授六秩祝贺——基础法学篇》，台北，学林文化事业公司，2002。

② 《法律学堂总教习待聘》，《华字汇报》丙午（1906）五月初九日，第 1 页。转录《北京报》。

③ 《驻日公使杨枢致外务大臣林董信》（光绪三十二年六月一日），《外务大臣林董致文部大臣牧野伸显信》（明治 39 年 7 月 24 日）。以上两件收在『外國官廳ニ於テ本邦人雇入關系雜件（清國ノ部）』，日本外交史料馆藏，档案号：3 - 8 - 4/16 - 2。

④ 《杨枢致西园寺公望外务大臣信》（光绪三十二年七月二十一日），『外國官廳ニ於テ本邦人雇入關系雜件（清國ノ部）』，日本外交史料馆藏，档案号：3 - 8 - 4/16 - 2。

⑤ 《驻清公使致林董外务大臣电》（明治 39 年 9 月 22 日），『外國官廳ニ於テ本邦人雇入關系雜件（清國ノ部）』，日本外交史料馆藏，档案号：3 - 8 - 4/16 - 2。

冈田来华后，沈氏对其"款待极优，又异常器重"，① 后来为其著作写序时更是大加褒扬："访求知名之士，群推冈田博士朝太郎为巨擘，重聘来华"；又称"日本之讲求法律，著书立说者非一家，而冈田博士之书，最鸣于时"。② 冈田等人任教也确系热心。《神州日报》报道："法律学堂日本教员如冈田、小河博士等，甚热心中国，每日授课，不第教授勤劳，且必旁及中国时事，劝勉各学员用心研究，俾共扶危局。"③

讲课之外，冈田主要为法律馆起草新刑律草案。④ 沈家本在奏折中明言其事，"九月间法律学堂开课，延聘日本法学博士冈田朝太郎主讲刑法，并令该教习兼充调查员帮同考订，易稿数四，前后编定总则十七章，分则三十六章，共三百八十七条"。⑤ 在次年八月二十六日、十一月二十六日，沈家本分别把新刑律总则、分则上奏。此为新刑律的初次草案，是以后历次修订的基础。

冈田来华以前法律馆已有成形的刑法草案。据章宗祥的回忆："新刑律总则草案最初由严谷起草，后馆务扩张，聘请冈田朝太郎博士来

① 《刑法之起草者》，《神州日报》宣统元年四月二十九日，第 3 页。
② 沈家本：《法学通论讲义·序》，《历代刑法考（四）·寄簃文存》，第 2233 页。即便从后见之明来看，沈氏之说似乎也没有夸大。日本学者小野清一郎指出："明治时期的刑法学是以冈田朝太郎为代表，进入新的阶段。"（小野清一郎「刑法学小史」『刑罚の本質について』有斐閣、1955、413 頁）。牧野英一也说："（冈田《日本刑法论总则之部》）这是在明治时代被读得最多的一本刑法书，实可谓'洛阳纸贵'。明治时代的刑法学应该说是以这本著作为基础建立起来的。可以说根据这本书，我国自己的刑法论才开始发展了起来。"引自李海东主编《日本刑事法学者》（上），第 21 页。
③ 《北京政界近闻》，《神州日报》光绪三十四年六月初一日，第 2 页。
④ 冈田朝太郎「清国ノ刑法草案二付て」『法学志林』12 卷 2 号、明治 43 年（1910）、120 頁。许同莘也说："新刑律本由日本人冈田朝太郎起草。故文颇繁衍，屡经修订，前后歧异。"见《许同莘日记》（宣统二年十二月二十三日），中国社会科学院近代史研究所藏，档案号：甲 622 - 11。传媒也报道说："法律大臣所编之刑法，多系日本法学博士冈田氏之手笔。"见《刑法之起草者》，《神州日报》宣统元年四月二十九日，第 3 页。
⑤ 《修律大臣沈家本奏刑律草案告成分期缮单呈览并陈修订大旨折》（光绪三十三年八月二十六日），《清末筹备立宪档案史料》（下），第 845 页。

华，乃由冈田重新整理，拟成新刑律全部草案。"① 严谷、冈田两人虽然"皆梅谦君门中之翘楚"，② 但各自的刑法学说却大有歧异。冈田称，在参与修律之前，"刑草的工作进展已有相当程度，我到该地后，发现已完成全部总则和八九成的分则，取而通读之，主要是参酌我国旧刑法而成，需要修改之处极多，所以不如重新起草。幸而伍、沈两大臣接纳我的意见，遂执笔起草"。到光绪三十三年八月上旬，新刑律全案完成。③

冈田不满严谷之草案，缘于当时西方新旧刑法学说的差异。旧派（古典学派）主张刑罚乃是对于犯罪者之报应，达到威吓犯罪者和一般人的作用；新派（近代学派）则认为刑罚只是预防社会犯罪的一种手段，应以改善犯人、使其适应社会生活为目的。④ 从冈田的经历和表述来看，其偏向新派的痕迹较为明显，但也不可忽略其带有一定的旧派学理的色彩。日本法律学家小林好信就认为："冈田新派刑法论的开展，是在旧派的框框中进行的。"⑤ 其起草的新刑律亦被民国时的法律学者认为："执两用中，实系调和新旧两派理论之间，可称之折衷主义。"⑥

冈田初到京时，尝询问沈家本编订刑法的宗旨，"将一律改从各文明

---

① 章宗祥：《新刑律颁布之经过》，《文史资料存稿选编》（晚清·北洋上），第 35 页。传媒也留意到冈田来华以前法律馆已在制订新刑律。"法律馆所修刑律，闻俟明年即可告竣，届时当请旨颁行各省，一体遵用。"《新修刑律明年可成》，《南方报》光绪三十一年八月初九日，第 1 页。

② 《法律学堂总教习待聘》，《华字汇报》丙午（1906）五月初九日，第 1 页。录《北京报》。

③ 冈田朝太郎「清国ノ刑法草案二付て」『法学志林』12 卷 2 号、明治 43 年（1910）、120 – 121 頁。

④ 参见黄源盛《民初法律变迁与裁判》，台湾政治大学，2000，第 210 ~ 212 页；李海东主编《日本刑事法学者》（上），第 26 页。

⑤ 小林好信「岡田朝太郎の刑法理論」吉川経夫他編『刑法理論史の総合的研究 』日本評論社、1994、178 頁。民国著名的刑法学家蔡枢衡甚至认为冈田"大体属于所谓旧派，主张报应刑论和自由意志论的犯罪原因论"，见其《刑法学》，重庆独立出版社，1944，第 67 页。

⑥ 李良、彭时：《刑事学派与暂行新刑律》，《法律评论》第 193 期，1927 年 3 月。黄源盛：《民初法律变迁与裁判》，第 213 ~ 214 页曾引用其观点。

国新律乎，抑合参中外各刑律，酌定一律乎？"冈田主张的是后者："此事宜因地因时酌定一过渡时代之现行律，否则尽从旧律固不合宜，而尽从新律一时亦断难推行尽利。"不过，沈氏却提出"参酌东西各国之完善者合定之"。① 可见沈家本创制新刑律，意图自创良法，与西法争胜。

第二节　修律权纷争与法律馆重组

冈田起草新刑律草案之时，丙午官制改革引起朝廷权力的重新分化组合，打乱了原来的修律步伐。朝廷确立的是循序渐进的立宪路径，并非骤行三权分立，因此官制改革亦仅先行调整中央各部院的行政体制，并大体确立中央司法独立的雏形。而立法方面，朝廷"拟以察院改为立法部"，"嗣因察院御史不肯听裁，遂罢议立法一部"，② 为各方觊觎和争夺过渡时期的立法权力留下了空间。

光绪三十三年（1907）五月初一日，大理院正卿张仁黼上奏讨论修律事宜。③ 其人进士出身，后为翰林院编修。任湖北学政时，刊刻《列圣训饬士子文》《吕氏四礼翼》《陆氏松阳讲义》《陈氏明辨录》《倭氏为学大指》诸书，并广购朱子《小学》《近思录》分发。后任国子监、詹事府、翰林院侍讲、左副都御史、筹划京城巡捕、兵部右侍郎、学部左侍郎等职务。④ 任职学部时，就有顽固派或守旧派之名。⑤ 此时任职

① 《宪政馆员之冲突》，《帝京新闻》宣统二年七月十三日，第3页。
② 戴鸿慈：《致任公先生书》（光绪三十三年二月三十日），丁文江、赵丰田编纂《梁启超年谱长编》，上海人民出版社，1983，第380页。
③ 《大理院正卿张仁黼奏修订法律请派大臣会计折》、《大理院正卿张仁黼奏修订法律宜妥慎进行不能操之过急片》（光绪三十三年五月初一日），《清末筹备立宪档案史料》（下），第833～837页。以下未注出处的张仁黼言论均出于此。
④ 张仁黼简历见章一山《张仁黼传》，《一山文存》，台北，文海出版社，1972，第175～197页。
⑤ 罗继祖：《庭闻忆略——回忆祖父罗振玉的一生》，吉林文史出版社，1987，第36页。

大理院，则欲修正朝廷逐步推行的法律新政。

有学者以当代法理衡量张仁黼原奏，认为不过是"胡说八道"，[①] 其实张氏的法系说可能源于道听途说或主观臆造，但其修律取向却是相当开放而且颇有气魄。其认为世界现存四大法系，支那法系衍生印度法系，再衍生罗马法系和日尔曼法系，而今修律，将集合各法系之精华，复归于一，"固不仅包含法、德，甄陶英、美而已"；既然支那法系是西方法律的源头，即便采用西法也不会有损害"国体"的顾虑。其奏意在"保存国粹"，亦仅限于"人伦道德之观念"等内容，其他的法律制度和观念则可完全西化。而且他对于中国法律的整体评价相当负面，"中国法律，惟刑法一种，而户婚、田土事项，亦列入刑法之中，是法律既不完备，而刑法与民法不分，尤为外人所指摘"，甚至主张新律应按西方的现代法分类，注意国内法与国际法之别、成文法与不成文法之别、公法与私法之别，以及主法与助法之别；特别是最后一点为"修订法律之最要者"，应按照先主法（刑法和民法）、后助法（诉讼法）的次序进行修订。这是批评前一年修律大臣先行提出诉讼新法乃分不清轻重缓急。

张仁黼可能更关注修律大臣的人选问题："修订法律，以之颁布中外，垂则万世，若仅委诸一二人之手，天下臣民，或谓朝廷有轻视法律之意。甚且谓为某某氏之法律，非出自朝廷之制作，殊非所以郑重立法之道也。"矛头直指在任的修律大臣沈家本。"拟请钦派各部院堂官，一律参预修订法律事务，而以法部、大理院专司其事，并选通晓中外法律人员，充纂修、协修各官，将法律馆改为修订法律院，所有各员均系兼差，不作额缺，另议办事章程。"此外还要"广为调查各省民情风

---

① 如前文所引，李贵连指出："张疏的现代法知识最为浅薄。他的法系说，如果不是出自顽固的天朝自大狂，简直就是一种胡说八道了。再把现代法分类当作法律性质，实在也不敢让人恭维。"甚至说"1907年稍习法学之中国人，对上述问题都分得很清楚"，见其《沈家本评传》，第149页。不过马作武却认为："张仁黼上奏认为修订有几大关键，颇能抓住头绪"，张氏的"保全国粹"说"颇能代表在当时极为流行的观点，这一观点对清末的整个修律活动产生了巨大影响"，见其《清末法制变革思潮》，第88页。

俗"，并以日本长达十五年的变法经验为榜样，"但使大其规模，宽其岁月，务求精详允备，厘然胥当于人心，然后择其易晓易从者，试行一二端，以渐推而广焉。即迟之十年二十年，亦不为晚"。按照此议，则无人专任立法之事，修律大权实际收归法部和张仁黼自己负责的大理院，似难摆脱争权夺利之嫌疑。

五月初三日，军机处交出两广总督岑春煊奏陈修律事宜的奏片，奉旨"该衙门（法部、大理院）议奏"。岑氏属于清流中的佼佼者，[①] 上月才由邮传部尚书转任粤督，在"丁未政潮"中已处下风。行将赴任广东之前，其向太后奏陈七要事，最后一项即"请修订法律以伸法权"。

> 现在编纂民法、刑法及刑诉讼法等项，将来告成以后，各国是否公认，遇有华洋交涉讼案，能否援照办理，尚无把握。考欧西各国修订法律，皆取最有名誉之人。日本改纂法典，亦延聘欧西精通法律名家，参互考订，故能推行尽利，逐以收回领事裁判权。此举关系极重，法部政务殷繁，沈家本总司修订，一人精神恐难专注。查由刑部出身、深通法律者，尚不乏人，应请特旨添派精熟法律之大臣三数员，并饬令探访东西各国法律名家，为时推重者，聘之来京，互相商榷，订为华洋通行之法律，再行请旨颁行，庶研究较为精详，推行不致扞格。[②]

岑氏以为收回法权事关重大，隐约抨击沈家本一人难以成事，请旨添派大臣数人以分其权，打破北洋系统对立法权力之垄断，并聘请日本、欧

---

① 陈寅恪：《寒柳堂记梦未定稿》，《寒柳堂集》，三联书店，2001，第191页。

② 《两广总督岑春煊敬陈用人纳言等七条国政管见折》（光绪三十三年五月初二日），一档馆藏，军机处录副奏折，档案号：03-5619-011。此折所陈七事，前五事内容敏感（涉及慎重用人、鼓励谏官、亲贵出洋等问题），秘不发钞，仅将后两事（"请定会计制度以裕国用""请修订法律以伸法权"）另行抄出，交该衙门议奏。

美法学专家来华参与修律，以取得外人对于新律的承认。

张仁黼、岑春煊的折片均交法部和大理院议奏。沈家本可以选择不做回应，但仍以修律大臣名义上奏（五月十八日），表明自己绝不恋栈、愿意退位让贤之意。两宫随即批准了其辞呈。① 传媒报道，沈氏与友人语云："一俟交待清楚，即行乞假归田，他事均非所愿闻矣。"② 加上此前在部院之争中不为朝廷所谅解，得到"请君入瓮"的结局，③ 此时的沈家本可谓心灰意冷，正好从新旧冲突的困境中解脱出来。

不过，沈家本在求退的奏折中仍以经费困难为由，为自己辩解。在翻译外国法律书籍方面，"限于财力，未能多聘通才，润色删订之功犹有所待"；董康等人赴日调查也因"经费未充，仅将裁判、监狱两项查明归国，而考察欧美法制，力更未及"。④ 董康也有类似的看法："馆费不甚充足，任事各员都为兼差，以是进行颇迟缓。"⑤ 所谓"兼差"，指的是各人同时在法律学堂任教习或者挂职刑（法）部。档案显示，馆员（不包括译员）薪水的支出占总支出的一半以上（每月 1850 两），董康等人赴日调查和购买书籍花费 8000 多两；到光绪三十三年（1907）九月沈交割法律馆款项时，还剩下 1.8 万余两（每年由户部拨银 3 万两），只能基本维持收支平衡。⑥

更主要者，沈家本意在声明新刑律草案即将完成，作为其任内最主要政绩。"臣与馆员参考古今，拟准齐律之目，兼采各国律意，析为总

---

① 《大清德宗景皇帝实录》（八），第 594 页。
② 《沈侍郎之退志》，《京报》光绪三十三年六月十一日，第 3 页。
③ 盛宣怀的京师坐探陶湘称："大理院与法部因争权限事，屡烦两宫之劳顾。昨忽以沈、张对调，乃请君入瓮之意。事固高妙，而臣下之办法愈难，政治终无起色。"见《辛亥革命前后——盛宣怀档案资料选辑之一》，上海人民出版社，1979，第 55 页。
④ 《修订法律大臣沈家本奏修订法律情形并请归并法部大理院会同办理折》（光绪三十三年五月十八日），《清末筹备立宪档案史料》（下），第 837～839 页。
⑤ 章宗祥：《新刑律颁布之经过》，《文史资料存稿选编》（晚清·北洋上），第 34 页。
⑥ 《法律馆收支清单》（光绪三十三年十一月二十六日），一档馆藏，军机处录副奏折，档案号：03 - 6670 - 073。

则、分则各编，令馆员依类编纂，臣司汇核，所有总则一编，由臣妥订后，拟即缮具清单，恭呈御览。此外分则各编，初稿已具，必须悉心推勘，方可成书。"① 并奏请"将编译各稿，饬缮清本，并将动用款项开单奏销，限三个月内一并交代"。后来又因为分则没有如期完成，沈又专上一片："现在总则十七章业已编成，分则三十六章亦有定稿，督同馆员详细校核，续行呈进，约计缮稿等事尚需时日"，奏请将交代日期再行展限一个月。② 董康指出原委，"先草总则，适有法律馆归并法部之命，恐代者将草案废弃，奏请展缓一月交代，俾将总则缮呈，奉旨依议"。③ 沈家本将法律馆的交代期限一拖再拖，正是为了使新刑律全案得以提出。

为了赶进度，新刑律草案的编订过程相当仓促。由于冈田不通汉文，④ 中间必须翻译，而且还要上课，⑤ 亦占用了一些时间。冈田介绍说："法律馆将于明治四十年（1907）夏天被关闭，刑律草案虽有可能完成，然刑事诉讼法及其他附属法的编纂到底不能完成。我当时彻夜把管写作，到七月中旬右腋下起了鸡卵大的肿物，日日疼痛，其困难可想而知。由于日期紧迫，不可有一刻延误，用布包冰块敷在痛处，到八月上旬，条文和理由书终于脱稿，并交付委员长。"⑥ 新刑律草案（条文和理由书）既是在冈田不顾病体、日夜赶工的情况下完成的（同时还

---

① 《修订法律大臣沈家本奏修订法律情形并请归并法部大理院会同办理折》（光绪三十三年五月十八日），《清末筹备立宪档案史料》（下），第838页。

② 《沈家本奏修律事宜交代日期再行展限一月片》，一档馆藏，军机处录副奏折，档案号：03 - 7228 - 048。

③ 董康：《中国修订法律之经过》，《中国法制史讲演录》，第159页。董康此处似乎把"分则"误记为"总则"。

④ 《新闻旧闻》，《时报》宣统二年八月二十二日，第2版。

⑤ 沈家本对此颇后悔，"臣家本等前修律，虽曾奏明拟聘洋员，卒以限于经费，未能以重金专聘，迄今疚心"。见《修订法律大臣奏馆事繁重恳照原请经费数目拨给折（附清单）》（光绪三十三年十一月十四日），《政治官报》第61号，光绪三十三年十一月二十一日，第8页。

⑥ 冈田朝太郎「清国ノ刑法草案二付て」『法学志林』12 卷 2 号、明治 43 年（1910）、121 頁。

要起草《法院编制法》草案），① 其急就章的情形不难推知。

草案的完成时间既然推后，留给法律馆翻译、审议和校对的时间自然大幅减少。仅在校对方面，草案就出现了较大失误。如总则的"尊亲族""亲族"二词，在分则却变成"尊亲属""亲属"，连如此重要的名辞都出错，很可能是因为连统一校对全稿的时间都没有。

六月初九日，法部和大理院复奏（由戴鸿慈领衔，以下简称戴奏）张仁黼和岑春煊的奏折，沈家本和张仁黼作为堂官也署名赞成。戴奏的修律规模宏远，计划在十年至二十年之内完成修律事业，设立修订法律馆，"钦派王大臣为总裁"，以法部、大理院专司其事（这与张仁黼原奏相同），各部堂官为"会订法律大臣"，"各省督抚、将军，有推行法律之责，亦应一律请旨特派参订法律大臣"。这种办法为的是应对诉讼新法所反映出的"非立法之难，乃立法而能适于用之为难"的问题。同时又采纳了岑春煊等人的意见，延聘东西法律名家。日本法律专家既已到位，未来则将聘任欧美法学家来华修律。

在多头马车的情况下，议决之法尤为关键。

> 每草案成，由会订大臣逐条议之，其各督抚、将军有参订之责，亦应随时特派司道大员来京会议，参照议院法，分议决为认可及否决两种，皆从多数为断。其否决者，必须声明正当理由，修订大臣应令纂修员改正再议，议决后由修订大臣奏请钦派军机大臣审定，再行请旨颁布。②

---

① 冈田自言："当起草完总则之际，又急着起草《法院编制法》（当时为明治三十九年至四十年交接时间）。待法院编制法第一草案完成后，继续执笔起草刑律草案。"见冈田朝太郎前引文。沈家本则说："令法律学堂日本教习法学博士冈田朝太郎，帮同审查。该教习学识宏富，于泰西法制靡不洞彻，随时考证，足资甄择，逐条由臣折衷刊定，阅八月始克属稿。"《修订法律大臣沈家本奏酌拟法院编制法缮单呈览折》（光绪三十三年八月初二日），《清末筹备立宪档案史料》（下），第843页。

② 《法部尚书戴鸿慈等奏拟修订法律办法折》（光绪三十三年六月初九日），《清末筹备立宪档案史料》（下），第839~842页。

此法略仿西方议院之制，以多数为断，部院督抚都能参与其中，集思广益的同时，也借鉴了诉讼新法要求各省签注的模式。

此前戴鸿慈出洋考察政治，在俄国面见维特伯爵（谢尔盖·尤利耶维奇·维特）。[1] 维特提出："中国立宪，当先定法律，务在延中西法律家斟酌其宜；既定之后，君民俱要实行遵守，然后可言立宪，约计总以五十年准备。"[2] 戴鸿慈当面表示不以为然："中国今日之事，方如解悬，大势所趋，岂暇雍容作河清之俟？准备之功，万不能少，然不必期之五十年之后。所谓知行并进者，乃今日确一不移之办法也。"[3] 可见戴鸿慈也意识到立法之事难以缓行，而部院督抚参与审定之法又难以做到速行，唯有折中定下十至二十年的立法之期。

督抚官吏参与修律其实亦非戴鸿慈等人的私见。度支部主事陈兆奎稍后上奏，立法之事应"开馆京师，蒐讨英、德、日、美之法规，聘中外法学之硕儒"，"政治大臣鉴别之，部臣督抚共议之，然后断自宸衷，颁行天下"。[4] 而《时报》的论说则提出，除了"先定草案，付内外官吏详晰商榷"之外，"并许商民建议，然后汇聚折衷，庶不至公布之后，叠生疑阻，致成虚设，既淆观听，又费光阴，似多事而实省事也"。[5] 这种官民合议的主张，反映出对于新律若抄袭西法则不能适应

---

① 维特是俄国沙皇亚历山大三世和尼古拉二世时期的宫廷重臣。1892～1903 年担任俄国财政大臣，1905～1906 年任俄国首位大臣会议主席。其间曾代表俄国政府与李鸿章谈判修建中东铁路。见《译者前言》，《维特档案：访问记　笔记》第 1 卷（上），社会科学文献出版社，2016，第 1 页。

② 立法本来就应该慎重，欧美和日本的法典编纂都极为费时。正如当时日本某博士的演说之词："故一刑典之成，所费智力、日力、物力已不知凡几，而自草创至颁行，长者或亘三五十年之久，如现时墺也，瑞也，俄也，法也，其改订刑典草案，公于世者，业经十余年而无所定。"见《论改良狱制当道最宜留意之要》，《顺天时报》宣统二年五月十日，第 2 版。

③ 戴鸿慈：《出使九国日记》，湖南人民出版社，1982，第 225～226 页。

④ 《度支部主事陈兆奎条陈开馆编定法规等六策呈》（光绪三十三年八月十八日），《清末筹备立宪档案史料》（上），第 264～265 页。

⑤ 《论改良法律所应注意之事》（录丙午七月初四日《时报》），《东方杂志》第 3 卷第 12 期，光绪三十二年十一月二十五日，第 244 页。

国情的担心。

不过，作为律学专家的沈家本，虽在戴奏中署名赞成，却专著中暗地讥讽：

> 若聚无数素所不习之人参预其间，非尸位即掣肘矣，况欲征天下之人之意见乎？筑室道谋，事何能成？今之名公卿颇有此种识见，真可笑也。①

再者，已有论者指出："张、戴两氏奏疏的核心，是由法部、大理院专司立法之事，目的是排斥沈家本对法典草案的拟定权。"② 光绪三十二年十二月，法部和军机大臣核订的法部官制规定，有"汇订法律"之权，要求"各部院衙门将现行则例全咨法部，由臣等派员详细稽核，如应行例案有互相牴牾之处，会同该部院堂官酌量修改"。③ 换言之，已把制订各部院行政法规的权力集中于法部。此次又提出"将来无论何种法律，皆须由法律馆编纂及提议改正"，自然包括了时人颇为看重的宪法，可见其争权夺利之心。在部院之争期间，戴鸿慈向远在日本的梁启超求助，批评沈氏过于揽权，"以修律一事，即令公诸司法省，尚未符今日立宪国体制，何况立法者此人，执法者此人，委任检察局员、各级审判局员者亦此人"，自言已请旨将司法调度和司法警察两权收回，但"修律尚未敢言"，已透露出对立法权的觊觎之意。④ 如今戴奏不过是将此前"尚未敢言"的修律权夺下。

戴奏交考察政治馆议奏，其时正值该馆向宪政馆改组的过渡阶段，故迟至九月，宪政馆方有复奏，并得到了两宫的批准，最终确定了过渡时期的立法新制。

① 沈家本：《历代刑法考（二）·律令三》，第 905 页。
② 李贵连：《沈家本评传》，第 148 页。
③ 《军机大臣奕劻等复奏核议法部官制并陈明办法大要折》（光绪三十二年十二月十八日），《清末筹备立宪档案史料》（上），第 492～493 页。
④ 戴鸿慈：《致任公先生书》（光绪三十三年二月三十日），丁文江、赵丰田编纂《梁启超年谱长编》，第 380 页。

宪政馆的复奏基本否决了戴鸿慈等人的建议，因为按照戴氏之法，立法规模甚至比内阁会议政务处还要大，将与宪政馆构成权力冲突。早在七月奏准的宪政馆办事章程，已正式规定了"考核法律馆所定法典草案"的职权。①宪政馆实际成为法律馆的主管部门。此次复核戴奏，难以放弃已有的权力。

有意思的是，戴奏提出"以法部、大理院专司其事"，却被宪政馆指为"是以立法机关混入行政及司法机关之内，殊背三权分立之义"。宪政馆显然是将法律馆视作立法机关，而自身又非纯粹的立法机关（兼具议政和考核政绩的职能），②却拥有考核法律馆法案的权力，似乎难以自圆其说。其实这正是清末过渡时代的一个真实写照，宪政馆的定位本不在三权之中，而是掌控宪政发展全局的四不像机构。

不过，宪政馆的复奏也有参考戴奏之处。戴奏提出各部院督抚参与修律，以解决新律的适用性问题，宪政馆表示同意，法典草案"由臣馆分咨在京各部堂官，在外各省督抚，酌立限期，订论参考，分别签注，咨复臣馆"。宪政馆还特别提到以后资政院设立，"各部、各省明通法政人员，均列院中，自无庸分送各部、各省讨论，即由臣馆迳送资政院集议，取决后，移交臣馆，复加核定，请旨颁布"。如此一来，部院、督抚可就法案提出具体的反对意见，势必造成新法典审议进程缓慢；而资政院亦只不过有集议之权，最终还是要交给宪政馆核定。宪政馆提出的立法流程，后经钦准，列如下图。

---

① 《宪政编查馆大臣奕劻等拟呈宪政编查馆办事章程折（附清单）》（光绪三十三年七月十六日），《清末筹备立宪档案史料》（上），第 49 页。

② 按照奏定章程，宪政馆的职掌包括议复宪政折件、编订宪法、考核法典和统计等方面，从设置的立意上来说，确有主管立法的味道。但宪政馆的权力自一开始便迅速扩展到行政方面，把内阁会议政务处的权力占为己有。"内阁会议政务处现已移至方略馆，即系政务处旧日办公处所，但事务极简。缘该处提调吴郁生、王垿两阁学素性退让，以不办事为宗旨，所有应办事宜大半推于宪政编查馆。而编查馆因系旧日政治馆改名，仍承政治馆之旧制，凡有交议折件均被领去。惟奉硃批指明交内阁会议者，始归内阁政务处承领，故应议折片寥寥无几。说者谓内阁政务处主议政，而宪政编查馆主立法，权限本极分明，今竟混淆至此，殊可异也。"见《内阁会议政务处之失权》，《新闻报》光绪三十三年八月十九日。关于宪政馆的组织、职掌和人事，可参彭剑《清季宪政编查馆研究》，北京大学出版社，2011，第 8~35 页。

该合同显示，冈田受聘之名义为"北京法律学堂教习兼钦命修订法律馆调查员"，每月得到法律学堂的薪水六百银圆和法律馆的津贴二百银圆，还有房租银五十圆。冈田除了"在学堂教授刑法及刑事诉讼法"之外，还要"遵修律大臣命令，从事法律馆所属托调查改良刑法事宜；此外，民商等法遇有属托，亦应竭力襄助"。其后志田钾太郎、松冈义正和小河滋次郎等人来华，也遵循类似的手续——由中国驻日本公使与受聘人订定合同，并咨送中日相应的政府部门。① 可见，法律馆聘请日本法律博士参与修律，属于中日两国之间的政府行为。②

冈田以"调查员"名义参与修律，显见沈家本对于聘请日人还是较为慎重。董康本拟聘请冈田为顾问官，主持法律之起草兼充教习，但沈家本只愿聘其为教习，"并无聘请顾问官及请外国起草之说"。③ 此为免除外间攻击的自保之举。沈氏奏称：

> 臣等一再斟酌，以聘用外人至有关系，不得不加意慎重，遂于今年三月馆事粗定后，派令臣馆提调、大理院推事董康前赴日本，详细访察……访有日本法学博士志田钾太郎为商法专家，名誉甚著，禀经臣等公同商酌，聘充臣馆调查员，电请出使日本国大臣胡惟德妥订合同，约其来京。此外另订旧在京师之日本法学博士冈田朝太郎、小河滋次郎、法学士松冈义正分任刑法、民法、刑民诉讼法调查事件，以备参考。④

---

① 如志田钾太郎的招聘，见《钦差出使日本国大臣胡咨会事》，光绪三十四年八月廿二日，一档馆藏，修订法律馆全宗，第 10 号卷宗。

② 当时路润甫、嵇涤生和许同莘等留日学生就认识到这点，"一经外部，即成交涉案件，以后该教习在华，便可揽权，太阿倒持，莫此为甚"。见《许同莘日记》（光绪三十年九月十四日），中国社会科学院近代史研究所藏，档案号：甲 622 - 11。

③ 《沈侍郎不愿聘顾问官》，《华字汇报》丙午（1906）六月二十一日，第 2 页。录《北京报》。

④ 《法律馆议复朱福铣奏慎重私法编别选聘起草客员由》，一档馆藏，会议政务处全宗，第 299 号卷宗。

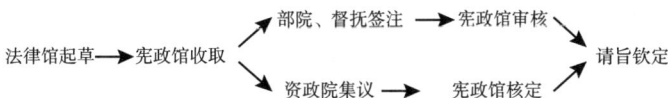

法律馆起草 ——→ 宪政馆收取
　　部院、督抚签注 ——→ 宪政馆审核
　　资政院集议 ——→ 宪政馆核定
　　　　　　　　　　　　请旨钦定

图1

这样一来，立法权实质分解成法典编纂权和考核权，前者由法律馆掌握，后者交宪政馆负责。此举显然不符合立宪派的期待，因为就其看来，解决立法问题的最佳方式莫过于迅速组织议会。暂署黑龙江巡抚程德全谓："非先由立法机关议定法律，则司法机关既无所遵守，行政机关更无所适用。"[①] 副贡徐敬熙由两江总督端方代奏，请设立议会，作为立法机关。[②] 湖南即用知县熊范舆提出："惟有召集民选议院，使制定民刑各法，以为司法独立之地步，则人民之生命财产有所保护，社会之安全秩序或可维持。夫而后民情乃可以即时静镇，法权亦可以设法收回。"[③] 在不少立宪派看来，民众代表即议员负责立法，才能赋予新法律以正当性，政府包办修律事宜，并不符合三权分立之义。

依据宪政馆的复奏，光绪三十三年（1907）九月朝廷下旨："著派沈家本、俞廉三、英瑞充修订法律大臣，参考各国成法，体察中国礼教民情，会通参酌，妥慎修订，奏明办理。"[④] 因为英瑞未正式上任即去世，[⑤]

---

① 《暂署黑龙江巡抚程德全奏陈预备立宪之方及施行宪政之序办法八条折》（光绪三十三年八月十一日），《清末筹备立宪档案史料》（上），第258页。

② 《两江总督端方代奏徐敬熙呈整饬行政、立法、司法机关折》（光绪三十三年八月十八日），《清末筹备立宪档案史料》（上），第262~263页。

③ 《湖南即用知县熊范舆等请速设民选议院呈》（光绪三十三年八月二十八日），《清末筹备立宪档案史料》（下），第613页。

④ 《大清德宗景皇帝实录》（八），第661页。

⑤ 英瑞虽然在修律进程中没有发挥作用，但是朝廷挑选英瑞为修律大臣的用意仍然值得注意。英瑞"光绪十二年（1886）调补刑部员外郎，十六年（1890）随同前左都御史贵恒等前往福建查办事件。旋充律例馆提调。十七年至二十三年三次京察一等，奉旨记名以道府用"（《英瑞遗折》光绪三十三年十一月初二日，一档馆藏，军机处录副奏折，档案号：03-5492-031）。朝廷使用这位刑部员外出身的旧律专家，结合较为保守的俞廉三，以二对一，不无制衡当时已被认为过于趋新的沈家本之意。这可能是听取了岑春煊的建议。

这次重新成立的法律馆（或可称新法律馆）实际由沈家本和俞廉三负责。与此前修律为兼差不同，此次修律大臣成为专任："沈家本、英瑞业经派为修订法律大臣，自应专司其事。法部右侍郎著王垿署理，大理院卿著定成署理。"① 谕旨令沈、俞专任立法，在避免与行政官身份相冲突的同时，更可加快修律的速度。

由于此时朝廷已经宣示预备立宪，新法律馆之行事较前更为趋新和尊西。沈家本、俞廉三奏请参考各国成法："一面广购各国最新法典及参考各书，多致译材，分任翻译；一面派员确查各国现行法制，并不惜重赏延聘外国法律专家，随时咨问，调查明澈，再体察中国情形，斟酌编辑，方能融会贯通，一无扞格。"并请拨开办经费 2 万两，用于"如建设馆舍、添购书籍、印字机器等项"；常年经费增至每年 10 万两，包括"调查、翻译、薪水、纸张、印工饭食等项"。② 朝廷照准其奏。

新法律馆的建制以编订新律为主，删改旧律为辅。馆中设两科负责编纂新律，"每科设总纂一人，总理科务，纂修、协修各四人，调查员一人或二人，分司科务"，"分任民律、商律、刑事诉讼律、民事诉讼律之调查起草"，并有译书处编译各国法律书籍。③ 除"刑法一门不日可以脱稿"外，所有民法、商法、民事诉讼、刑事诉讼诸法典及附属法，限在三年内完成编订。④ 另设编案处，"设总纂一人，设纂修、协修各二人分司其事"，负责"删订旧有律例及编纂各项章程"。相比之下，两科显然是馆内主干，实际地位优于编案处，编辑新律的人员编制更远多于删订旧律之人，并且有高薪聘请的外国"调查员"协助。

修律大臣奏请法部右参议王世琪和法部候补郎中董康为馆中提调，主管实际馆务。王世琪"以进士观政刑曹，究心法律，为尚书薛允升

---

① 《光绪朝东华录》，第 5747 页。
② 《修订法律大臣奏拟修订法律大概办法折》（光绪三十三年十月初二日），《政治官报》第 19 号，光绪三十三年十月初八日，第 9 页。
③ 《修订法律大臣奏开馆日期并拟办事章程折（附章程）》（光绪三十三年十一月十四日），《政治官报》第 61 号，光绪三十三年十一月二十一日，第 6~8 页。
④ 《修改法律之内容》，《神州日报》光绪三十三年十月二十二日，第 2 页。

所契赏，历充秋审处坐办、律例馆提调"，① 此时负责"核订办事规则，考察馆员勤惰，综理出入款项"；而董康"详定编辑条例，审查翻译稿件，博考各国法典"。换言之，王世琪负责馆内行政，而编辑法典的具体事务则由董康负责。虽然王氏排名在前，但因为他在法部"赞理司法事宜，正资得力"，② 其在法律馆的职务只是兼差，故董康在法律馆的影响力似乎要在王氏之上。

董康虽是刑部司员出身，却曾留日考察，表现颇为趋新。章宗祥指出，"旧派中有新思想者，惟董绶经一人。自开馆后，热心进行，与余讨论研究最切，除会议日外，董与余每日辄在馆编译草案，虽盛夏不事休息"。③ 光绪三十二年（1906）在日本考察期间，董康颇用功于东瀛法学，"出则就斋藤、小河、冈田诸学者研究法理，入则伏案编辑，心力专注"，致"一旦出其所学，与彼都法律家相质问，顾为所倾倒"。或正因为其转向西法，王仪通指出："绶经性不谐俗，受谤不自赴日本始，而归自日本，积毁益甚，人或为之扼腕……独沈侍郎谓其遇阸而学昌，是大可熹，所以期绶经者至远。"④ 至新法律馆开馆，沈氏遂将董康拔擢至提调之职，以示重用之意。至迟到宣统元年（1909）六月，法律馆又增加章宗祥和罗维垣两提调，并以何汝翰为总核，⑤ 以示新旧并用之意。⑥

---

① 《法部尚书戴鸿慈等奏荐举人才折》（光绪三十四年三月十七日），《清季各省督抚办理实业及保存人才奏稿》，北京大学图书馆藏抄本。

② 《修订法律大臣沈家本等奏选保法律馆提调人员折（并单）》（光绪三十三年十月二十日），《政治官报》第42号，光绪三十三年十一月初二日，第7页。

③ 章宗祥：《新刑律颁布之经过》，《文史资料存稿选编》（晚清·北洋上），第35页。

④ 王仪通：《调查日本裁判监狱报告书·叙》，刘雨珍、孙雪梅编《日本政法考察记》，第151页。

⑤ 《法律馆对犯奸律文修改稿》（宣统元年六月），一档馆藏，修订法律馆全宗，第2号卷宗。

⑥ 章宗祥在光绪二十九年获日本帝国大学法学士，见其《任阙斋主人自述》，全国政协文史资料委员会编《文史资料存稿选编（教育）》，第934页。罗维垣，字石帆，湖南善化人，光绪十六年中进士，此后长期任职刑部，在律例方面深有造诣，著有《官司出入人罪减除折算表》。沈家本曾作跋称之，见其《历代刑法考（四）·寄簃文存》第2273页。何汝翰，浙江山阴人，光绪六年中进士，签分刑部，历任部内主稿、郎中、提调等职，见《清代官员履历档案全编》（六）（华东师范大学出版社，1997，第710～711页）。

此外，新法律馆的普通司员多是新派之人。沈家本十月二十日奏调的法律馆馆员包括："许受衡、周绍昌、章宗祥、王仪通、姚大荣、吴尚廉、陆宗舆、陈毅、金绍城、熙桢、吉同钧、曹汝霖、吴振麟、顾迪光、范熙壬、谢宗诚、许同莘、严用彬、李方、章宗元、江庸、张孝杙、熊垓、汪有龄、程明超、高种、严锦荣、王宠惠、陈籙、朱献文。"① 次年五月又奏调朱汝珍、朱兴汾和罗维垣三人编纂民商各法。②

不过，并非名单内的全部人最后都进入法律馆（或因继续留学、任职他部），③ 当以宣统二年（1910）七月出版的《钦定大清现行刑律》所列法律馆司员衔名为准。自总核官何汝翰以下，各司员包括："吉同钧、许受衡、汪荣宝、周绍昌、王式通〔王仪通〕、谢宗诚、姚大荣、朱汝珍、许同莘、章宗元、陈籙、陈毅、汪有龄、熊垓、张孝杙、方履中、高种、吴尚廉、李方、金绍城、程明超、朱兴汾、朱献文、汪燨芝、马德润、江庸、顾迪光、范熙壬、曾彝进、熙桢、秦曾潞、章震福、周锡曾、贺硕麟、舒镇观、花良阿、春绪。"④

这份名单中的大部分人均为留学生或有考察外国的经历，加上聘请来华起草律典的日本法学家，已经为此后的法律事业确立了西化的基础。江庸注意到，沈氏颇喜用留学生，"凡当时东西洋学生之习政治法律，归国稍有声誉者，几无不入其彀中"；并不惜高薪聘请，"盖以初筮仕之学生，其资格不足以充提调、总纂，使之专致力于编纂事业，非

---

① 《修订法律大臣沈家本等奏调通晓法政人员折》（光绪三十三年十月二十日），《政治官报》第 42 号，光绪三十三年十一月初二日，第 8 页。

② 《修订法律大臣沈家本等奏调员差遣片》（光绪三十四年五月二十五日），《政治官报》第 283 号，光绪三十四年五月二十八日，第 7 页。片中介绍说，"罗维垣曾充刑部律例馆提调、法律馆总纂，精专法律，融会贯通。翰林院编修朱汝珍曾充法律馆纂修，前经学部派往日本，研究法政，博考详征，学有心得。分省知府、前内阁候补中书朱兴汾家学渊源，通晓时政"。

③ 有学者指出，范熙壬和朱献文因在日本求学，并未很快往法律馆就职，王宠惠没有参与清末修律。见陈煜《清末新政中的修订法律馆——中国法律近代化的一段往事》，第 101 页。

④ 《钦定大清现行刑律》，京师仿聚珍版，1910，第 4~6 页。

厚俸不能维系之也"。①

但名单内仍有少数旧派（主要在编案处）。该处人员包括：吉同钧（总纂）、谢宗诚（纂修）、姚大荣（纂修）、许同莘（纂修）和吴尚廉（协修）。② 谢宗诚为浙江举人，被沈、俞二人誉为"例案精通"，后经朝廷考试，指其"熟精刑名"。③ 姚大荣为"光绪九年进士，官刑部主事，旋升员外郎。精于法家言，亦理究金石碑版之学"，④ 与吉同钧同为京师法律学堂的中律教习。⑤ 光绪三十二年（1906），由学部代奏，姚氏呈请实行"尊孔主义"，将祭孔规格由中祀升为大祀，与祭天等同。⑥ 他被认为是"学识宏通、达于治礼之人"，受聘为礼学馆的顾问官。⑦ 吴尚廉原为法部主事，后被沈家本调至大理院，⑧ 任署理推事，⑨ 此时又被沈氏调入法律馆，曾参与校对新刑律修正案按语。⑩

许同莘则为新旧兼通之人，既入过张之洞幕府，担任公牍之事，亦是日本法政大学速成科的毕业生。许氏由俞廉三调入新法律馆。其在书信中有言：

> 座师南海戴尚书方掌法部，檄调至地方审判厅，以推事补用，而山阴俞侍郎奉命修订法律，亦奏调分纂……再四斟量，拟辞司法

---

① 江庸：《趋庭随笔》，台北，文海出版社，1966，第61页。
② 《法律馆对犯奸律文修改稿》（宣统元年六月），一档馆藏，修订法律馆全宗，第2号卷宗。不排除此前人员变动的可能性。
③ 《查验大臣奏查验第二期报到荐举各员折并单》，《清季各省督抚办理实业及保荐人才奏稿》，北京大学图书馆藏抄本。
④ 张舜徽：《清人文集别录》，华中师范大学出版社，2004，第557页。
⑤ 《法律开学》，《大公报》光绪三十二年九月十六日，第4版。
⑥ 《光绪朝东华录》（五），第5607页。
⑦ 《礼学馆延聘顾问纂修人员衔名》，《神州日报》光绪三十三年九月二十一日，第3页。
⑧ 《大理院奏调司员名单》，《新闻报》光绪三十二年十月二十九日。
⑨ 《巡警部、出使日本大使胡惟德等为派员赴日本考察司法、聘日法学博士及有关官员升遣调补咨法律文》，一档馆藏，修订法律馆全宗，第10号卷宗。
⑩ 顾迪光、吴尚廉会校《大清修正刑律按语》，北京大学图书馆藏抄本。

> 而任立法。盖康成注律，犹不失经训家风；广汉钩情，终近于酷吏
> 行事故也。①

可知许氏得到戴鸿慈和俞廉三的赏识，而自愿选择立法事业。而其立法取径，大体倾向于新律，但认为旧律不无可取之处。他撰写刑法讲义凡例时指出，"听讲班课程中有刑法一门，自系注重新律之意，惟不讲旧律，则不知新律之原，且不知旧律之弊，与所以必用新律之故"。又谓"历代刑法惟唐律最为得中，颇有合西律处。《大清律例》沿袭前明，稍失古法，新订刑律草案虽经各省议驳，而大体自不可易"。②

许氏入馆一事提示出俞廉三在馆中亦有作用，并非伴食而已。俞廉三背后有张之洞的支持，更值得关注。俞氏早在 1896 年便被张氏赏识，誉为"两司中不可多得之员"。③ 此次被任命为修律大臣，更是得到张氏的举荐。传媒透露："近日京信传来，（俞）已为张枢相奏保起用，现已部署一切，命至即行。"④ 俞氏上任后的表现果然不负张之所望。先是光绪三十三年（1907）十一月上奏的新刑律分则未见其连署；学部奏驳新刑律草案后，俞氏入宫面圣，被问及新刑律草案，竟"深以改订法律当以中律为主旨，若不合本国之习惯，断不可行"。⑤

不过，俞氏在法律馆根基尚浅，影响力远不及沈家本。朝廷似乎也有见及此，在宣统元年（1909）闰二月让其兼任仓场侍郎，实际取消了法律大臣专任的规定。兼任后，俞致信端方言及近况：

---

① 《致汪荃台太守》（光绪三十三年十二月初五日），《许同莘读书札记（交涉篇）》，中国社会科学院近代史研究所藏，档案号：甲 622 – 8。

② 《拟编听讲班刑法讲义凡例》，《许同莘读书札记（交涉篇）》，中国社会科学院近代史研究所藏，档案号：甲 622 – 8。

③ 《荐举人才折（并清单）》（光绪二十一年十二月二十九日），《张之洞全集》第 2 册，第 1118 页。

④ 《俞中丞预备入京》，《时报》光绪三十三年八月廿六日，第 3 版。

⑤ 《扬中抑外》，《大公报》光绪三十四年五月二十八日，第 4 版。

　　京仓积弊近已扫除，缺况虽清，办事尚易措手。比来视漕，驻宿朝阳门外，信宿方得一归。稍有余闲，则校核法律馆稿。较之城市，静适多矣。①

可知俞氏一身兼两职，对于修律已不能全力以赴。

　　总之，馆中新旧力量的对比悬殊，新刑律在沈家本主导的新法律馆得以通过，自是意料中事。编案处总纂吉同钧指出："草案甫成，交修律大臣讨论。当时馆员十余人列座公议，鄙人首以不适实用，面相争论，并上书斥驳。无如口众我寡，势力不敌，随即刷印散布。"②

第三节　初次草案的奏进及其旨趣

　　经过冈田大约一年的起草和馆内讨论，沈家本在光绪三十三年（1907）八月首先提出新刑律总则，到十一月再提出分则部分。总、分则合称初次草案，体例采用西式，令人耳目一新。除了正文以外，附有"沿革"、"理由"和"注意"等项，③ 异于旧时开列"删除""合并"等修例办法。

　　这一体例，赢得了不少督抚的赞扬，即便是主张维持礼教者也不例外。例如直隶总督杨士骧就认为："逐条详考沿革，诠述大要，并著引用之法，纂订至为精博。"④ 浙江巡抚增韫也觉得"采取各国之成规，

---

① 《俞廉三致端方》（宣统元年四月十二日），《匋斋（端方）存牍》，台北中研院近史所，1996，第 222 页。原编者将之系年于光绪三十四年，误。

② 吉同钧：《论新刑律之颠末流弊并始终维持旧律之意》，《乐素堂文集》卷 7，第 5 页。

③ 黄源盛教授注意到"草案之条文，均附录'沿革'与'理由'两栏，前者详述自汉律或唐律以来的变迁，后者解析与外国立法例比较上的立法理由；尚有部分条文更添加'注意'栏，以资改订"。见其《大清新刑律礼法争议的历史及时代意义》，《中国法制现代化之回顾与前瞻》，第 25 页。

④ 《直隶总督杨士骧奏刑律草案摘谬请饬更订折（并单）》（奉旨时间光绪三十四年九月十四日），《政治官报》第 345 号，光绪三十四年九月十七日，第 4 页。

详考中国之沿革，发明注意，诠述理由，纂订至为详博"。① 江西巡抚冯汝骙则说，"集列国之成规，溯法系之沿革，诠述大要，以明其注意，推见至隐，以抉其理由，纂订之劬，用心良苦"。②

冈田自述草拟了条文和理由书，③ 而中国旧律沿革的详尽说明，当出于法律馆司员之手。④ 董康在其中发挥了重要的作用。《神州日报》消息："司员中如董提调康尤为尽心于此，其将所有调查底稿参照古今，斟酌东西，削繁摘要，编为成案，实董君一人之力。"⑤ 东三省总督徐世昌也印证了此说："刑律草案多经该员（董康）商榷异同，颇称详密。"⑥ 江庸也自称参与其事，"法律馆出版《刑法理由书》，则与日人冈田朝太郎合著，但未署名耳"。⑦

沈家本作为律学专家，并不类于其他只知划稿的署名大吏，而是直接参与了新刑律草案的内容修订。其在当年五月的奏折中提到："每与馆员讨论过久，及削稿稍多，即觉心思涣散，不能凝聚，深惧审定未当，贻误匪轻。"⑧ 时人秦瑞玠也指出："其调查考订之事，虽出于日本冈田朝太郎者为多，而归安沈侍郎家本实始终主持

---

① 《浙江巡抚增韫复奏刑律草案有不合礼教民情之处择要缮单呈览折》（光绪三十四年十二月十五日），《清末筹备立宪档案史料》（下），第 856 页。

② 《江西巡抚冯汝骙奏刑律草案不合伦常民情各条择要缮单呈览折》（宣统元年闰二月初四日），《清末筹备立宪档案史料》（下），第 867 页。

③ 冈田朝太郎「清国ノ刑法草案二付て」『法学志林』12 卷 2 号、明治 43 年（1910）、121 页。

④ 已有学者发现了新民律总则和物权两编的日文稿本，经过判断，"它很可能是民律草案制定过程中日本顾问负责拟订的文稿"。稿本和草案正式本的理由书部分"略有差别"，"稿本仅解释为什么本法有此规定"，正式本还对"条理"做了说明。参见徐立志《〈大清民律草案〉现存文本考析》，《法史学刊》第 1 卷，社会科学文献出版社，2007，第 199 页。若举一反三，新刑律的理由书部分应该也是由冈田和法律馆司员共同完成的。

⑤ 《刑律草案告成》，《神州日报》光绪三十三年九月初九日，第 3 页。

⑥ 《东三省总督徐世昌等奏保荐人才折并单》，《清季各省督抚办理实业及保荐人才奏稿》，北京大学图书馆藏抄本。

⑦ 《江庸自传》，《上海文史资料选辑》第 45 辑，1984 年 4 月，第 68 页。

⑧ 《修订法律大臣沈家本奏修订法律情形并请归并法部大理院会同办理折》（光绪三十三年五月十八日），《清末筹备立宪档案史料》（下），第 839 页。

其事。"① 新刑律草案的基本内容应是得到了沈氏的认可。

沈家本向朝廷上奏这部新法典时，不再如前般强调修律措施与古法、西政相合，而是直接指出修改法律的必要性。令人印象深刻的是，其列举的三个原因都是源于外力，反映出新刑律的提出主要为了解决外交上的难题。②

创制新刑律，首先着眼于收回失落已久的治外法权。沈称："国家既有独立体统，即有独立法权，法权向随领地以为范围。各国通例，惟君主、大统领、公使之家属从官，及经承认之军队、军舰有治外法权，其余侨居本国之人民，悉遵本国法律之管辖，所谓属地主义是也。"这里表达的已经不是旧日以"化内""化外"确定人民治权的观念，而是接受了近代西方的国家观念和国际法原则。但是，现时的中国无疑是"世界"的一个例外："独对于我国借口司法制度未能完善，予领事以裁判之权，英规于前，德踵于后，日本更大开法院于祖宗发祥之地，主权日削，后患方长。"③ 因此有必要通过修律来符合"世界"的规则，达到收回法权的目标。

其次则是因应海牙保和会的即时需要："方今各国政治日跻于大同，如平和会、赤十字会、监狱协会等，俱以万国之名组织成之。近年我国亦有遣使入会之举，传闻此次海牙之会，以我国法律不同之故，抑居三等，敦槃减色，大体攸关。"其时世界性的国际组织日趋增多，在沈看来正是"日跻于大同"之兆，因此中国法律不能自外于各国，否

---

① 秦瑞玠：《大清新刑律释义绪论·第六章我国刑法上沿革及其改正之要点》，《法政浅说报》第 30 期，宣统三年十二月廿一日，第 33～34 页。

② 《修律大臣沈家本奏刑律草案告成分期缮单呈览并陈修订大旨折》（光绪三十三年八月二十六日），《清末筹备立宪档案史料》（下），第 845～849 页。本节未注出处的沈家本言论，均出于此。

③ 该年四月，沈家本在奏折中已经表达过类似的意思。"领事裁判权不过以彼之法绳彼之民，然英之于上海，德之于胶澳，华民讼案亦越俎代谋。近日本更大开法院于辽左，卧榻之旁岂容他人鼾睡，矧其为陪都重地耶？法权所在，即主权随之，以审判不同之故，予以口实，贻蔓草难图之祸。"见其《调查日本裁判监狱情形折》，刘雨珍、孙雪梅编《日本政法考察记》，第 153 页。

则就会有海牙保和会的外交失败。时隔数月，沈氏在分则奏折中又以此事为由，主张尽速制订新律。略谓："本年荷兰海牙保和会提议公断员一事，经外务部暨专使陆徵祥等往复抗办，悬而未决，然来届会期为时甚速，虽贻亡羊之悔，宜为蓄艾之谋。此尤臣所鳃鳃过计者也。"① 同年底，沈氏在演说中又重提海牙保和会的问题，"今当环球竞争，逼于时事之宜〔时〕，实有不能不改弦更张之处，海牙平和会已露端倪矣"。② 一年之内便至少三次公开谈及此事，可见沈对此事的关注程度。

在此需对海牙保和会之事稍做说明。该会在 1899 年首次开会，旨在解决国际争端、军备、仲裁和编纂国际公法等问题，是国联、联合国大会和国际法庭的前身。③ 沈家本所谓"抑居三等"，说的是 1907 年中国参与第二次和会时发生的公断员人数和任期的问题。当时美国在会中提议：各国任期不等，"与会之国四十有六，员额十七，任期十二年，或一国独任一期，或数国共任一期，英、美、德、法、俄、奥、义、日本各独任，余皆共任，有十年、四年、二年、一年之别"。④ 而中国与他国共任，且只有四年任期，国人所谓中国已被归入"三等国"的说法，即源于此。

另外，会上英、美两国提出公断条款，也挑动起中国收回法权的敏感神经。传媒报道，其中"有凡关治外法权之事，概须举出，得请裁判等语"，又指"此明明与清国为难，并将清国前与英美日改订商约，苦心预留收回领事裁判地步，一笔勾销"。"英员迭来解释，以该条款专指土耳其、毛洛高为言，陆使仍坚持不稍退让。"陆徵祥力争，"以此事载诸四十五国公约，承持公道平等宗旨，若不删除，必全款反

---

① 《修订法律大臣法部右侍郎沈家本奏刑律分则草案告成折》（光绪三十三年十一月二十六日），《政治官报》第 69 号，光绪三十三年十一月二十九日，第 10～12 页。

② 《沈侍郎在法律学堂之演说》，《大公报》光绪三十三年十二月十九日，第 5 版。

③ 关于保和会的基本情况和中国的参与情况，可参唐启华《清末民初中国对"海牙保和会"之参与（1899～1917）》，（台北）《政治大学历史学报》第 23 期，2005 年 6 月。

④ 《保和会公断员任期请饬知会员中国任期亦应以十二年以昭公允》（光绪三十三年八月初五日），《中美往来照会集》（十一），广西师范大学出版社，2006，第 51 页。

对"。经大会表决，此条遂被删除。① 事后，和会专使陆徵祥、驻比公使李盛铎、驻德公使孙宝琦、驻荷公使钱恂、驻法公使刘式训和驻俄公使胡惟德联衔上奏说明此次和会情况，并力主按西法修订法律，以保国权（详后）。

修律的第三个理由是关于教案的。沈言："教案为祸之烈，至今而极，神甫、牧师势等督抚，入教愚贱气凌长官，凡遇民教讼案，地方闇于交涉，绌于因应，审判既失其平，民教相仇益亟。盖自开海禁以来，因闹教而上贻君父之忧者，言之滋痛"，而其中原因，"无非因内外国刑律之轻重失宜，有以酿之"。② 时论对于教案，多看到沈前面所讲的教士"势等督抚"、教民"气凌长官"和"地方闇于交涉"等人为因素，③ 沈氏却指出刑律轻重不平的问题实为关键，试图从律法层面消除中西交恶的根源。

因应这三大外部因素，沈家本强调新刑律的编订旨趣应取法西方，但又不主全变，即所谓"折衷各国大同之良规，兼采近世最新之学说，而仍不戾于我国历世相沿之礼教民情"。具体到章节的安排，亦无不体现此意：

---

① 《保和会专使关于增订公断条款之力争》，《中国日报》（香港）丁未（1907）九月二十四日，第 2 页。其实中国能够抗争成功，与巴西代表鲁伊·巴博萨（Rui Barbosa）领导南美国家要求主权平等的立场很有关系。参见〔澳〕杰里·辛普森《大国与法外国家——国际法律秩序中不平等的主权》，朱利江译，北京大学出版社，2008，第 154～190 页。

② 《修律大臣沈家本奏刑律草案告成分期缮单呈览并陈修订大旨折》（光绪三十三年八月二十六日），《清末筹备立宪档案史料》（下），第 845～849 页。

③ 御史徐定超归纳了教案的三个原因："入教者多痞棍而少善良，易于生事"，"传教者舍本务而预词讼，不守权限"，"地方官多偏袒而少持平，易动公愤"，见《御史徐定超奏更定官制办法十条折》（光绪三十二年九月十四日），《清末筹备立宪档案史料》（上），第 168 页。祁门县令夏曾佑也说，"吾民从来不因公愤而自冒险，疑则有之（采生折割），而闹事断不因此"，"大约起事之由，总由词讼而起"，见《夏曾佑致汪康年》，引自汪诒年纂辑《汪穰卿先生传记》（中华书局，2007，第 93～94 页）。《神州日报》亦有文章认为：教案之发生，"吾官吏之为外所威，为外所媚，为外所愚弄者为之"，见《教案上观察中国之裁判权（续）》，《神州日报》光绪三十四年八月二十八日，第 1 页。

129

春秋之义，首重尊王，故以关于帝室之罪弁冕简端。内政外交为为国家治安之基本，而选举尤立宪国之通例也，故以内乱、国交、外患、泄漏机务、渎职、妨害公务选举次之。为维持社会之交际，宜注重于公益，故以骚扰、囚捕、伪证、诬告、水火、危险品、交通秩序、货币、官私文书、度量衡、祀典、鸦片又次之。文明进步端于风俗，验于生计，故次以赌博、奸非、水源、卫生。而国民之私益应沐法典保护者，莫如生命、身体、财产，故以杀伤、堕胎、遗弃、逮捕、监禁、略诱、和诱、名誉、信用、安全、秘密、窃盗、强盗、诈欺、侵占、赃物、毁弃、损坏缀其后焉。事增于前，文省于旧，合诸总则凡五十三章三百八十七条。①

就"变通旧律"的部分而言，沈家本认为主要有五处，即更定刑名、酌减死罪、死刑唯一、删除比附和惩治教育。其中，刑名的变革较大：由笞、杖、徒、流、死的旧律五刑制度转为全面效法西方，以死刑、徒刑、拘留、罚金为主刑，褫夺公权及没收为从刑。

值得注意者，新刑律之刑制乃广泛比较世界各国之情况，择善而从，并不专仿日本 1907 年新刑法。如死刑问题，草案注意到不少国家已废止死刑，仍坚持死刑之不可废："世界全废死刑之国殆居多数。在欧罗巴，若意大利、瑞士联邦中之七邦、罗马尼[罗马尼亚]、葡萄牙、荷兰、那威[挪威]；在美洲北部者，若密几勘[密歇根州]、罗土爱兰[罗德岛州]、维斯康新[威斯康星州]、哥伦比亚[华盛顿州]、蔑印[缅甸州]；在中部，若洪条拉司[洪都拉斯]、夸对马尼[巴拿马]、加拉加波[尼加拉瓜]、兰基利亚；南部，若委内瑞拉。然在中国若使全废，必非所宜，且在法理固有以死刑科元恶者，本案故仍

---

① 《修订法律大臣法部右侍郎沈家本奏刑律分则草案告成折》（光绪三十三年十一月二十六日），《政治官报》第 69 号，光绪三十三年十一月二十九日，第 11～12 页。

采用之。"

再行列表比较执行死刑之各国情况。

表 1

法兰西	斩	照原则密行
德意志	斩	密行
瑞典	斩	密行
赛鲁华脱［萨尔瓦多］	枪毙	公行
波利维亚［玻利维亚］	枪毙	公行或绞密行
爱加特［阿根廷］	枪毙	公行
乌鲁魁［乌拉圭］	枪毙	或公行或密行
日本	绞	密行
英吉利	绞	密行
布加利亚［保加利亚］	绞	密行
墺地利［奥地利］	绞	密行
匈牙利	绞	密行
英属东印度	绞	密行
加拿大	绞	密行

据而指出："各国不外斩、绞、枪毙之三种，而用枪毙之国皆系维持往昔西班牙殖民地之旧惯，非以此法有所独优也。斩、绞二者，各有短长，然身首异处，非人情所忍见，故以绞为优。今用绞之国独多，殆为此也。故本案拟专用绞刑。死刑公行乃肆诸朝市、与众共弃之义。其后变其意为警戒众人，使不敢犯。然按之古来各国之实验，非唯无惩肃之效力，适养成国民残忍之风，故用绞之国无不密行者，本案亦然。"①

又如确定有期徒刑之最长时间，亦参考各国立法情况，"其最长者三十年，白来齐［巴西］、乌鲁魁［乌拉圭］刑罚然也。其最短者，如加拿大之七年、洪条拉司［洪都拉斯］之十年是也。除此等长短两端之其中定为十五年。各国之例实以此为多数，故本案定为十五年者此也"。②

---

① 《初次新刑律草案》，总则第七章"刑名"。
② 《初次新刑律草案》，总则第七章"刑名"。

有意思的是，沈家本却在呈进奏折中强调草案刑制只是统一奏定章程而已。

> 光绪二十九年刑部奏请删除充军名目，奉旨允准。只以新律未经修定，至今仍沿用旧例。是年刑部又议准升任山西巡抚赵尔巽条奏，军、遣、流、徒酌改工艺。三十一年复经臣与伍廷芳议复前两江总督刘坤一等条奏，改笞、杖为罚金，均经通行在案。是已与各国办法无异。

同时又以新律刑制比附旧制，试图造出新律承旧律而起的印象："无期徒刑惩役终身，以当旧律遣、军，有期徒刑三等以上者，以当旧律三流，四等及五等以当旧律五徒。拘留专科轻微之犯，以当旧律笞、杖。"而罚金"性质之重轻，介在有期徒刑与拘留之间，实亦仍用赎金旧制也"。[①]

与此同时，沈家本仍为旧律保留了一定的空间，以适应礼教民情。例如新刑律专为帝室和尊亲属制订法文，保留旧律中的亲属容隐，[②] 反映重视君、亲律法传统的延续。有学者认为沈氏"弃旧律如敝屣，而毅然决然全盘采纳西方刑法体系"，[③] 似乎并不确切。当然，新刑律对于传统礼教的维护远不如旧律之完备，这成为后来引起部院督抚群起反对的主要原因。

---

① 《修律大臣沈家本奏刑律草案告成分期缮单呈览并陈修订大旨折》（光绪三十三年八月二十六日），《清末筹备立宪档案史料》（下），第 847 页。

② 沈家本在其著作中谓："《论语》'子为父隐，父为子隐，直在其中矣'。按：群言殽乱，孔子之言，可奉为千秋定论矣。"见其《历代刑法考（四）·明律目笺》，第 1804 页。

③ 苏亦工：《明清律典与条例》，第 312 页。

第四章

部院督抚的奏驳与诉求

由冈田起草、馆员校订、沈家本审定的新刑律草案奏上以后，两宫循例命宪政编查馆审查。① 宪政馆按照复奏戴鸿慈的成议，将该草案交各省督抚和部院签注意见，限其六个月内完成，并反馈该馆。

从光绪三十三年（1907）十二月到宣统元年五月，全国所有省份的督抚，以及邮传部、农工商部、陆军部、礼部、度支部、学部和都察院七部院，对初次草案的具体条文签注了意见。其间，由于尚有半数以上的部院督抚尚未奏报，法部尚书戴鸿慈、修律大臣沈家本等人又联衔上奏，请旨饬催各处签注意见。②

学部、两广、安徽、直隶、浙江、江苏、湖广、山东、江西、山西、陕西、东三省、都察院和闽浙等部院督抚，还专门为新刑律案上奏。另外，唯独湖南以咨呈的方式向宪政馆反馈意见。上奏者除了山东和东三省，其余皆为奏驳新刑律者。奏折与签注的总量庞大，多至七十余万言。

---

① 《修订法律大臣法部右侍郎沈家本奏刑律分则草案告成折》（光绪三十三年十一月二十六日），《政治官报》第69号，光绪三十三年十一月二十九日。

② 《修订法律馆奏催签注新刑律原奏》（宣统元年正月二十六日），一档馆藏，会议政务处全宗，第380号卷宗。该奏由法律馆主稿，戴鸿慈、绍昌、沈家本、王垿、俞廉三署名。

奏折由督抚或部院堂官署名，而签注多交由按察使或提法司衙门处理，两广、浙江、江苏、山西、福建、江西、湖广、陕西和东三省便是如此。也有些省份除了按察司衙门外，还有其他的衙门给予意见，最后由按察使汇总，如天津既已建立新式的审判厅，直隶方面便由"臬司暨天津审判厅详加考订"。① 贵州的情况则是由巡抚"分行司道以下各衙门，饬令各抒所见，考订签送，逐加考核"。② 河南巡抚吴重憙则言："经升任抚臣林绍年檄行官报局，排印多分，行司饬属并仕学馆学员一体参考签注。臣到任后，又经叠次行催，兹据按察使惠森暨该学员等分别签注呈送前来。"③ 湖南的情况较为特别，由按察使陆钟琦总领其事，并综合布政司和提学司的意见，巡抚岑春蓂只是象征性地核准。

奏折和签注各有侧重。前者反映的是部院督抚对于新刑律草案的整体看法，签注则是针对各条文的具体内容发言，大多数是修正的意见（亦有赞成者），可与奏折互相参看发明。

奏折多根据签注所言立论，唯安徽和山东两省之奏甚不以本省签注为然。安徽巡抚冯煦自承："遵照通饬各问刑衙门，悉心研究，分别签注各在案。乃事经数月，复者虽有数处，或偏重新法而不知守，或拘泥旧例而不知通，臣再三考核，莫衷一是"，④ 唯有上奏表明自己折中修律的立场。山东巡抚袁树勋也对臬司的签注不甚满意："饬知按察使胡建枢查照，分别签注，兹据详复，并签注各条，臣察阅之余，亦系从枝叶上讨论，聊备千虑一得之用。"⑤ 因此不同于签注的指责态度，袁在

---

① 《直隶总督杨士骧奏刑律草案摘谬请饬更订折（并单）》（奉旨时间光绪三十四年九月十四日），《政治官报》第345号，光绪三十四年九月十七日，第4页。
② 《贵州巡抚为咨复刑律总则分则草案分别签注由》，一档馆藏，宪政馆全宗，第52号卷宗。
③ 《河南巡抚吴重憙奏签注刑律草案缮单呈览并陈制律应顾立国本折》（宣统元年五月初六日），《清末筹备立宪档案史料》（下），第870页。
④ 《开缺安徽巡抚冯煦奏刑律草案略陈大要数端折》（光绪三十四年七月十三日），《政治官报》第298号，光绪三十四年七月二十九日，第6页。
⑤ 《山东巡抚袁树勋奏刑律实行宜分期筹备折》，《清末筹备立宪档案史料》（下），第866页。

奏折中强调新刑律的合理性。

为关照全体，本章将法律馆的立意、修改和舆论反响也一并纳入讨论，以见各方歧见与问题之症结所在。

第一节 学部主导与群起奏驳

光绪三十四年（1908）三月，署邮传部右丞李稷勋首先奏驳新刑律案，认为存在严重的礼教问题。同时，李奏却赞成沈家本温故知新、自创良法的修律宗旨，也认同国家立宪的趋向，更肯定草案无关礼教部分的立法，可见李氏并非绝对守旧之人。他担心的是西学泛滥已给传统纲常造成严重的冲击，此时立法更应慎重，以免让民众误会朝廷尊崇礼教的宗旨有变。

> 近年人心不靖，诐言日滋，往往误认自由、平权之范围，而恣为无父无君之谬论，朝廷诏民读法，万目具瞻，苟轻重一或不当，窃恐不逞之徒益得援之以为口实，狂流所极，后患安穷？[①]

有意思的是，李稷勋建议变动法文的次序，而不改变具体规定，以达至尊崇礼教的目标。具体而言，其赞扬新刑律分则列侵犯帝室之罪为首章，"意在尊君，义至当也"；[②] 但对于逆伦大罪及杀伤期功以下亲属

---

① 《署邮传部右丞李稷勋奏新纂刑律草案流弊滋大应详加厘订折》（光绪三十四年三月初四日），《清末筹备立宪档案史料》（下），第854页。

② 其后有督抚也认为此举有利于维持礼教。张人骏认为："今分则草案以关于帝室之罪弁冕简端，取法《春秋》，体裁最正。"见《两广总督张人骏奏请将刑律草案详加更订折》（光绪三十四年五月二十五日），《光绪朝硃批奏折》第105辑，第1018页。宝棻称赞说："以关于帝室之罪首列简端，立论洵为正大。"见《山西巡抚宝棻奏刑律草案签注呈览并陈名教纲常宜特立防闲折》（宣统元年闰二月二十日），《清末筹备立宪档案史料》（下），第869页。陕西签注认为："开宗明义首揭关于帝室之罪，立义正大，卓乎不磨。"见《陕西巡抚恩寿奏参考刑律草案分条签注折（并单）》（奉旨时间宣统元年三月十六日），《政治官报》547期，宣统元年三月十九日，第11页。

并未列为专条、辟为专章，甚感不满："惟弑逆大恶与杀伤平人，略无区别，已堪骇异，而前后寥寥数条，复与寻常各罪犯交互错出，尤足令乱臣贼子睥睨生心，以为祖孙父子一切平等，固法律所公认也。"既然沈氏原奏已经提出"如谋反、大逆及谋杀祖父母、父母等条，俱属罪大恶极，仍用斩刑，则别辑专例通行"，则只需将立法次序问题解决即可。为此，建议将关于亲属之罪列为分则的第二章，如此便可"微示立法之意。尊尊所以劝忠，亲亲所以明孝，当此邪说纷歧，礼教绝续之秋，其裨于政治，实非浅鲜"。这种将传统归为一章、集中保存的思路相当值得注意，意味着法律的其他部分都可以适用西法，开放程度亦甚为可观。

李稷勋明白沈家本之制订新刑律意在收回治外法权，但认为法权能否收回，"固赖有开明之法律，尤恃有强实之国力，万一空文无效，不独无补外交，徒先乱我内治，甚非计也"。退一步而言，即便增加亲属专章，西人也未必反对中国收回法权，因为"中外政治，虽有不同，而天亲之爱，生人同具，立法既臻平恕，决不因重视亲属，致生阻难，此尤可断言者也"。[1]

据时闻，某军机大臣对新律"多不满意，谓原案拟废去死刑，其谋叛大逆虽以另订特别死刑之条例，然今尚非其时。至分则对于皇室之罪，亦属过轻"，因此授意李氏奏驳。[2] 该折奉旨交会议政务处议奏，[3] 内阁会议政务处随后向法律馆咨取新刑律以备审核。[4] 两宫和朝廷对于此奏的重视，以及李氏以署理邮传部右丞之身份奏驳，都颇形突兀，似乎也印证了背后有大人物的影响。

法部尚书戴鸿慈对李稷勋的奏驳颇为在意，去信询问沈家本之见。

---

① 《署邮传部右丞李稷勋奏新纂刑律草案流弊滋大应详加厘订折》（光绪三十四年三月初四日），《清末筹备立宪档案史料》（下），第854～855页。

② 《北京政界要闻汇志》，《神州日报》光绪三十四年三月十四日，第2页。

③ 《大清德宗景皇帝实录》（八），第775页。

④ 《宪政馆行文簿》第2、3册，光绪三十四年三月初九日、三十四年四月初七日，一档馆藏，会议政务处全宗，第8号卷宗。

沈氏反驳说，原案"颇参以学说"，指出"若一改移，则次序凌乱，于全体甚不相宜"。所谓学说，即草案所谓的国家、社会再到个人的立法顺序，以反对李氏"从名教起见"的意见。这正体现出新刑律对国家和集体法益的重视，并不同于旧律注重伦常法益的思维。同时，沈氏认为草案并未违反旧律的惯例：唐律殴詈祖父母、父母一条，"列于寻常斗杀之后"；清律谋杀祖父母、父母，"亦列于谋杀人、谋杀制使及本管官二条之后"，因此新律"杀尊亲属者一条，列于通常杀人之后，实与《大清律例》宗旨相符"。而且就"法律之渊源"而言，杀人的"广义"在前，杀尊亲属的"狭义"居后，"此自然之序也"。①

会议政务处的复奏基本接受了沈家本的解释，引证律典之后认为，"旧律之意于谋杀祖父母、父母，亦视为关于杀伤之罪。而刑律分则草案承之，并非该大臣创易也"；而且日本对于祖父母、父母之罪"较诸草案更为轻典，而各国承允，卒能收回治外法权。我中国现欲收回治外法权，则订定刑律原兼外国而言，未便再改其专治中国"。② 治外法权因素在新刑律审议过程中的关键性影响显而易见。

政务处拒绝了李稷勋的意见，幕后推手的目的并未达到。五月初七日，学部提出措辞严厉的奏驳意见，主导者便是管部军机大臣张之洞。许宝蘅的日记指出：学部奏驳一事"初发难于陈仁先③，于南皮〔张之洞〕枢相前极论之，南皮遂嘱属稿"。陈氏所拟之初稿"大旨谓新律于

① 沈家本：《答戴尚书书》，《历代刑法考（四）·寄簃文存》，第 2197 ~ 2198 页。
② 曹元忠：《遵议新纂刑律分则草案轻重失宜疏（代）》，《笺经室遗集》卷 1，学礼斋，1941，第 10 页。
③ 陈曾寿，字仁先。光绪二十八年九月，张之洞和端方联衔举荐陈曾寿应次年的经济特科，称其"性行孝谨，志趣光明，系经心书院优等学生，经史理学皆有工夫，文笔亦复茂美，近更博考西国诸政，观书有识，宅心无邪，尤于兵事勤求不懈，所著有《历代兵事图表》，指陈得失利害，具见怀抱英特，慨然负经世之才"，见《遵保经济特科人才折》（光绪二十八年九月二十六日），《张之洞全集》第 2 册，第 1486 页。另据《宪政编查馆调员分任馆务折并单》（《神州日报》光绪三十三年十一月十六日，第 3 页），陈曾寿的职务为试署学部总务司员外郎、法部主事，兼宪政馆编制局副科员。

中国礼教大相反背，于君臣、父子、夫妇、男女、长幼之礼皆行灭弃，且改律之意注重收回治外法权，而收回与否视乎国之实力，非改律足以箝其口，拟请另派大臣会同修律大臣，将旧律之繁而不切者删改，即将新律之增出者并入"，"南皮颇以为然"。但左右侍郎严修和宝熙"向来依附新学，崇拜日本，以此草案出于日本游学生之手，不愿加驳，而此稿所驳诸条又关乎君臣、父子大伦，又不敢以为非，初有不愿会衔之意"，但在张之洞扬言"诸君若不列衔，我当单衔具奏"的压力下，"不敢立异"，又因"蒙古相国〔学部尚书荣庆〕亦与南皮同意"，"于是严、宝输情于项城，欲为阻挠，后经蒙古将原稿略为修改，严、宝遂勉强附名"，[①] 最后以学部名义上奏。从中约略可知，严、宝二人通过袁世凯向与袁氏关系密切的荣庆说项，达到修改陈氏奏稿的目的。

不过许氏日记也有可商榷之处。例如张之洞不必等到陈曾寿的劝说，才出手反对新刑律。张之洞既是提出修律以收回法权的始作俑者，对于修律事业一向比较关注。他一方面奏请戊戌时曾合作共事的俞廉三参与修律，当另一修律大臣英瑞出缺后，张之洞又"奏保陈璧、陆元鼎两大臣中酌派一员，请旨简定"，[②] 试图影响相关人事。另一方面，一直留意新刑律之事并公开反对。早在光绪三十二年（1906）九月，香港的革命派报纸《中国日报》传出消息，张之洞反对冈田包揽新刑律的起草事宜，[③] 后来新刑律初成，又指其"采袭外国皮毛，不合中国古今之政法风俗，有失主权，详加驳论，故有概作罢论之说"。[④] 有理由怀疑，李稷勋之奏可能得到张之洞授意。

此外，严修的日记也补充了此事的一些细节。严修于四月三十日"为奏驳新律事访茂萱〔乔树枬〕，谈许久"。五月初二日，又"为奏驳新律事，函茂薱，并附说帖"。次日收到乔的回信，"午前接电话，知

---

① 许恪儒整理《许宝蘅日记》第 1 册，第 184～185 页。
② 《奏保简补法律大臣》，《大公报》光绪三十三年十二月十二日，第 3 版。
③ 《张之洞反对刑法》，《中国日报》（香港）丁未（1907）九月十八日，第 3 页。
④ 《新法律竟难行》，《中国日报》（香港）丁未（1907）九月二十四日，第 3 页。

华老来署，遂往。少顷，瑞臣〔宝熙〕亦至，商改奏稿竟日"。五月初四日，又访华璧臣于官报局，"谈许久"。是日，"仪曾〔杨祇庵〕送划奏稿"。五月初五日，"夕阅折，因有未安数处，诣瑞臣处商改，并约仪曾同往。八点归。至家已十钟"。直至五月初六日（即上奏的前一天），张之洞到部，众人商谈之下，"又将折稿改数处"。[1] 可见自张之洞以下，学部诸大吏都相当重视这份参折。

尤其是严修，在一周之内为新刑律奏稿奔波劳顿，甚至以堂官身份亲撰说帖以说服位列丞参的乔树枏，态度相当积极。此事略见乔氏在学部的地位重要，虽然只是位列丞参，但由于与尚书荣庆、管部军机张之洞的关系融洽，[2] 自学部成立后，"于一切规制提挈纲领，推究利弊，尤资赞助"。[3] 传媒也说："该部用人行政之实权，实握于乔树枏一人之手。"[4] 不过，乔树枏"官刑部三十年"，[5] 律学造诣颇深，不易被严修说服；在学部奏驳后，"以新订法律轻重失宜，拟逐条奏驳，请旨饬下修律大臣详加审慎，切实改订"。[6] 到宣统元年，甚至有消息指，张之洞对新刑律草案"深恶痛绝"，并欲去沈家本之位，"而以学部某丞代"，但"政府某公力保，沈事遂不果"。[7] 所谓某丞，可能就是乔树枏。摄政王对其印象不佳，或是他谋位不遂的重要原因。有传闻言，"学部乔右丞树枏日昨在摄政王前进讲大清律，首进一言曰'祖宗之法不可轻变'。王聆其言而微哂之。次日与某相国言及乔丞进讲事，谓多

① 《严修日记》（光绪三十四年四月三十日至五月初六日），南开大学出版社，2001，第1460~1461页。
② 参见关晓红《晚清学部研究》，第201~202页。
③ 《管理学部事务张之洞等奏荐举人才折》，《清季各省督抚办理实业及保荐人才奏稿》，北京大学图书馆藏抄本。
④ 《学部之风云变幻》，《蜀报》第1年第4期，宣统二年九月朔日，"纪事部"第2页。
⑤ 《管理学部事务张之洞等奏荐举人才折》，《清季各省督抚办理实业及保荐人才奏稿》，北京大学图书馆藏抄本。
⑥ 《乔丞堂拟驳新律》，《神州日报》光绪三十四年九月十四日，第2页。
⑦ 《京师近信》，《时报》宣统元年十一月二十八日，第2版。

半顽固语"。①

　　严修之外，另一位侍郎宝熙的作用亦不可小觑。董康回忆，当时张之洞"误信谗言"，幸有宝熙劝说，方得免祸。

> 　　签注奏稿，语涉弹劾，且指为勾结革党。副大臣宗室宝熙例须连署，阅之大惊，谓文襄曰：公与沈某有仇隙耶？此折朝上，沈某暨馆员夕诏狱矣。文襄曰：绝无此意，沈某学问道德素所钦佩，且属葭莩戚也。宝曰：然则此稿宜论立法之当否，不宜对于起草者加以指摘。遂由宝改定入奏。②

　　对于新刑律案的是与非，许宝蘅显然站在张之洞和陈曾寿一边。他在日记中写道：

> 　　旧日刑律以名律居首，实与中国伦常礼教互为经纬，若改从外国刑律，非先改亲族法不可，不然，终不能合符……君臣、父子之名非从苟起，刑律既著此名，自有别于凡人，不然，则杀人者死一语，足以赅刑律二百余条，何必条分缕析为哉？至于旧律诚有过重及现今禁令不合者，只须重加修订，繁而减之，重者轻之，无著者删之，未备者增之，便可完备足用。③

　　换言之，许氏赞同因应形势进行修律，但幅度不宜过大，旧律以礼教关系定罪的准则尤其不能改变。

　　尽管经过严修和宝熙等人的缓颊、荣庆的修改，学部的指责仍然相

---

①　《京师近事》，《申报》宣统元年三月二十四日，第5版。

②　董康：《中国修订法律之经过》，《中国法制史讲演录》，第160页。李贵连已注意到董康另一较为简略的记载《前清法制概要》，见其《沈家本评传》，第244页。

③　许宝蘅：《〈巢云簃日记〉选》（光绪三十四年五月初七日），《近代史资料》第115号，2007年7月，第44页。

当严厉："此次所改新律与我国礼教实有相妨之处，因成书过速，大都据日本起草员所拟原文，故于中国情形不能适合。"[1] 值得注意的是，学部奏折表达出中西礼教有异的观念："我国以立纲为教，故无礼于君父者罪法至重；西国以平等为教，故父子可以同罪，叛逆可以不死。此各因其政教习俗而异，万不能以强合者也。"对比张之洞在《劝学篇》中认为废"三纲"一事——"中无此政，西无此教，所谓非驴非马，吾恐地球万国将众恶而共弃之也"，[2] 以及在《学务纲要》中提出的"西国政法之书，固绝无破坏纲纪，教人犯上作乱之事"，[3] 前后表述的观念颇有不同。随着西潮的步步进逼，张之洞似乎逐渐放弃调和中西的尝试。

学部认为新刑律违反了"三纲"和男女之别、尊卑长幼之序，这样的指责在传统社会真可谓不能承受之重。学部最后建议：

> 请饬下该大臣将中国旧律旧例逐条详审，何者应存，何者可删，再将此项新律草案与旧有律例逐条比较。其无伤礼教，只关罪名轻重者，斟酌已至当，择善而从；其有关伦纪之处，应全行改正。总以按切时势而仍不背于礼教为主。

换言之，旧有律例必须成为新刑律的参照，其中涉及"伦纪之处"，要全部保留，其余关系"罪名轻重者"，则可尽量西化。

许宝蘅日记指出，该折"两宫览毕后发下，庆邸〔奕劻〕遂命拟

---

① 《张之洞等奏为新定刑律草案多与中国礼教有妨谨分条声明折（附清单）》（光绪三十四年五月初七日），宪政编查馆编《刑律草案签注》第 1 册，不分页。李细珠在中国社会科学院近代史所藏张之洞档案中发现此折，并在《张之洞与清末新政研究》（第 273～274 页）有所引用和分析。高汉成《签注视野下的大清刑律草案研究》（第 65～68 页）亦对此折加以介绍。

② 张之洞：《劝学篇·明纲第三》，湖北人民出版社，2002，第 72 页。

③ 张百熙、荣庆、张之洞：《学务纲要》，陈学恂主编《中国近代教育史教学参考资料》（上），人民教育出版社，1986，第 539～540 页。

交旨片，仍着修律大臣再详细修改。后南皮请令会同法部，黜旧日刑律，以名律居首，实与中国伦常礼教互为经纬"。[①] 经张之洞力请，最后才有"修订法律大臣，会同法部，按照所陈各节，再行详慎斟酌，修改删并，奏明办理"之旨。[②] 法部的奉旨介入，影响到了日后的立法进程。

学部奏上时，正值为"修明礼教"而设的礼学馆奏准成立的筹备阶段。曾任刑部司员的御史史履晋奏请指派大臣管理礼学馆，并与法律馆会同商订礼教。其奏意在以法律锻造新型的礼教，立意颇为新颖。他表面上大肆批评礼教现状堪忧，实则欲以西法改革故步自封的礼教，提出加派"深通礼意"的大臣管理礼学馆，并"汇同修律大臣详细商订"，又请"各省咨议局、议事会公举学识宏通、留心时务之人，来京与议"，"仿照东西各国议院立法之例，取决公论"。[③]

史履晋奏上以后，结果出人意料。两宫命政务处议奏，在张之洞的主持下，本是针对礼学馆的意见书，却变成了针对新律的借口。《申报》报道：

> 经政务处王大臣会议，复折由提调主稿，[④] 其内容有礼学诚关紧要，应饬该馆妥速修订，应否专派大臣之处，恭候圣裁等语。已送枢垣划诺矣，嗣张中堂忽谓礼学与刑律二者相为表里，无论礼学若何，而刑律多所窒碍，断难推行尽利。世中堂力表同情。袁尚书亦云沈家本等所订新律轻重倒置，系偏采西律之弊，骤行于中国，

---

① 许宝蘅：《〈巢云簃日记〉摘抄》（光绪三十四年五月初七日），《许宝蘅先生文稿》，第 194 页。又见《请改刑律之原因》，《大公报》光绪三十四年五月十二日，第 1 张第 4 版。许恪儒整理《许宝蘅日记》于"黜旧日刑律……"以下阙。

② 《大清德宗景皇帝实录》（八），第 816 页。

③ 《掌辽沈道监察御史史履晋奏礼学馆宜专派大臣管理与法律馆汇同商订折》，《大公报》光绪三十四年五月二十七日，第 2 张第 3 版。

④ 另有一说谓原来由礼部各堂官和修律大臣拟稿。《慎重史御史要折议稿》，《大公报》光绪三十四年七月初十日，第 1 张第 4 版；《会议政务处接到函送议案》，《大公报》光绪三十四年七月十四日，第 2 张第 1 版。

必溃先圣礼教之大防，莫若请旨饬令重订。遂由张中堂将政务处议复史御史折稿大加更改。①

因此，七月二十六日政务处复奏，根据传统礼高于法的观念，否决法律馆参与核订礼教，并反而指责修律大臣"多采外国法律，于中国礼教诚不免有相妨之处"，要求学部"择其关于礼教伦纪之条，随时咨会法部暨修律大臣，虚衷商榷，务期宜于今而仍不戾于古，庶几责任不分，而可以收补偏救弊之益，较为简要易行"。② 该奏奉旨获准，实际赋予学部参与修律事务的权力。

学部奏驳导致法部会同修律，史履晋之奏意外导致学部参与修律，以及宣统新朝之初颁布的新刑律不得违背伦常之上谕，背后都有张之洞的影响力在。江庸更认为张之洞保守礼教的影响及于各省："维时张之洞以军机大臣兼长学部，因刑律草案无奸通无夫妇女治罪条文，以为蔑弃礼教。各省疆吏亦希旨排击。"③ 确实，从学部奏折始，各部院、各省就纷纷以违反礼教为辞，反对新刑律初次草案。

有意思的是，在尊西趋新的语境下，部院督抚群起指责沈家本违反礼教，却有助于社会舆论对沈的认可。倾向革命的杨毓麟就认为："新律出于官吏之手，其良楛正不足深论。特既有以妨害礼教斥新律者，则新律稍愈于旧律，亦未可知。"④《神州日报》"论说"的看法亦相类，"沈氏于中国刑律最谙习，外国法律之学亦从事研究，所订刑律草案颇具识解，虽为各省督抚执礼教大防诸说以相诋，而于法律原则上实未梦见"。⑤

---

① 《枢臣议复史折之政见》，《申报》光绪三十四年八月初三日，第 2 张第 2 版；《专电一》，《申报》光绪三十四年七月二十八日，第 1 张第 3 版。

② 《政务处奏复史履晋请派礼学馆大臣折》，《申报》光绪三十四年八月初六日，第 3 张第 2 版。

③ 江庸：《五十年来之中国法制》，申报馆编《最近之五十年》，上海申报馆，1923，第 8 页。

④ 杨毓麟：《论道德》（1911 年 8 月），饶怀民编《杨毓麟集》，岳麓书社，2001，第 194 页。

⑤ 片羽：《论京师政界之现状》（再续），《神州日报》宣统元年九月初六日，第 1 页。

第二节　新律如何维系"三纲"

一　关于帝室、内乱之罪

尽管新刑律草案将侵犯帝室和政权之罪列于首章，定罪亦较其他章节为严，但是大部分的部院督抚认为新律在拱卫君臣纲常方面仍多有不足。相关条文在分则的第一章和第二章，略等于旧律视为最重的"十恶"中的"谋反""谋大逆"之罪。"谋反"旨在推翻当时的王朝统治，自唐律以降就被列为"十恶"之首，可谓罪莫大焉。另设"谋大逆"之罪，严厉处置侵犯皇帝、破坏王朝内部君臣秩序等行为。[①]《大清律例》规定：两罪"但共谋者，不分首从（已、未行），皆凌迟处死"，亲属缘坐，依关系亲疏，处以斩首、阉割、发遣等刑罚。[②]

新刑律草案则仿照日本新刑法，分列"关于帝室之罪"和"关于内乱之罪"两章，而不再使用"谋反""谋大逆"之法理。

分则第一章的第1条（即第88条）规定："凡加危害于乘舆车驾及将加者，处死刑"，[③] 所谓"乘舆车驾"即君主。新刑律对于谋害或侵害君主者处以唯一之死刑，刑罚已然最重。然两广签注尚嫌不足，"此等罪犯究非寻常死罪可比"，"似应明示骈首，并依律列明知情故纵隐藏及不首之罪，仍定捕狱、授官、给赏之条，庶几法戒昭垂，天下凛然，于尊君亲上之义而无犯上作乱之事，乃为完善"。[④] 河南和陕西的

---

① 两者有所差别，详见甘怀真《从唐律反逆罪看君臣关系的法制化》，《皇权、礼仪与经典诠释：中国古代政治史研究》，华东师范大学出版社，2008。

② 田涛、郑秦点校：《大清律例》，法律出版社，1999，第365～368页。详解见于薛允升《〈读例存疑〉重刊本》，黄静嘉编校，台北，成文出版社，1970，第555～560页。

③ 《初次刑律草案》第88条，油印本。

④ 《两广总督签注清单》第88条，宪政编查馆编《刑律草案签注》第2册，不分页。

意见也大致相同。相比起来，学部、江西和甘肃新疆①的意见则较为温和，仅要求对该犯处以特别死刑即可。湖南方面也认同叛逆之徒宜用特别死刑，却担心刑制因此分裂，"是仍蹈旧律例案之故辙"，故提出死刑制度应设置斩公行和绞密行两种。②

由于事涉君主和政权根本，沈家本和法律馆唯有以循序渐进和模糊策略加以应对。初时，沈奏就主动提出："如谋反、大逆及谋杀祖父母、父母等条，俱属罪大恶极，仍用斩刑，则别辑专例通行。"③当督抚纷纷要求危害君主应处斩刑时，负责答复的法律馆员汪荣宝则说："此乃总则刑例中应决之问题，非分则内所应驳论者也。"对于两广的意见，更认为："共谋、知情故纵及隐匿不首等罪，可照总则第六章及分则第十章、第十二章分别处断，无庸于本章特设规定。至捕狱、授官、给赏，则其事尤与刑律无关，可置不论。"④

分则首章的第二条更是创新，日本新刑法也未见类似条文。该条规定："凡因过失致生前条所揭危害者（危害君主），处二等或三等有期徒刑，或三千圆以下、三百圆以上罚金。"⑤而旧律除了"合和御药及乘舆服御物有失误"的情况外，便无过失可言。现在新律居然明言以过失对待君上，甚至可处以罚金，难怪督抚大哗不已，有如热河签注所指"诚不经之甚者"。⑥闽浙、直隶、甘肃新疆、山西、江西、湖广和都察院都认为过失不可施之于君上，担心乱党会借此为非。山东更明

---

① 清廷于光绪十年（1884）始置甘肃新疆巡抚，驻乌鲁木齐。

② 《湖南巡抚岑春蓂咨送新刑律签注呈文（并单）》，宪政编查馆编《刑律草案签注》第4册，第七章节目总叙，不分页。

③ 《修律大臣沈家本奏刑律草案告成分期缮单呈览并陈修订大旨折》（光绪三十三年八月二十六日），《清末筹备立宪档案史料》（下），第848页。

④ 《修正刑律案语·分则》第88条，修订法律馆铅印本，宣统元年，第1页。该版本藏北京大学图书馆古籍部，上有手写签注，甚可注意。《汪荣宝日记》（宣统元年十月十八日，天津古籍出版社，1987，第313页）称，"到修订法律馆。绥经属分任刑律草案修正事。余担任分则第一章至第二十章"；11日后，"草刑律草案分则按语第一章毕"。

⑤ 《初次新刑律草案》第89条。

⑥ 《热河都统签注刑律草案》，一档馆藏，宪政编查馆全宗，第52号卷宗。

言："即令真由于过失，此种罪恶亦岂可以轻宥？况将加之过失与未遂之将加，亦恐不易辨别。有此一条，将见故意者亦皆借口于过失矣。"[1]

不过，就起草者冈田看来，督抚的意见不合文明，更不明现代法理。故于此条颇为坚持：

> 刑草第八九条所定之刑，已较外国为重。若再加重，便为一部新刑律之疵病，无论其他部分如何文明，即此一条，已足招野蛮之讥议，与改良刑法之宗旨不合。京外各衙门签注刑草，辄谓过失危害罪，处分过轻，将来必有故意危害帝室，而借口过失者。为此论者，乃以事实论与法律论混合之故。犯罪之为故意为过失，自有诉讼法上检查证据之办法，乃事实上之问题，并非法律上之问题。况审判罪案，不可专凭犯人之自白，若仅以自白为根据，则故意犯罪者，非持自白为过失，且有不承认犯罪者矣。审判官将认为无罪乎？否乎？故是说之谬，不待智者而知。[2]

法律馆撰写的修正案语也采纳了冈田之说，继续保留该条，唯将罚金删去。

第二章为"关于内乱之罪"，草案解释："凡以暴力紊乱国家内部存立之条件者，谓之内乱，即现行刑律十恶之谋反是也。"但范围较旧律扩充："旧律以谋反为谋危社稷，本案改为内乱，因其事不仅谋危社稷一项，凡关于国权、国土、国宪，滥用暴力冀谋变更者均是，故范围较前加广。"背后则是新的法理之采用："内乱之罪，往昔之见解以为臣民对于祖国而谋不轨之谓。自今世法律思想推之，关于一国之内政而犯大罪，应不问犯者之是否己国臣民。"[3]

---

[1] 《山东巡抚签注刑律清单》第89条，宪政编查馆编《刑律草案签注》第1册。

[2] 熊元翰编、冈田朝太郎讲述《京师法律学堂讲义·刑法分则》，油印本，1910，第3~4页。

[3] 《初次新刑律草案》，分则第二章说明。

犯内乱罪之人为"国事犯",考诸西方法源,"国事犯"学说起于罗马法。[①] 其将刑事法律中的犯罪分为"常事犯"和"国事犯",该传统后来为欧洲诸国所继承。在十七世纪宗教改革以前,欧洲存在"隐匿权 Asylum"的现象,"当是时各国因宗教冲突,互相煽动,互相嫉视。甲国逋亡之人民,乙国反保护协助之,以妨害其治安,以侮辱其国权。故犯罪者一经逃亡,如享有一种之权利,斧钺不能加其身"。[②] 换言之,这是欧洲中世纪时列国并立的历史产物。后来各国妥协,商讨引渡罪犯问题,常事犯可引渡,国事犯则否。"主持之者以英国为嚆矢,其主义次第传播于大陆诸国,乃确然不易。"[③] 经过 19 世纪一系列的国际条约签订,国事犯不能引渡才逐渐演变成为国际公法上的惯例。[④]

作为新刑律案的起草人,冈田对内乱罪颇有恕词:"其实内乱罪危害虽大,然多为改革政治起见,并非图一己之私利,不可一律从严。故刑草分别轻重以治其罪。"[⑤] 同时冈田也认为,对于革命党"无论其为善意为恶意,既有暴动之行为,必治以作乱之罪"。[⑥] 虽然"如今之国事犯,主张不处死刑之说最胜",[⑦] 但此说"亦未见为公,尤当观政治犯之情节,其有诚为公益起见者,固不可处以死刑。若有为私利而公然煽惑他人犯罪者,亦不当以不处死刑为限"。[⑧] 换言之,国事犯必须要判刑,但需根据其为公益还是私利以判断死刑之适用与否。冈田特别举

---

① 恺撒于公元前 8 年颁布《关于国事罪的优流斯法》,原初只是指针对罗马人民或其安全的犯罪,后来扩展到毁坏皇帝雕像或肖像的行为。参见徐国栋《优士丁尼罗马法中的公诉犯罪及其惩治》,《甘肃政法学院学报》总第 114 期,2011 年 1 月。

② 独头:《国际法上之国事犯观》,《浙江潮》第 8 期,光绪二十九年九月二十日,第 31 页。

③ 《国事犯之意义及各国不移交国事犯之原因》,《中国日报》(香港)丁未(1907)八月十七日,第 2 页。

④ 〔美〕惠顿:《万国公法》,丁韪良译,上海书店出版社,2002,第 59~60 页。

⑤ 熊元翰编、冈田朝太郎讲述《京师法律学堂讲义·刑法分则》,第 6 页。

⑥ 汪庚年编、冈田朝太郎讲授《京师法律学堂讲义·刑法总则》,第 52 页。

⑦ 汪庚年编、冈田朝太郎讲授《京师法律学堂讲义·刑法总则》,第 157 页。

⑧ 汪庚年编、冈田朝太郎讲授《京师法律学堂讲义·刑法总则》,第 102~103 页。

例指出，"如中国从前有主张立宪者，多受死刑，由今观之，皆为无罪之人矣。如日本从前主张立宪之志士亦属政治犯之流亚，今则多贵显矣"。[1]

沈家本作为草案的审定者，相关主张也较为宽纵。其专著《历代刑法考》批评明代谋反之律，"较之曹魏之法尤重，唐律中之分别数级，概行删去，遂使后来沿用，以文字之狱而与大逆同科，重法之祸世，烈矣"。[2] 实际借此讥刺清律而已。徐锡麟、秋瑾案爆发后，"法部沈侍郎奏陈各省现拿革命党立即正法，其中恐有冤狱，应请饬令嗣后遇有此等案件，请将供据咨部核复办理，以示慎重。折上留中"。[3]

因此，新刑律草案对于内乱罪颇有从宽之规定。第一百条规定："凡以颠覆政府、僭窃土地或紊乱国宪为宗旨，起暴动者，为内乱罪"，"首魁，死刑或无期徒刑；执重要之事务者，死刑、无期徒刑或一等有期徒刑；附和随行者，二等至四等有期徒刑"。[4] 同时，沈家本因为担心"訾议蜂起，难遽实行"，[5] 遂留了个但书，"如谋反、大逆及谋杀祖父母、父母等条，俱属罪大恶极，仍用斩刑，则别辑专例通行"。[6] 这是借着死刑方式的区别以体现国事犯罪的严重性。

新律"谋反"之"首魁"居然可以不死，相较旧律凌迟犯人且株连族人的刑罚简直有天渊之别，当然引起诸多执政者的不满。[7] 学部签

---

① 汪庚年编、冈田朝太郎讲授《京师法律学堂讲义·刑法总则》，第 103~104 页。

② 沈家本：《历代刑法考（四）·明律目笺三》，中华书局，1985，第 1860 页。

③ 《奏请慎重党狱》，《神州日报》光绪三十三年八月初一日，第 3 页。

④ 《初次新刑律草案》，第 100 条。

⑤ 沈家本：《死刑惟一说》，《历代刑法考（四）·寄簃文存》，第 2101 页。

⑥ 《修律大臣沈家本奏刑律草案告成分期缮单呈览并陈修订大旨折》，《清末筹备立宪档案史料》（下），中华书局，1979，第 847、848 页。

⑦ 也有为旧律辩护者，如辜鸿铭引用司马光《资治通鉴》的说法："一家（即罪犯的家庭）哭何如一路哭（就是说遭受未惩办罪犯的后果之苦）。事实上，对罪犯实行不适当的和欠考虑的宽大，实际上就是对于吃这些罪行后果之苦的人们的残忍。"见《辜鸿铭来函》（1903 年 8 月 25 日），〔澳〕骆惠敏编《清末民初政情内幕——乔厄·莫理循书信集：1895~1912》（上），刘桂梁等译，知识出版社，1986，第 273 页。

注指出，"其首魁或处以徒刑，是谋反者不死，何以禁天下革命之风乎？"① 两广、山东、陕西、湖广、江西和都察院的意见均认为谋反实为罪大恶极，不宜宽处徒刑。

有意思的是，学部指出："或者以各国待国事犯之法为例，不知本条已有死刑名目，并非各国处国事犯例矣。今于死刑之外更增一徒刑，实属过于轻纵。"② 此语批评法律馆欲学西法，但又保留死刑，只能是"四不像"。但邮传部所见的外国法律却与学部相反，"首魁处死刑为不易之理，乃加'或无期徒刑'五字，则与各文明国法律相背"。③ 这里说的"文明国法律"，似指日本。即如安徽签注所言，"即日本现行刑法，凡首魁及教唆诸犯，亦皆处以死刑"。④ 而湖南签注也提到"即日本刑法亦不如此宽纵"。三者不约而同地注意到日本的法律资源，显示出这些衙门中的官员或幕僚不无日本法的背景或学识。不过，他们所引用的是日本旧刑法的条文，而新刑法已经在 1907 年 4 月颁布，次年 10 月实施，并增加了"无期禁锢"规定和删除"教唆"字样，⑤ 因此在汪荣宝看来，引用旧刑法者已经落伍，"签注者不加深考，漫引旧律以相诘难，未免疏漏"。⑥

由汪荣宝撰写的《修正刑律案语》虽然承认"内乱之犯，谋危害社稷，情无可原"，但强调"现今东西各国处分之法均无悉用死刑之例"，"盖内乱之犯多因政治而起，政治上之见解昨非今是，本无一定"。中国法律自古对内乱处以死刑，"然改良刑律决不能与世界之大势相反，则一面留死刑，一面加以无期徒刑，正为今日折衷之制"。而

---

① 《张之洞等奏为新定刑律草案多与中国礼教有妨谨分条声明折（附清单）》（光绪三十四年五月初七日）第 100 条，宪政编查馆编《刑律草案签注》第 1 册。
② 《张之洞等奏为新定刑律草案多与中国礼教有妨谨分条声明折（附清单）》（光绪三十四年五月初七日）第 100 条，宪政编查馆编《刑律草案签注》第 1 册。
③ 《邮传部签注总则清单》（光绪三十三年十二月二十一日）第 100 条，宪政编查馆编《刑律草案签注》第 1 册。
④ 《开缺安徽巡抚冯煦签注清单》第 100 条，宪政编查馆编《刑律草案签注》第 1 册。
⑤ 〔日〕牧野英一：《日本刑法通义》，陈承泽译，中国政法大学，2003，第 95 页。
⑥ 《修正刑律案语·分则》第 100 条，第 7 页。

且加重内乱罪反而会有反效果，"若漫行死刑，轻视民命，适有煽动革命之虞。此近世各国历史显著之事实，不可诬也"。①

尽管法律馆内部颇支持"国事犯"的西说，但新刑律初次和修正草案的条文并无"国事犯"一词，只有在初次草案的解释理由中出现过一次："现今各国之立法例往往以无定役自由刑与有定役刑并行。其始意不过出于优待非破廉耻之囚人（即国事犯）。"② 沈家本奏呈的《法院编制法（草案）》原有"国事犯"名词："第三十三条：凡大理院审判……第一审即终审（一）国事犯（二）宗室犯罪（三）奉旨特交案件。"③ 至宣统二年（1910）正式颁布时，仅谓大理院的"第一审并终审"案件为"依法令属于大理院特别权限之案件"。④ 所依法令即同年制订的《大清刑事诉讼律草案》，其中规定大理院于下列案件有"第一审并终审管辖权"："第一、关于帝室之罪，但刑律第九十六条所揭者，不在此限；第二、帝室缌麻以上亲之犯罪及其共犯；第三、内乱罪；第四、关于国交及外患罪系三等有期徒刑以上者。"⑤ 该律明显规避"国事犯"观念，改以新刑律的"内乱"罪名置换之。略见清廷内部对于"国事犯"之说看法歧异。毕竟承认"国事犯"，就意味着本国的政治值得商榷。而且"国事犯"应被减轻或免罪的观念已经深入人心，张之洞即担心一旦司法独立，裁判官之中"难保无学术不纯、心思不端者，每遇拿获逆党，必将强引西律，曲贷故纵，一匪亦不能办。不过数年，乱党布满天下，羽翼已成，大局倾危，无从补救，中国糜烂，利归渔人"。⑥

"国事犯"学说的确妨碍了清廷打击革命党的行动。革命党主办的

---

① 《修正刑律案语·分则》第 100 条，第 6~7 页。

② 《初次新刑律草案》，第七章"刑名"理由。

③ 《论大理院》（外稿），《大公报》光绪三十四年十一月十二日，第 1 张第 4 版。

④ 《清末法制变革史料》下卷，第 494 页。

⑤ 《清末法制变革史料》下卷，第 508 页。

⑥ 张之洞：《致军机处、厘定官制大臣、天津袁宫保》，苑书义等主编《张之洞全集》第 11 册，第 9577 页。

香港《中国日报》指出："清廷近者审知国事犯出走外国者之必为外国所保护，故常蔑以土匪之名目"，"最近请提解梁秀春于越南，请提解余既成于香港，尤其显然可见者。梁秀春经一度审讯，法人遂判为国事犯而释之"。① 随着《苏报》案以来交涉国事犯经验的增加，清廷不难注意到国际法上有相关规定，不可能作茧自缚，承认"国事犯"之说。后来御史胡思敬干脆专片请禁"国事犯"名词，"国事犯名词，出自外洋，虽彼邦之人，亦咸引为大戒"，"将来凡有大逆不道、干犯乘舆之叛党，皆可援此三字名词脱身，逍遥法外"。②

值得玩味的是，新律虽然在条文中没有用"国事犯"名词，但朝廷有时在施政上又试图区别对待"国事犯"和普通罪犯。例如在法部尚书廷杰任内，监狱为国事犯另造"别室收系"，与官犯有同等的待遇。③ 另外，在熊成基刺杀贝勒载洵一案中，"据说作为国事犯，本地官府对他略有优待措施"，"他的朋友把他的身首缝合，并装入木棺中"。④ 摄政王也颇为优待"国事犯"，最明显的例证莫过于汪精卫行刺一事。报载，汪犯落网后，摄政王对善耆、毓朗言："我国正在预备立宪时代，该犯与政府意见不合，未明朝旨，只图改良国政，致起急躁之意，蹈不轨之诛，日后当可自醒其误，该犯宜从宽典，当以国事犯处之。"⑤ 因此，汪精卫等人"拘禁巡警总厅，甚为优待"。⑥ 政府不但"概不株连"，而且"一切皆照国事犯文明之法相待，一审讯时，立陈

---

① 《国事犯之意义及各国不移交国事犯之原因》，《中国日报》（香港）丁未（1907）八月十四日，第 2 页。

② 胡思敬：《请禁止国事犯名词片》，《退庐全集·退庐疏稿》，台北，文海出版社，1970，第 1003 页。

③ 《法部添建官犯室》，《顺天时报》宣统二年六月十三日，第 7 版。

④ 《驻吉林领事岩畸三雄致外务大臣小村寿太郎（有关熊成基死刑执行之事)》（明治 43 年 2 月 28 日)，章开沅等编《辛亥革命史资料新编》（六），湖北人民出版社，2006，第 193 页。

⑤ 《拘获重犯审结后余闻》，《盛京时报》宣统二年三月二十九日，第 2 版。

⑥ 《专电》，《时报》宣统二年三月十六日，第 2 版。

不用跪，二饮食皆不粗恶，三衣服衾枕皆准其将素常所用之物带入"。①

然汪精卫被捕以前，曾经著文指斥清廷修律虚有其表，"各省之用刑讯如故"，"就地正法之制未除，顾以新刑律之美名，炫饰天下之耳目，何其心之毒而颜之厚也"。② 此时却受新律优待之赐（内乱罪之首魁可以不处死刑）得以不死。廷议时，法部堂官"说明现在立宪，宜取刑律草案、大清现行律变通处罚"，"自庆王以下皆以为然"。③ 亦如《顺天时报》所评论，汪氏侥幸不死，"一为摄政王宽容大度，一为立宪新刑律所赐之生命也"。④ 此外，各国驻京公使多赞扬摄政王此举，"深合文明国对待国事犯之法律，为中国从来所未有。自有此举，各国均深信中国刑律之改良必能悉臻完善"。⑤ 摄政王当然顾虑到革党和列强等现实因素，但其颇能接受"国事犯"的观念，起码能够做到顺从舆论，揭示出当时清廷最高当局颇为趋新，绝不能以保守视之。

二 关于侵犯尊亲属之罪

初次草案总则第八十二条规定了尊亲属和亲属的范围，尊亲属包括"祖父母（高、曾同）、父母（妻与夫之尊亲属与夫同）、外祖父母"；亲属则有"夫妻；本宗服图，期服以下者；妻为夫族服图，大功以下者；出嫁女为本宗服图，大功以下者；外姻服图，小功以下者；妻亲服图，缌麻以下者"。唯删除了"妾为家长族服图"和"三父八母服图"的规定。亲属的规定表面上大体仍遵旧时服制，但立法旨趣已大不相同。

正如吉同钧指出：草案将亲人划分为"尊亲属"和"亲属"，"如

---

① 《汪案有不株连之说》，《中外日报》宣统二年三月十九日，第1张第2版。

② 精卫：《论革命之趋势》，《民报》第25期，1910年2月，第8～11页。

③ 《科刑之会商》，《顺天时报》宣统二年三月二十二日，第7版。

④ 《犯人之侥幸》，《顺天时报》宣统二年三月二十二日，第7版。至于暗杀事件经过，详参：永井算巳「汪兆銘の庚戌事件とその政治背景」『中国近代政治史論叢』汲古書院、1983、377－398頁。

⑤ 《新闻旧闻》，《时报》宣统二年四月初二日，第2版。

犯杀伤诸罪，惟尊亲属加重一二等，其余凡称亲属者，无论期服功服、伯叔兄，俱无加重明文，只可于凡人杀伤本条或重或轻中从其重者论之。再，直系尊亲属虽略加重，而直系卑属中，虽亲如子孙，并无减轻之法"。① 仅就"亲属"的规定言，便与旧律差异甚大。"旧律凡与己平辈者，无论胞兄、堂兄、从堂兄、再从堂兄，俱称尊长。凡长自己两辈或一辈，如伯叔祖及伯叔诸父，无论胞伯叔祖、堂叔伯，俱称尊属"；草案却一律归入"亲属"范围，不再设置亲疏等级，亦不设专条惩处"亲属"间的犯罪。难怪会被湖南签注批评，"新律既与旧律不相沿袭，此条所指服图似无根据"。②

相较"亲属"而言，草案颇为重视"尊亲属"的法益，立法较为周密。第300条规定："凡杀尊亲属者，处死刑。"立法理由指出："五伦君亲并重，故杀直系尊属与第八十八条（危害君主）处唯一之死刑。"第302条针对"伤害尊亲属之身体"之罪，规定"因而致死或笃疾者，死刑、无期徒刑或一等有期徒刑"。第310条规定："凡因过失致尊亲属于死或笃疾者，处三等以下有期徒刑，或一千圆以下、一百圆以上罚金；致其余伤害者，处五等有期徒刑、拘留或五百圆以下罚金。"③ 其他对于尊亲属加暴行未至伤害，弃养、发塚、损体、弃尸等情况，都立有专条。

然而不少部院督抚仍指责草案的处罚过轻。例如草案对于杀害尊亲属者处以唯一死刑，陕西签注认为："此条所害尊亲，如系祖父母、父母，应照八十八条同加为斩。"④ 两广总督张人骏也指出："虽处死刑维一之罪，仍与谋杀平人无殊。且伤害成笃成废，与发塚、损体、弃尸，

---

① 吉同钧：《论新旧律名称宗旨之不同并申言旧律为中国治乱之枢机》，《乐素堂文集》卷7，第10页。
② 《湖南巡抚岑春蓂咨送新刑律签注呈文（并单）》第82条，宪政编查馆编《刑律草案签注》第4册。
③ 《初次刑律草案》第300、302、311条。
④ 《陕西巡抚恩寿奏参考刑律草案分条签注折（并单）》（奉旨时间宣统元年三月十六日），《政治官报》第547期，宣统元年三月十九日，第19页。

则皆免死从轻，窃恐世薄天亲，人忘其本，蔑伦伤化，贻害无穷。"①

伤害尊亲属因而致死、致伤之条，与旧律相差极大，尤为反对者的集矢所在。闽浙签注指出：

> 本条所指损害尊亲属之身体，即关十恶内之恶逆一款。盖子孙恶逆，至于殴祖父母、父母，妻妾恶逆至于殴夫之祖父母、父母，实人伦之大变，天地所不容。故现行律不论首从及有伤、无伤，但殴皆斩。今草案伤至笃疾，犹不特定死刑，而下添无期徒刑或一等有期徒刑字样，使可再从轻减。至若废疾与单纯伤害者，则更以无期徒刑或二、三、四等有期徒刑聊示薄惩。似此轻纵，实恐灭伦干纪，贻害无穷，应请仍照旧律更订。②

学部也认为：新律"伤害尊亲属因而致死者，或不科以死刑，是视父母与路人无异，与父为子纲之义大相刺谬者也"。③ 此外，陕西、湖广、浙江、热河、江西、山东、直隶和都察院的签注意见都认为新律该条过于轻纵，应加重刑罚。

还有意见认为过失致尊亲属死伤而处罚金之律（第311条）罔顾中国的风俗。湖广签注指出，旧律"子孙过失杀祖父母、父母者，罪应绞决，如实系耳目所不及，思虑所不到，则夹签请旨，改为绞候"，而今新律"如仅处以三等以下有期徒刑，似非教民尊亲之义。至罚金之律，吾国卑幼不能私擅用财，尤属不便实行"。④ 都察院亦不以该法为可行：

---

① 《两广总督张人骏奏请将刑律草案详加更订折》（光绪三十四年五月二十五日），《光绪朝硃批奏折》第105辑，第1018页。

② 《闽浙总督松寿签注新刑律草案清单》第302条，宪政编查馆编《刑律草案签注》第4册。

③ 《张之洞等奏为新定刑律草案多与中国礼教有妨谨分条声明折（附清单）》（光绪三十四年五月初七日），宪政编查馆编《刑律草案签注》第1册。

④ 《湖广总督陈夔龙签注刑律清单》（宣统元年二月初十日），《政治官报》第490号，宣统元年二月二十一日，第12～13页。

子孙所出之罚金，即其祖父母、父母之财也。祖父母、父母因伤而死，则财归子孙后可以此处罚也。其仅致笃疾者，则尚须以金颐养残年，今从而罚之，罚其子孙，不啻罚其祖父母、父母也，未免冤上加冤。似宜科其子孙以应得之罪，不宜累其尊亲属以罚金之法。[①]

学部、湖南和山东的签注意见也都赞同此论，觉得子孙与尊亲属共财，罚金窒碍难行。

法律馆面对质疑，在修正案中稍做让步。关于伤害尊亲属因而致死、致伤之条，"斟酌现行律例所定处分及各签注所持意见，将原案加重一等"。[②] 唯对于因过失致尊亲属死伤之条，拒绝取消罚金，"此论墨守旧律，若立宪而后首重人权，虽属卑幼，亦应享有私权之能力"。[③] 后来宪政馆和资政院审查此条，异议甚少，最终顺利地见诸正式颁布的《钦定大清刑律》。

新刑律草案体现的是对于旧律依据伦理关系定罪准则的背离。冈田解释说："现行刑律除杀亲外，多有于尊长、卑幼、良贱之间分别处分之法"，"然犯罪之情节千变万化，不能一概论断"，因此"本草案不以身分之关系为标准，而以情节之重轻为标准，故身分之规定从略，而科刑之范围甚宽"。[④] 换言之，尊亲属以外的其他亲属间的犯罪，须由审判官根据具体案情进行裁断。

部院督抚遂纷纷指为违反礼教。如学部签注认为：新刑律除了杀害尊亲属和君主有详细规定外，其余杀人之罪过于笼统，"新律一统之于人例，何以别亲疏差等乎？"势必至"并无尊长卑幼、夫妇良贱之分"，

---

① 《都察院奏为刑律草案未尽完善请饬核订折（并单）》（奉旨时间宣统元年四月十七日）第 311 条，宪政编查馆编《刑律草案签注》第 1 册。

② 《修正刑律案语·分则》第 313 条，第 92 页。

③ 《修正刑律案语·分则》第 324 条，第 97 页。

④ 熊元翰编、冈田朝太郎讲述《京师法律学堂讲义·刑法分则》，第 2 页（页码前后不连贯）。

"视父母、尊长、本夫与凡人一例，失人伦之义矣"。即使交由审判官定罪之轻重，"审判官果何所据而定其轻重哉？"① 山西签注则明确提出应恢复旧律服制以厘定伦理犯罪："中国以礼垂教，而礼莫大于辨亲疏，故殴伤之罪，服制亲者罪重，疏者罪轻，是以亲疏辨别等差也。草案此条但云尊亲属，不若仍照五服图式，以定等差，以示区别，较为明晰。"②

也有督抚提出与李稷勋类似之主张，即设立亲属专章。湖南签注提出制订关于家族犯罪专章。

> 今分则次序指明害国家，害社会，害个人，而害及家族者并未指明，亦未将恶逆之罪辑为专章。如杀祖父母、父母及期亲、尊长，仅见于二十六章杀伤条内，殊非尊重伦常、防维礼教之道。此为大经大法所关，数千年教化所维系，不能以他国有无同例，稍事变更。所有关于十恶中恶逆、不孝、不睦、内乱，害及家族之罪似当辑为一章，此于帝室罪后，方足以维国俗而□民心，应请再行厘订。③

陕西签注也有此意："中国数千年相传经典皆以君亲并重，似应补关于尊亲伦理一门，列之关于帝室之后，以符经典君亲并重之义。"除杀害尊亲宜处斩外，"余依服属酌减，并应统合前后关于尊亲诸条，勒为专章，列于分则第一章之后"。④

---

① 《张之洞等奏为新定刑律草案多与中国礼教有妨谨分条声明折（附清单）》（光绪三十四年五月初七日）第 299 条，宪政编查馆编《刑律草案签注》第 1 册。
② 《山西巡抚签注刑律清单》（宣统元年闰二月二十日），《政治官报》第 528 号，宣统元年闰二月二十九日，第 11 页。
③ 《湖南巡抚岑春蓂咨送新刑律签注呈文（并单）》，第二编分则总叙，宪政编查馆编《刑律草案签注》第 4 册。
④ 《陕西巡抚恩寿奏参考刑律草案分条签注折（并单）》（奉旨时间宣统元年三月十六日），《政治官报》第 547 期，宣统元年三月十九日，第 11、19 页。

　　安徽巡抚冯煦所见更为深远，认为中西存在"家族主义"与"人格主义"之不同，因此中国"上征国史，下察民情，皆莫不以家族团体为国家之根本"，"若忽将家族主义骤然改破，则全国人民国家之观念既浅，家族之范围复弛，恐人心涣然，更无术可以结合"。这似是首次有大臣将中西歧异提升至"主义"的层面，或为后来杨度提出以"国家主义"代替"家族主义"法制之嚆矢。冯氏据此提出："仿日本旧刑法意，将关于祖父母、父母之罪另立专章，并附载不得援引不论罪及宥恕减轻之文，保持家族，维系人心，不宜以犯杀伤尊亲属罪者与犯杀伤凡人罪者并列，无所区别。"[①] 可见冯煦借鉴日本旧刑法，提议为侵犯尊亲属之罪设立专章（唯不承认外祖父母为尊亲属），而其忽略亲属或家族的专门立法，与湖南、陕西的签注意见又有不同。

　　伦纪犯罪的专门立法，困难在于处置外国人不便。《大公报》评论说："中国人有伦纪上之犯罪，适用伦纪法，外国人有伦纪上之犯罪，仍不能适用伦纪法，既不适用伦纪法，则中国法律不能处分，必仍使受本国法律之制裁，如此则属地制度既不完全，而法权终不能统一。"以后若中外通婚，"发生伦纪上之刑法问题，又将同罪异罚，而于国际私法上仍复有不平等之憾事，岂非另立伦纪法一言阶之厉乎？"[②]

　　曾有传媒报道，朝廷"某大臣"认为设立伦纪法一门"实为兼全办法"，中西礼教冲突的"困难问题无难解决"，并将此意告知沈家本，后者也"颇以为然"。[③] 虽然此前沈家本已经明确驳斥了李稷勋要求设立亲属专章的意见，认为其不符合由国家、社会再到个人的立法次序，但是置诸正文之后的附章，则可以考虑。

　　其实，新刑律草案对于服制伦纪问题的折中处理颇费心思。从

---

① 《开缺安徽巡抚冯煦奏刑律草案略陈大要数端折》（光绪三十四年七月十三日），《政治官报》第 298 号，光绪三十四年七月二十九日，第 7 页。
② 《读摄政王之核订刑律谈》，《大公报》宣统元年五月二十九日，第 1 张第 3 版。
③ 《解决新法律之难题》，《大公报》宣统元年五月二十七日，第 1 张第 4 版。

"亲属"的范围看，草案仍大体援用了旧律的服制图规定，包括"夫妻；本宗服图，期服以下者；妻为夫族服图，大功以下者；出嫁女为本宗服图，大功以下者；外姻服图，小功以下者；妻亲服图，缌麻以下者"。

另外，草案去除了旧律冠诸篇首的服制图，也引起反对者的质疑。学部的签注认为："现行律名例前有五服图，实法律之根本，必当保存，不应删去。"① 两广签注也觉得"今律服制各条及诸图最为详晰，本条似尚简略"。② 法律馆后来辩称："服制图不仅属于刑律之原则，一切法律俱有可适用之处，故不可不列之民法、亲族法中。刑律并无改正服图之意，故本条仍用服图字样。学部以为本条删去服图，实系误会。"③ 这是把责任推到新民法身上，但是后来的大清民律草案却是以亲等和世数等概念规定亲属的范围，④ 完全抛弃了服制图。

此外，草案将外祖父母也规定为"尊亲属"，但是外祖父母本服属小功，现在却与服属斩衰的父母并列，明显有违服制。吉同钧批评说："查外国刑法，外祖父母亦以祖父母论，较中律以期功论者更为尊重，然母党与父党不分等差，则与我国之礼法不同矣。"⑤ 学部签注也担心此举会引起礼法上的混乱，"中国立纲之教，以夫统妇，故内父族而外母族，非本宗之亲皆加外字以别之。此条统称尊亲族、亲族未有区别，仍应依现行律分则称本宗及外姻，不宜混为一称"。⑥ 江西签注也有批

---

① 《张之洞等奏为新定刑律草案多与中国礼教有妨谨分条声明折（附清单）》（光绪三十四年五月初七日），宪政编查馆编《刑律草案签注》第 1 册。
② 《两广总督签注总则清单》第 82 条，宪政编查馆编《刑律草案签注》第 2 册。
③ 《法律馆答复院部督抚签注新刑律之案语原稿》，一档馆藏，修订法律馆全宗，第 6 号卷宗。
④ 《大清民律草案》（吉林人民出版社，2002，第 169 页）第 1317 条规定："本律称亲属者如下：一、四亲等内之宗亲；二、夫妻；三、三亲等内之外亲；四、二亲等内之妻亲。父族为宗亲，母族及姑与女之夫族为外亲，妻族为妻亲。"
⑤ 吉同钧：《十三项外祖父母持服与定罪之分别》，《乐素堂文集》卷 6，第 8 页。
⑥ 《张之洞等奏为新定刑律草案多与中国礼教有妨谨分条声明折（附清单）》（光绪三十四年五月初七日）第 82 条，宪政编查馆编《刑律草案签注》第 1 册。

评，"以本宗、外姻统称为尊亲族、亲族，亦嫌含混"。①

不过，较为趋新的东三省督抚却别有看法：礼、法本系殊途，"礼者，名教之大防，往往抑情而定分；法者，公理之准则，往往略分以原情，二者本交相为用，不必累黍皆同"。举例来说，旧律规定"外祖父母本小功，有犯以期亲论"，而"同居继父虽有期服，有犯仍同凡论"，因此"法之原情，而与礼本难一致也"。再者，时代既已不同，"此在家庭专制时代且然，而况实行立宪、尊重人权、男女平等之时代乎？"因为"男女既须平等"，"父母同为一等亲，则父之父母与母之父母自亦同为二等亲"。②

新刑律修正案坚定维持原议，外祖父母仍算入尊亲属的范围，但在最后阶段抵挡不住压力，钦定时将之删除。

三　关于夫妻、男女间的犯罪

在《大清律例》中，夫对妻与妻对夫有犯的刑罚颇为悬殊。新刑律草案则将此差别缩减，将夫妻归为"亲属"关系，法意变动不小。连赞成刑草的东三省督抚也注意到，"屈斩衰三年之夫与期亲以下并论，无怪举世为之哗然"。③陕西签注则担心，既然亲属犯罪无明文，夫妻之间若有犯，"并妻之与夫同属亲族之中，而杀伤亲族者无明文，是必依凡论矣"，"妻子同等，并隶三纲，而刑名不别于凡人，实为风俗礼教之忧，应请别为专章"。④尽管法律馆重申在判决例中解决"亲

---

① 《江西巡抚冯汝骙签注刑律清单》（宣统元年闰二月初四日），《政治官报》第520号，宣统元年闰二月二十一日，第12页。

② 《东三省总督徐世昌署吉林巡抚陈昭常署黑龙江巡抚周树模奏参考刑律草案签注各条折（并单）》（宣统元年三月十六日），《政治官报》549号，宣统元年三月二十一日，第18~19页。

③ 《东三省总督徐世昌署吉林巡抚陈昭常署黑龙江巡抚周树模奏参考刑律草案签注各条折（并单）》（宣统元年三月十六日），《政治官报》549号，宣统元年三月二十一日，第19页。

④ 《陕西巡抚恩寿奏参考刑律草案分条签注折（并单）》（奉旨时间宣统元年三月十六日），《政治官报》第547期，宣统元年三月十九日，第19页。

属"间的伦理犯罪问题，但仍难息外间之疑虑。

修律大臣沈家本对于"夫为妻纲"的确别有见解："夫为妻纲，乃三纲之一，然夫之与妻，与君、父之于臣子，微有不同。妻者齐也，有敌体之义，论情谊，初不若君父之尊严，论分际，亦不等君父之悬绝。西人男女平等之说，中国虽不可行，而衡情定罪，似应视君父略杀，庶为平允。"① 也就是说，沈氏赞成夫妻之间尽管不能完全平等，但也不能如旧律般刑罚悬殊。

依旧律及其实践，官府对于女性犯罪甚为优待。陈顾远指出："中国往昔，视女子为弱者，往往从宥减其刑方面而保护之。"② 关于妇女犯罪，"旧律分作三项，最重者实发，次重责打，轻者赎罪"。③ "而妇女实发之案，累年不获一见，定例几等具文"，④ 妇女犯罪通常可以少量赎银赎罪，银五钱二分五厘即可赎斩、绞之罪。⑤

但到光绪三十一年（1905）九月，刑部以妇女犯罪收赎银太微不足以资警戒，奏请改轻为重，此后妇女犯罪一般要收入习艺所，其余允许收赎者，也大幅提高赎金。该奏解释说："中外法律之最不相同者，以妇女收赎一条为最甚"，⑥ 明言此次修律是仿照西法而来。

此时的新刑律草案也延续了男女相对平等的思路，法律馆在答复督抚质疑时公开宣布：

> 现行律为妇女定有特别之处分法。然妇女除公法上限制其为官吏、公吏或议员，私法上限制既婚者之能力外，国法上当与男子同

---

① 沈家本：《死刑惟一说》，《历代刑法考（四）·寄簃文存》，第 2103 页。
② 陈顾远：《从中国文化本位上论中国法制及其形成发展并予以重新评价》，《中国文化与中国法系——陈顾远法律史论集》，第 127 页。
③ 《清朝续文献通考》（三），第 9886 页。
④ 《刑部奏妇女犯罪收赎银太微不足以资警戒拟请酌量变通折》（光绪三十一年九月初二日），《沈家本未刻书集纂·最新法部通行章程》，第 516 页。
⑤ 薛允升：《〈读例存疑〉重刊本》，第 7 页。
⑥ 《刑部奏妇女犯罪收赎银太微不足以资警戒拟请酌量变通折》，《沈家本未刻书集纂·最新法部通行章程》，第 516 页。

一看待。关于刑事法之规定，不宜如现行法设特别之处分法也。①

于是男女之间最为敏感的奸罪法亦应变化。新刑律草案有意放宽或减轻对于奸罪的刑罚。草案第二十三章"关于奸非及重婚之罪"写有立法说明：

> 奸非虽能引起社会、国家之害，然径以社会、国家之故，科以重刑，于刑法之理论未协。例如现时并无制限泥饮及惰眠之法，原以是等之行为，非刑罚所能为力也。奸非之性质亦然，惟礼教与舆论足以防闲之，即无刑罚之制裁，此种非行亦未必因是增加。此本案删旧律奸罪各条，而仅留单纯之奸非罪也。②

因此，新律比旧律的奸罪条文要少得多。旧律关于犯奸的条文有十条（各条之后又附有数量不等的例文），详目为"犯奸"、"纵容妻妾犯奸"、"亲属相奸"、"诬执翁奸"、"奴及雇工人奸家长妻"、"奸部民妻女"、"居丧及僧道犯奸"、"良贱相奸"、"官吏宿娼"和"买良为娼"。而新律的奸罪条文只有七条（包括猥亵、有夫和奸、诱良卖奸和强奸等罪行），处罚也比旧律轻得多，比如旧律强奸处绞监候，新律则处以二等以上有期徒刑。

刑草删除旧律关于亲属相奸（即"十恶"最后一条"内乱"）和无夫奸罪（与处女、孀妇和奸）的条文，最受舆论的质疑。湖广签注指出：

> 现行律例犯奸一门，类分条别，而于亲属相奸拟罪尤重，盖以事关内乱，不容稍涉宽纵纵也。本章和奸仅载此条，于亲属相奸并

---

① 《法律馆答复部院督抚签注新刑律之案语原稿》，一档馆藏，修订法律馆全宗，第6号卷宗。
② 《初次新刑律草案》第二十三章立法说明。

161

未论列，而又指明有夫之妇，若奸处女、孀妇或鸡奸，亦未赅载。事关风化，中外政教不同，似未便削足就屦，强与相合，致长淫乱之风。①

学部、直隶、闽浙、河南、甘肃新疆和湖南都纷纷表示应补充奸罪的条文，以维持礼教风俗。同时也应看到，奸罪问题在部院督抚签注中并不突出，仅作为违反礼教的例证而已。岂料日后经过劳乃宣等人的提出和辩论以及媒体的宣传，奸罪问题却成为"礼法之争"中的焦点议题。

第三节　注重外交的修律路径

在部院督抚之中，新刑律草案也有少数的支持者，如山东巡抚袁树勋以及东三省督抚徐世昌、陈昭常和周树模。

袁树勋以镇压太平天国和捻军起家。庚子以后，任职上海道台，与驻沪领事团订立《会审公廨追加章程》，又直接参与《苏报》案和大闹公堂案的处理，有着丰富的对外交涉法律事宜的经验。② 此次奏复新刑律草案，正是从外交角度着眼，奏陈仿西法以修中律的必要性。

袁奏指出："居今日而言刑律，变固变，不变亦变，但变在我，则或有桑榆晚景之收；变不在我，将愈酿涂炭生灵之厄。"且亦认可草案调和中西的努力，"实皆采取欧美列邦之学说，参以中国旧时之习惯，斟酌损益，颇具苦心"，"无可议亦无可疑也"。而部院督抚的质疑意见只是在"枝叶上之讨论"，修律问题却应"在根本上之解决"。何谓

---

① 《湖广总督陈夔龙签注刑律清单》（宣统元年二月初十日），《政治官报》第 490 号，宣统元年二月二十一日，第 12 页。
② 参见崔志海《日俄战争时期的上海外交》，《史林》2005 年第 2 期；彭晓亮《关纲之与上海会审公廨》，《史林》2006 年第 4 期；褚晓琦《袁树勋与大闹会审公堂案》，《史林》2006 年第 6 期。

"根本"？

> 中国如不改订法律，尚能适存于列强竞争之世纪否？尚能范围
> 此居住衣食之人民否？原奏所称不能不改之故，固不待智者而自明
> 也。此所谓根本上之解决也。[1]

在其看来，身处列强竞争之时代，修律只能适应其规则，方能达到最重
要的保国目的。

同时，袁树勋接受新刑律也受到了进化论的影响。刑法之沿革，
"先由报复时代进于峻刑时代，由峻刑时代进于博爱时代"；而中国旧
律处于"峻刑时代"，"外人则且持博爱主义，驯进于科学主义，其不
能忍让吾国以峻刑相残也，非惟人事为之，亦天道使然也"。而新刑律
的批评者"不揣改订刑律主义之所在，而毛举峻刑时代之习惯，瑕指
而瘢索之，毋怪格不相入也"。

袁树勋担心的是新刑律的实施配套，尤其是警察和监狱等问题。[2]
他一方面批评沈家本没有"应用何种助长之方法"，"似非仅如原奏空
言法律知识所能办此"；同时更认为警察和监狱的现状不足以保障新刑
律的实施。略谓："各省举办警察，仅存形式耳，或并形式而未备耳。
上年民政部始颁行警察学堂及巡警教练所章程，按照九年筹备期限，今
届甫在举办"；而监狱犹不在筹备清单之内，"监狱如不改良，则虽受
极文明之裁判，而仍处以极不文明之监狱，与新订刑律，乃真有直接之
关系，其弊尤甚于巡警之不完备"。

袁树勋对于山东的警务和监狱建设较为自信。以"巡警为宪政最

---

[1] 《山东巡抚袁树勋奏刑律实行宜分期筹备折》（宣统元年闰二月初一日），《清末筹备
立宪档案史料》（下），第864~866页。本节的袁氏言论未注出处者，均出于此。

[2] 东三省总督锡良（宣统元年正月接替徐世昌之位）与袁树勋所见类似。"现闻锡清帅
意见与东抚袁海帅相同，谓巡警、监狱二者不修，无论如何善法，皆难施行。目前
最要乃普设各处巡警及改良监狱，以为施行新律之基础，斯诚上策。"见《锡督赞成
新刑律》，《大公报》宣统元年三月二十四日，第4页。

要之图"，将警务学堂改良为高等巡警学堂，另在省城设巡警教练所，培训合格警察。① 监狱方面则打算"择地先办一宽大之监狱"，即法部要求每省建设的模范监狱。其事"必须择宅心公正，具有慈善之愿力，而尤朴实耐劳，有监狱之经验学识者，综理其事，始不至视为例差，有如传舍"。袁氏强调"默察施行新刑律之入手，非经此阶级不可"，因此"无论东省财政如何支绌"，也"断不敢不勉为其难"。袁氏积极施行新政，《东方杂志》记者孟森颇为肯定，"树勋于筹备宪政，为各行省最，实有足多，任事既勇，尤中綮要"。②

另外，支持新刑律的东三省督抚面临的是实在的列强威胁，更是对外交问题多有着墨。1905 年日俄战后，日本势力迅速进入南满，俄国仍盘踞满洲北部，清廷的"龙兴之地"已非净土。朝廷先后任用的将军督抚——赵尔巽、徐世昌、锡良先后主政东北，积极推行新政。英国在东北的传教士杜格尔德·克里斯蒂（Dugald B. Christie）对三人的政绩均有不错的评价。③ 徐世昌未到任前，已面临"辽东各处日人擅开法院，代理华洋词讼案件"④ 的严峻形势。为保住法权，东北设置新式审判厅为各直省最早。⑤ 既实践在前，看待新律也较为积极。收到宪政馆咨送的刑草后，徐世昌和署理黑龙江巡抚程德全愿再出资购买三十部总则草案，以便"邀集绅耆，详细研求"。⑥

宣统元年（1909）三月，东北三督抚联衔奏复对于新刑律草案之

---

① 袁树勋奏陈第一年筹备情形的奏折，引自孟森《宪政篇》，孙家红编《孟森政论文集刊》（上），中华书局，2008，第 291 页。

② 孟森：《宪政篇》，《孟森政论文集刊》（上），第 291 页。

③ 〔英〕杜格尔德·克里斯蒂：《奉天三十年（1883～1913）——杜格尔德·克里斯蒂的经历与回忆》，张士尊、信丹娜译，湖北人民出版社，2007，第 165～173、188～198 页。

④ 《力保法权》，《神州日报》光绪三十三年五月十二日，第 2 页。

⑤ 关于东三省审判厅的基本情况，可参李启成《晚清各级审判厅研究》，北京大学出版社，2004，第 70～75 页。

⑥ 《黑龙江行省总督署巡抚咨覆所颁刑律总则草案三十部收到》（光绪三十三年十一月二十一日），一档馆藏，宪政编查馆全宗，第 52 号卷宗。

意见。该奏首先以立宪为辞支持新律，"立法之原则全视政体为转移"，"不知立宪之政体者，必不足与言新律之发明"。中国既然预备立宪，法律制度自然要另起炉灶，"若仍本现行律例以资参考，则必扞格不入，而签注不胜其繁"。三督抚高度赞扬新刑律的立法成就："大抵以生命为重，以平均为义，以宥过为本旨，故过失皆得减刑，以人格为最尊，故良贱无所区别。约举数端，皆与立宪政体适相吻合"，"非若近今刑名家言，密布法网而待人以不肖也"。

三督抚特别强调修律可以收回领事裁判权，"此又国际之关系而不能意为轻重者也"。因为"各国之有领事裁判权载在约章，遂为放弃主权之缺陷"，应该趁预备立宪之机，"变通成规，集取新法，使各国商民之在我领土者，均以诉讼为便，则宣布实行，或有更改旧约，与各国跻于同等之一日"；如果"调停迁就，繁简互异，新旧杂糅，非但有乖政体，一经宣布，恐非立宪之良规，亦为外人所腾笑"。①

其后徐世昌又专门上书摄政王载沣，极力赞成新律。一方面重申"法律必视政体为转移"，新刑律"仿欧美之良规，仍不失中华之礼俗，均合于立宪政体"；另一方面更以修律有利于东三省外交和收回法权为言。

> （东三省）外人各处居留，已成杂居之势，时有诉讼之事，且有审判厅地方一切取缔规则均已日有进步，故外人亦颇称许，而亦有愿赴我之法庭起诉者，徒以法律未改，故收效亦仅及于一半。若改定以后，东省必易于实行，而首先收法律之效果。此可以断言者。②

---

① 《东三省总督徐世昌署吉林巡抚陈昭常署黑龙江巡抚周树模奏参考刑律草案签注各条折（并单）》（宣统元年三月十六日），《政治官报》第549号，宣统元年三月二十一日，第8~10页。

② 徐世昌：《上监国摄政王条议》，《退耕堂政书》，台北，成文出版社，1968，第1818~1819页。

东三省特别是徐世昌的支持于沈家本而言，无异于雪中送炭。传媒报道："法律馆某大臣及各员均为之叹息不置，谓徐督政见本较各省高出一等"，唯"某相国以奏驳在先，颇不以为然"。① "某相国"应指张之洞。其主导的学部奏折认为，外国对中国法制的不满，主要在司法和监狱等实践方面，"外人所以深诋中国法律必须改订者，约有数事：一刑讯无辜，一非刑惨酷，一拘传过多，一问官武断，一监羁凌虐，一拖累破家"。只要将此数事"严禁痛改"，同时"国势实力日见强盛"，便可收回法权。②

其他反对新刑律的督抚也有同感，多认为要靠强盛国力为后盾，担心贸然施行新律将导致法权未收而内政已不可问的窘境。例如两广总督张人骏提出，应"以中国为主，以外国法律为辅，必求不戾于人情风俗、礼法政教而后可行。否则变革纷更，未收治外之权，先妨治内之政，非徒无益而已"。③ 安徽巡抚冯煦相当赞同收回法权，新刑律"若能推行无碍，借足收回法权，湔雪前耻，岂非朝野所称愿"？但他从日本经验中发现，"（收回法权）固由军事，亦赖外交，非仅恃法律修明已也"。再者，法律"必实行于本国，而后能见信于外人。若专务文明之名，于本国历史、人情、风俗、习惯一切相违，窃恐人民之程度不能越级，文明之精神不能躐等，非徒无益而转有损"。④

都察院特别注意到海牙保和会之事："或谓前年荷兰海牙保和会以我国法律不同，抑居三等，因将以此收回治外法权，故改用洋律，译从洋文耳。窃思治外之道，基于治内，内治而后，外可得治。今不明其政刑，以讲求治内之道，而先驰其政刑，以冀收治外法权，恐治外之权未

---

① 《某相国不谙新律》，《大公报》宣统元年三月二十四日，第1张第4版。
② 《张之洞等奏为新定刑律草案多与中国礼教有妨谨分条声明折（附清单）》（光绪三十四年五月初七日），载宪政编查馆编《刑律草案签注》第1册。
③ 《两广总督张人骏奏请将刑律草案详加更订折》（光绪三十四年五月二十五日），《光绪朝硃批奏折》第105辑，第1019页。
④ 《开缺安徽巡抚冯煦奏刑律草案略陈大要数端折》（光绪三十四年七月十三日），《政治官报》第298号，光绪三十四年七月二十九日，第6页。

收，治内之纲纪先堕。将刑重而人固议我之残酷，刑轻而人未必不议我之宽纵。然则法律之事，文义之间，宜就地方之情形，人民之资格酌定之，不必舍田芸人，自取扰乱。"尽管如此，都察院在维持礼教的前提下，还是同意"其余中律所未完备者，参用洋律，为交涉事件等项，罪名不妨纯用洋律，庶风土人情各得相宜矣"。①

对于部院督抚的审慎迟疑，法律馆不以为然。冈田指出："如欲收回领事裁判权，当以改良司法制度，及讲求监狱方法为根本。不然，特别条约决非外交手段及兵力所能改正也。"②舆论亦倾向于法律馆方面，认为督抚们主张依靠武力或外交收回法权其实更难做到，还不如按照列强的要求修律便捷。如《顺天时报》认为："不在司法上监狱法上注重改良，虽用外交绝善之手段与绝大之兵力，冀欲收回领事裁判权，势必有所不能。"③《大公报》连续四天登载长篇"论说"，反驳粤督张人骏对刑草的批评。文末指出：

> 但求法权在我，何妨择善而从？不明乎此，仅以为变革纷更，未收治外之权，先妨治内之政，然则有不变更法律而可以收治外之权者乎？法权尚不完备，而可以言振兴内政者乎？时至今日，外侮频仍，法权之不我操，实为一大原因。若但筹所以治内之策，即使厉行旧法，操纵吾民，亦未尝不可以言治，而今日所必欲修正法律者，其唯一之目的则在恢复法权。④

《大公报》的另一篇"论说"也是把收回法权作为最优先的考虑，

---

① 《都察院奏为刑律草案未尽完善请饬核订折（并单）》（奉旨时间宣统元年四月十七日），宪政编查馆编《刑律草案签注》第1册。

② 汪庚年编，冈田朝太郎讲授《京师法律学堂讲义·刑法总则》，第17~18页。

③ 《论国民宜研究法律学》（录《顺天时报》），丁未（1907）二月初三日，载《（清末）时事采新汇选》（18），第9935页。

④ 《论粤督请改刑律草案之无理（三续）》，《大公报》光绪三十四年七月二十七日，第1张第2版。

167

"若立法过于苛严，则外人不能遵守，而法权永无收回之望"。为了收回法权，不但要实施轻刑，甚至连礼教也要让路。

> 礼教为一国之国粹，而法权尤一国之命脉也。法权不保，则礼教虽尊，仍不免见侮于外人，且吾闻法权扩张而礼教因之尊重者，未闻法权不存而礼教可以独立者也。若斤斤以礼教为重，而以法权为轻，是犹之国家已亡，而尚讲国家之体统也，岂不愚哉！[1]

汤一鹗则是把修律视为收回法权的"筹备之策"之首条，其次"改良审判"也与法律问题有关。其痛驳部院督抚的守旧之论：

> 内自部臣，外及疆吏，犹守其数千年以前之思想，相与论驳，痛诋而不留余地者，十八九焉。夫时至今日，诚能闭关自治，则固有之律例已足应用，何必改革？乃既与环球各国交通，文物制度接触益近，外人于此，将以觇我国文野之程度矣。充各部、各省签注刑律之意，舍其新而谋其旧，即法典幸成，恐外人亦将望法庭之高远而若或浼也。故于此所谓纂订法典者，非特备数而已，必将有以合各国法律之原理，而不与天壤公理相背驰，此应注意者也。[2]

其说相当能揭示出刑草反对者的困境：既然修律是必需的，而且是"至急切要之图"，为何要斟酌人民程度，缓用西法；既然必须仿照西法，收回法权，又何以保守旧律的"礼教"？这样反不如支持者之立论为顺畅：承认中律之弊，进而仿效西法，既符合立宪的要求，又有希望收回法权；即便格于人民程度或配套措施，一时难以达成，起码已是有了与对手谈判的基础，保留收回法权的希望。

---

[1]　《论刑法与礼教之关系》，《大公报》宣统元年二月初三日，第 1 张第 2 版。
[2]　汤一鹗：《论裁撤领事裁判权之预备》，张枬、王忍之编《辛亥革命前十年间时论选集》第 3 卷，三联书店，1977，第 431 页。

168

　　有意思的是革党对于新刑律的看法。新刑律仿效西法，"改重为轻"，无疑有利于革党的生存，但章太炎反而认为"文明"的新律不如旧律，尤其反感以法律为外交工具的做法。

　　　　季世士人，虚张法理，旧律则不以属意，以为欧美自有法令，可因而摭之也。满洲政府设律例馆，亦汲汲欲改刑法，比迹西方。原其意，非为明罚饬法以全民命、惩奸宄也，徒欲收回治外法权，则一切不问是非，惟以屈就泰西为急。法律者，因其俗而为之约定俗成，于是有是非之剂，故作法者当问是非，不当问利害。今以改律为外交之具，其律尚可说哉！满洲政府无足论，士人之醉于西方法令者，非直不问是非，亦不暇问利害，直以殉时诡遇，斯其见又在满洲政府下矣。[1]

也就是说，修律应回到法律功能的基本面——维持社会治安，盲目效仿西方的新刑律其实是走错了路。

　　新刑律初次草案为了符合收回法权的要求，仔细推敲并制订出涉及外交的条文，甚至不惜超前立法，制订放诸世界也属创新的立法例，以备外交上的不时之需。此亦成为论辩双方的重要议题。

　　东三省的签注指出，根据草案第二至五条的规定，"暗中收回法权已多"。考诸新刑律的规定，第二条："凡本律不问何人，在中国内犯罪者适用之。本条之适用盖如左：无国籍之外人；无特别条约之外国臣民；条约改正后之外国人。"第三条"列举各罪于中国之存立、信用、财政、经济等有重大之损害或危险"，这些罪行在国外发生也要处罚。第四条"列举各罪皆直接或间接侮辱吏员之职务及名誉者"，在外国的中国吏员犯有此罪也要受罚。第五条"列举各罪，害人生命、身体、自由、名誉及财产，皆破廉耻之事"，无论中国人是加害者还是受害

---

① 太炎：《五朝法律索隐》，《民报》第23号，1908年8月，第2页。

者，都适用本法。①

益处在于，根据第二条的规定，"无国籍之外国人与无特别条约之外国人已受我法权统治，亦先收回之一端也"。第三、四、五条"均采国外犯罪适用本律之主义"，虽然"各国本无引渡本国人民之犯罪，则须视犯罪人引渡条约而定"，"然中国臣民在外国犯本律所列各项之罪者，已不受外国刑法支配。此又扩张法权之一方也。以上四条均足补旧律之未备"。②

就第二条而言，朝廷已有相关的行动。光绪三十四年八月的《申报》引述《字林报》消息，外务部已"电告各省督抚，嗣后遇有非立约国之民人，如土尔其、暹罗等国之案件，均须按照华律办理，虽有治外法权之他国保护（如土国向归法国保护，今改德国保护等类），亦不得准其享受治外法权之权利"。③ 而第三条至第五条的确是在"扩张法权"，但在当时中国国力衰弱又无引渡条约的情况下，恐怕执行不易。

两江签注赞成设置第二条收回法权的用意："按世界各国凡居留于何国者，即受何国之法律。今以中外法律不同之故，任由领事裁判权日益侵陵，致吾民种种受损，人心不平，拳匪祸作，可谓前鉴。现改订刑律，期与各国刑法大致相仿，庶领事裁判可撤，规定此条极为允当。"④ 河南签注对于该条第三项则不甚满意，既然"修改刑律应以撤去领事裁判权为惟一之目的"，"必万汇群智，互相讨论，以臻妥善而期必撤，不合作延宕之笔、希望之词"，即不应该明确规定外国人在"条约改正后"方才适用于中国法律；并特别以日本为例说明："日本改良法律虽与各国订约，议定五年后裁撤，然亦止形诸约文，未尝载诸律"，但本

---

① 《初次新刑律草案》，第 2～5 条正文及其理由说明。

② 《东三省总督徐世昌署吉林巡抚陈昭常署黑龙江巡抚周树模奏参考刑律草案签注各条折（并单）》（宣统元年三月十六日），《政治官报》第 549 号，宣统元年三月二十一日，第 11 页。

③ 《中国收回治外法权之先声》，《申报》光绪三十四年八月初十日，第 1 张第 5 版。

④ 《苏抚咨宪政编查馆签注新订刑律草案文》，《申报》宣统元年二月二十二日，第 1 张第 4 版。

条却谓"条约改正后之外国人",若"改正条约虚悬无期,则有籍及有特别条约之外国人,即可援以为不守法律之据"。① 可见河南签注相当重视收回法权,以之为修律的"惟一之目的",不但反对有"延宕之笔",阻碍收回法权的气势,而且担心外人借此条文作为不守中国法律的根据。

草案第八条是整部法典牵涉外交的条文中最受争议者。该条规定:"第二条、第三条及第五条至前条之规定,如国际上有特别条约、法规或惯例,仍从条约、法规或惯例办理。"② 换言之,"刑律与国际法如有冲突之时,则刑律不免受国际法之限制"。③

河南签注表示反对,认为该条实际"直承认其永远享有领事裁判权,尤欠斟酌"。④ 两广签注尽管认为新刑律违反礼教,也期望修律能收回法权,"更定刑律本为收回治外法权起见","今日所注重,以收回领事裁判之权为第一要义也",而该条会对收回法权产生障碍,"若'惯例'则所包者广,凡有办过旧案,几无一不可成为惯例矣。释文谓暂准各国领事有裁判权,系不得已办法,并非常制;不知我以为非常制者,难免他人不指为惯例。即此两字恐生无数葛藤,安能事事磋商,辩其为是惯非惯?倘执此条争论,则全部刑律将成虚设,所关非细,似宜再酌"。⑤ 两江签注也认为此条多此一举:"改订本律原冀各国收回治外法权而言,自应与各律议妥后,即与各国声明改正条约。未改之前,仅可暂照旧约办理,则本条'如国际上有特别条约法规'句可以删除。惟在中国之公使及其家族、随员与住宅内及经承认而来之军舰军队之类,凡此等人及其区域,不待特别条约不受居留国之管辖,为今日各国

---

① 《河南巡抚吴重熹签注刑律草案清单》(宣统元年五月初六日),《政治官报》第605号,宣统元年五月十八日,第9页。
② 《初次新刑律草案》第8条。
③ 《修正刑律案语·总则》第8条,第5页。
④ 《河南巡抚吴重熹签注刑律草案清单》(宣统元年五月初六日),《政治官报》第605号,宣统元年五月十八日,第9页。
⑤ 《两广总督签注总则清单》第8条,宪政编查馆编《刑律草案签注》第2册。

通例，即本条所谓惯例者是也。然既属惯例，我国自可循照通例办理，亦可不必特别规定，应请再加厘定。"①

邮传部指出："刑法与国际法本自截然两物，各有独立性质，牵彼入此，实为大谬"，甚至各国也不以此条文加入法律，"即如日本新颁刑法，其第一条、第二条、第三条正与我刑律之第二条、第三条、第五条相当，然并无本律第八条相当之条文"，那么"本条之设，不诚为多事乎？"而第8条所谓"仍从条约、法规或惯例办理"尤有问题："国际上舍条约、惯例即无所谓法规"；而条约之权利可以因战争而失效，"今将变条约上之权利而以刑律规定之，与我国所损滋多"，"惯例两字，尤数荒谬"，一方面外人漠视我之惯例，另一方面，如我遵守惯例，势必丧失诸多权利。②

法律馆拟复邮传部签注的内容甚为详尽（亦是答复其他签注者），颇能反映馆中设立第8条的旨趣。其言谓："草案之所以特加本条，系为便于用刑律起见，并非规定国际法也，不得谓为牵彼入此。刑律与国际法冲突时，据彼乎，抑据此乎？刑律之效力如何，此宜明定者也。"而日本的例证也不能说明问题，"日本新刑法无此种规定，可不必过问。中国具中国之见地，何妨自创良法"？

该件解释："草案所谓法规者，西历一千八百九十九年海牙万国平和会议最终议决书中之陆战法规而言"，"凡此类规则，各国虽有未认为惯例及按条约列盟者，然采用之为适用刑法之制限，于法理上、国交上均属有益"。而针对签注认为"国际上舍条约、惯例即无所谓法规"，则认为"此学究一偏之见，修订法典则当计实际之便益，现以有法规名称之规则限制刑律之适用，故法文中直用法规字样，盖计实际之便益

---

① 《苏抚咨宪政编查馆签注新订刑律草案文》，《申报》宣统元年二月二十二日，第1张第4版。

② 《邮传部签注总则清单》（光绪三十三年十二月二十一日）第8条，宪政编查馆编《刑律草案签注》第1册。时间据藏于一档馆宪政编查馆全宗第52号卷宗的《邮传部送新定刑律总则草案分别签注咨送汇核由》（残件）而定。该件附注"员外郎陈"字样，疑出于此人之手。

也"。

至于条约之权利可以因战争而失效的质疑，该件认为："领事裁判、混合裁判等制是否因开战而即行消灭，亦尚在不可知之数矣。即令如签注者所言，此等制度开战即可消灭，亦仅消灭交战国所有之裁判权而已，与他国无涉也，不可以此为中国对于列国之利，且此系交战中暂时之事，无关于将来，更不得以此为中国永久之利。"该件并以往史举例，"我国与他国开战非一次矣，媾和之后非仍以领事裁判权界之外国耶？夫佳兵不祥，收回法权非可期诸兵事，签注者曷一思其本乎？"最后对邮传部签注颇有讥评，"徒借口于国家体面之语，而未尝考究夫法理及国家之所存，故疑惧丛生而浪费楮墨也"。① 不过，后来修正草案理由书认为"原文第一百零四条定为国际成例亦足赅括一切"，遂将"特别条约、法规或惯例"一语改为"特别成例"，② 似乎吸收了签注的意见，言辞亦较为平恕。

此外，新刑律草案极为重视对外国官方人员的保护，特别在分则独立设置一章"关于国交罪"，立法规定尤为详密。③ 初次草案解释称："近年往来日就便利，列国交际益繁，本章所揭皆损害国家睦谊，而影响全国之利害者，兹特设为一章，是最新之立法例也。"

初次草案对侵犯外国君主、皇族和大统领的立法，完全比照中国君主、帝亲之例。讽刺的是，第 109 条规定"凡杀伤派至中国之外国代表者，照第三百条及第三百零二条之例（即杀伤尊亲属之条）处断"，而且中国人在外国、外国人在中国，凡是对于在华的外国君主、皇族或大统领有危害、将加危害或不敬行为，都在本法范围。对比日本新刑法

---

① 《法律馆答复部院督抚签注新刑律之案语原稿》，一档馆藏，修订法律馆全宗，第 6 号卷宗。

② 《修正刑律案语·总则》第 8 条，第 5 页。初次草案第 104 条的立法理由称："违背战时国际法规、惯例之罪者，如交战之时无故杀戮妇女老稚、烧毁寺院、美术馆、博物馆、荒废良民之田畇、牧场、掠夺金银及有价物品以自利之类。"

③ 高汉成《签注视野下的大清刑律草案研究》（第 198～201 页）也讨论到第三章国交之罪的问题，不过更注重的是与当代中国刑法的比较。

的规定，即国交之罪只适用于国内犯罪，便可见初次草案极为重视"国交之罪"，唯恐处罚过轻，就会不利于外交。

两广、山东和广西对这部分反对强烈。两广签注主张"未可内外无别，视为同等"："今以外国君主、大统领同于乘舆，外国皇族同于帝亲，若有危害不敬，科罪维均，非特中国臣民心理有所未安，即稽诸列代典章，似亦无此律法。"而且草案"并无揭明外国臣民对于中国之例"，却又"特立中国臣民对于外国之律"，显得中外不平，更显出"若我国臣民独具排外性质，尤非造律之初心"。① 山东签注则提出宜仿照日本新刑法的规定，不把外国皇族等诸本国皇族，即使视同一律，也当实行对等主义，"必两国用法相准而后施行，彼立法轻重歧异之国当另有主义"。②

广西签注也认为这样立法不妥，"今以危害外国君主罪，以危害乘舆之罪，虽罪质不同，而处分均等，于国民之心理深有未安，且施行原则乃杜国际之发生重害，较之明伦饬纪，自必有殊"。它特别以《苏报》案为例，"以本国臣民指斥乘舆，事在租界，外人科以轻刑"；"如于租界犯本条之罪，外人或执我律科断，是指斥乘舆或得从轻，不敬外国之君转置重典，则本国臣民不能受本国法律之保护也"。换言之，若平等立法，中国君臣实际将处于不利的位置。广西签注最后指出：

> 本案为慎重国交，特定此律，自有深心。特法权独立，巩固之术非止一端。律即从严，于国际感情无甚关系。若故竣其防，一似我国臣民有特别排外之性质，尤失造律之初意。惟当于根本解决，期合于事理之经，则外国君主不得比于乘舆，其义审矣。③

对于杀伤外国代表比照杀害尊亲属条定罪，湖南、两广、广西签注

---

① 《两广总督签注分则清单》第107条，宪政编查馆编《刑律草案签注》第2册。
② 《山东巡抚签注刑律清单》第107条，宪政编查馆编《刑律草案签注》第1册。
③ 《广西巡抚新刑律草案签注》第107、108条，宪政编查馆编《刑律草案签注》第4册。

均不认可。湖南签注说："以杀伤外国代表，与杀伤尊亲属为比例，似于国体失之卑胁，殊不顺也。"① 两广签注也意见相同，"非独骇国民之视听，抑恐贻笑于外人。纵非谓其罪质相同，与以某律论者有别，而查其文义，实无殊科。恐不足以餍人心而昭法守"。② 广西签注则以李鸿章在马关为日人所伤，犯人仅科以短期禁锢，而"我国亦无责言"为例，说明轻刑也未必影响国交，但是现在的条文规定，"望文生义，不独见笑外人，于国民视听深有所损"。③

法律馆后来也意识到把伤害外国代表比照尊亲属定罪不妥，遂在修正草案中更正，"因恐有误解，特变其例，改为直书刑名"。不过对于签注质疑中外君主、皇族比照定罪，法律馆却不认同：

> 外国臣民对中国有犯，既当分别处刑，则中国臣民对外国有犯，自不得不处相当之罚以全平等敌体之礼。且第八十八等条之罪固属直接害及国家，而犯本章各条之罪者，若使他国借端报复其害，惟均处以同一之刑，岂得谓为过当？④

除此之外，国交之章还超前立法，比日本新刑法增加了三条新法条，涉及污秽外国国旗、国章，滥用红十字会标志以及暴力僭窃外国领域等问题。

第110条："凡以侮辱外国为宗旨，损坏、除去、污秽外国之国旗及其余国章者，处四等以下有期徒刑、拘留或三百圆以下罚金。"陆军部根据日本新刑法"须待外国政府之请求而后论罪"的规定，以及国际法上"论侮辱国旗以堪为国家代表者，即公使馆、领事馆、军舰等

---

① 《湖南巡抚岑春蓂咨送新刑律签注呈文（并单）》第 109 条，宪政编查馆编《刑律草案签注》第 4 册。
② 《两广总督签注分则清单》第 109 条，宪政编查馆编《刑律草案签注》第 2 册。
③ 《广西巡抚新刑律草案签注》第 109 条，宪政编查馆编《刑律草案签注》第 4 册。
④ 《修正刑律案语·分则》第 107 条，第 9 页。

为限"的内容，对该条提出修正："应添国旗章以堪为国家代表者所揭之旗章为限，并须外国政府请求，然后论罪。"① 法律馆却不表同情，并解释称：

> 各国风俗对国旗及国章均抱特别之敬意，即系私人所揭之旗章，苟加以侮辱行为，往往起其国民之愤，牵动外交，故本条不加制限。至国际公法所认为代表国家之旗章，诚有一定制限，系为施行礼式等之便宜起见。本条规定乃为预防牵动外交而设，彼此各有取义，无庸强同也。②

新刑律草案对于外交犯罪抱持的防微杜渐的心态于此可见，或有"亚罗号"事件等历史教训的考虑在内。

第111条："凡滥用红十字记号作为商标者，处三百圆以下罚金。"立法理由称："滥用红十字之记章以为商标，亦足生列国之异议，而有害国交之虞者。本案故特为加入，将来各国刑典上必须有之规定也。"冈田对此颇为自豪，"刑律中有其明文，盖自中国始矣"。③ 两江签注认为应列诸商律，罚金之数亦尚须厘定。法律馆表示反对，认为"本条之罪系属有碍国交，其性质与商业行为不同，不得移入商律。至罚金之数应如何厘订，签注未经明言，不知其意所在，应无庸议"。④ 修正案最后也加以保留。

第112条："凡中国臣民聚众以暴力僭窃外国领域者，照左例处断：首魁，无期或一等有期徒刑；执重要之事务者，二等或三等有期徒刑；余人，三等以下有期徒刑或一千圆以下、一百圆以上罚金。"陆军

---

① 《陆军部签注刑律草案总分则各条》第110条，宪政编查馆编《刑律草案签注》第1册。
② 《修正刑律案语·分则》第117条，第11~12页。
③ 熊元翰编，冈田朝太郎讲述《京师法律学堂讲义·刑法分则》，第17页。
④ 《修正刑律案语·分则》第118条，第12页。其事似非法律馆起意，陆军部前曾建议"外务部咨照法律大臣会同农工商部妥订"。见《承认万国红十字会新约》，《新闻报》光绪三十三年正月二十六日，不分版次。

部根本反对此条，认为"此条为吾国现行刑律所无，亦为各国刑律所不载"，既然实行属地主义，"中国法律无论改订与否，不能实施于外国之领土实可断言，既不能如欧美、日本行领事裁判权于外国，则本条有同虚设，且恐适招外交上之结责，似宜删除"。不过，法律馆并未接受："关于国交之罪名，系属最近发达之理，不能纯以中外成例为言。至谓各国现行刑律纯用属地主义，则殊不然。今东西各国对于国外犯罪，常有因其所犯之性质，适用己国法律之例。原案亦采用其义。"①

为管治普通外人，初次草案甚至另创决斗罪（第 307 条）："凡为决斗之人而会集于当场者，不分何等资格，处五等有期徒刑、拘留或一百圆以下罚金。知情而供人以决斗之场所者亦同。"起草者冈田指出：

> 各国刑法皆有决斗罪之规定，中国无此风俗，似不必有此规定（中国惟广东有械斗之风，又与决斗不同，伙众械斗，可适用骚扰罪之规定）。不知中外交际日繁，此等恶习或至传染，况刑律不仅适用于中国人，外国人至中国，犯决斗罪，亦势所难免，不可无处罚之法。②

即便没有这种立法的必要性，还要因应将来的可能之需，反而有现实制订需要的械斗罪却付之阙如，尤可看到草案重视外交甚于内政需要的时代特质。

---

① 《修正刑律案语·分则》第 119 条，第 12 页。
② 熊元翰编、冈田朝太郎讲述《京师法律学堂讲义·刑法分则》，第 9 页。

第五章

礼教、法权之争与修正案的出台

新刑律初次草案提出，大多数部院督抚群起指责其违反礼教，不合中国风俗民情，认为西方的新法制未必适合于中国，亦不赞同借修律收回法权之宗旨。法律馆面临的压力可谓空前。但令人啧啧称奇的是，法律馆仅对初次草案进行微调，奉旨参与修订以维礼教的法部亦仅添入"附则"五条，并不更动草案之主体。究其原因，当为清廷最高当局意识到保存礼教并非目前急务，更多从外交需要和收回法权的视角看待修律之事。

第一节　修律"完全以世界为主"

沈家本呈奏新刑律时，便提及第二次海牙保和会上由法律问题而产生的外交危机。亲身与会的陆徵祥和钱恂以及其他驻欧使节的危机感强烈，事后不断向朝廷建言，要求仿照西法修律，以维持中国的外交地位。

第二次保和会尚在进行之时［光绪三十三年（1907）七月］，陆徵祥就致电外务部，报告中国在会中有沦为"三等国"的危险：

> 顾际此外交剧烈之时，法律不早完全，外交必难起色，年来种

种受损，而当局斡旋为难，固由国势之未张，兵力之未足；而法律未备，要亦一大原因。此次会中借口之词，固已成为惯例耳。详查会中初稿，我国原在头等之列，嗣因日本议员一言，而改正之稿竟下侪于三等，一落千丈，关系岂轻？闻其言亦只谓中国法律迥异，与文明各国不同，是以各国于中国各授其领事以裁判权，而中国官员无权裁判外人之事。今海牙公断衙门为万国国际法最高裁判所，而忽以法律不备，无权裁判其居留本国之外国人之官吏，俾与各文明国有同等裁判国际纷争之权力，何大相刺谬乃尔，咸疑其议，遂变方针。今虽竭力由祥抗争，而成见先持，挽回恐已匪易。往者不可谏，补牢之计曷可缓图，似宜奏请明定年限，仍由原派大臣督察修正，务须遴派专员克期从事……务使第三次海牙开会（现有五年或六年一举之说），而我律早已观成，则各国自无借口，且领事裁判权亦可令其早日收回，似于大局实有裨益。[1]

玩索陆氏电文很有意思。他认为中国"法律未备"是造成外交危机的重要原因，因为西方和日本以之为"借口之词"已成"惯例"，致使中国利益受损，而这次海牙会商谈的"海牙公断衙门"公断员人数和任期不过是其中一例，建议早日仿照西法进行修律，"则各国自无借口，且领事裁判权亦可令其早日收回"。其说固然以外国法律为高，但其以法律补助外交的思路更值得注意。法律是内政的根基，若根据外人的"借口之词"就加以改变，未免过于儿戏。再者，如果连法律都可因"借口之词"而改变，其他一切自可按照西方的意愿去改变。

后来尽管公断员原议并未在海牙保和会通过，但仍然引起了中国驻欧使节对于法律问题的群起关注。到次月，和会专使陆徵祥、驻比公使

---

[1] 《收驻和陆大臣（七月二十二日）致臣参信一件》，光绪三十三年九月初二日，中研院近史所藏，外交档案，档案号：02‐21/10‐（1）。引自唐启华《清末民初中国对"海牙保和会"之参与（1899～1917）》，（台北）《政治大学历史学报》第23期，2005年6月。

李盛铎、驻德公使孙宝琦、驻荷公使钱恂、驻法公使刘式训和驻俄公使胡惟德联衔上奏说明此次和会情况，并力主按西法修订法律，以保国权。其文曰：

> 保和会区别各国等第，我国被降为三等国，臣徵祥当众力争，幸不辱命。然彼议虽未成，心终不已。推其故，由于南北美洲各国群訾议我为法律最敝之国，而欧洲各国附和之，适又皖案、浙案繁兴，株连惨酷，洋报详细具载。各国随引为确证，倡言永远不可许中国收回治外法权。臣目击亲闻，愤懑莫极，欲息外谤，惟有使法律不敝，乃执彼口。法律以宪法为第一，而民法、刑法、诉讼法、裁判法均在所亟。宪法根据尤以划分立法、行法、司法之权限为最要。此说已成世界公论，毫无疑义。臣供职海外，日与外交家、法律家、政治家相接，证古论今，确知三权不分立，即法律不能修明，法律不修明，即列强不认为同等。伏乞鉴断。明谕速饬议法务，使合于世界各国宪法公理，乃足以挽救世艰，不然宪政不成，第三次保和会又不知居我于何等。①

意思明确，使节们为了应对保和会上的外交挑战，向清廷表达修律以收回法权的希望。不只是刑律，他们要求整个的宪政新法制都必须按照西

---

① 《陆专使请改法律原电补录》，《大公报》光绪三十三年十一月初一日，第3版。另据《驻欧使臣痛陈时局请定法律要电》（《神州日报》光绪三十三年九月十九日，第2页）以及《孙宝琦、陆徵祥、胡惟德、李盛铎、刘式训、钱恂联衔电奏》（光绪三十三年八月十四日）（《钱恂日记函稿》，中国社会科学院近代史所藏，档案号：甲248），此电为专使陆徵祥、比使李盛铎、德使孙宝琦、荷使钱恂、法使刘式训、俄使胡惟德六人会衔公责。值得注意的是，这份会衔名单独缺缺驻英公使汪大燮，显得不大寻常。汪氏此举或出于对陆徵祥冒领功劳有不满之意，其致汪康年的信说，陆徵祥等人"后争得仍列头等，实无其事"，而是因为"各国不认者多，故未成立"，同时"亦未得仍列头等国，尚有一表则仍影约列于三等国也"。见《汪大燮致汪康年》，《汪康年师友书札》（一），第967页。所谓"尚有一表"应该就是钱恂所说"至于英国捕获审判所一约，附列派员任期表，又指明英、德、法、美、奥、日、俄为八大国，其余皆目为小国可知矣"。

方三权分立的"世界公论"来建构。

文内特别提到徐锡麟和秋瑾两大案对于外交的冲击，"各国随引为确证，倡言永远不可许中国收回治外法权"。自庚子以后清廷所做的删除重法等修律举措，主要目的便是改变外人观听，以便收回法权，两案处置不当已经影响到此前修律的效果。

两案"株连惨酷"，仍行剖心酷法，未得供词即就地正法，等等做法不仅违背了新订的修律章程，也不合旧律的规定。国内传媒对此也多有批评。例如《新闻报》的"论说"认为："近来皖、浙两省对于徐案牵涉之学生，直不以人道相待，其逼勒供认，几备尝种种之毒刑，而秋女士之斩后捏供，徐锡麟之剖心致祭，尤为野蛮办法，断非预备立宪时代所宜有此不正当之行为。"① 沈家本对于两案的处理甚为不满，但格于大臣身份，只能论著中隐约表达己意。其《历代刑法考》有谓："后世用刑者，每以剖心祭仇为快，得不谓之为酷虐乎？乃当圣仁之世，明谕中外，废除重刑，而大吏尚有此种行为，殊可怪也。"②

其后，驻荷公使钱恂又单衔上奏陈明此次和会情形，其感受到的也是激烈的国际竞争，甚至有言"此会名为保和，实类挑战"。各国皆按照实力划分等级："今修改国际裁判约，英有关于治外法权不得请判之条，美有支配裁判员任期区别国等之议。至于英国捕获审判所一约，附列派员任期表，又指明英、德、法、美、奥、日、俄为八大国，其余皆目为小国可知矣。"钱恂认为国力强弱，"视其国之政教、法律、海陆军各大端之完缺如何"，三者之中法律尤为"纲领"。"法律不仅在文字，在乎人民之学术，尤在乎朝廷之精神"，建议朝廷早做准备，"一面预备深通中国旧学之法律家，会同深通列国情势之外交家，辅以兼通中外文字之新学家，组成一研究会，专事内订国律，以间执彼口；外采

---

① 《论法部禁止非刑》，《新闻报》光绪三十三年七月初三日。民间舆论普遍认为政府处置秋瑾案不当，参见李细珠《清末民间舆论与官府作为之互动关系——以张曾敭与秋瑾案为例》，《近代史研究》2004 年第 2 期。

② 沈家本：《历代刑法考》（一），第 144 页。

彼律，以期协公理"，以期在 1914 年的第三次和会上可以与各国抗衡。①

军机处会同学部、外务部、宪政馆各堂开议钱恂折，于法律方面，议定"法律应由修订法律大臣选择深明我国今昔法律之员，先行编订法律表式"，并由外务部和储才馆"先选深谙各国文字及外洋法律各员，先行编订研究大纲"。②可见海牙保和会一事促使沈家本以之作为实行新刑律的原因陈奏于前，驻外使臣要求按照西方模式修改法律启奏于后，致使朝廷迫于外交的压力，对修律之事更为在意。其时《大公报》消息甚至称，"政府会议，以收回法权诚为今日中国最要之问题"。③

据光绪三十四年（1908）二月的《大公报》消息，驻法国使臣刘式训又致电政府，"现在我国新律既已逐渐告成，应请以后无论何处开埠，须先与各国声明收回领事裁判法权，以维国体"。④又据同月的《申报》消息，保和会专使陆徵祥密奏保和会详细情形及近来世界各国之布置一折（已是第三次，五千余言），引起两宫的注意。原奏指出："臣窃观泱泱列国，何非晋楚？向戎其口，而兵甲其胸。所设之禁，实以禁人；所设之备，实以备人。总之人各有心，而保和表于外耳。不数年间必有大事，我国贫弱日形，及今切实图强，速行宪法，或者尚可挽救，否则有非臣下所忍言者矣。"据闻：

> 两宫览奏时颇形忧虑，曾谕枢臣云，实行宪政果能转弱为强，尽可从速颁行，但恐于事仍无济益，陆军仅有基础，海军尚无眉目，设有不测，何以御诸强国？回想庚子之事，我实不愿再觏乱

---

① 《出使和国大臣钱奏万国保和会会议情形折》，《大公报》光绪三十三年十一月二十八日，第 6 版。

② 《枢臣会议要折近闻》，《大公报》光绪三十三年十二月二十六日，第 4 版。

③ 《政府拟收回领事裁判权》，《大公报》光绪三十三年十二月二十六日，第 4 版。

④ 《电请收回领事法权》，《大公报》光绪三十四年二月十八日，第 4 版。

境，究竟如何是好。庆邸未对一词，袁尚书面奏，还是速行宪政，即无效验，亦属无妨。慈宫颔之而已。①

可见使臣一直强调外交情势日益险峻，加深了最高当局对于国际局势的焦虑感；沈家本提出修律应该以收回法权和外交需要为目标，正好投合其心理。

其时西方表态支持新律，作用当然相当关键。《神州日报》消息称，某国鉴于新刑律"经各省纷纷驳辩，遂又奉旨改订，迄今多日，仍无消息"，"特于日前向外务部堂官云，中国日以收回领事裁判权为目的，而法律不改良订定，实是自行阻止收回之地步，倘贵国速行改良订定，则各国亦无有不愿将领事裁判权交回者云云。外务部遂即据以上闻，当即奉旨着修律大臣速行筹订"。②

证诸随后传媒的报道，此国或为美国。美国公使向"某邸"表示，"贵国若不修明法律，无论如何，所有领事裁判权终不能使各国撤回"。③后又主动表示"允于数年内定将该国所有领事裁判权撤去"，外务部尚书梁敦彦"允以全力注重此事，务求达其目的"。④而梁氏正是当年与英国的马凯谈判商约中收回法权条款之人。⑤

也许不是巧合，负责与美交涉的中国官员也特别注意治外法权的问题。重新出使美国的原修律大臣伍廷芳上奏，"痛陈各省督抚奏驳新律

----

① 《陆徵祥密奏之感动》，《申报》光绪三十四年二月十二日，第1张第3版。陆徵祥对修律事务颇为看重，后又致电外部"请饬催法律大臣速将完全法律订定，以免外人轻视"（《电请速订法律》，《大公报》光绪三十四年九月初八日，第1张第4版）。在年底又把第三次海牙和会的议题和译书呈交朝廷（《遵译保和会议题》，《大公报》光绪三十四年十二月十二日，第1张第4版）。同时又致电外部，"以改良法律为各国注重之事，宜催饬法律大臣从速修订，以备下期保和会开议时有所答复"（《电催修订法律》，《大公报》光绪三十四年十二月初三日，第1张第4版）。

② 《某公使议论中国法律》，《神州日报》光绪三十四年九月十九日，第2页。

③ 《美公使之忠告》，《大公报》光绪三十四年十月初六日，第1张第4版。

④ 《中美邦交之一斑》，《大公报》光绪三十四年十二月二十二日，第1张第4版。

⑤ 《1902年7月17日马凯在武昌纱厂与张之洞等会议简记》，《辛丑条约订立以后的商约谈判》，第137～138页。

之不合"，指出："各国视中国为法律最敝之国，尽人皆知，岂堂堂督抚反竟无闻。若以新律为不合，岂中国将甘为法律最敝之国耶？"① 同年八月，又"电告外务部，力请部宪助成其事，以便挽回主权"，尚书袁世凯"甚表同情"。② 六月，即将访美的唐绍仪也奏请履行商约各款，以便增加谈判砝码。其中就包括法律问题，请旨饬下修律大臣，"凡已议办者，迅速施行"。③ 宣统二年（1910）九月，法律馆咨取唐绍仪实行商约之片，④ 已经注意到修律对于中美外交的影响。

光绪三十四年（1908）十月，两宫先后驾崩，迎来摄政王载沣主政的宣统新朝局。由于光绪帝和袁世凯在戊戌变法时的积怨，后者很快被摄政王以足疾为名开缺；张之洞俨然成为汉人中最具声望的大臣，然满洲亲贵仍不能做到降心相从。日本学者宫崎市定尝言："在专制君主体制之下，君主的交替在某种意义上说是一种小革命。"⑤ 虽然中国政治是否专制尚有可议，但此语的确道出了最高权力转移之后政策变化的可能性。变动的政情亦给新旧各派以更大的角力空间。

正是应张之洞的要求，⑥ 宣统元年正月朝廷就修律问题明发上谕，在催促各省加紧签注的同时，表明维护礼教的态度。上谕指出：

> 刑法之源，本乎礼教，中外各国礼教不同，故刑法亦因之而异。中国素重纲常，故于干犯名义之条，立法特为严重。良以三纲

---

① 《伍钦使推重新律》，《大公报》光绪三十四年四月初六日，第 1 张第 4 版。

② 《电催修订法律》，《大公报》光绪三十四年八月二十五日，第 1 张第 4 版。

③ 《专使美国唐绍仪奏请实行商约速定币制折》（光绪三十四年六月二十九日），王彦威、王亮编《清季外交史料》，台北，文海出版社，1985，第 3413～3414 页。

④ 《法律馆咨取唐绍仪原奏由》，一档馆藏，会议政务处全宗，第 271 号卷宗。

⑤ 〔日〕宫崎市定：《清代的胥吏和幕友》，《日本学者研究中国史论著选译》（六），中华书局，1993，第 532 页。

⑥ "昨日（廿七）修订刑律注重纲常之旨，系出张相意。"见《专电》，《申报》宣统元年正月二十九日，第 1 张第 3 版。"闻系张相所请，因此律须会同法部核办，并有会同学部修订之事，故请特降明旨，重申言之"，见《沈侍郎修订刑律之为难》，《申报》宣统元年二月初九日，第 1 张第 5 版。孟森亦谓，"以旧律关伦常者不轻变更为宗旨，从学部等言也"，《己酉正月大事记》，《孟森政论文集刊》（上），第 248 页。

五常，阐自唐虞，圣帝明王，兢兢保守，实为数千年相传之国粹、立国之大本。今寰海大通，国际每多交涉，固不宜墨守故常，致失通变宜民之意，但只可采彼所长，益我所短，凡我旧律义关伦常诸条，不可率行变革，庶以维天理民彝于不敝，该大臣务本此意，以为修改宗旨，是为至要。①

谕中明确划出修律不可触碰的红线——"凡我旧律义关伦常诸条，不可率行变革"，向天下明示宣统新朝维持礼教的国策。所谓"中外各国礼教不同"，实际承认了外国也有礼教；而中国的礼教三纲五常视为"国粹"，为中国所独有，因此必须"以为修改宗旨"。这也符合前述学部奏驳新刑律之旨。

不但如此，摄政王还在前一天召见修律大臣沈家本和俞廉三，面谕"修订法律毋得徒采外律，须以保守礼教为先"。② 其间有言，"刑律与宪政最有关系，务须速行修订，以便如限颁布，惟不可多采外律，致坏中国数千年来之礼教。又谕此事总宜体察人民程度，酌量得中，方有裨益"。③

此次召见和维持纲常的谕旨令沈家本颇觉为难，一方面"以外省大都畏难，借词新律不善，任意指驳，为因循粉饰之计，窥其大意，若仍照旧制者，然何以收回治外法权及裁判权，此事诇不可不亟亟注意"；另一方面困难源于内部，"俞廉三向于此事从未研究，当日召见时，俞竟不置一词，殊乏两全之法"。因此，沈氏萌生了请调伍廷芳回京同办修律之意。④

---

① 《修改新刑律不可变革义关伦常各条谕》（宣统元年正月二十七日），《清末筹备立宪档案史料》（下），第858页。

② 《专电》，《申报》宣统元年正月二十八日，第1张第4版。

③ 《沈侍郎修订刑律之为难》，《申报》宣统元年二月初九日，第1张第5版。

④ 《沈侍郎修订刑律之为难》，《申报》宣统元年二月初九日，第1张第5版。其实上谕发布的次日，《申报》就有消息指"沈家本以刑律甚繁，限期过迫，甚属为难，拟请调驻美使臣伍廷芳回京办理"。见《专电》，《申报》宣统元年正月二十九日，第1张第3版。

此外，伍氏回朝修律的传闻似乎暗示修律路线有变，即由效法日本转而采用英美法。孟森得到消息："闻近议以日本人冈田朝太郎所起草案，多遭奏驳，恐再改再驳，延误期限，拟更聘英美等国法律专家从事。"① 同时亦有传闻，"冈田博士颇不适意，遂萌乞退之见"。②

朝廷宣示维持礼教政策后不久，就有官员上奏加以配合。二月，内阁侍读学士甘大璋上奏批评宪政、法律和礼学三馆各自为政，互不相谋，实际却是批评三馆维持礼教不力。甘氏的官声本不甚佳，光绪二十七年（1901）因有人参劾，被开去军机章京上行走之职；③ 吏部举荐其为内阁侍读学士，"诸军机咸谓甘声名素恶劣，请简他人"，但摄政王坚持"循资格"而"试用"，方才得以补缺。④ 此奏紧随维护伦常上谕之后（相距不足一个月），不排除其有冀获上宠之心。⑤ 其奏称：

> 现闻礼学馆但主纂书，不明修礼，纂修人员多有滥竽充数；宪政馆偏重出洋学生，但知趋步日本，不识中国数千年相承伦教之重、哲学之微与国政民风之关系；法律馆一听客员之所为，专赖所聘洋员，录其国已成之法律，与我国伦教、官制、礼俗、民情动多凿枘。

结果"修礼成无用之册，订律有非礼之条，即编成宪法，势必视为不能实行之具文，不过属一种翻译外国之书，则何取于此"；要求三馆"以礼为规定宪法之根据，即以律为维持礼教之大防"，"各据所学，引

---

① 《宪政篇》，《孟森政论文集刊》（上），第 259 页。

② 《刑法之起草者》，《神州日报》宣统元年四月二十九日，第 3 页。

③ 袁英光、胡逢祥整理《王文韶日记》（光绪二十七年七月十六日），中华书局，1989，第 1035 页。

④ 《摄政王用人之独断》，《神州日报》光绪三十四年十二月二十五日，第 2 页。

⑤ 后来《申报》的一篇评论指出，"在甘侍读胸中，不过有礼教二字，不过以礼教二字欲迎合意旨耳"，见《论甘侍读奏参三馆事》（续），《申报》宣统元年二月二十五日，第 1 张第 2 版。该奏似乎还一度获得摄政王的认可。传媒报道，摄政王有三馆合一的打算，见《本馆专电》，《神州日报》宣统元年二月十八日，第 1 页。

抉经心，参酌宪章，勘合律意，统归划一，始行决定"。①

甘奏奉旨著礼部、法部会同集议后，咨商宪政编查馆再行复核。一直面临被裁撤危险的礼部得此机会，随即在闰二月正式开设礼学馆（此前处于缓慢筹办的状态，包括建设新馆、调集人员等），并在开办折中指出甘奏"臣等应即钦遵办理"。② 不过，直到宣统二年（1910）底，各部、馆方达成具体协议，由礼部领衔复奏。而此时新刑律案已是轻舟已过万重山，获准颁布，礼部也只好承认，"法律馆修正新刑律未与臣馆集议，其中有关礼教诸条，臣馆未能稍参末议，不无遗憾"。③这个结果应与法律馆的抵制有关，据闻沈家本"以甘大璋所请三馆会同商订法律，殊多牵制，难于着手，昨已与法部商议办法"。④

甘奏提出以礼教规范宪法和法律，明显与趋新尊西的世风不符，舆论多不表同情。就连支持维持礼教的学部主事许宝蘅也不以为然，认为"此三事虽相表里，究竟不能并为一谈"。⑤ 孟森在《宪政篇》评论说：

> 中国认刑为法，故古来右礼而薄法，各国乃纳别嫌疑、辨上下、定民志等精义一归于法，故法可以赅礼。至礼中别有草昧时代神道设教之作用，圜邱方泽，明堂祫禘，可以聚讼千余年，此事则非法学家所知。大璋谓礼成无用之册籍，礼不纳之于法，其无用固宜。吾将视其所以使之有用者，果安在矣？现三馆会订法律，牵制无可措手，则定法一事，暗中宜且作罢论。⑥

① 《甘大璋奏参三馆之内容》，《申报》宣统元年二月十九日，第 1 张第 4 版。
② 《礼学馆酌拟凡例并开馆情形》，《申报》宣统元年闰二月十一日，第 1 张第 4 版；十二日，第 1 张第 5 版；闰二月十三日，第 1 张第 5 版。
③ 《礼学馆将参预民律》，《申报》宣统三年正月二十一日，第 1 张第 4 版。
④ 《专电》，《申报》宣统元年二月十九日，第 1 张第 3 版。
⑤ 许宝蘅：《〈巢云簃日记〉选》（宣统元年二月十二日），《近代史资料》第 115 号，第 66 页。
⑥ 孟森：《宪政篇》，《孟森政论文集刊》（上），第 290 页。

在孟森看来，西方"礼"之精华已归于"法"，而中国的"礼"茫昧难知，实际上也没有什么用，三馆合订法律更无必要。

《申报》则发表"论说"批驳甘奏，认为礼经很难"切实援据"而只有"缘饰"之用，缺少实质作用；现在既是"中国仿效列国之规则"，"若取各国之法合于中国礼教者取之，异于礼教者舍之，则中国礼教固在，复安所用其多事也！"其对三馆事务的评价更有好恶之分：一是鄙夷礼学馆，"所调之人才如是，所习之学问如是，所怀之见识如是，安得而不纂书？"二是以宪政馆"步趋日本"为正确，后续略加修正即可。三是甘奏指责法律馆"专赖所聘洋员，录其国已成之法律，与我国官制动多凿枘"，作者反而认为是好事，"若无凿枘，则无所用其修订矣"。[①]

甘大璋之奏效力不彰，三馆和议修律之事迟迟未成，而支持修律宜面向世界者却不断涌现。在朝廷明发礼教伦常上谕以后，李家驹报告出使日本考察宪政之所得，向朝廷表示"编纂刑律之时，固宜以礼教为主，然与宪法作用及国际交通有关系者，仍宜加意斟酌，以收实效"，"一则将实行立宪，不得不弃旧以谋新；一则将改正条约，不得不舍异而从同也"。

以夫妻相殴的问题为例，李家驹指出中西习俗实不相同：

> 现行律妻殴夫者，但殴亦坐；夫殴妻者，非折伤不论，是本于乾刚坤柔之义。然西律夫妻平等，妻固不得殴夫，夫亦不得殴妻。若必存非至折伤不论之条，则外人之携眷侨居者，深形不便，即不能无宥议矣。

中国法律应主要为中国人而设，但现在为了管理外人，要改变原律，很能体现清季修律变己徇人的本质。李氏强调，"若折衷不得要领，而专

----

① 《论甘侍读奏参三馆事》，《申报》宣统元年二月二十二、二十五日，第1张第2版。

以迁就调停为事，则新律虽颁，适滋纷扰，反不如遵守钦定《大清律例》之为愈也"。这样一种要求全变、局部变不如不变的思路提示出世风的愈趋激进，对于新刑律草案自然是有力的支持。

不过，李氏主张仿效日本循序渐进的策略，分三期编纂刑律，以改正不平等条约，收回治外法权为最终目的。

> 第一期所纂刑律，但以实行司法、行政分权为主义，凡西律之不适用者，无妨暂置不采。第二期刑律以吻合立宪政体为主义，及宪法颁行，民德日进，斯时可采欧洲新制，重颁新律是也。第三期刑律以改正条约、收回治外法权为主义。①

曾出使法、德的山东巡抚孙宝琦也于此时奏请新律可用。特别的是，孙氏明确支持注重平等的立法宗旨，而反对礼教伦常入律。这在当时的朝廷大员中实不多见。

> 中古于尊卑上下之分，区别太严，故于法律每多偏重。如尊长之于卑幼，夫之于妻，家主之于奴仆，犯法俱从末减，相去悬殊。夫法律本义，贵取其平。西人平等之说，亦专属法律而言。各国宪法皆有专条，凡属国民一体，受治于同等法律之下。今我中国预备立宪，改订法律，若不先于此条决定宗旨，是宪法终不成立，新律何异于此〔前〕，前〔此〕为各国宪法之第一要义，即为维新政治之绝大关键，应请明谕宪政编查馆、修订法律大臣抱定凡属国民，无论贵贱，一体受治于同等法律之下一条，切实改订法律。②

---

① 《出使日本考察宪政大臣李家驹奏考察立宪官制录缮成书并陈管见折》，《清宣统朝中日交涉史料》，台北，文海出版社，1982，第215页。
② 《新鲁抚之政见》，《申报》宣统元年五月十五日，第1张第4版；五月十六日，第1张第4版；五月二十九日，第2张第2版。

189

其说以立宪为诉求，指出平等为宪法之"第一要义"，而要求在新刑律中加以实施，可谓触碰到中西法律的核心差异；唯仍不敢涉及君臣纲常等问题，只是倡议改革其余二纲。

其实，最高当局对于收回治外法权，心态也相当迫切。摄政王上台伊始，即"谕交张、袁两军机，以中国法权甚不完备，殊于国体有碍，务即速饬法律馆将各项法律次第修明，尽于筹备宪政期内，使各国领事裁判权撤退"。① 其后外务部"决议先与各国公使磋商此事，俾得挽回领事裁判权而维国体"。② 另有消息指，"政府迭饬外务部、法部会同核办"，"两部均议非一时所能奏效。兹经往复会议，拟定为六年办齐，俟将章程拟定，即奏明分交各署，各专责成"。③ 到五月时，"枢府与外部商议，准备向各公使要求撤领事裁判权"。④

其时传媒报道，"刻闻宪政编查馆已将改订草案核妥。昨由宝侍郎呈明庆邸，谓该草案改订适宜，请堂签注阅定，即行咨复。闻庆邸签注有本乎礼教，皆属合宜等语。又闻戴尚书未出京之先，已与修律大臣将奏颁改订刑律法典日期预定，约于本月（五月）二十八、二十九两日递折"。⑤ 可见法律馆的修正案已预先交到宪政馆核议，而宝熙在馆内继续发挥影响力，促使庆邸认可新刑律修正案，另外法部尚书戴鸿慈亦加以首肯。

摄政王也在五月改变立场——从"义关伦常诸条不可率行变革"到"完全以世界为主"。根据传媒消息：

> （摄政王）面谕各军机，略谓今年为核订新刑律之期。刑律要义无分中西，在历史上均以轻刑为美谭，朝廷改订法律，固为撤去

---

① 《摄政王注重法权》，《大公报》光绪三十四年十二月初二日，第1张第4版。
② 《决计挽回领事裁判权》，《大同白话报》宣统元年二月初四日，第2页。
③ 《收回治外法权之近议》，《大同白话报》宣统元年二月廿七日，第2页。
④ 《本馆专电》，《神州日报》宣统元年五月二十日，第1页。
⑤ 《刑律草案已经宪政馆核定》，《申报》宣统元年五月十四日，第1张第4版。

领事裁判权之预备，但以中国数千年之文明，刑律日趋于酷虐，今反使欧美各国诋我为野蛮，其如人道之谓何。此次核定新刑律，务须先将主义拿定，完全以世界为主，期合于人道之大凡，方不负先朝修改刑律之美意。闻各军机已将此旨宣告宪政馆各员遵照。①

到十一月，摄政王召见沈家本，再次关切修律的进展，"首问明年实行新律之种类，及一切预备情形。嗣又问法律学堂学生之程度、考试毕业之办法"。② 可见摄政王的转变化解了数月前明发上谕的压力，沈家本才有可能在趋新修律的道路上前进。此亦表明，朝廷尽可公开宣示维持礼教，实际仍在内部继续推动法律的西化。

第二节　修正案与法部的附则

根据朝廷处置学部参劾的谕旨——"修订法律大臣会同法部按照所陈各节，再行详慎斟酌修改删并，并奏明办理"，③ 以及筹备立宪清单的规定——"修改新刑律，修订法律大臣、法部同办"，④ 法部拥有修订新刑律的权力和责任。

奇怪的是，法部自受命参与修律到修正案定稿，并未积极参与。尚书戴鸿慈作为出洋考察政治的五大臣之一，见识较广而思想趋新。其出任法部尚书后，据闻"一切法律舍旧趋新，删繁就简，举从前详细章

---

① 《谕饬核订刑律先定主义》，《申报》宣统元年五月二十二日，第 1 张第 4 版。类似的消息见《读摄政王之核订刑律谈》，《大公报》宣统元年五月二十九日，第 1 张第 3 版。

② 《召见沈大臣纪闻》，《大公报》宣统元年十一月二十三日，第 2 张第 1 版。

③ 《大清德宗景皇帝实录》（八），第 816 页。

④ 《宪政编查馆资政院会奏宪法大纲暨议院法选举法要领及逐年筹备事宜者（附清单二）》（光绪三十四年八月初一日），《清末筹备立宪档案史料》（上），第 61、62 页。原单规定，"修改"的任务要在光绪三十四年完成，但因为各省和部院签注迁延过久，实际上三十四年的任务并未完成，"修改"的期限也只能推迟一年。

程概从芟薙"，^① 又力主实行律师制，"法律虽经改良，非有律师为民辩护，不克实行。中国于此事尚属缺点，亟须设法栽培律师资格，以期完善"。^② 同时积极推动废止口供定案，力主废除刑讯；^③ 催办各省成立审判厅。^④ 因此，将戴、沈的部（法部）院（大理院）之争解读为变革的方略不合则可，若认为是保守与先进之争可谓误读。戴鸿慈从光绪三十四年（1908）八月开始请病假，次年五月出使俄国，八月又入值军机，一直未回任法部，但直到去世他仍是名义上的法部尚书，对部中事务仍有一定的影响力。

署理尚书葛宝华则"以此事关系重大，未敢妄加评议"，^⑤ 号称要留待戴氏病痊回任再行决定。实际上，葛氏对修律的态度较为保守，本就反对废止刑讯，"编纂大意仍宜以道德、伦理、风俗、习惯为标准，虽不可仍泥旧法，亦不宜尽弃旧法，务求新订之律适合于今日中国人民程度，庶奏颁后不致再有纷纷奏驳之虑"，因此派遣董康往法律馆"协同审查"民法，"务使一切条款不背乎纲常名教"。^⑥

宣统元年（1909）八月，刑部司员出身的原热河都统廷杰署理法部尚书（之前四个月由绍昌署理），次年正月补授。据说"自到任后，凡司员有引新律者，尚书辄以不懂二字答之，以故司员中有新法律知识者，遇事异常掣肘"。当新刑律咨送到部时，"谓左右侍郎曰：吾只晓

---

① 吉同钧：《秋审条款讲义·序》，《乐素堂文集》卷5，第11页。
② 《拟议造就律师》，《大公报》宣统元年二月初八日，第1张第4版。
③ 《改良审判办法》，《大公报》宣统元年闰二月十三日，第1张第4版。
④ 《严催设立裁判厅》，《大公报》宣统元年闰二月十七日，第1张第4版。
⑤ 《葛尚书慎重刑律》，《大公报》光绪三十四年九月初九日，第1张第5版；《纂定刑律草案》，《大公报》光绪三十四年九月十六日，第1张第4版。
⑥ 《葛尚书对于新律议论》，《神州日报》光绪三十四年十月十一日，第2页。另有报道说："法部葛尚书因某丞员专意主用西律，经葛尚书以西律内容宜参酌与中国伦理相合，酌量改用，其内容若与大清律相悖之处，岂可效用。当将该丞员所陈各节驳斥。"见《葛尚书慎重西律》，《神州日报》光绪三十四年十月初七日，第2页。据说摄政王也认为葛氏"为人太旧，现当改订新法律之时，恐多隔膜"，因此不久就改任礼部尚书，见《葛宝华得简礼部之原因》，《大公报》宣统元年八月二十八日，第1张第4版。

得《大清律例》，不晓得东西洋法律。王侍郎爵生亦曾谓新订法律不如旧律远甚，只以某尚书在军机主持甚力，吾等不便公然反对"；"自某尚书逝世后，该部尚侍无所顾忌，日前在会议政务处痛论新法律之不完备，为宪政馆诸大老当面驳斥"。① 吉同钧后来也指出：

> 时法部尚书廷杰力持正议，惟迫于枢臣压力，并因修律大臣回护牵制，未能逐条修改，因另辑章程五条附于篇末，以为补救之计。②

所谓某尚书和枢臣，应指戴鸿慈。因为戴鸿慈任职军机（名义上的法部尚书），还有庆王奕劻等"诸大老"的支持，才会迫使廷杰和王垿等法部堂官的反对不能发生较大作用。颇具吊诡意味的是，推荐戴氏入军机者却是参劾新刑律的张之洞。③

法律馆提调董康回忆，"法部对于此事，只知持反对态度，于律之内容概不过问。本馆屡次催询，亦置不复，遂汇齐各省签注，逐条修正后，缮具定本，并会衔奏稿，送部连署。稿之后半，留空纸十余行，为法部自抒意见之地步。复以钦限攸关，不能负迟误之重咎，欲单衔具奏。法部至是，于空行内声明数语，勉强会奏，别附五条于后"。④ 另一位馆中司员江庸亦指出："奉旨后，法部迄未过问。馆员将草稿重加修改，属稿后送部。尚书廷杰本墨守旧律者，乃附加五条于后，会衔具奏，请作为暂行章程颁布，实隐寓破坏之意。"⑤

两说都称法部不过问，大有透过于法部之势，其实未必公平。即便法部堂官有心反对，鉴于中枢态度和沈家本以律学权威"回护牵制"，

① 《法部尚书但知大清律例》，《申报》宣统二年二月初八日，第 1 张第 5 版。
② 《清朝续文献通考》（三），第 9918 页。
③ 《论戴尚书入军机》，《新闻报》1909 年 10 月 10 日，引自桑兵《盖棺论定"论"难定：张之洞之死的舆论反应》，《学术月刊》2007 年第 8 期。
④ 董康：《中国修订法律之经过》，《中国法制史讲演录》，第 161 页。
⑤ 江庸：《五十年来之中国法制》，申报馆编《最近之五十年》，第 8 页。

恐怕也无力反对。沈家本曾对枢府明言："法部廷尚书自以为熟娴旧律，于新订诸律多所反对，实为改良法律之一大阻碍。"枢府亦表赞同，"拟奏请特交严谕，责成该尚书实行，尊重新律"。① 法律馆的表现也相当强势，仅"留空纸十余行，为法部自抒意见之地步"，又"欲单衔具奏"，企图利用钦定清单期限（宣统元年年底必须完成核订），② 逼迫法部就范。负责法部修改事宜的吉同钧对此颇为无奈，"尚书廷杰亦极反对，即派鄙人总司修改之事。鄙人调和其间，以为逐条改正，不惟势有不能，亦且时有不给，因另拟章程五条，附于律后，借为抵制弥缝之计"。③ 可见，吉同钧已无力改变旧律被废、新律将兴的大势，而且时间紧迫，唯有撰拟附则五条以自固。

吉同钧虽然承认"外国法政各有精意，固当采集所长，以资补救"，但是此时更强调"《大清律例》恰当乎中国风土，尤当深切究明，以为判案之资"，要求受教的京师法律学堂学生要"先研究中律精意，然后涉猎东西各国刑法大要，庶几操乐不背风土、数典无忘祖制"。④

然世风如是，即便是吉同钧自己，也要引用西法为立说根据："无论流、徒、禁役，各因所宜，即死罪一项，现在法学家均主张废除不用。然如瑞士、和兰地狭人少，教育普及，故可不用死刑。德、法则幅员较广，虽欲骤废死刑而势有所不能。若英、俄则更地大物博，不但死刑难废，即身体之刑亦不能遽除。观于英有笞刑，俄有身体的决之刑，

---

① 《新法律之阻碍》，《大公报》宣统二年二月初五日，第 1 张第 4 版。

② 《宪政编查馆资政院会奏宪法大纲暨议院法选举法要领及逐年筹备事宜者（附清单二）》（光绪三十四年八月初一日），《清末筹备立宪档案史料》（上），第 61~63、65 页。

③ 吉同钧：《论新刑律之颠末流弊并始终维持旧律之意》，《乐素堂文集》卷 7，第 5 页。李贵连《沈家本年谱长编》（第 325 页）和高汉成《签注视野下的大清刑律草案研究》（第 122 页）均认为此附则由修订法律馆所拟定的，实际上《汪荣宝日记》（宣统元年十二月廿二日，第 376 页）亦有与吉同钧说法一致的记录，"法部允于明日具奏，惟于草案内加附则五条，大旨谓关于伦纪各条悉依旧律办理"。其时汪氏正任职法律馆，其证词甚为可信。

④ 吉同钧：《京师法律学堂开学演词》，《乐素堂文集》卷 5，第 18 页。

其明征也。夫笞杖为五刑之至轻，英、俄尚不能全去，中国废之，近来已有窒碍，况其他重于此者乎？"甚至引用清季当红、主张渐进的"西儒斯宾塞尔"之言："一国之法律必须与本国之历史及国体有同一之性质，否则实行之际，流弊不可胜防"（这句话引在其文集多次），认为是"我国变法之药石"。[①] 欲保守旧律却要引西法和西儒之语以自辩，尤能体现当年中西法律思想的权势转移。

吉同钧也有妥协之处，尝提出"大清律与刑律草案并行不悖"的方案。首先承认新刑律乃未来之趋势，"乃预备外人收回治外法权，办理华洋交涉之案，犹外国之有特别法及成文法也"，而且"宪法成立以后，官民知识均换新理，国家制度顿改旧规。逆计彼时经传且为陈迹，遑论旧律。故必以草案继之，非此则宪法不能完备"。但又认为"在立宪甫萌之时，缙绅心胸犹有旧书余味，草茅传诵，尚知儒术为高，则我大清律者仍在当可谓时之列，而骤施以草案之法，鲜不群相非笑矣"，因此应该分地、时、人来实行新旧律：

> 治内地可用大清律，而租界华洋杂处之地，则宜草案；治国人可用大清律，而对旅居中国之外人则宜草案；且现时可遵用大清律，而数十年后宪法完备之时，则可参用草案。[②]

其文收入文集时，附录戴鸿慈、于式枚和定成等人的批语意见。戴鸿慈誉之为"审时度势，虽变而不离宗，是有功世道之文，旧学新学一起俯首"。于式枚则称其"萃荟古今法典，熟悉中外习俗，宿儒逊其开通，时髦无此根柢，煌煌大文可名世，亦可传世"。两人都看到该计划的中西会通、温故知新的思想特征。唯有大理院正卿定成直言，"此篇乃委曲从权，欲以保存国粹"，但是"三纲沦，九法斁，乃天运使

---

① 吉同钧：《大清律讲义·序》，《乐素堂文集》卷5，第9页。
② 吉同钧：《论旧律与新刑律草案中律与旧律可并行不悖》，《乐素堂文集》卷7，第21～23页。下段引文亦出此。

然，非人力所能补救。君所著述，名论不刊，将来有王者起，必可见诸实行"，实际指其方案当前并不具备实施之可能。

从后见之明来看，定成的判断颇有道理。首先，该方案仍是建基于中外隔离的形势，但未来外人在内地杂居（包括通商、开矿、设厂等事）将势不可挡，收回法权的商约条文也正是为此而发。其次，既然吉同钧也承认了经传和旧律为"陈迹"，新律较为优胜，朝廷既已宣布在数年后实行立宪，而现在吉氏还要"几十年"的时间来过渡，未免让人觉得过于迂缓。最后，其议必定呈给修律大臣沈家本参考，却未见沈之评语，可见沈对其议或不认可，或干脆置之不理。

吉同钧唯有退而求其次，代表法部提出附则五条。原奏为此解释：

> 惟中外礼教不同，为收回治外法权起见，自应采取各国通行常例。其有施之外国，不能再为加严，致背修订本旨，然揆诸中国名教，必宜永远奉行勿替者，亦不宜因此致令纲纪荡然，均拟别辑单行法，辑示保存，是以增入附则五条，庶几沟通新旧，彼此遵守，不致有扞格之虞也。①

据此，中国人对于附则所列的罪行，不能据新律定罪，而是另行处罚。此法脱胎于吉同钧的"大清律与刑律草案并行不悖"方案，亦有参考前述"伦纪门"的舆论意见。法部在折尾强调，其任务在于"权衡律法，只期与礼教无违"，既表明维持"中国名教"的单行法系出于其意，同时也微露不满法律馆包办修订事宜之意。

具体而论，修正案的"附则"规定：②

第一条　本律因犯罪之情节轻重不同，故每条仿照各国兼举数

---

① 《法部尚书廷杰等奏为修正刑律草案告成缮单呈览折》（宣统元年十二月二十三日），《钦定大清刑律·奏疏》，宣统三年刻本。
② 《修正刑律案语·分则》，第 127 页。

刑以求适合之审判，但实行之前仍酌照旧律略分详细等差，另辑判决例以资援引而免歧误。

第二条　中国宗教遵孔，向以纲常礼教为重，况奉上谕再三告诫，自应恪为遵守，如大清律中十恶、亲属容隐、干名犯义、存留养亲以及亲属相奸、相盗、相殴并发塚、犯奸各条，均有关于伦纪礼教，未便蔑弃，如中国人有犯以上各罪，应仍照旧律办法，另缉单行法以昭惩创。

第三条　应处死刑如系危害乘舆、内乱、外患及对于尊亲属有犯者，仍照臣馆第一次原奏代以斩刑，俾昭炯戒。

第四条　强盗之罪于警察及监狱未普设以前，仍照臣馆第一次原奏，另辑单行法，酌量从重办理。

第五条　中国人卑幼对于尊亲属不得援用正当防卫之例。

第一、第三、第四条皆有所本，并非吉同钧之独创。第一条乃沈家本回应旧派对于"删除比附"的批评，在馆中讨论时便有此议。吉同钧亦有自己的想法："新订之律，表面仅四百余条，初阅似觉简捷，而不知一条之中实孕含数条或数十条。将来判决例成，仍当取现行律之一千余条，而一一分寄于各条之内，不过体裁、名词稍有不同耳。"[1] 其意以《大清律例》各条作为判决例保留，不见诸新刑律正文，利于区别处置服制伦理之犯罪，沈家本对此亦无异议。

此外，修律大臣早在奏进总则折中提出，"如谋反、大逆及谋杀祖父母、父母等条，俱属罪大恶极，仍用斩刑，则别辑专例通行"，"其有因囿于中国之风俗，一时难予骤减者，如强盗、抢夺、发塚之类，别辑暂行章程"。[2] 第三、第四条不过重申此见，只是第四条大概出于"轻刑"之意，删除了原奏所拟的抢夺和发塚两项规定。第五条的内容

---

[1]　吉同钧：《律学馆第四集课艺序》(1910 年撰)，《乐素堂文集》卷 5，第 15 页。

[2]　《修律大臣沈家本奏刑律草案告成分期缮单呈览并陈修订大旨折》(光绪三十三年八月二十六日)，《清末筹备立宪档案史料》(下)，第 847、848 页。

此前较少被注意，或出于吉同钧的创意。

第二条最为关键，系将旧律中涉及礼教诸条检出，以保护纲常礼教为名，规定只适用于中国人，略同于督抚此前提出的"伦纪门"之法。此条虽为守旧而来，但所涉的礼教条文实较旧律大减，如"八议"、亲属骂詈、妇女犯罪和良贱相犯等内容已不见踪影。再者，只是以本条为主的附则五条来维持礼教民情，相较于仿自西法、自成体系的409条新刑律正文，旧律和礼教的虚弱已清晰可见。而中国法律的管治对象主要为中国人，而管治中国人的诸条却列于附则，颇可见识提议者舍己从人的思维。

除了附则五条的限制外，法律馆负责的修正案并未大幅度修改初次草案。因为部院督抚的签注意见仍由冈田处理，[①] 加上朝廷高层的支持，法律馆对于新律不合礼教、风俗、新制度、人民程度以及收回法权等各方面的指责概不接受，只对少数条文做了修改。改正之原则如其奏所言，"关于伦常各款加重一等，其余文词亦酌加修改，务归雅驯，以期明晰"。[②] 另据高汉成的统计，条文由原来的387条变为409条，原案有32处被正，"主要涉及总则中的宥恕减轻、分则中的发掘坟墓罪、杀伤罪、强盗罪等，对尊亲属的犯罪被加重处罚是草案最突出的变化"。[③]

第三节　编订《现行刑律》以存旧法

在反对新刑律的同时，兼任法律馆编案处总纂的吉同钧也在制订

[①] 冈田接受采访时表示："刑律前已脱稿，发有上谕，征中央政府之各部及各省督抚之意见，目下仍在予手，审查各方面之意见书。"见《日本冈田博士谈中国法律改良》，《神州日报》宣统元年六月初八日，第2页。

[②] 《法部尚书廷杰等奏为修正刑律草案告成缮单呈览折》（宣统元年十二月二十三日），《钦定大清刑律·奏疏》。

[③] 高汉成：《签注视野下的大清刑律草案研究》，第175、186页。

《大清现行刑律》（以下简称《现行刑律》）。[①] 沈家本解释这部新法律之缘起，略谓：

> 刑罚与教育互为盈朒，如教育未能普及，骤行轻典，似难收弼教之功，且审判之人才，警察之规程，监狱之制度，在在与刑法相维系，虽经渐次培养设立，究未悉臻完善。论遭递之理，新律固为后日所必行，而实施之期，殊非急迫可以从事。

沈氏还特别提到日本实施过渡法律的立法经验，"未行新刑法以前，折衷我国刑律，颁行新律纲领，一洗幕府武健严酷之风，继复酌采欧制，颁行改定律例三百余条，以补纲领所未备，维持于新旧之间，成效昭著"，[②] 反映了日本经验对于晚清修律的程序性影响。

沈家本决定编订《现行刑律》，也可能迫于各方的批评压力。《东方杂志》记者孟森认为："修订法律大臣以草案猝难定议，奏请于新刑律未实行前，编订现行刑律，暂为去泰去甚之计。"[③] 吉同钧也指出："（新刑律）草案一出，举国哗然。内则九卿科道，外则各省督抚，群相诟病，纷纷奏参。朝廷迫于公论，虑其窒碍难行，复饬法律大臣伍廷芳、沈家本另修现行律，以备新旧过渡时代之用。"[④] 照此说法，编订《现行刑律》乃出于上意，沈氏不过执行而已。

然而，吉同钧并没有打算实行新旧律接轨，而是多据薛允升的

---

① 根据法律馆章程，《现行刑律》由编案处负责。该处包括总纂吉同钧，纂修许同莘、姚大荣，协修吴尚廉等人。各人职衔见《法律馆对犯奸律文修改稿》（宣统二年），一档馆藏，修订法律馆全宗，第 2 号卷宗。吉同钧后来自负地说，"（《现行刑律》）集历代之旧章，参外洋之新令，辞削冗繁，义求归并，合英、法、德而贯通，分民、刑、商而互证，裒成一代良规，籍作千秋法镜。书成则归美沈、俞，奏御则名先徐、庆"。见其《乐素堂主人自叙赋》，《乐素堂文集》卷 3，第 16 页。
② 《修订法律大臣沈家本等奏请编定现行刑律以立推行新律基础折》（光绪三十四年正月二十九日），《清末筹备立宪档案史料》（下），第 852、853 页。
③ 孟森：《宪政篇》，《孟森政论文集刊》（上），第 259 页。
④ 吉同钧：《刑制论》，《乐素堂文集》卷 6，第 9 页。

《读例存疑》进行修订工作。[①] 其自述：

> 鄙人奉派总纂之职，首倡保存旧律，而大臣及政府不以为然，一意主张改用外律，牢不可破，不得已调停其间，修改大清律为现行律，芟繁就简，避重减轻，略换面目，仍存精粹，以为抵制之法。[②]

并指出两者有着本质的不同，《现行刑律》"先王之遗制犹有存焉；若新刑律，则三纲沦，九法斁，其弊不可言矣"。[③]

沈家本请旨修订的原奏（或由编案处拟稿）指出，《现行刑律》针对《大清律例》的修改大要有四。

其一，因为"现今官制或已改名，或经归并，与前迥异，自难仍绳旧式"，因此删除旧律的吏、户、礼、兵、刑、工诸总目。

其二，厘正"刑名"，根据前面数年历次奏准的刑制改革章程，将原来的"五刑"笞、杖、徒、流（外加军、遣之变例）、死，改为死刑、安置、工作、罚金四项。

其三，甄别同治九年以来近四十年的新定章程，"分别去留，其为旧例所无，如毁坏电杆、私铸银圆之类，择出纂为定例，若系申明旧例，或无关议拟罪名，或所定罪名复经加减者，无庸编辑"。

其四，鉴于例文"历年增辑，寖而至今，几及二千条以下，科条既失之浩繁，研索自艰于日力"，但目前"虽经节次删除，尚不逮十之

---

① "前刑部尚书薛允升所著《读例存疑》经历既深，而于因革要端持论尤极精审，前经刑部奏进上备乙览，是以一体采择。"见《大清现行刑律案语·凡例》，《续修四库全书》第 864 册，第 7 页。沈家本亦谓："上年法律馆修改《现行刑律》，于《读例存疑》之说，采取独多。"见其《故杀胞弟二命现行例部院解释不同说》，《历代刑法考（四）·寄簃文存》，第 2134 页。董康也说："（《现行刑律》）大致采长安薛允升《读律存疑》之说，回复唐律之处不少。"见其《中国修订法律之经过》，《中国法制史讲演录》，第 159 页。

② 吉同钧：《答友人问新旧法律之得失》，《乐素堂文集》卷 6，第 19 页。

③ 吉同钧：《刑制论》，《乐素堂文集》卷 6，第 9~10 页。

二三"，因此有必要继续删并例文。①

简言之，只是按照奏定的新章修改《大清律例》以及删减例文而已。

沈奏上后，奉旨令宪政编查馆会同法部议奏，四个月后宪政馆主稿、与法部联衔复奏。对于沈奏的修改意见，除了第二项外，复奏基本表示赞同。尽管张之洞对于删除总目"力持不可，以为并此不存，恐将来旧例从此湮没"，② 但宪政馆最后还是以"即无总目，已便检查，应即仍照今律三十门分隶，而删除六律之名，以昭核实"为由，同意此议。③ 对于第二项，宪政馆认为"刑部议复升任山西巡抚赵尔巽条奏习艺章程，工作兼指遣、军、流、徒四项，仅于惩处之法略为轻重之等。是军罪虽经删除，遣、流尚存"，应该将发遣、流刑也算入刑制当中。

复奏希望《现行刑律》能主动因应目前新政的形势，注意到"有昔为例禁，今已渐次解除者，有昔为附例，今已别辑专条者"等问题，"如民人出海，例禁綦严，今则易为保护；各省矿山向多封闭，今则咸让开采；以及结社集会、发行报纸之类，均非旧时律例范围所能限制"，应"荟萃参考"，纳入《现行刑律》之中。④ 该奏奉旨依议，朝廷同意以之为宗旨修撰现行刑律。

适逢新刑律初次草案发交部院督抚签注，不少质疑新刑律过于激进的督抚均肯定《现行刑律》的过渡作用。直隶总督杨士骧指出，"此系

① 《修订法律大臣沈家本等奏请编定现行刑律以立推行新律基础折》（光绪三十四年正月二十九日），《清末筹备立宪档案史料》（下），第852～853页。

② 《刑律尚未订定》，《申报》光绪三十四年四月十一日，第1张第5版。

③ 宪政馆内要角汪荣宝曾作《修订法律大臣编纂现行刑律删除总目议》，表达支持之意："如给事中等官向以六事分职者，今已钦奉谕旨撤去旧称，而刑律标题尚沿囊轨，揆之综核名实之义，良有未妥。修订法律大臣所拟删除总目，复唐宋体裁之旧，兼以免政令歧出之嫌，实于古制、今情两无违逆。"见其《金薤琳琅斋文存》，台北，文海出版社，1970，第95页。

④ 《宪政编查馆会奏议复沈家本等奏请编定现行刑律折》，《政治官报》第242号，光绪三十四年六月初二日，第4页。

新旧递嬗一定不易之次序"，建议"赶将《现行刑律》编定颁行，以为推行新律之预备"。① 浙江巡抚增韫也说："中国现在教育、审判、警察、监狱各项规制，诸未完善，前于光绪三十四年正月间，经修订法律大臣等奏请编定《现行刑律》，次序秩然，足为推行新律之预备。"② 闽浙总督松寿也意见相同："现在教育、审判、警察、监狱各规则均未完备，新律又须厘正改订，势难急切举行，惟有请将现行律例编定颁行，以为推行新律之预备。"③ 甚至前述维持纲常的谕旨也要求："该大臣前奏，请编订现行刑律，已由宪政编查馆核议，著一并从速编订，请旨颁行，以示朝廷变通法律、循序渐进之至意。"④

经过一年多的编纂，宣统元年（1909）八月修律大臣将现行刑律黄册奏进，包括律文 414 条、例文 1066 条。《现行刑律》除了根据新章修改《大清律例》外，主要体现主事者吉同钧暗中保存旧律之意。以刑制为例，吉同钧并没有奉行沈氏原奏由死刑、安置、工作、罚金组成的四级刑制，也没有按照宪政馆复奏的死刑、遣、工作、安置、流、罚金六级刑制，亦未采用 1904 年自己修律说帖的斩、绞、遣、流、监禁、作工、罚锾七等制，而是沿用传统的"五刑"制度，定为罚刑、徒刑、流刑、遣刑、死刑五级。

表面上看，《大清律例》的笞、杖、徒、流、死五刑保留了五分之三，实际上，徒刑、流刑和遣刑除了常赦所不原者外，基本都可以工作或罚金代刑。内容已变却仍坚持使用旧称，足见其保存旧律之思。同时，吉氏把一般称谓的"罚金"改作"罚刑"，也是从维持"五刑"

---

① 《直隶总督杨士骧奏刑律草案摘谬请饬更订折（并单）》（奉旨时间光绪三十四年九月十四日），《政治官报》第 345 号，光绪三十四年九月十七日，第 5 页。

② 《浙江巡抚增韫复奏刑律草案有不合礼教民情之处择要缮单呈览折》（光绪三十四年十二月十五日），《清末筹备立宪档案史料》（下），第 856 页。

③ 《闽浙总督松寿奏参考刑律草案应请详加更订折》（奉旨时间宣统元年四月十九日），《政治官报》第 579 号，宣统元年四月二十二日，第 6 页。

④ 《修改新刑律不可变革义关伦常各条谕》（宣统元年正月二十七日），《清末筹备立宪档案史料》（下），第 858 页。

完整的观念出发。

至于将原为流刑变种的发遣，提升为"五刑"之一，其时"论者议其不合，谓流、遣止是一等名，曰五刑实则四等，殊失古作者之意"。吉同钧倒是振振有词："由隋唐至今将近二千年，世代屡经变更，惟此五刑之法行之无弊"，"近来采用西法，删除笞杖，易为十等罚金，五刑止留其四，是以修订现行律于流、死中间填入遣罪一项，仍足成五刑之名"。① 沈家本对此不表同情，在其专著《明律目笺》中批评明律将刑制"强分之以作五刑之数，亦未见其确当"，认为：

> 国家设刑，所贵差等分明，不必拘拘以五为数，致有强分强合之病。若泥古之儒，以五刑之名为甚古，设今废五刑之目是蔑古也，则非吾之所敢知也。②

意在强调不一定要以五为制方为合古，实则批评吉同钧过于泥古。

其实吉同钧何尝不知内容更为重要，只不过其力只能及于名称。其为《清朝续文献通考》所写按语即指出：

> 今现行律废除笞杖，增入遣罪，大变数千年之良法……遣罪创自明世，比流罪地方较远，亦属流罪之一种，况旧律流、徒均行发配，现在徒罪既不发配，流罪发配者仅寥寥数项，余均留于本地工作，是有流、徒之名，并无流、徒之实。死刑既除凌迟、枭示，现又并斩罪而多废之，大半改绞，虽较新刑律稍留一线国粹，然古法已荡然矣，况仅限二三年短期实行，至六年即行新律，于时局亦何补哉？③

---

① 吉同钧：《五刑源流考》，《乐素堂文集》卷5，第1页。
② 沈家本：《历代刑法考（四）·明律目笺》，第1784页。
③ 《清朝续文献通考》（三），第9943页。

在反对新刑律的同时，吉同钧仍然坚持原来革新律法的观念，特别是废除重刑。宣统元年正月，御史吴纬炳上奏要求区别盗罪情节，情有可原者免死发遣。奉旨令法部议奏。吉同钧向堂官上说帖表示支持，认为"弭盗之方在教养之普兴，不在刑法之严峻"，唐、宋、明之历史便是明证，"即以我朝而论，康雍乾嘉百有余年，法令宽弛，天下晏然，从无盗贼窃发。咸同而后，改用严律，从此强盗愈杀愈多，几有遍地皆盗之势"，可知"观于重法不可止盗，即可知法轻不至长盗矣"。①

有意思的是，说帖强调其主张并不同于亦主轻刑的新刑律草案：

> 草案之从轻，系摹仿外国之法，与中国情形习惯格格不入，是以群相诟病。强盗之从轻并非参用西法，近以复列祖仁厚之制，远则绍唐宋盛明之规，而与近今上谕减轻刑章之意亦复情事符合。况草案之减轻非但贼盗一项，并关于礼教、纲常、服制者，而亦减之；用意不同，未可因彼之噎而并废此之食也。

对比其在光绪三十年（1904）时中西会通的论证方式，吉同钧此时加强了旧律传统的论述，试图与新刑律做出区分。最终法部按其意见上奏（但没有提及与新刑律的不同），后经会议政务处议复奏准，② 将该条加入《现行刑律》之中。

又如强奸罪之量刑。《大清律例》规定强奸罪犯拟绞监候，实抵。吉同钧却认为"其情虽为凶恶，然止关一人之名节，究无人命之可言"，"惟《金志》有强奸者斩一语。明代采用其法，始将凡人强奸概拟绞罪。其后亦因罪名太重，不敢轻于引用。今人未知沿革，未玩律

---

① 吉同钧：《议照复吴御史规复强盗旧例说帖》（宣统元年闰二月），《审判要略》，第2～3页（文页）。下段引文亦出此。
② 《法部奏议复御史吴纬炳奏寻常盗犯请一律照例解勘折》《会议政务处奏核复法部议复御史吴纬炳奏寻常盗犯请一律照例解勘折》，《大清宣统新法令》第5册，第12～15、27～28页。

注。名节诚重，然以人命较之，究未可相提并论"。① 可见，以其在刑部十多年的经历，深知强奸处死太重，反而难以施行；同时也不将强奸视作很严重的礼教问题，宁愿以人命为重。

吉同钧和新刑律同强调轻刑，但依据却大相径庭："强奸不处死刑，是即我中国唐宋盛时成法，并非取资外洋"，既然"在我确有根据，即人言在所不恤"。吉氏提出分别强奸各种情况定罪："因强奸已成，致本妇羞愧轻生者，仍拟绞罪；若止强奸，未酿命者，量减满流；未成者减徒。"但为了平息"俗人之议"，强奸已成而未酿命者，秋审时入缓决办理，这样"仍存绞罪之名而无勾决之实，在凶徒仍知畏忌，而多留一人生命，即少伤一分元气，是亦强国之一端也"。

吉同钧的见解和做法在预备立宪以前或算趋新，但在宣统年间已有守旧之目。首先便是法律馆内同僚的不赞成。该律上奏时由馆中第二科总纂汪荣宝起草奏折，② 颇露批评之意，实为罕见："此次编订体例，虽隐寓循序渐进之义，仍严遵旧日之范围，如为筹备宪政，模范列强，实非博采东西大同之良法，难收其效。"③ 江庸也批评说："是书仅删繁就简，除削六曹旧目而外，与大清律根本主义，无甚出入，与今之新刑律亦并不衔接，实不足备新旧律过渡之用。盖与斯役者，皆刑部秋审处及刑幕人员，其学问想思，不能出大清律范围之外也。"④

该律谕交宪政馆审核。《汪荣宝日记》述当时馆员反应：

> 吴向之方核改现行律草案，因痛陈旧律之万不可用。设若虽以此保存礼教，则唐、宋、元、明何以亡国？余戏言之：公论诚新奇可喜，若使文襄〔张之洞〕有知，必将与公为难。刘仲老〔刘若

---

① 吉同钧：《上修律大臣说帖》，《审判要略》，第 1～2 页（文页）。
② 《汪荣宝日记》宣统元年八月十五日，第 250 页。
③ 《沈家本、俞廉三奏为编订现行刑律告竣缮具黄册恭候钦定折》（宣统元年八月二十九日），《大清现行刑律案语·奏疏》，第 5 页。
④ 江庸：《五十年来之中国法制》，《最近之五十年》，第 8 页。

曾〕因言，八月以前似不闻公有此论。向之甚窘。①

吴廷燮（字向之）作为宪政馆编制局长，极论使用旧律以致亡国，保存礼教甚为无益，反映其注重国际竞争的实用心态。直至张之洞在宣统元年（1909）八月去世之后，吴氏才得以抒发心中之思，尤可见之前张氏反对新刑律的影响之大。报人孟森也预测："张相既薨，后来訾謷之声，或当稍杀。"② 不止于新刑律，司法独立因"张氏未死，阻力甚大，馆员之主张司法独立之议者，不敢轻议及此，故迟至今日始行着手"。③

在宪政馆核议期间，京师高等检察厅检察长徐谦上奏反对《现行刑律》，认为"其办法仅依修例向章，大抵删移归并为多，于新律少所印证"。提出五方面的修订意见：分别民、刑；重罪减轻，轻罪加重；停止赎刑；妇女有罪，应与男犯同一处罚；次第停止秋审复核。④ 徐奏显然不满《现行刑律》仍循《大清律例》的旧轨，而要求以新律为目标，逐渐向之靠近。

宣统元年十二月，宪政馆上奏核议完成《现行刑律》，并以附片的形式回复徐奏。宪政馆肯定法律馆"以年余蒇事，程工迅速，具见苦心"，勘正了原案 261 条，并在奏折中言明需要修改、特别注意之处。

首先，否决"罚金"改作"罚刑"，因为"罚金始于汉律，沿于六朝，其源最古。自笞杖改制以来，久已中外通行，今并省其词，转滋疑义，且罚之与刑文义相类，各刑初莫非惩罚之用也，自应仍用罚金标目为宜"。同时认为罚金只能适用于轻罪，不能用于十恶和犯奸等罪，"应另辑专条，实罚工作，不准以罚金完结，以严风纪"。⑤

---

① 《汪荣宝日记》宣统元年十月廿七日，第 322 页。
② 孟森：《宪政篇》，《孟森政论文集刊》（上），第 486 页。
③ 《要闻》，《时报》宣统元年十二月二十三日，第 2 版。
④ 原奏未获，引自《宪政馆请饬修订法律大臣另编重订现行律片》（宣统元年十二月二十四日），《大清宣统新法令》第 12 册，第 38 页。
⑤ 《宪政编查馆奏核议沈家本等奏编定现行刑律折》（宣统元年十二月二十四日），《大清宣统新法令》第 12 册，第 37 页。

其次，要求将新定的法令章程列入，如稍早前奏准的禁止买卖人口谕旨，应该"将律内有关买卖人口及奴仆、奴婢诸条一律删除改定，以昭仁政"。

最后，要求《现行刑律》的内容限于刑法范围，"所附之条自当以有刑名者为断，原本于无关引用诸条，虽经删除，尚有未尽，自应再行酌核芟薙"。附片又谓"现行刑律户役内继承、分产以及男女婚姻、典卖田宅、钱债违约各条，应属民事者，自应遵照奏定章程，毋庸再科罪刑"，[①] 这显然在呼应徐谦此前"分别民、刑"的建议，赞成现行刑律的修订应向新律靠拢。

该奏附片对徐奏颇为肯定，认为"确有见地"，"洵属新旧经过之交不可少之制作"。《现行刑律》本为"应急需"之举，"是以按照现在通行章程改其不合，补其未备，删其已废诸条，以便援引，故谓之现行刑律，并未能遽与新律相接近也"，因此要求法律馆"按照所奏诸端，再行考核中外制度，参酌本国情形，详加讨论，悉心审订，另定体例，编为《重订现行律》一编"，"以期与各新律渐相比附，俟筹备届期，即可径行新律"。[②] 其时《现行刑律》尚未正式颁布，便被主管衙门下令重修，灼然可见吉同钧的调停主张不为当政者所接受。

宣统二年（1910）二月，由沈家本署名的议复徐谦之折认为，"前四端应俟编辑之时，再行参酌甄择"，但反对停止秋审。略谓：

> 现行律例，死罪固多全恃秋审之时，为之调剂宽严。至于秋、朝审节略，其中遣词叙事，凤秉前型，一字增损，动关生死，断非率尔操觚所能从事，更未可以寻常公牍文字薄之。至谓与审判不能

---

① 《宪政馆请饬修订法律大臣另编重订现行律片》（宣统元年十二月二十四日），《大清宣统新法令》第 12 册，第 39 页。黄源盛误将此语归入沈家本名下，认为"沈家本原拟将刑事与民事分开，一扫千余年来民刑不分的法律体系"。见其《沈家本法律思想与晚清刑律变迁》，第 123 页。
② 《宪政馆请饬修订法律大臣另编重订现行律片》（宣统元年十二月二十四日），《大清宣统新法令》第 12 册，第 38~39 页。

两存，此得诸想象之词，而未即其内蕴深加推究也。

旨交宪政馆核议。宪政馆复奏赞成逐渐废止秋审制度，不但京师朝审之例取消，而且肯定"已设审判厅地方，已无复勘之制"，未设之地方"皆由提法司或按察使就案核办，申报法部，勿庸解省审勘，俾昭划一"。①

其实，法律馆之奏可能徇于吉同钧等旧派之主张，并不反映沈家本的真意。宣统元年沈家本已在心中认定："秋、朝审为部院争议之端，此事不易分，其实告朔饩羊而已，废之未尝不可。"② 次年实施新律的形势更为急切，应不至于主动奏请维持秋审。而吉同钧于"秋审尤所擅长"，③ 到宣统三年仍坚持"现在新律将行，旧法一切变易，惟此秋审一节，将来尚不能废"。④

尽管吉同钧对于《现行刑律》颇有自负，"在司审判者固可据为准绳，即讲律学者亦可奉为圭臬"，⑤ 但颁布后的风评却越来越差。据其观察，《现行刑律》刚颁行时，"一时任司法者，喜脱旧日繁重之习，而共乐法网之宽"；数月之后，"更有缩短国会之诏，而新刑法又议提前颁布"，"于是研究法学之士，复喜谈新律之简要，而以现行之律为不适用，群思有以废之"，⑥ 提示出新刑律因为"简要"而比烦冗的《现行刑律》更具吸引力，受到"研究法学之士"的欢迎。例如毕业于日本法政大学速成科的法律馆纂修官许同莘就认为，"读旧律易生厌倦，读新律则否。此无他，一无脉络可寻，一有系统可据故也"。⑦

---

① 原奏和复奏均见《宣统政纪》，第 568～570 页。
② 见许同莘的页眉文字，《上张相国论法部大理院权限事宜》（己酉闰二月），载《许同莘读书札记（交涉篇）》，中国社会科学院近代史研究所藏，档案号：甲 622－8。
③ 吉同钧：《律学馆〈大清律例〉讲义·凡例》，法部律学馆，1908，第 2 页。
④ 吉同钧：《秋审条款讲义·序》，《乐素堂文集》卷 5，第 13 页。
⑤ 吉同钧：《律学馆第三集课艺·序》，《乐素堂文集》卷 5，第 15 页。
⑥ 吉同钧：《律学馆第四集课艺·序》，《乐素堂文集》卷 5，第 15 页。
⑦ 《许同莘日记》（宣统二年十月十六日），中国社会科学院近代史研究所藏，档案号：甲 622－11。

　　许氏的批评尚属学法者的意见，外间舆论则多批评现行刑律在形式、名词方面并不符合西法的样式。吉同钧辩称："（现行刑律）外虽参用洋法，内容保存国粹，一时新学之士不察内容，徒以外面之名词形式不类各国，群指为不合文明。"① 所谓的"外面之名词形式"应是《宪政日刊》所批评的"律外有例，例外复有例，繁赜纷扰，莫可言喻者"，"不宁惟是，自有例而律同虚设"。② 此外，刑、民不分的内容体系也引起舆论的指责。《时报》的"龙灵"指出：现行刑律沿用旧律不分民刑事的立法模式，将行政惩罚混淆于犯罪之中，"条文繁重，司法混淆，非文明进步时之社会所应有"。③ 因这些外在样式的歧异一目了然，《现行刑律》便被当作旧律之眷属。《申报》的"嘉言"就认为，"乃上之人筑室道谋，三年不成，而所谓现行刑律者，皆牧民者视为阳奉阴违之具而已"。④ 更有人认为这是"适用旧律之议复活"之兆。⑤

　　更有舆论认为《现行刑律》根本就是多此一举。留日学生崔云松虽然赞同新旧律需要过渡阶段，但认为"特可委于法官之学识以填补之，不必更编一法，以启纷扰"。特别是宣统二年（1910）十月宣布缩短国会期限之后，新刑律的实施时间也被提前，"今年新律颁布，再后年即实行。中间所空者仅一二年之短岁月。现律运行未熟，又接以再现律，再现律方始着手，又接一新行律。定罪之间，轻重纷更不齐，与社会以大不安，所博之善果何在？"⑥

① 吉同钧：《论新刑律之颠末流弊并始终维持旧律之意》，《乐素堂文集》卷7，第5页。
② 《论现行刑律有妨司法独立》，《宪志日刊汇订》宣统二年九月初四、初五日，第7~10页。
③ 龙灵：《现行刑律废止论》（续），《时报》宣统二年十一月二十七日，第1版。
④ 嘉言：《恭读二十六日上谕停止刑讯感言》，《申报》宣统三年正月三十日，第2版。
⑤ 龙灵：《现行刑律废止论》，《时报》宣统二年十一月十九日，第1版。
⑥ 崔云松：《橄新法官（再续）》，《宪志日刊汇订》宣统二年十月三十日，第59页。

第六章

礼法之争再研究

法律馆和法部联衔奏进新刑律修正案后，朝廷根据筹备清单的程序，下旨令宪政馆核议。其时张之洞已去世，新刑律的阻力本已大减，号称保存礼教的馆中参议劳乃宣又挺身而出。一方面反对以附则的形式保存礼教诸条，因为这样将导致正文专为外人而设的印象而有损国体；另一方面，其在要求附则诸条加入正文的过程中，却接受了沈家本的解释和处理方法，基本同意沈氏对干名犯义、犯罪存留养亲、亲属相奸和相殴诸条的解释和处置，唯将争议焦点放在"无夫奸"和"子孙违犯教令"二项引用甚少而颇具象征性的条文之上。事件发展至此，无论论争的胜负如何，吉同钧苦心建构的礼教堤坝实际已经崩溃。

不过，时人围绕这两个问题进行了长达大半年的广泛讨论，说明其中涉及令人关注的面相。首先，新旧双方力争这两条，无关整部新刑律的通过与否，而是讨论有无必要通过将两者加入正文，以宣示维持礼教的象征意义。也就是说，在西潮的冲击下，礼、刑的关系应该如何认定。其次，中国保留有自己特色的法律条文，是否会妨碍收回法权。

第一节　劳乃宣的驳议及其效应

由于修正案正式奏进前，宪政馆的大臣和提调已经阅过并加以首肯，因此该馆奉旨核订，初时并未打算大改，只是由汪荣宝和许同莘"共任修正新刑律案文句"而已。① 值得注意的是，汪、许二人也都在法律馆任职：汪荣宝是第二科总纂，宣统元年（1909）十月接受董康的指派，"分任刑律草案修正事"，负责分则第一至二十章；② 许同莘则为编案处纂修，参与《现行刑律》的编纂。此时宪政馆又指派二人担负核订新刑律的责任，可见不过例行公事而已。

与许氏相较，汪氏的作用和地位更为重要。传媒报道，宪政馆"最出力办事者，惟汪荣宝、章宗祥、胡伯平〔胡礽泰〕三人。一切条规，均由三人拟发，其他则除循例行事外，无所建白"。③ 另有说法指，宪政馆一切政令均出章宗祥、汪荣宝、陆宗舆、曹汝霖四人之手，"王大臣、提调皆划墨稿而已"，故有"四大金刚"之目。④

不过，这批留日学生却被老成者指为程度不足。张元济为《法学协会杂志》作序时就公开批评：法律馆和宪政馆"网罗中外明法之士，无虑数十人，又广延通才，充顾问咨议之选，然大率身任数事，精力未能专注，或更尸位素餐，无所可否，其实行握管起草者，不过三数人"。并谓："以吾国幅员之广，风俗习惯之不同，政治历史之繁复，谓以三数人之智识所发表，可以通行无阻，无是理也。故近年所颁法令，其不利于实行者，实不胜枚举。"⑤ 报人汪康年也担心新进少年资格不足，未能审慎从事，故对于新订诸法有所质疑：

> 新刑律及民法虽亦由法律大臣鉴定，然起草一切皆馆中三五人为之，名为留学法政学生，实多未入大学堂者。至主持此事，若汪某、杨某则并未毕业，徒以气概压倒一切。于是以改正法律绝大之

---

① 《汪荣宝日记》宣统二年三月二十三日，第485页。
② 《汪荣宝日记》宣统元年十月十八日，第313页。
③ 《北京近事谈》，《民呼报》己酉（1909）三月二十六日，第4页。
④ 《宪政馆四大金刚之忙碌》，《申报》宣统二年四月二十日，第1张第4版。
⑤ 张元济：《〈法学协会杂志〉序》，《法政杂志》（上海）第1年第5期，宣统三年六月，第54页。

事，皆此数少年为之，欲全国通行，奉为圭臬，难矣！①

在日本留学生实际主导的宪政馆中，新刑律的顺利通过本无疑问，岂料横生波折。宣统二年（1910）六月，宪政馆参议兼考核专科总办劳乃宣首先提出"措词甚厉"的说帖，不满法部的折中之法，要求把旧律"义关伦常诸条"修入正文。② 学界代表性的看法认为，劳乃宣为"礼教派"的代表人物，思想"特具守旧性"。③ 其实如果复盘其阅历、思想，便可发现其人的思想实不算旧，大致属于陈寅恪所谓"历验世务，欲借镜西国，以变神州旧法者"。④

劳乃宣（1843～1921），进士出身，"官于直隶，历任南皮、完县、吴桥知县，又摄临榆、蠡县，勤民而爱士，为当时循吏第一"。⑤ 庚子后张之洞举荐于朝，誉其为"守洁学优，才力干练，前在直隶官州县多年，所至循声卓著"，尤其赞赏其庚子年首倡严禁义和团之举，"卓识过人，明烛先几，保全地方"。⑥ 张氏起草《江楚会奏三折》时还两次相邀，但劳氏因故未就，⑦ 其后入两江总督端方幕。光绪三十四年（1908），端方专片保举劳乃宣，称其"老成练达，体用兼赅，历官直隶州县，兴利除弊，卓著循声。通籍几四十年，资望甚深，学问则新旧交融，办事则情形洞悉。近年办理南洋交涉事宜，赞划机要，动中肯綮"。⑧

① 汪康年：《汪穰卿笔记》，第 77 页。

② 《汪荣宝日记》宣统二年六月二十三日，第 576 页。劳乃宣的参议虽属顾问职，但对馆中事务及决策均有参与权。馆中二参议杨度与劳乃宣，均属有力人物，对馆中决策影响极大。见刘汝锡《宪政编查馆研究》，硕士学位论文，台湾师范大学历史研究所，1977，第 17 页。

③ 李贵连：《劳乃宣的家族主义法律思想》，《近代中国法制与法学》，第 383 页。

④ 陈寅恪：《读吴其昌撰〈梁启超传〉书后》，《寒柳堂集》，第 167 页。

⑤ 柯邵忞：《诰授光禄大夫劳公墓志铭》，《桐乡劳先生（乃宣）遗稿》，台北，文海出版社，1969，第 71 页。

⑥ 《保荐人才折（并清单）》（光绪二十七年三月二十五日），《张之洞全集》第 2 册，第 1389 页。

⑦ 劳乃宣：《韧叟自订年谱》，《桐乡劳先生（乃宣）遗稿》，第 46～47 页。

⑧ 端方：《及时用人片》（光绪三十四年三月），《端忠敏公奏稿》，第 1375 页。

劳氏被荐举后蒙两宫召见，入宪政馆办事，渐升至现职。

宣统元年劳乃宣任经筵侍讲，为摄政王讲解宪法一门，讲义"轮日撰拟进呈，有时宣召面讲"。① 《申报》消息指，"近日进讲诸臣日形忙碌，闻最称上意者，实为劳京卿乃宣所讲之宪法，并闻劳京卿对于进讲一事多所参考，其平日相与琢磨者，率皆谙习法政人员，宪政馆科员恩某出力尤多，帮同编纂讲义，深为京卿倚赖"。② 劳氏晚年有诗"陈谟载笔侍岩廊，讲幄风清惹御香"，③ 亦可为证。足见劳乃宣因通晓其时流行的法政之学，而受到摄政王的重视。

就在劳氏提出新刑律驳议说帖的前十几天，摄政王下旨授以江宁提学使之职。④ 摄政王召见时指出："以扶植世教、整理学风为第一要义。如有宗尚稍偏与有妨世道、碍于学务之事，极当力除，务使学人以伦纪修明为本旨。"⑤ 显见朝廷在学堂风潮日盛的形势下，⑥ 试图借重能够温故知新的劳乃宣，既维持伦纪又能推进学务。不过因为其在考核专科任上尚有事情需要处置，宪政馆奏留其至年底，方才赴任。⑦

劳乃宣既明"伦纪修明"的中枢意旨，很快出手长篇说帖，指摘

---

① 劳乃宣：《韧叟自订年谱》，《桐乡劳先生（乃宣）遗稿》，第 52～53 页。
② 《京师近事》，《申报》宣统元年四月十一日，第 1 张第 4 版。
③ 劳乃宣：《题目订年谱后》，《桐乡劳先生（乃宣）遗稿》，第 50～53 页。
④ 其事起因各家说法不同。《时报》谓，劳氏外放，"实以不得志于监国之故"，起因于奏对时不慎问及弼德院之事（《京师近信》，《时报》宣统二年六月初十日，第 2 版）。《天铎报》则说，"原因系年前进讲各国宪法，蒙摄政王所契重，故始授此清贵要差"（《劳提学之知遇》，《天铎报》宣统二年六月初十日，第 2 版）。后又称，"系从前荣相在学部时预访各省知名之士保荐提学使之第一名，故此次江宁提学使缺出，得以蒙恩圈出"（《劳乃宣不愿赴任》，《天铎报》宣统二年六月十三日，第 2 版）。从常理判断，从四品京堂到三品提学使，从馆中司员到地方大吏，无疑是拔擢，而且从劳氏被钦点为资政院硕学通儒议员看来，此时圣眷正隆，第一说似乎不近情理。
⑤ 《劳乃宣召见述纪》，《民兴报》宣统二年六月初七日，第 3 页。
⑥ 详参桑兵《晚清学堂学生与社会变迁》第四章，学林出版社，1995，第 176～218 页。
⑦ 《交旨》，《帝京新闻》宣统二年六月十七日，第 2 页；《汪荣宝日记》宣统二年六月初十日，第 563 页。

新刑律存有不符礼教之处。① 不过，与张之洞、张人骏等部院督抚的反对不同，劳氏的指责颇有独到的见解：修正案"于义关伦常诸条并未按照旧律修入正文"，却以附则的形式加以规定，"是视此新刑律专为外国人设矣，本末倒置，莫此为甚"。这是因为：

> 修订新刑律本为筹备立宪、统一法权之计，凡中国人及在中国居住之外国人皆应服从同一法律。是此法律本当以治中国人为主，特外国人亦在其内，不能异视耳，非专为外国人设也。

故提议"将旧律中义关伦常诸条逐一修入新刑律正文之内，方为不悖"。

劳氏并不认为新刑律必须全徇外人才能收回法权。他详举法国、德国、荷兰、瑞士、俄国和日本各国法例证明"各国法律彼此互异，合乎甲即悖乎乙，从乎丙即违乎丁，无论如何迁就，断不能纤悉相符"，因此，"一国之律必与各国之律处处相同，然后乃能令在国内居住之外国人遵奉，万万无此理，亦万万无此事。以此为收回领事裁判权之策，是终古无收回之望也"。可见法律馆的外法翻译也为反对者提供了重要的思想资源。

依其处置外交事务的经验，劳氏对商约条文做出如下解释："所谓'整顿本国律例，以期与东西各国改同一律'者，但期大体相同，如罢除笞杖、停止刑讯、裁判独立、监狱改良之类，非必罪名条款一一相同也"；"所谓'审断办法及一切相关事宜'，即指民刑诉讼等律及民律、

---

① 劳乃宣：《修正刑律草案说帖》，氏编《新刑律修正案汇录》，《桐乡劳先生（乃宣）遗稿》，第 885～927 页。本节的劳氏言论未注出处者，均出于此。其时各报多未登载该文，唯《北京日报》等少数媒体例外，可见当时的舆论倾向。"劳乃宣之反对新刑律，各报皆骂之。而劳氏原文未刊布，则劳之如何与新刑律反对者，其是非尚不得而遽定也。今将劳氏原文刊录，则劳氏之所以反对者是乎非乎，阅者自能辨之，无待本报之评定矣。"见《劳乃宣修正刑律草案说帖》，《北京日报》宣统二年八月初六日，第 1 版。

商律与法院编制法等而言"；"'杳悉皆臻妥善即允弃其治外法权'，所谓妥善即以上所述各节，非条款一一相同之谓也，是但得各国视为妥善，即有收回裁判权之望矣"。劳氏强调，商约并无要求条文悉同之意，"但当力求妥善，不必悉求相同，此确凿有凭、毫无疑义者也"。很难证实此即订约列强的本意，但确实可见劳乃宣意图扭转刑律修订中的外交导向。

劳乃宣认为立法毕竟要注重法条之良莠，而新刑律的立法宗旨似有偏向，"立论在离法律与道德教化而二之，视法律为全无关于道德教化之事，惟其视法律为全无关于道德教化之事，故一味摹仿外国，而于旧律义关伦常诸条弃之如遗"。同时也必须看到，劳的驳议虽然严厉，但并非针对全体，只是为了补救新刑律在礼教问题上的缺失。因此其修改范围限定于事涉礼教的罪名，且增加或修改者仅六条，按照新律"主于简括，每条兼举数刑以求适合之审判"的体例增入，而亲属"等差应依据旧律逐加分别，于另辑判决例内详之"。

对比部院督抚的驳议，劳氏对于新刑律的认可度要大得多。即便在礼教律文的处理方面，他也有部分的认可。如删改发塚、亲属相为容隐、亲属相盗及删除十恶名目，其认为颇为合理，毋庸修改。劳乃宣甚至质疑有夫奸罪的量刑过重，"旧律止科杖罪，新律原草案加至四等以下有期徒刑，已为较重。迨各省签驳，又于修正草案加至三等有期徒刑，则未免太重矣"。足见其对礼教问题有其自主思考，并非主张一律从严，亦不以卫道士自居。

具体而言，其提出的增改条文包括干名犯义（卑幼告尊亲属和亲属互告）、犯罪存留养亲、亲属相奸、亲属相殴、犯奸和子孙违犯教令等六条。劳乃宣指出，既然新刑律认可亲属容隐，而"干名犯义之律与亲属容隐之条相为表里"，就应该补充干名犯义的律文。关于存留养亲，"旧律犯罪而有祖父母、父母老疾应侍者，苟非常赦所不原，死罪以下皆许留养，所以教孝也"。亲属相奸"古称内乱、禽兽行。在中国习俗为大犯礼教之事，故旧律定罪极重，在德国法律亦有加重之条。若

215

我刑律不特立专条，非所以维伦纪而防渎乱也"。因此劳乃宣特拟重刑加以惩处，刑等略同于旧律："奸父祖妾、伯叔母、姑、姊妹、子孙之妇、兄弟之女者，处死刑、无期徒刑。其余亲属相奸者，处一等至三等有期徒刑。"

修正案虽有亲属相殴的条文，但劳乃宣认为并不完善：虽然有伤害尊亲属加重刑罚条文，但"于旁支尊长尚无加重明文；而尊长之于卑幼，则无论直系旁支，皆无减轻之典。是虽祖父而殴伤子孙，亦将与凡人同论也。揆诸中国礼教，殊为未协"。因此提出增补律文。

劳氏亦不满夫妻相犯律文的缺失，"（夫妻）是亦视为平等也，但于中国礼俗尚不甚协"，"西国夫妻皆平等"，而中国"夫妻有敌体之礼，与尊长卑幼略有不同"，并引经据典论证夫妻的法律地位：

> 《传》曰，妻者，齐也，又曰，妇人伏于人也，是于平等之中又有服从之义。考旧律妻之子殴父妾者，加等，妾殴妻之子者以凡人论。此尊于彼而彼不卑于此，与夫尊于妻而妻不卑于夫情形最为相近，可以比拟规定。

故其所拟条文为"凡妻伤害夫之身体及加暴行未至伤害者，与卑幼对尊长同，致死者，处死刑。夫伤害妻者照凡人处断"。

而在奸罪部分，劳氏认为修正案仅列有夫奸罪"失之太过"，"中国风俗，视奸情之事于处女、孀妇尤重，若竟不以为罪，殊不当于人心，惟有仍按旧律分别无夫、有夫为两等，最为平允"；同时，比较旧律对于有夫奸罪仅处杖刑，修正案对于有夫奸罪却处以最高三等有期徒刑未免过重，应予减轻。故拟律文为："凡和奸处五等有期徒刑，有夫者处四等以下有期徒刑。"

关于子孙违犯教令，旧律规定，"子孙违犯教令者，杖；屡次触犯，呈请发遣者，发遣。祖父母、父母呈请释回者，亦有释放成案"。可见"子孙之罪之权全在祖父母、父母，实为教孝之盛轨"，而草案未列此条，"殊非孝治天线之道"，特别是俄国法律也有类似之条，"可见为人心之所同"。其所拟条文为："凡子孙违犯祖父母、父母教令及奉养有缺者，处拘役。屡次触犯者，处一等有期徒刑。皆祖父母、父母亲告乃坐。如祖父母、父母代为求请减少期限或宽免者，听。"

劳氏这篇说帖洋洋洒洒万余言，马上引起朝野舆论的广泛关注。其说集矢于礼教问题，对象只是六项条文，又详列反驳理由、外国立法例及如何修改，有破有立，甚有利于论辩的展开。而且劳氏因"友人索观者多"，还自费蜡印说帖多份，以广流传。这与劳氏位居要职、交游涵盖新旧两面又有相当的关系。

劳乃宣说帖刚出，便遭到宪政馆中与其地位相若的编制局长吴廷燮的激烈反对。汪荣宝注意到，吴氏一次性提出说帖三件，"痛陈空谈礼教之祸，与玉老〔劳乃宣〕为极端之反对议论"，并觉得其论"精警可喜"。① 这三件说帖，分别是《吴参议守今之法律不足存中国说》、《吴参议商约改同各国律例一律说》和《吴参议用旧说议律辨》。② 诸文分别从现实、外交和学说三方面批驳劳说，值得认真辨析。③

吴廷燮认为："守今之所谓法律、礼教，实不足以存中国也，且以速亡也"，因为今日之"旧律者沿于唐明，其本则秦律也"，而"秦以一人之私制天下，而又恐天下之不利于己也，则制为重家族之律，以系凡民之心而可以惟所欲为。其弊也，家族之义盛，国民之义亡知，有家

① 《汪荣宝日记》宣统二年七月初二日，第585页。宪政馆以编制、统计两局为核心，编制局有"考核法律馆所订法典草案、各部院各省所订各项单行法及行政法规"之责。见刘汝锡《宪政编查馆研究》，第15页。
② 三文皆收入《刑律草案平议》一书。该书编者不详，书中收集十四篇支持新刑律的文章，与劳乃宣所编的专门收集反对新刑律之文的《新刑律修正案汇录》恰成针锋相对之势。胡思敬斥之为"私辑彼党邪说，编为《刑律平议》，诱惑四方"，见其《请将新律持平核议折》（宣统三年正月二十五日），《退庐全集》，第1011页。
③ 《吴参议守今之法律不足存中国说》和《吴参议用旧说议律辨》两文曾登载《法政浅说报》，李贵连曾照录全文，但只有简单的结论：前文表达的是，"守旧者断断于礼教，其用意在拥礼教以求虚名，而置国家安危于不顾"；后者"综论鸦片战后守旧者之误国，认定劳乃宣等所论为道咸以来守旧思想之滥觞，确为当时之力作"。见其《沈家本评传》，第292～295页。

而不知有国，知有己而不知有人"。因此，今日中国出现"庚子顺民"，以及"今议还国债筹军费而不集者皆坐此"，而"中国人情不能合，不能公者，要皆其法律为之"。换言之，根于秦律的旧律系统偏于家族而"不知有国"，正是造成今日中国衰落的重要原因。

不但旧律，就连礼教也是亡国祸因。保守礼教之高丽亡于日本正是前车之鉴，在吴氏看来，今日礼教乃"亡君臣之义者也"，"议者托名伦纪，谓不可得而损益，而曰历代创制显庸，则直视易国、易君为常事。是男女之别不可得而损益，君上之统可得而损益也"。① 因此现行的礼教其实有所偏执，重在"男女之别"而不利于更为重要的"君臣之义"，本身显有弊端。

吴氏批评，所谓提倡礼教者都是"好名"而不切实际。例如"倭文端〔倭仁〕以理学名臣，大阻新学，其言中国名教礼俗之重，亦略与今争新律者相仿。由今言之，文端与阻铁路诸人不可谓非误国也"，"皆阻国家之进步者也"。而劳氏"所举诸条，皆不常见之案，其常见者则又不能尽究"，就像当年倭仁一样，为"好名而不究其实"所误。因此吴氏誓言："愿得罪空谈名教之人，不敢阻国家之进步，成大局之孤立。"②

前面已叙及，前年八月张之洞去世后，吴廷燮方敢倡言"旧律之万不可用"，唐、宋、元、明亦因此亡国。现在吴氏说帖不过将此意以文字表述出来而已，而其论述确实把清季以来的反传统思想表述得淋漓尽致，将现行的礼教视作亡国祸因而需要进行改造，因此令汪荣宝觉得"新奇可喜"。

吴廷燮的激烈反对，表明劳乃宣的说帖实有影响，新刑律的审议进程亦受阻碍。行事一向低调的沈家本不得不撰文回应。这篇文章题为《书劳提学新刑律草案说帖后》，是沈编文集《寄簃文存》的最后一篇，

---

① 《吴参议守今之法律不足存中国说》，《京津时报》宣统二年十一月初三、初四日，第1版。

② 吴廷燮：《吴参议用旧说议律辨》，《京津时报》宣统二年十一月初五日，第1版。

也是直接答复关于新刑律各种指责的唯一论说。①

沈家本强调，有争议诸条其实并未违反礼教，其维持礼教的立场与劳氏并无二致，② 只不过后者对于新刑律的通盘考虑不甚明了。沈文特别提出以判决录的办法解决礼教律文的争议。如干名犯义，沈氏认为于判决录中详叙办法即可，不必另立专条。

至于犯罪存留养亲，沈认为并非古法，并引金太宗，特别是本朝嘉庆帝之说——"承嗣、留养非以施仁，实以长奸，转似诱人犯法"为证，说明"此法不编入草案，似尚无悖于礼教"。此前刑部尚书薛允升也认为存留养亲无关礼教：

> 留养并非古法，不过出于世主一时之意见，后遂奉为成规，盖欲博宽厚之名，一或变更，恐人议其苛刻耳。然有准有不准，亦属不得其平。准以一朝之忿忘其身以及其亲，并好勇斗狠以危父母之语，不立此律，未必即有妨于善政。若谓千余年来行之已久，未可更改，照律徒流准行，杀人之犯一概不准，亦可斩却无数葛藤矣。③

可见沈氏力主废除留养之制，既有实务上颇难划一的因素，同时或也受薛允升影响，否认该制与礼教的关系。

在亲属相奸的问题上，沈氏指出，"新草案和奸有夫之妇，处三等至五等有期徒刑，较原案又加一等者，原包亲属相奸在内，但未明言

---

① 沈家本：《书劳提学新刑律说帖后》，《历代刑法考（四）·寄簃文存》，第 2283 ~ 2286 页。本节沈家本言论，未注出处者准此。

② 里赞指出，"沈家本处处试图表明新律不但不违背礼教，而且删去或修改的正是旧律不符合礼教之处"，见其《"变法"之中的"法变"——试论清末法律变革的思想论争》，《中外法学》2001 年第 5 期，第 627 页。俞江也观察到，沈家本 "论证的是这些条文均没有背离礼教的精神！不但没有违背礼教，反而是大大维护礼教，甚至是恢复了在远古已经失落的真正的礼教精神"，见其《沈家本的人格平等观》，李贵连：《沈家本评传》，第 349 页。

③ 薛允升：《唐明律合编》，第 40 页。

耳"。不过沈家本与劳乃宣的看法不同，对此罪颇有恕词，"此等行同禽兽，固大乖礼教，然究为个人之过，恶未害及于社会"，而旧律"重至立决，未免过严究之。此等事何处无之，而从无人举发，法太重也"，因此"处以三等有期徒刑，与旧法之流罪约略相等，似亦不为过宽，应于判决录详定等差，毋庸另立专条"。此正提示，其判断犯罪严重性，可能更重视"社会"受害的程度，而非对于伦常礼教关系的破坏。[1]

关于亲属相殴（殴未至死的情形），沈氏同意劳乃宣之说，可以酌量调整刑罚，但于判决录中详定等差即可，毋庸另立专条；亲属相殴产生命案的话，则要另外处理，再分尊亲属杀害子孙和一般尊长杀卑幼两种情况。沈氏认为，尊亲属杀害子孙，则"实悖《春秋》之义"，"古圣人于此等之人，未尝稍恕之也"。即便如此，沈氏还是认可对此罪从轻处罚，又以唐律的刑罚较明律为适中，故其处理之法亦靠近唐律：

> 以新草案而论，凡杀人者处死刑、无期徒刑或一等有期徒刑（此专指谋、故言）。如系故杀子孙，可处以一等有期徒刑，再以酌量减轻条犯罪之事实情轻减二等之法减之，可减为三等有期徒刑。而三等之中又可处以最轻之三年未满，则与唐律之轻重亦差相等矣。此亦可以明定于判决录内，毋庸另立专条。

同时，沈却反对一般尊长杀有服卑幼可以减刑，"同宗自相杀

---

[1]　亲属相奸是礼教大罪"十恶"的"内乱"之罪。沈家本对于"十恶"其他条文的态度也可看出其更为偏向危害"社会"程度这一标准。"若第六条之盗大祀神御物、乘舆服饰物，罪止流二千五百里，非重罪也。合和御药等项，罪虽合绞，然究是无心之过，岂得与前五条比较？……凡若此等轻罪，亦竟入于常赦不原之列，其情节有重于此者，转得遇赦邀恩，两两相衡，殊未平允。夫不敬、不孝、不睦、不义，其情事之轻重，岂能一致？论其名则同，论其实则不尽同。今不问名实之如何，而一概归之十恶，先王之法，恐不若是之苛也。"见其《历代刑法考（四）·明律目笺一》，第1787页。

伤，即尊长于卑幼亦非风俗之善者。若必明定于律文之中，亦徒见其风俗之不良耳"，而且"谋、故杀卑幼，旧律之应拟死罪者，于新草案同凡人论，尚无甚出入，但于判决录中详定等差即可，毋庸另立专条"。

亲属相殴还涉及夫妻相犯的特殊情况。沈氏比较唐律和明律，认为唐律处理夫杀妻、妻杀夫的条文较为对等，"与凡人罪名相去不远"（其实唐律于夫伤妻、妻伤夫的处罚相距悬殊，沈却放过不提），明律则扩大量刑的差距，"夫则改轻，妻则改重，遂大相径庭"，"罪名之轻重悬绝如此，实非妻齐之本旨"。因为清律本条从明律而来，沈说实际婉转指出了清律的缺失。因此沈氏建议："凡罪之至死者无论矣，其殴伤及殴死者即照伤害人身体条，夫从轻比，妻从重比，与凡人稍示区别，似不至大乖乎礼教，亦于判决录内详细规定，不必另立专条。"

对于无夫奸，沈家本认为劳所提出的两条俄国立法例缺乏说服力，"前条指师保人等言，后条指奸占言，非通常之和奸罪名也"。重点在于"近日学说家多主张不编入律内，此最为外人著眼之处，如必欲增入此层，恐此律必多指摘也"，而且"此事有关风化，当于教育上别筹办法，不必编入刑律之中"，"后世教育之不讲，而惟刑是务，岂圣人之意哉?"子孙违犯教令亦属教育上的问题，"违犯教令出乎家庭，此全是教育上事，应别设感化院之类，以宏教育之方。此无关于刑事，不必规定于刑律中也"。

第二节　无夫奸与子孙违犯教令

沈家本回应后，劳乃宣又发表《声明管见说帖》，基本同意沈氏对干名犯义、犯罪存留养亲、亲属相奸和相殴诸条的解释和处置，只要求"法律馆迅将判决例辑成，奏交到馆，由馆与修正刑律一并查核复奏，请旨同时颁行"。① 同时，对于无夫奸和子孙违犯教令两项仍感不满，背后则牵涉两个根本性的修律议题：其一，法律和礼教（道德）的关系如何，礼教应该以何种方式去维持；其二，是否有必要与西方法文改同一律，作为收回法权的代价。

关于第一点，劳乃宣认为"谓法律与礼义两不相涉，教育与用刑全不相关，皆訾言也"，由于中外"礼俗"不同，中国不能盲目模仿外国，"无夫奸"不定罪将会有碍治安。比如说，"今使有处女寡妇与人通奸，为其父母舅姑所捉获，事发到官，官判以无罪而两释之，吾恐其父母舅姑之羞忿无以自容，强者将剚刃，弱者将自裁，合境之民亦将哗然不服矣"。

至于第二点，沈家本指出，"此最为外人著眼之处，如必欲增入此层，恐此律必多指摘"，劳乃宣反击说："此亦最为中国人著眼之处，如不增入此层，此律必为中国人所指摘。畏外国人指摘，不畏中国人指摘乎？"有意思的是，他同时又试图说明外人其实未必太在意这些地方："收回裁判权之机，括其首要，莫重乎审判之文明，而律文之同否实在其次"，而无夫奸只是各项法律中的刑律之一端而已，"断不能因此一端而生阻"，而且为了迁就外人，甚至愿意将草案中"有夫之妇"四字删去，不著明有夫还是无夫。换言之，劳乃宣一方面认为此条不可能影响到收回法权，另一方面却受到沈说的影响，为了确保可以收回法权，同意对条文进行修改，可见其复杂而矛盾的心态。

劳乃宣论证子孙违犯教令应入刑律的思路也是一样。该条既合"《周官》八刑，一曰不孝之刑"之说，也有西方的思想资源，如俄国刑法就有呈送忤逆之条；同时，中国的相关措施未备，"感化院之类，天下千余州县，一时何能遍设。若子孙触忤祖父母、父母，官府无惩治之法，祖若父无呈送之所，实为大拂民情之事"；再者，亦不会妨碍收

---

① 劳乃宣：《声明管见说帖》，氏编《新刑律修正案汇录》，《桐乡劳先生（乃宣）遗稿》，第 940～942 页。本节劳乃宣言论，未注出处者准此。

回法权，"若外国人不以子孙违犯为罪，尽可不来呈送，此条存于律中，于彼固毫无妨损也"。

可见，劳、沈二人对于维持礼教的立场并无二致，只是在手段、方式上有所差别。劳乃宣的主张甚至可能比沈家本更为趋新。因为在传统的中国社会，习俗和地方调解一般可以解决像通奸一类的细事，不需要惊动到官府的力量，现存的司法档案中极少单纯的无夫奸案件便是明证。① 因此，沈家本以教育为辞，涵养礼教，本是传统办法。反观劳乃宣，动辄担心官府在无法文依据的情况下无力处置和奸事件，或已受到西方法治思维的影响。

面对劳、沈的礼法之争，礼学馆总裁陈宝琛亦出面发表意见。② 陈宝琛（1848～1935）是同治、光绪初期的"清流"代表，落职返乡后"益殚心经世之学，于中西法政靡不探讨研究"。③ 庚子事变前在福州开设东文学堂，教授日语及普通学科。④ 后以张之洞等大臣的推荐，重新入朝为官。⑤ 有意思的是，"清流"本就重视中国本位文化以及抵御西

---

① 《刑案汇览续编》中的"奸非门"收有二十七案，均非单纯的通奸罪，也无一般和奸的案件。黄源盛认为："传统旧律虽然规定一般和奸罪，但实际的司法案例却极为稀少。或许此类案件诉之官府者少，一般所能见到的，大多是因奸非行为引发致死、伤等刑案者，始受纠举及制裁。"见其《晚清继受外国法中"无夫奸"存废的世纪之争》，高明士编《东亚传统家礼、教育与国法（一）：家族、家礼与教育》，第195页。赖惠敏也观察到，清代对于犯奸案件有从轻处分的趋势，道光年间甚至于有强奸案件以和解结案，见其《立法从严，执法从宽：论清代的犯奸案》，"明清司法运作中的权力与文化研讨会"论文，台北，2005。

② 陈宝琛就新刑律问题发表过两文，分别是《陈阁学读劳提学及沈大臣论刑律草案平议》和《陈阁学新刑律无夫奸罪说》，劳乃宣编《新刑律修正案汇录》，《桐乡劳先生（乃宣）遗稿》，第945～951、953～963页。本节陈氏言论未注出处者，均出于这两文。

③ 《两广总督张人骏奏报陈宝琛请量加擢用片》，《清季各省督抚办理实业及保荐人才奏稿》。

④ 〔日〕实藤惠秀：《中国人留学日本史》，谭汝谦、林启彦译，北京大学出版社，2012，第24页。

⑤ 张之洞与陈宝琛的关系相当密切。黄濬称："那拉后既殁，始重召为礼部侍郎，则南皮之力。南皮临终遗折，实先生手定，事见《苍虬阁诗》。"见其《花随人圣庵摭忆》（上），中华书局，2008，第75页。

方文化的入侵，① 其文在结论上也多是支持劳乃宣的（也有反对的），不过其所用的思想资源却相当西化，极少称引"中学"经典做论据。

陈氏支持犯奸应入刑律正文，"此不特与中国礼教有关系而已，以今日中国情形言之，此条有万不可不加入者"。这是因为欧洲"惯习"与中国不同，"一则欧洲社会本系个人制度，事事以自由独立为重，与吾国之采家族制者不同；一则欧洲男女婚姻年龄较中国为迟"，而中国"妇女以贞节为主，有犯者世以为诟病，是惯习本与欧洲不同"。根据"法律不能与惯习相反"的立法"原则"，犯奸之罪"欧洲不能行而独能行于吾国"。

陈宝琛赞成新派的法律与道德不相混淆之说，并不认为法律不同于欧洲便为野蛮，正如"英国法系与罗马法系几于无一相似，故世人常以英国为最守旧之人种，不闻以英为非文明国也"。在其看来：

> （中国律例）所长即在注重伦常礼教，与他国法律异趣。改良刑律止可择吾国旧法之不合于理者去之而已，不当一一求合于外国法律而没吾国固有之文明……法之不合于理者，虽数千年相沿之旧律，如诬告子孙、外孙、工人及擅杀子孙，或不论罪，或从轻减，悖理逆情而犹自托于伦常，改之可也。法之合乎理者，虽外国无可援之例，不妨自吾国创之，如无夫奸之类是也。

陈氏主张变法修律要据"理"取舍，也意味着不一定要按照西法的样式修律，为伦常礼教留下空间。

同时也应看到，陈氏"理"之标准其实相当西化，其点名要废除的数条（诬告子孙、外孙、工人及擅杀子孙）被指为"悖理逆情"，显见西方重视人权和平等价值的影响。这几条又都是劳乃宣极力主张

---

① 罗志田指出，清流人士在"赞同向西方学习的时代大趋势的同时"，"从一开始就比所谓'浊流'更注重对西洋文化入侵的抵御，试图追求一种趋新而不失其故的状态"。见其《国家与学术：清季民初关于"国学"的思想论争》，第108页。

之条，提示出所谓"礼教派"也对"何为礼教"有着不同的认知。或正因为此，劳乃宣才会评论陈说，"其果能折衷悉当否乎，未敢知也"。[①]

在陈宝琛看来，无夫奸确有立法的必要。一方面该罪将损害家族声誉，"即谓中国异日终须脱去家族制度，然亦非三数年内之所能，而新刑律之实行则在宣统五年，而谓奸无夫妇女者，家族不能过问，试问能利便乎？"另一方面，奸罪事实上亦容易引起其他犯罪，"因奸而犯他罪，妒争诱拐，甚而斗杀，其害社会治安，无夫奸与有夫奸等"，导致"犯者尤易因而致犯他罪者，较有夫奸必多"。更为重要的是，法律代表国家的意志，"若于礼教有关之地，概从改革，定为宪章，以国力行之，则亦何所不至！"

虽然陈宝琛赞同无夫奸应该立法，但是认为对于劳氏所拟"待其尊亲属及本夫之告诉始论其罪"的规定尚不完善。因为草案规定尊亲属包括外祖父母，如果"寡妇犯奸，本系夫家之事，而女家之父母乃出首告奸，有是理乎？未嫁之女犯奸，其父母尚无言，外祖父母乃从而告发之，有是理乎？其与国中惯习亦相反矣"。因此陈宝琛主张，"无夫者，如系未嫁之女，止许其直系尊亲属亲告；寡妇之奸，止许其夫之直系尊属亲告"；并增加条文，防止相关亲属"借告奸以索诈"。其后宪政馆亦接受，将其列入暂行章程，劳乃宣亦表示接受。

不过，如此修订就吉同钧看来，维持礼教之法尚不周密。"似此禁其犯奸，不啻导之使奸也。试设身处地代为悬想，如室女未有父母，媳妇未有翁姑，或父母翁姑不在家中，偶尔失身于人，被奸夫霸占，公然在家宣淫。而同居之亲属告诉无效，势必隐忿含羞，听令寡廉鲜耻。"[②]

至于子孙违犯教令，陈宝琛也赞成立法，"原为教孝而设，自不容

---

① 劳乃宣编《新刑律修正案汇录》，《桐乡劳先生（乃宣）遗稿》，第951页。
② 吉同钧：《书旧律杀死奸夫门》，《乐素堂文集》卷7，第8页。

全行删去"。但他同样认为劳氏所拟条文有"可议"之处。

第一，奉养有缺的问题已见草案明文，更重于劳之所拟刑罚，因此毋庸写入。

第二，劳所拟祖父母、父母可代为请求减免或宽免刑罚的条文，并不符合其认可的"新刑律原理"。因为刑事和民事不同，"民事凡原告已与被告和解，即可将原案取回，欧洲谓之不干涉主义；至刑事则一经呈送，便系提起诉讼，必经裁判官判断之后始能了结，不许私人任意取回，谓之干涉主义。既设此律，自应不许呈请宽免"。而且禁止减免或宽免刑罚可使控诉趋于慎重，"亦不至因些少违犯或受人诱拘，遽有伤恩之举"，可谓一举两得。

第三，尊亲属教令应"加入正当二字，以示制限"，正当与否交裁判官判定。

第四，"原文屡次触犯处一等有期徒刑"过重，应改为四等至五等有期徒刑。

因此，陈宝琛所定条文为："凡子孙违反直系尊属正当之教令者，处拘役。因而触忤者，处四等至五等有期徒刑，但必得直系尊属之亲告始论其罪。"相较而言，陈宝琛似乎更熟悉西方法理，从新律角度的思考也比较周到，劳乃宣最后亦接受了其意见。

不过亦有舆论表达商榷之意。法部主事祁耀川投书传媒，认为陈宝琛加入"正当"二字，"其意善矣，而未尽也"，因为"正当"在法律上难得确解。

> 正当果以何为标准乎？将从子孙之解释乎？子孙违犯祖父教令，大抵皆以其教令为不正当也。然子孙固品格不齐，知识迥异也。然则子孙之所谓不正当，果真不正当乎？若使子孙諆諆然判断祖父教令之正否，以决其从违，亦非所以教孝矣。

既如此为难，祁氏主张不必将此事置诸刑法，"若一切义务均以刑罚强行之，是未解法律之分科矣"。①

八月二日，宪政馆编制局开会辩论新刑律的礼教问题，"劳乃宣、杨度皆以参议之资格与议"。② 因为劳乃宣已经同意沈家本的不少主张，故此次讨论主要围绕无夫奸和子孙违犯教令两条，其他问题似乎只是稍微涉及。劳乃宣和吴廷燮的态度已见于前，可不赘；杨度的意见则值得留意，他认为：

> 礼教有国家主义与家族主义之别，中国今日究宜采用何等礼教，若采用家族主义，则编纂新刑律可谓多此一举，采用国家主义则沈子敦侍郎以数十年之研究旧律、数年之讨论新律，反对者所持一二肤浅之议论，彼岂不知，而尚劳嚣嚣于其侧，以自矜卓见乎？③

换言之，与劳氏的争议在于"主义"而非细节，"主义"一决，胜败即分。继吴廷燮提出现行礼教亡国说之后，④ 杨度又提出礼教其实有两种，中国应该更换另一种礼教，取径更为激烈。难怪《神州日报》评论说，"沈家本为最平和，杨度为最激烈，吴廷燮为最适中"。⑤

新旧争锋，劳乃宣在宪政馆中明显居于劣势。据闻，"全体均与劳反对，惟某某二人欲附于劳，稍发数言，见彼众我寡，亦即中止"。⑥此二人即统计局长沈林一和宪政馆行走许同莘。沈林一不但主张无夫奸和子孙违犯教令两条定罪，其修律立场更较劳氏保守："须回复援引比附之文，谓按据新律，律无正条即不治罪，恐巧黠者熟读法律，故逃法

---

① 祁耀川：《读劳乃宣氏修正刑律草案说帖书后》，《北京日报》宣统二年十一月初十日，第1版。

② 《新刑律将来之结果》，《神州日报》宣统二年八月初九日，第2页。

③ 《一孔之见果足为新律病乎》，《申报》宣统二年八月初八日，第1张第4版。

④ 《吴参议守今之法律不足存中国说》，《京津时报》宣统二年十一月初三、初四日。

⑤ 《新刑律之争执未已》，《神州日报》宣统二年八月十三日，第2页。

⑥ 《新刑律将来之结果》，《神州日报》宣统二年八月初九日，第2页。

网，而国家无以治之，益以长奸"。此言被目为"于二十世纪中法律界中皆是极外行语"。①

由于初次商议未果，初六日编制局召开"全体会议"，结论为："佥以第一问题关系教育，非法律所能禁制，且足为中国礼教之玷，即以大清律言，历来奸罪成案者，牵涉杀伤、诱拐等罪，竟无处罚单纯奸罪之先例。若将此种条文增人，不过于法律上添一污点"，主张以教育手段解决。只有"馆员许某独以通奸并非善良习惯，谬执法律根于习惯之言，仍主增人"；"反对者则以习惯虽为法律之根据，实以私法（民法、商法等）为限，若刑法则具有强制法之性质，决非任意法可比，何得据此为词？终至全体决议，不得增人"。对于子孙违犯教令问题，因为草案已经有"对于尊亲属加暴行胁迫而未至伤害"的处罚条文，"是违反教令已明明包括于本条之中，况以普通事实而论，凡子弟忤逆父兄者，大抵皆有殴辱、虐待等情，即该条所称暴行胁迫矣"，"故亦以不另增条文为决"。②

中国第一历史档案馆藏有编制局对无夫奸、亲属相奸和子孙违犯教令问题的签注清单，③ 可清楚说明局中各员的看法。在无夫和奸问题上，赞成无夫和奸不定罪者，有吴廷燮、章宗元、汪曾武、陈籙、胡礽泰、富士英、金邦平、马德润、张孝栘、廉隅、嵇镜、朱国桢、施呀本、高种、陆宗舆、董康、萧鹤祥、顾德邻和章宗祥等19人；而主张无夫和奸定罪一边，只签了个"许"字，结合其他史料，可断定此人为许同莘。清单内的诸人，除了马德润、陆宗舆和许同莘为"宪政馆

① 《京师近信》，《时报》宣统二年七月十八日，第2版。传媒对沈林一的讥评还有很多。《申报》指其为"著名运动家"，"平日目的在得一近省盐运使"，"沈在京中兼差甚多，如盐政处、资政院、邮传部、宪政馆、政务处、进讲处，均系极有体面差使"。见《沈林一之目的物》，《申报》宣统三年三月十二日，第1张第3版。

② 《新闻旧闻》，《时报》宣统二年八月初九日，第2版。又见《劳乃宣对新刑律之失败》，《申报》宣统二年八月十二日，第1张第5版。

③ 《宪政馆编制局"无夫奸"问题签注单》和《宪政馆编制局"子孙违犯教令"问题签注单》，一档馆藏，宪政编查馆全宗，第52号卷宗。

行走"（即入值办事而无固定职位）外，其余都任职编制局，可算是编制局内部扩大范围的表态。

《帝国日报》指称，"有许某者雅欲自附于劳乃宣之末，反对甚力"，许同莘阅后颇不平，在日记中写道："以余力主和奸无夫妇女之不可不定罪也。此条如无明文，则荡检逾闲将不可制，而风俗殆不堪问。此自各人见解，与劳公何涉，而报馆遽加吐骂，可笑。"①

支持的19人中，至少15人有留学或考察日本、欧美的新式教育背景（且多卒业于法政科），② 这样的经历自然使其倾向西法。而19人中，章宗元、陈箓、张孝栘、高种、陆宗舆、董康和章宗祥等8人同时任职法律馆，③ 也有利于新刑律在宪政馆的通过。御史范之杰便奏参说："从前宪政编查馆科员多以法律馆人员兼充，彼等一面在法制院起草，一面又在宪政编查馆审查，往往坚执成见，排除异己。去岁刑律草案竟争激烈，未能秉公讨论，妥慎厘订，致大不利于人口，可为前鉴。"④

对于亲属相奸的问题，诸人的意见较为一致："全体赞成"增加亲属相奸法条，"不问和奸、强奸、有夫、无夫"，具体判决"仍归判决录"；同时加重有夫奸罪的刑罚，"奸有夫之妇处二等至三等有期徒，

---

① 《许同莘日记》（宣统二年八月初三日），中国社会科学院近代史研究所藏，档案号：甲622-11。《帝国日报》之语也引自该日记。

② 其余五人中，除吴廷燮确知未曾出国外，朱国桢、汪曾武、萧鹤祥未有资料表明曾出国留学。各人的一些基本情况，可参程燎原《清末法政人的世界》，法律出版社，2003，第169~172页；刘汝锡：《宪政编查馆研究》（第34~49页）中的"宪政馆人员表"。据郑孝胥言，汪曾武是"辛卯举人、黄叔庸之门生"，见《郑孝胥日记》第2册，中华书局，1993，第834页。驻意大利公使吴宗濂曾向肃亲王推荐汪曾武，称其"七品小京官汪曾武以孝廉起家，曾充宪政馆幕稿，勤慎从公，当无贻误。以奉讳去官。第其家住长安，居大不易，闲居三载，寒畯难支"，见《上和硕肃亲王》，宣统元年十一月初七日，《吴宗濂信稿》第1号，北京大学图书馆藏稿本。

③ 《修订法律大臣沈家本等奏调通晓法政人员折》（奉旨光绪三十三年十月二十日），《政治官报》第42号，光绪三十三年十一月初二日，第8~9页。

④ 《御史范之杰奏请饬议分析法制院与法律馆之性质划清权限制用人片》（宣统三年七月初三日），《清末筹备立宪档案史料》（上），第587页。

亲属归二等"。

而在"子孙违犯教令"问题上，赞成"不定条文"者，有章宗元、汪曾武、陈籙、胡礽泰、富士英、金邦平、马德润、张孝栘、嵇镜、施呿本、高种、董康、萧鹤祥、章宗祥和许同莘等十五人；持相反主张的仅熊垓一人。陈籙、施呿本、马德润、许同莘、汪曾武和熊垓均签注了理由。陈籙认为，"民法亲权、刑法忤逆均有规定专条，又立此条岂非重复？况教令二字范围太广，毫无标准"。施呿本则说，"民法已有亲权感化院及训谕，系行政上问题，不成立刑法上之犯罪，故可不定条文"。马德润指"此问题勿容议"。许同莘认为，"此条原议以呈控忤逆为言。夫呈控忤逆，必有殴詈父母或作奸犯科情形，固已成他科罪名矣"，此亦可证其日记所云"此自各人见解"，并非凡劳说即赞成。汪曾武与许氏看法接近，"既有伤害、未伤害处罪两条，似可无须另列专条"。即使主张设立专条的熊垓也主张有所限制，"欲以感化院与教训二法，惩治忤逆以外之违反教令，但稍事之法应照新律，以论据为断，不能仅凭一面之词"。

既然各人意见趋同，编制局以同人名义发表《编制局劳提学新刑律说帖驳议》（以下简称《驳议》）和《编制局校订新刑律意见书》（以下简称《意见书》）。前者对外说明立场，后者则是试图说服馆中高层，依从新派意见来解决礼教争议。

《意见书》特别提出，应该删除修正草案附则第二条，"似非统一法制之意。如届新刑律实行之时，教育及教育等项，尚未周备，临时酌量情形，另辑暂行章程，以赀补助，本无不可；现在无须逆臆预定"。因为劳乃宣等人本来就反对该条的安排，因此编制局提出删除并未引起多少争议，导致吉同钧"抵制弥缝之计"的最后破功。[1]

《驳议》提出编制局对于有争议各条的审议结果，并详析立法理

---

[1] 《编制局校订新刑律意见书》，《国风报》第1年第32号，宣统二年十一月二十一日，第93~97页。

由。值得注意的是，该文虽批驳的是劳乃宣的看法，但同时亦可看出编制局同人与沈家本在涉及礼教的条文见解上有着根本性的分歧。①

对于干名犯义，不同于沈家本承诺在判决录中"详叙办法"，《驳议》认为不列条文"并非遗漏"，"揆诸礼教，未为背驰"。唐律本系"尊卑并举，俱以得相容隐为限"，但明律的"改定之律仅就尊长一面言之，已涉偏重"。现在新律规定，公诉之权属于检察官，"如尊长对于他人有犯，除亲告罪外，悉由检察起诉，本无待子孙卑幼干犯"。再者，假如尊长对卑幼有犯，"则立宪之国应以保护人之权利为主，不能听尊长之倚法专横，略宽呼吁之途"。

关于亲属相奸之条，《驳议》虽同意定罪，但认为劳氏提出可处死刑的刑罚过重。从立法例来说，只有德意志刑法惩罚亲属相奸，但"其刑仅止惩役、禁锢"；薛允升之说"奸罪究与谋故杀不同，不宜科以死刑"，"持论多与泰西学者合"，并暗讽劳氏，"法律乃专门科目，只能与知者道也"。就实践言，亲属相奸"与现今之风俗人情不尽吻合"，已属"徒法"，刑罚若定以死罪，则更不能实行。

在无夫奸和子孙违犯教令的问题上，沈家本只是简单地表示应在教育上"别筹办法"，《意见书》和《驳议》却牵扯到人权、立宪和国家主义等方面，彼此背后的关怀实大不相同。总之，编制局仅完全赞成沈家本对于亲属相殴（含妻殴夫、夫殴妻）条文的处理和解释，至于其他五条，均意见不同。

第三节　宪政馆的趋新定案

修改新刑律（特别是争议条文）的决定权在于馆内高层。《时报》

---

① 《编制局劳提学新刑律说帖驳议》，《京津时报》宣统二年十一月二十一、二十二日，第 1 版。

称："该馆提调如某君，口中虽未明言反对新刑律，而心中觉不满意。又某提调亦为劳乃宣之言所惑。于是劳乃宣一派又有优胜之势"；而新任军机大臣毓朗则明确赞成新派，言"此事由编制局决断足已〔矣〕，不必偏听劳一人之私见"。① 从该报稍后的报道可知前一提调为宝熙，后一提调指李家驹。② 两人此前均赞成推行新律，但现时态度却有所反复，可见劳乃宣的反对产生了作用。

恰在此时，陆徵祥到京述职，为新刑律案的通过提供了助力。传媒报道，枢臣与陆氏"会议关于保和会之议案，约二小时之久"。陆氏提议，"此次会期，各国大使所订议案多注意于远东问题，而尤以中国之海陆军、法律、财政三项为最注重，请即转致军咨、海军、法律大臣及陆军、法、度支三部，赶速集议，妥筹办法"，"各枢臣亦均以为然"。③ 外务部为此特设预备保和会事务处，④ 即后来的和会司。新刑律草案为此获得了朝廷众大老的支持，"仍须以吴（廷燮）、杨（度）、章（宗祥）、钱（恂）等员所主持者为准"。传媒探得其原因，"系为日前陆子兴〔陆徵祥〕星使在宪政王大臣前亟称，下期保和会开议，以新法律为最重。此次新法律之修订，若仍因循瞻顾，不合世界普通法律之公例，断难冀其优胜，于国际上大有关系等语。故遂有此解决"。⑤

此外，陆徵祥还在宣统二年（1910）正月前后，致电枢府：和会议案"首以法律裁判为最重"，请修律大臣和法部核议新法律，以便收回法权。⑥ 外务部遂将收回领事裁判权之年限问题，加入下届和会的

---

① 《新闻旧闻》，《时报》宣统二年八月十四日，第2版。
② "宝侍郎则颇为所惑，李侍郎柳溪表面可否不置，而心实不善之。"见《京师近信》，《时报》宣统二年八月二十一日，第2版。另据《神州日报》消息，宝熙认为"此事既经交议，本馆不可太争意气，只须平实近情，方有了结，否则恐累年经月不能议定"，见《新刑律之争执未已》，《神州日报》宣统二年八月十三日，第2页。
③ 《陆大臣提议保和会注重之议案》，《大公报》宣统二年八月初九日，第1张第4版。
④ 《陆大臣将列政务处参议》，《大公报》宣统二年八月十一日，第2张第1版。
⑤ 《新法律之龃龉将解》，《盛京时报》宣统二年八月十三日，第2版。
⑥ 《陆钦使电告之述闻》，《大公报》宣统二年正月十三日，第1张第5版。

"议单",并令法部"预行详加筹备",① 准备到时与列强进行谈判。这引起了枢臣修律态度的微妙变化,《申报》报道:

> 某相国提议以下届保和会既以法律为重,且修订新法律原为收回治外法权起见,若不施行同等主义,必滋外人口实,如虑滋生流弊,防杜维难,则不同等主义,岂遂无流弊耶?因之各枢臣中亦多有赞成者。惟事关重要,须详加筹议,方能核定,并闻前驻和陆钦使亦有此条议。②

到六月,朝廷以"第三次保和会各国注重之议案首在新法律",令修律大臣"将现在修订未成之各项新律详细赶前筹订,务期早日告成,并其中如有一切碍难之处,应分别拣出会同筹议变通之办法"。③

中枢的人事变动也有利于新刑律的通过。七月十三日,贝勒毓朗和徐世昌接替世续和吴郁生,出任军机大臣。徐氏积极支持新律的态度已见前述,毓朗也明确支持新派,主要目的仍在于收回法权。《大公报》消息称,毓朗特邀陆徵祥和外务部侍郎胡惟德商议下届保和会之事,"贝勒曾询现在我国赶即修订新法律,此次保和会期可否提及收还外人裁判权之问题。闻陆子兴星使答以中国新法律刻尚未能修齐,即令开会之前已见颁布,然为时未久,成效莫覯,亦难遽望收还,只可于此次会期内磋商预定收还之期限,然究恐甚为棘手耳"。④

外务部的掌部军机那桐甚至认为"收回领事裁判权为目今唯一要务,与外交、宪政均有密切关系",新刑律颁行后,可以向各国公使提出废除领事裁判权。结果"诸巨公均韪其说,拟先饬外部酌拟办法,

---

① 《加入保和会议单者二事》,《大公报》宣统二年正月初十日,第 1 张第 3 版。
② 《实行同等法律之提议》,《申报》宣统二年二月十九日,第 1 张第 4 版。
③ 《枢府注重新法律之原因》,《民兴报》宣统二年六月十五日,第 3 页。
④ 《裁判权之尚难收回》,《大公报》宣统二年八月十二日,第 1 张第 4 版;亦见《盛京时报》宣统二年八月十五日,第 2 版。

再定期照会各公使开议"。① 不过，署理外务部尚书邹嘉来显得较为审慎。

> 那相国对于收回法权一事，素具热心。日前又在外部与邹署尚提议办法。署尚以此事虽属极要，然须将裁判、讼狱悉行改良，方能与各国会商。现新法律尚多未能核订，审判厅制亦只略具雏形，遽与各国要求，断难望有所成效，仍宜先从改良裁判着手，再为体察情形，酌定办法。②

总之，四位军机大臣中，已有三位明确表态支持旨在收回法权的修律方针。据说民政部尚书、肃亲王善耆也是收回法权的热心者，"以预备开国会，必先推广警察，而推广警察必先收回领事裁判权，否则警察能力多有阻碍"。③

摄政王载沣的态度至为关键。八月十二日，摄政王特简沈家本接替因帝师孙家鼐去世而遗留的资政院副总裁的职务，显示出推动新律之意。摄政王"以资政院开院伊始，提议各案关系于法政者居多。沈家本侍郎法律既娴，舆论亦洽，以之充资政院副总裁，定能胜任"，而"各枢臣均极赞成"。④ 这项人事任命也颇得时誉。《时报》称"沈于此缺甚为合宜，因沈于事理既有经验，又熟悉宪政法律也"。⑤ 数日后《时报》又详细报道诸人争位的内情，指沈之任命"实出外间预料之外"，然而"沈大臣明达法理，殆为新旧法曹物望所归，以之领袖群英，正可贺也"。⑥ 沈氏就职后，修律态度趋于强硬，"近日对于新刑律主张甚力"，指责反对的督抚"不明刑政之根本"，"实行新律于实际

---

① 《收回领事裁判权先声》，《神州日报》宣统二年五月初六日，第 2 页。
② 《收回法权之尚须从缓》，《大公报》宣统二年五月二十一日，第 2 张第 1 版。
③ 《肃邸希望收回领事裁判权》，《神州日报》宣统元年闰二月初六日，第 2 页。
④ 《沈大臣蒙授副总裁之原因》，《盛京时报》宣统二年八月十八日，第 2 版。
⑤ 《译电》，《时报》宣统二年八月十四日，第 2 版。
⑥ 《要闻》，《时报》宣统二年八月二十日，第 2 版。

上，国民受福无穷：（一）抵制外人在我通商埠有裁判权；（二）商业有实力保护；（三）家庭中不能起无辜之命案。此外尚有种种利益"。①

八月初九日至十六日，负责修订的汪荣宝和许同莘两人都在研商新刑律案。十六日呈堂阅定。到十月初四日，宪政馆正式将新刑律草案呈进（是为第三案），并请旨交资政院核议。第三案保留了原案的绝大部分内容，仅在少数争议条文上做出让步。

奏进第三案的奏折由吴廷燮"原草"，汪荣宝"删改"，②反映更多的是新派对法律问题的认知。该奏认为，"刑律之是非，但当论收效之治乱为何如，不必以中外而区畛域；且必上折衷于唐虞夏商刑措之盛，而不容指秦汉以后之刑律为周孔之教所存，则是非得失乃可断言"。后一语颇有离经叛道的意味，包括"一准乎礼"的唐律和本朝的《大清律例》也在被打击之列，可能并非"周孔之教所存"；而检验刑律良否的标准则从"周孔之教"过渡到治国之实效。

第三案改动之处多是此前新旧争持的条文。第一，草案的"国交章"删改之处甚多。在学理方面，宪政馆驳斥了冈田力主的"相互担保主义"（即侵犯外国君主、大统领与本国皇室同罪），"此泰西最近学说，各国刑法尚无成例，中国未便独异"，因此减轻了危害外国君主和大统领的刑罚，使得中外有别。并删除了不敬外国太庙和皇陵的条文，因为"各国风习不尽从同，如有不敬之行为，自有礼拜所坟墓各条足资援引，更无须以我夙所尊崇，推己以及人也"。同时废除了加害、过失加害和不敬外国皇族、滥用红十字记号，以及中国臣民伙众以暴力僭窃外国领域等专条，又将危害使臣之罪等同于普通杀伤。③

《汪荣宝日记》记述宪政馆删削该章的过程甚为详尽：

> 冈田原案于国交罪一章规定颇详，多为各国刑律所未有，兹以

---

① 《沈家本新刑律之主张》，《神州日报》宣统二年八月二十四日，第2页。
② 《汪荣宝日记》宣统二年九月初六日，第651页。
③ 《大清新刑律·修改各条清单》，宪政编查馆，宣统二年刻本。

馆中讨议之结果颇加删削，余亦初无异见。及修改总则，知原案于国交罪一章皆用相互主义，凡外国人对中国犯罪，有应与中国臣民处同一之罚者，则中国臣民若对外国有犯，亦以同一之处罚报之。今删除对外犯罪处罚之规定，而于侵犯皇室及内乱、外患罪各章仍留外国人有犯，适用本律处断之规定，则尊己卑人，似欠允洽。灯下就编制局说帖签注数条，声明此义。[1]

可见删削国交章的条文是宪政馆集体讨论的结果，汪荣宝因支持冈田的"相互主义"而提出不同看法，然未被接受。

第二，宪政馆将亲属和奸列为专条，而将修正案对"有夫奸"的处罚减轻一等。资政院议员曹元忠指出："宪政编查馆，查核刑律草案也，因劳提学乃宣说帖，于是增和奸本支亲属妇女之条。"[2] 其实新旧派对亲属和奸反而有共识，前引编制局签注清单，"全体赞成"增加亲属相奸法条即为明证。[3] 宪政馆为此解释：

> 和奸之罪，现行刑律仅止十等罚，草案加重为三等至五等有期徒刑，其期限为五年未满、二月以上。本兼包亲属相奸，以备酌量服制亲疏，临时递加之意。惟本案立法宗旨因收回领事裁判权之故，采用各国通例，未将无夫奸列入。设亲属中之无夫奸一例免科，未免渎伦伤化。查德国刑律，亲属相奸，较常人加严。兹拟酌仿其意，将本条和奸之罪减为四等以下有期徒刑或拘役，于本条之次增入亲属相奸，酌定其刑为二等至四等之有期徒刑，以示维持风纪之至意，而与旧律亦不甚相远也。[4]

---

[1] 《汪荣宝日记》宣统二年八月十五日，第629页。

[2] 曹元忠：《驳刑律删除比附议下》，《礼议》，第35页。

[3] 《宪政馆关于亲属相奸和有夫奸的签注意见》，一档馆藏，宪政编查馆全宗，第52号卷宗。

[4] 《大清新刑律·修改各条清单》。

可见德国刑法实为增入亲属相奸罪条的参考法源。宪政馆将普通的有夫和奸和亲属相奸分开立法，既可示郑重之意，亦可将亲属中之无夫奸的罪行包括在内。

第三，继续完善补充涉及尊亲属的犯罪，增加了对尊亲属犯威逼、触忤、诬告的专文，"庶体例较为完密，且与旧律干名犯义之意相符"。① 其实旧律的干名犯义之条不分诬告与否，凡是子孙告尊长亲属都要受罚；新刑律第三案已把范围限制于尊亲属，而且是诬告方行处罚，已与旧律的精神大相径庭。

诬告尊亲属一条乃由许同莘提议加入，他同时还建议删除"普通私擅逮捕监禁尊亲属"以及"吏员滥用职权逮捕监禁尊亲属"二条。董康则有不同意见，"本律所定对尊亲属有犯各条，均系直接损害之罪，诬告须审判后乃能定之，非直接损害尊亲属可比，而私擅逮捕监禁所以防虐待尊亲属之行为，增彼删此，与本律主义不合。惟吏员有犯可不另设专条耳"。汪荣宝始而接受许氏的意见，继而又赞同董康之说，显见其自身并无成见。② 最后，第三案增加了诬告尊亲属一条，保留了"普通私擅逮捕监禁尊亲属"一条，删除了"吏员滥用职权逮捕监禁尊亲属"一条。三人虽趋新，然均未预设取消伦常条文的立场，而是经过讨论才形成折中的安排。可见，所谓"法理派"或新派在修律中的所为不一定有意针对礼教。

第四，援用编制局的决议，反对增入子孙违犯教令之条。

第五，对于无夫奸，确定"另辑暂行章程，以示郑重维持之意"。此为劳乃宣等人力争之下的结果。宪政馆试图以"暂行章程"之法来平息新旧之争。后来杨度在资政院解释说：

---

① 宪政馆第三案增设诬告尊亲属专条，"本条所揭情节均重，未便处常人同一之刑，是以析出加重其刑一等，以肃伦常而杜干犯"。据此，诬告尊亲属将判以一等或二等有期徒刑。见《大清新刑律·修改各条清单》，宪政编查馆，宣统二年刻本。

② 《汪荣宝日记》宣统二年八月十四日，第628页。

237

无夫妇女和奸之罪，各国刑律都没有这一条，既是各国都没有这一条，而中国刑律偏要规定这一条，就是与各国刑律不能一律，将来就不能撤去领事裁判权。所以政府不肯加入正条之内。但是以中国风俗礼教而论，似乎不能不认无夫妇女和奸为罪，政府因此狠〔很〕觉踌躇。但因国家改良法律，其宗旨系要与各国刑律一律，使外国人民都能遵守，为撤去领事裁判权之预备，便不宜把这条载在正条里，生出交涉时之困难。故载在暂行章程。这个暂行章程与刑律有同一之效力，则在国内即可借此以维持本国礼教，不过从外国一方面看来，中国刑律总是完全的。以救刑律不之济，而为新旧刑律交替之媒介，所以暂行章程是断断不可少的。且俟实行数年，若各国不以此条为然，即可废去暂行章程，却无受人干涉而改刑律正条之名。若各国以为此条可存，则现在虽不加入，俟将来刑律改良，领事裁判权收回之后，再加入正条，亦不为迟。[1]

可见，无夫奸是否定罪，定在正文还是暂行章程，主要以外人的意见为转移，正是为了收回领事裁判权。然此举毕竟承认了无夫奸有罪，吴廷燮和汪荣宝等人甚为不满，竟在奏折中表达不满：历年成案"因本案告发者绝少"，而各国刑法又不设此例，可见"易俗移风宜端教育，初非任其放佚"，因此，"家庭之际，全恃道德以涵养其慈孝贞洁之风，不宜毛举细故，动绳国宪"，"原案之不立专条，似非无见"。这成为日后新派在资政院反攻的重点。

第六，对于修正案附则第二项的"单行法"，原奏加以驳斥，并予删除，致使吉同钧维持礼教之法归于无效。

其第二条列举各项，仍用旧律，几致全体效力尽失，殊乖朝廷

---

[1] 《资政院会议速记录（宣统二年第一次常年会）》，第 39 号（宣统二年十二月初八日），铅印本，第 93~94 页。

修订本意，且所列如亲属容隐、亲属相盗，原案已有专条。亲属相奸，此次业经增入正文。干名犯义，即原案之诬告侮辱，此次亦经加重。亲属相殴，可于判决例中就各本条所定范围，酌量情节，定上附下附之差。至存留养亲，本为遣配之制而设，现在改习工艺，除徒罪外，流遣人犯非常赦所不原并不实发，无须查办留养。若系常赦不原之犯，本不在准留之列。其应拟死罪人犯，情节俱较旧律为重，更不待言，均请毋庸置议。

第七，编订"暂行章程"，以备新旧过渡之用："应仍照该大臣第一次原奏，将危害乘舆、内乱、外患、对尊亲属有犯、强盗、发塚各项及和奸无夫妇女之罪，并附则第五条，酌拟暂行章程五条，借以沟通新旧而利推行。将来体察全国教育、警察、监狱周备之时，再行酌量变通，请旨办理。"①

宪政馆这五条"暂行章程"（含案语）如下。②

第一条　凡犯第八十九条［危害乘舆］、第一百零一条［内乱］、第一百十条［通谋外国与中国战］、第一百十一条［以要塞等与敌］、第三百零六条［杀尊亲属］、第三百零八条［伤害尊亲属］，处以死刑者，仍用斩。

第二条　凡犯第二百五十二条第一项［盗尸］、第二百五十三条［盗弃尊亲尸体］、第二百五十五条［发尊亲属墓］至第二百五十七条［发尊亲属墓而盗尸］之罪，应处二等以上徒刑者，得因其情节仍处死刑。

第三条　凡犯第三百六十四条［强盗］应科一等有期徒刑以上，及第三百六十五条［窃盗行强］至第三百六十七条［强盗结

---

①　《奕劻等奏为核订新刑律告竣缮单请旨交议折》（宣统二年十月初四日），《大清新刑律·奏疏》，宪政编查馆，宣统三年。

②　《大清新刑律·修改各条清单》，宪政编查馆，宣统二年刻本。

伙三人以上等〕之刑者，得因其情节仍处死刑。

谨案：第一条所揭为危害乘舆车驾内乱外患、对尊亲属有犯之罪。第二条所揭为发掘坟墓之罪。第三条所揭为强盗之罪。该大臣第一次原奏声明另辑暂行章程应请照准。

第四条　凡犯第二百八十三条〔和奸〕之罪为无夫妇女者，处五等有期徒刑、拘役或一百圆以下罚金。其相奸者亦同。

前项之犯罪须待直系尊亲属之告诉乃论。若尊亲属事前纵容或事后得利，私行和解者，虽告诉不为审理。

谨案：各国新定刑律均无无夫奸处罚之明文，诚以防闲此种行为，在教育不在刑罚也。但中国现在教育尚未普及，拟暂参照旧律酌定罚例。

第五条　凡对尊亲属有犯，不得适用正当防卫之例。

谨案：此条本原案附则第五条，系采用日本旧刑法。推行新旧之间，最为适宜，应即辑入。

值得注意的是，第三案的"暂行章程"与第二案的"附则"虽同属特别规定，但两者却有重大差异。其一，法部主张华洋分治，所定"附则"是"单行法"，专为国人而定；宪政馆的"暂行章程"则是华洋一律办理，以后再决定废除与否。其二，法部"附则"的规定范围甚宽，宪政馆认为"几致全体效力尽失"，故将范围缩小到"危害乘舆、内乱、外患、对尊亲属有犯、强盗、发塚各项及和奸无夫妇女之罪，并附则第五条"。[①]　其三，"附则"属于新刑律正文的补充规定，而"暂行章程"明确是有时间限制的，故曰"暂行"。

新刑律第三案的内容议定后，宪政馆诸人在直接奏请颁布还是交资政院审议的问题上又现争议。早在六月十六日，汪荣宝即提出新刑律案应交

---

① 《宪政馆大臣和硕亲王奕劻等奏为核订新刑律告竣缮单呈览折》（宣统二年十月初四日），《钦定大清刑律·奏疏》，宣统三年刻本。

资政院审议，但提调刘若曾和达寿"竭力反对"，"争论久之，不得要领"。[①] 终因审订迟缓，延至八月底才完成相关工作。《汪荣宝日记》指出：

> 宪政馆同人对于刑律草案分新旧两派，各持一说，争议不已。主张新说者，均欲赶紧定稿出奏，不交资政院议决。余虽赞成新案，而以资政院有议决之权，若不交议，即为违法。今当第一次开院，即开政府规避院议之端，殊于立宪精神不合。持论颇与仲和〔章宗祥〕诸君异同。晳子〔杨度〕、伯平〔胡礽泰〕述仲和意，以资政院议员中有法律知识者尚鲜，交议恐致破坏，劝余深思熟虑。余坚持初议，与二君反复辩论，二君亦无以难，允再设法运动交议之事。[②]

可见新派内部亦有争议，章宗祥质疑资政院议员之水准，为免节外生枝，拟迅速定稿上奏，杨度和胡礽泰依违其间，终为汪氏注重"立宪精神"的理由所折服。[③] 两天之后，经军机大臣毓朗和那桐首肯，方才决议交资政院审议。[④]

交议事件至少说明三方面的问题。其一，宪政馆的第三案有利于新派，也获得新派的赞成，否则杨度、胡礽泰和章宗祥就不会有"交议恐致破坏"的顾虑；其二，汪荣宝更看重资政院在预备立宪中的地位和作用，因此不惜以新刑律案去冒险维护；其三，汪氏在宪政馆中的地位重要，并获得枢府的高度信任，特别与"月华贝勒"毓朗的关系尤为密切。

---

① 《汪荣宝日记》宣统二年六月十六日，第 569 页。
② 《汪荣宝日记》宣统二年八月二十四日，第 638 页。
③ 九月二十四日，宝熙在宪政馆会议时质疑资政院的立法权力，"资政院照院章，仅能议决法典，范围甚窄。今各衙门奏交各种单行法，止能作为特旨交议事件，不能谓凡法律必须资政院协赞"。汪荣宝反驳，"法典与法律不可如此强加分别，院章法典二字即是法律之意，对命令言之，非对单行法言之也"。尤可见其对资政院审议法律权力的重视，背后则是三权分立之宪政理想。
④ 《汪荣宝日记》宣统二年八月二十六日，第 640 页。

第七章

资政院大辩论与新刑律的颁布

资政院作为"庶政公诸舆论"的准国会，接受民间的陈情和建议，与此同时，传媒和外人对院中的议题也相当关注，进一步放大了新刑律相关讨论的影响。劳乃宣等人不甘失败，利用赫善心（Harald Gutherz，1880－1912）等西人提供的西学思想资源，以及议会游说、制造舆论等新式办法，继续为保守礼教而战。在新派一边，杨度诉诸国家主义和家族主义的"主义"之争，虽未引起多数的同情，却极大地调动起传媒参与论战的热情，乃至有新律维持会之成立，营造出新旧相争的时代氛围。双方激烈的论辩和针锋相对的行动，最后催生出两大政治团体——蓝票党和白票党，成为清季政党政治的萌芽。新刑律之争至此已远超法律范畴，折射出清季最后两年政情与舆情之复杂面相。

第一节　新旧相争下的东西学战

新刑律草案出自东洋法学家之手，颇有说服力，劳乃宣等人与之辩论，开始注意寻找西方的思想资源为己辩护。《德意志帝国新刑律草案总则》汉译本于 1910 年初夏出版。该书由德华大学①译书局总办魏理

---

① 即青岛特别高等专门学堂。据《协和报》上的《青岛特别高等专门学堂之原始》一文（《协和报》宣统二年十月三十日，第 4 页）述其教员情况，除贝尔博士外，"其他教习亦多旧游中国，素有阅历者；选不足数，则选国内名誉素著、品学兼优者卒〔充〕之"。

慈（Wurtz）翻译，总稽查蒋楷、通译官窦学光校对，赫善心评注并作序。劳乃宣注意到赫善心的法律立场与己类似，便通过蒋楷介绍，请其发表对于大清新刑律的法律意见。赫善心为此撰写了《中国新刑律论》和《关于中国刑律草案的两个建议》两文。前者由窦学光译成中文，后者为德文，交《胶州邮报》发表。①

《中国新刑律论》后入劳乃宣手中，更名为《德儒赫氏中国新刑律论》，且标明作者为"德国法科进士赫善心"，随即刊印二百本，以为己说之根据。根据张祖廉所写序言，后来劳氏与之联手，再出资刊印该文，"俾广流布"。② 其实赫善心是奥地利人，获维也纳大学法学博士学位，后至德国柏林，在李斯特的犯罪研究所工作。1909 年 9 月，其接受德国海军部委托，抵达青岛德华大学任法律讲师，1910 年 12 月遭解聘，回国后自杀离世。③

赫善心对于中国修律的基本看法是，力主中国保守固有的旧律系统，而不是效仿无法律传统的日本改用西法。不过他也不主张中国律法完全不变，只是以旧律为基础，逐渐改至与西律"不甚相违"即可；而西人近年改律，"亦有与中律相近者"，两者"将来必有合龙之日"。④

他有此见解，根源于其重视所在国风俗习惯的立法思想，"要在以本国为主，必于本国有益，而后舍己以从人"。而劳、陈之说正合其意，"如劳提学之说帖、陈阁学之平议，俱极精当，余虽多览法学家

---

① 参见黄礼登《礼法论争中的失踪者：赫善心的生平与思想》，《华东政法大学学报》2017 年第 2 期。
② 《张祖廉序》，劳乃宣编《新刑律修正案汇录》，《桐乡劳先生（乃宣）遗稿》，第 989 页。
③ 见黄礼登前引文。另可参陈新宇《礼法论争中的冈田朝太郎与赫善心——全球史视野下的晚清修律》，《华东政法大学学报》2016 年第 4 期。
④ 《德国法科进士赫善心氏与蒋员外楷问答》，劳乃宣编《新刑律修正案汇录》，《桐乡劳先生（乃宣）遗稿》，第 965～968 页。

书，所见亦不能越乎其上"。①

赫氏尤其反对考虑法律之外的因素，"至于外人或有指摘、治外权能否收回，于定律有何干涉？"其为西方在华领事裁判权辩解，正是基于道德为法律本源之说。

> 今日各国法律，彼此虽互有不同之处，然但能按照普通之道德行事，则无论行至何国，谅亦不致易犯该国刑律也。惟土尔其国尚有不同。是以今日所有基督教国人民在该国之情形，与在中国大致仿佛。若论中国，则大清律所载尚多此种禁令，在西人按其本国之道德并不知其为犯法者。倘以之中外同施，则西人自必多受亏损。盖中西人民同用以大清律例，则西人之违犯刑律莫明其故，而中国人之违犯刑律，按照本国道德尽可不犯也。是以今日在中国之泰西人民尚须用所属之国之法律耳。

不过赫善心又试图给中国读者以希望，强调"中西道德悬殊之处尚不甚大"，并举出两条证据：第一，"昔英人司韬顿〔今译斯当东〕君曾将此律翻译英文，于西历一千八百十一年印刷成书，并谓其中有许多规则他国亟应仿效者"；第二，最近瑞士、澳大利亚和德国的刑律草案，"其主意亦见于大清律各条"。因此"《大清律例》只须特加发达"，便可得"一极新而合乎时宜之律"，到时中外人士就可以共同遵守，否则"真可为不知自爱者也"。

赫善心认为中西道德的悬殊程度正在逐步缩小，同时又赞成西人继续拥有领事裁判权以及中国保存旧律，反映出他这类西人的困境所在——既欲保存中国旧物，又不愿放弃在华特权，说服力自然大减。而且他也没有指出西人在华的领事裁判权毕竟还是国际强权的结果，否

---

① 《德儒赫氏中国新刑律论》，劳乃宣编《新刑律修正案汇录》，《桐乡劳先生（乃宣）遗稿》，第 969～989 页。以下段落的赫善心言论均出于此。

则，既然中西之间道德和法律有异，中国人民到西方也应享受领事裁判权。虽然赫氏也提出了解决法权问题的办法："不妨于律中添入一条，其略曰：本律某条某条施之与外国人，须按其十年以上最后之住址之情形，或其生长之国之情形，谅能自知其所作之事实系属犯禁者"，但要证明"自知"，实际上甚难操作，仍是变相肯定领事裁判权的存在。

在子孙违犯教令的问题上，赫善心认同劳、陈的立法之举：子孙"顺从其直系尊属之教令，此所以保持家法也"，"无论如何亦可用法律以保持之"；而沈家本的感化院办法并不适用，"感化院之类，在欧洲不过专为不顺从其亲之幼年子弟而设，若夫成人之辈，而欲其谨守顺从之责成，则非明定刑罚，不足以资保护也"。

至于无夫和奸，赫善心也支持以刑律保护妇女贞洁。他以欧洲各国的立法例为证，说明欧洲也相当重视防范各项奸罪：

> 按照欧洲各国法律，虽不能凡遇婚姻外之男女交合即科之以罪，然其法必不仅专治有夫之奸，如强奸、乘弱奸、师保人等诱奸、助奸营利、亲属相奸、违悖天然之交媾及凡一切有伤风化之淫行淫词，无不分别轻重治罪；即妓女一项虽不能尽除，然亦极力用法以拒之。若在欧洲之瑞典、芬兰，北美洲之费蒙特蒙壏纳、北卡罗里纳、马舒些次等国，虽寻常之私通均仍一律论罪。此外如男女非婚姻而常年私相居处者，在欧洲各国每多为警律所禁也。

虽然欧洲对于一般的"非婚姻之男女交合"，"其禁令固觉稍宽"，"不过为经济之情形所限。缘彼处之婚嫁未能如中国之早故也"。换言之，中国不应看到欧洲没有无夫奸的法条便放松相关立法，反而应当研究"其禁令之或宽或严"，自创法例，则"欧洲各国亦须注意于中国之订律矣"。

就立法技术言，赫善心较为赞同陈宝琛所拟的无夫奸条文，不过对

245

于和奸"有告诉方论其罪一节"（劳、陈二人皆同意），则认为"似未尽妥协"。因为若有"事前纵容或事后得利而私和解等情"，而"事关助奸营利"，则"不必问其有无告诉，一经查出，当罪其直系尊属或本夫或本夫之直系尊属"，对于犯奸之男女，"似又未便尽行宽免"。可见其看待犯奸之事，反较劳、陈二人为重；并声明立法是为了"保护妇女贞洁"，"故在律中须详细声明此项条规专指处女及贞妇人而言，方为妥善"。

关于子孙违反教令的文辞，亦以陈宝琛"所论亦大致不差"。赫善心并做补充，若祖父母和父母教令不同，"须顺其父母或一家内最近之亲长之教令"，"盖重叠施教令之权，恐易生紊乱也"。而且对于教令内容，"中国亟须改良"，在合乎法律、道德之外，而且"凡父母之教令专为自己利益起见，而不顾及其子孙之前程者，不得谓之正当，是以律中须详细声明"。这是因为尊亲属"用权不过犹之奉国家之命，以协助普通之利益而已"。同时，赫氏赞同祖父母、父母有代为求请减少期限或宽免之权，虽然陈宝琛以刑法事关国家为由加以反对，但赫氏还是认为"此处准直系尊属之亲告，则刑法之主意已失矣"，"莫如于处罚之轻重亦稍假以权衡，但不准其率请宽免可也"。赫善心认为在法理上亦通，刑法"细微之事论罪极轻者，亦可准私人于科刑之轻重有求请之权，此不过为利益之度量。如家庭名誉等事，亦须保护也"。

由上述之异同，显见维持礼教者面临着既要满足中国的礼教要求，又要符合西方法律基本原则的矛盾。不过，赫善心的适时出手到底为维持礼教的一方提供了理论助力。江庸指出该文实有影响："守旧者则谓语出西人，大足张其旗鼓，新律几有根本推翻之势。"① 所谓"根本推翻"似言过其实，但"语出西人"就足以大张旗鼓，的确点出了当时的话语权势所在。

---

① 江庸：《五十年来中国之法制》，申报馆编《最近之五十年》，第8页。

　　故而新派舆论，如《京津时报》① 的 "时评" 就颇为攻击赫善心代表西学的资格，"余于德国近代法家，亦略知一二，从不闻有所谓赫善心者，今读其说，亦不类大法家"；赫文长篇大论，只说明 "各国法律不专治有夫之奸"，而不能证明 "各国法律即有和奸之罪名"，所谓禁娼问题也不宜与和奸并论；赫文所引德国军营刑律和官吏惩戒法，证明 "子孙之顺从，亦可用法律保持"，但 "寻常刑律自寻常刑律，军营刑律岂能行于家庭之中""至官吏惩戒法，本所以惩戒官吏，非所以惩戒子孙"。②

　　德国法学家的质疑之所以有力，也因为社会上存在刑草偏向日本法的疑虑。法律馆提调董康撰文逐语反驳赫说，特别强调新刑律并非抄撮日本法律，而是博采中西之长，"本草案四百余条俱根据《大清律例》，参以各国刑法，权衡其重轻"。③

　　董康指出：总则部分或沿自旧律或经训，或 "采取各国最新之制，并非模范一国"。在分则部分，采用旧律处更是不少，"关于御物罪、对尊亲属罪、发掘坟墓罪、略诱和奸罪等，均较各国为重，若详审比挈，即知诸条乃根据旧律，并非模范一国"。此外，新刑律尚有 "中国之创设，而足以模范他国" 之法条，"如度量衡罪、选举罪之类，亦复不少，而漫谓为舍本国之良法，求之外国，或谓钞袭日本刑法者，是殆未就本草案全体寻绎之也"。④

　　法律馆也发文解释此次修律以 "更新" 为宗旨，并表明效法先进诸国的态度：

---

① 根据日本驻华机构的调查，《京津时报》于 "1910 年 6 月发刊，是《上海时报》的分支，基础颇为坚实，前途十分看好，发行量为 3000 份"，主笔为雷奋。见《关于清国报纸的调查（三）》，李少军编《晚清日本驻华领事报告编译》（第五卷），社会科学文献出版社，2016，第 59 页。

② 《时评》，《京津时报》宣统二年十一月初二、初三日，第 1 版。

③ 《宪政馆董科员青岛赫教习说帖驳议》，《京津时报》宣统二年十一月二十七至三十日，第 1 版。

④ 《董科员辩刑律草案不必模范外国》，佚名编《刑律平议汇编》，清末铅印本，第38～39 页。亦见《帝国日报》宣统二年十一月十七日、十八日。

今之人动称德意志现行刑法之美备，不知仍系拿破仑刑法之支流。其说久属陈腐，即法、德学者亦知必以改良为当务之急。今法、德改正刑法草案既已告成，则其现行法已无足重矣。和兰刑法亦发源于拿破仑法典，然一千八百八十一年以来，所实施之现行法于种种要点加以改良，复据实验增入所获之新理，颇足为他国模范，故瑞典、那威、奥地利、俄罗西〔斯〕（草案）、瑞西（草案）、丹麦、日本（现行法）等法典及草案之属于最近编纂者，概舍去陈言，而以实际上之利害为金汤铁垒，以期情法平允，几无不与和兰刑法之方针相同矣。①

法律馆强调新刑律乃"自创良法"，而较他国优胜。首先，新刑律的编例比外国先进，"刑律草案分为总则、分则二编，与列国之例同。惟草案总则系以第一章为法例，第二章至第六章为罪例，第七章至第十三章为刑例。查各国刑法通例无不先刑而后罪，然罪为刑之本，刑为罪之末，今吾国草案先罪而后刑，较诸各国通例已属进步"。②

第二章"不为罪"亦为国际领先水准："（一）律无正条者，不问何种行为不为罪。此全球宪政国之通例。（二）幼者之责任年龄定为十五岁，与最近二十年来之法律及草案同其趋向。（三）特设关于事实或法律错误之规定，以补日本新刑法之缺点。（四）移置正当防卫及紧急行为之规定于总则内，较法国刑法置之于分则内者为优。"

总则"第三章未遂罪中，有刑法学所谓不能犯及中止犯之规定。

---

① 《法律馆论刑律及刑事诉讼律草案》，《顺天时报》宣统二年十一月十三日，第2版。
② 这点或源于冈田的认知。"罪者，因；刑者，果也。本无先刑后罪之理。除一二南美之小国外，其他东西各国之法典，无规此简单明瞭之法理者。先刑后罪，殆皆有同一之恶先例，要不外表示其国民轻忽之模仿性耳。中国草案，幸不投入此流弊之涡中。"见其《日本冈田博士论改正刑律草案》，留庵译，《法政杂志》（上海）第1年第2期，宣统三年三月二十五日，第17页。《大公报》有来稿表示好评："冈田博士受我国司法大臣之顾问，不畏多数国之成例，于定草案时，独反之，先罪例后刑例。此所以代表二十世纪刑法之新思想也。而日本刑法刑先罪后，以视清律有愧色矣"，见《论中国刑法之特色》，《大公报》光绪三十三年十一月二十九日，第2版。

在各国刑法于此种规定多付阙如，殊觉不便，故草案特为增入，以期毫无缺陷"。第七章将徒刑、拘役两项主刑都附加定役（即劳动），"盖以各国刑法多认无定役之自由刑实为有害无益。今草案一律科以定役，不得谓非刑制上之一大进步"。"第十二章缓刑及第十三章假释二项，除新编刑律之国外，余他多另订单行法实施之，草案仍增入二章，以期与最近之法例相合。"新刑律分则并不仿效法国刑法，分为关于公益罪及关于身体财产罪，因为"此实于实际上、法理上皆有不合"。

分则的"第三章国交罪，经编查馆修改后，删除数条，然仍不失为进步之法律，倘仍照原案酌将删除者修正增入，实最善之立法例，且足为他国之模范矣"，表明法律馆对于宪政馆删改国交条文，意有不怿。第二十六章"杀人罪"中，删去谋杀、故杀、毒杀、虐杀、诈杀、误杀等区别，"实为刑法理论进步之确证"。总之，"就各国最近之法律及本草案比较而研究之，当知本草案不惟不亚于各国之刑法，且有较各国刑法为优者。如谓全系仿效日本之新刑法，则未悉草案之内容，且不识各国法制之言耳"。①

赫善心的意见挟持西潮的威势而来，唯有当时颇具话语权势的"东学"才能与之抗衡。草案的起草人冈田朝太郎发表《刑律不宜增入和奸罪之罚则》一文，试图消弭赫善心的影响，说服议员接受其意见。在概述欧洲从古至今奸罪处罚收窄的历史过程之后，冈田指出："在十九世纪所有一切法律思想，无不以属于道德范围之恶事，与属于宗教范围之罪恶，概置诸法律以外，而其现象尤以刑律中奸非罪之变更最为显著者也。"除了强奸、重婚等五项情形外，"其余如单纯和奸、纳妾、调奸等罪，东西各国刑律中殆至绝迹"，"凡法典之进步者，概无和奸罪规定"。之所以如此，"诚以道德教育之所系，非刑律所能禁制"。冈田建议，依靠家庭、学堂和舆论三种手段，就可以达到"道德日盛，

---

① 《法律馆论刑律及刑事诉讼律草案（续）》，《顺天时报》宣统二年十一月十四日，第2版。

习俗自移"的目的。

冈田进一步从西方法理的角度分析，无夫奸存有立法、检举、审判和外交四方面的困难。立法的困难有二：无夫和奸只能轻微处分，"终不足禁制男女之私情，则仍属无益之规定"；娼妓也是无夫，许娼妓营业，而处罚寻常无夫和奸，"殊不得谓为贯彻论理之法律"。检举也有两方面的困难：贫富因此获罪的几率大为不同，"与刑律四民平等之原则恰相背驰"；但若只据风闻，即行逮捕，将导致"使人丧失终身之名誉幸福"的后果，未免过于严重。在审判方面，因为和奸事情隐秘，"审判上亦必至流于擅断"。于外交方面影响尤大，外国"必有倡议反对者"，即使"幸而不至反对"，万一真的"遇有外国人和奸案件，一律处以刑罚"，"恐亦不免引起外交上纷杂之问题"，"所得不偿所失，孰有过于此者哉？"①

日本北村学士亦留意到此次论争，投书媒体，认为劳乃宣与冈田各有所蔽，然主要失误在前者，"特惜其视法律太重，汲汲于一部狭隘之问题，而不知统筹全局，为伦理道德谋一巍然独立之大计"，"然则欲伦理道德之自立，当用何法以确立基础，而决定其方针归趣耶？曰亦先就伦理道德之事，详加研究而已。研究之法如何？曰不外乎按伦理道德之原理，求其适用于国情而已"。② 其说亦是主张从道德建设方面入手，而非以刑罚为工具，解决社会的根本问题。

负责起草新民律的松冈义正也发表简短文章，反驳劳乃宣之说。在违犯教令问题上，松冈主张规定于民律，而非刑律：各国民律根据亲权，"概准亲权人（即父母）于养育及教育之必要范围内资行惩戒，其子或经审判衙门之许可，送入惩戒场"，"民律中所以设此项规定者，因此非国家刑罚权之发动，乃亲权之作用故耳"。至于无夫奸的

---

① 冈田朝太郎：《刑律不宜增入和奸罪之罚则》，《顺天时报》宣统二年十一月初五、初六日，第 2 版。
② 《日本北村学士对于今日政治法律变革与伦理道德关系之意见书》，《北京日报》宣统二年十一月二十一、二十二日，第 1 版。

问题，"应据道德之规则律之，不应据刑法上之规则律之"。松冈承认"其背戾道德固已然"，但无夫奸并非"直接害国家之秩序"，而有夫妇女私通，则紊乱亲属关系，从而"于国家基础影响极大"，两者不可并论。①

外间新旧、东西辩论纷歧，资政院内审议新刑律的程序正陆续展开。劳乃宣在议院开议时提出议案《倡议修正新刑律说帖》。按照资政院院章的规定，必须有30人以上署名才能提出议案。劳乃宣的修正案最后得到105名议员的支持。根据《帝国日报》消息，"日以一部意见书到处求人赞成，如探知甲有别种意见，伊即请甲加入意见其中，而甲名因之署于书末，于乙如之，于丙又如之，堕其术中者甚伙"。② 其语不免戏谑的成分，但该说帖确也吸收了旧派中人的不少意见，并重新否定沈家本以制订判决例解决伦常犯罪的办法。

例如尊亲属杀伤子孙，说帖认为"子孙杀伤祖父，当加重；祖父杀伤子孙，亦当减轻，乃至当不易之理"，虽然沈家本也赞同尊亲属杀子孙不应与凡人同科，但其办法"辗转迂回，故为曲折，且出于法官之宥恕，非出于律令之本然，不足以示名分纲常之重"，应该"明定科条，处以四等有期徒刑，与杀尊亲属条相为对待，以明父子之伦、尊亲之义，何必深没其文于正律，而别定于判决录乎"。同时，增加卑幼杀旁支尊长加重明文，以及减轻直系、旁支尊长杀伤卑幼明文，"依新律体裁，每条兼采数刑，以待审判时裁酌。其按照服制分别详细等差于判决例内详之"。而"新律无夫妻相犯专条，是亦视为平等，适用凡人律也，但于中国礼俗尚不甚协"，应比照"夫尊于妻而妻不卑于夫情形"，规定"凡妻伤害夫及加强暴未至伤害者，与卑幼对尊长同；至死者，

---

① 《松冈判事书劳提学新刑律说帖后》，《帝国日报》宣统二年十一月十七日。同名文章亦见《京津时报》宣统二年十一月二十三日，第1版。
② 《新刑律通过之先声》，《帝国日报》宣统二年十一月十六日。又见《劳乃宣何苦如此》（《申报》宣统二年十一月二十三日，第1张第5版），不过文中省略了形容劳乃宣的"老顽固"三字。

处死刑。夫伤害妻者，照凡人科断"。①

又如第 311 条规定："凡对尊亲属加强暴未至伤害者，处三等至五等有期徒刑，或五百圆以下、五十圆以上罚金。"劳乃宣批评，表面上该条是为了维持礼教而新设的条文，实际上不但量刑"轻至数等"，而且"又许易以罚金，是不孝之罪有财亦可赎也，悖理乱常，莫此为甚"。并反诘吴廷燮："说者谓旧刑律不足以存中国，必有新刑律乃可救亡，试问此等刑律果足以救亡乎，抑适以速亡乎？"要求把"现行刑律凡关系十恶、犯奸等项，应处罚金罪者，改拟工作，以义关伦常礼教，非罚金所能蔽辜也，应加重一等，将罚金删去"。

关于子孙违犯教令，劳乃宣提出增加"凡直系尊亲属正当之教令而故违犯者，处拘役"的条文，并不认同宪政馆和沈家本的意见——"暴行、胁迫、遗弃侮辱等条，既以特别规定，则呈首发遣之条可以不设"。他解释说：

> 违警律之游荡不事正业，非专指不遵亲命而言，违犯教令亦不止游荡一端，非彼律所能赅括。至感化院之类，天下千余州县，断非一时所能遍设。设若子孙违犯祖父母、父母，官府无惩治之法，祖若父无呈送之所，实为大拂民情之事，故此条万不可少。但教令二字范围较广，故旧律有可从而故违之注，今加"正当"二字，以示限制。至如何谓之正当，当属于审判官之认定。

第三案将修正案附则第五条"子孙对尊亲属有犯不得适用正当防卫"，改为暂行章程第五条，劳认为应移入正文。他特别指出，按语所谓"推行新旧之间最为适用"并不正确，因为"伦纪无新旧之可言，岂守旧时代当论伦纪，新旧过渡时代亦尚可论伦纪，迨至纯乎维新时

---

① 劳乃宣：《新刑律修正案》，《桐乡劳先生（乃宣）遗稿》，第 1031～1051 页。以下数段中的劳乃宣意见均出于此。

代，即断不可论伦纪乎！"

在有夫奸问题上，劳引用了礼部签注的意见："中国素重家族主义。妇女适人以后，舅姑有管束之权。此云待其本夫之告诉始论之，是夫以外皆不得告诉也。设其夫出游在外，而其妇与人通奸，为舅姑者以限于法，而不得告诉，不将甘心忍辱明知之而无可如何乎？此近乎纵奸，殊不足以重伦常而维礼教"，认为"其论甚正"，要求给予其夫之直系尊亲属在其夫出外时有告诉、捉奸的权利。

至于无夫奸行为，劳乃宣指出第三案将之定于暂行章程，不过"以为调停之法"，而应添入正文，并删除"或处罚金"的规定。其解释称：

> 有夫和奸无罚金，今于无夫和奸，加"或一百圆以下罚金"之文，是有夫奸不能以财赎，无夫奸能以财赎也。出百圆之财，即可通奸一次，是与宿娼之夜合资无异也。雄于财者可肆行渔色无忌惮矣。况奸妇与奸夫同罪，亦须罚金。中国在室之女断无私财可知，是其父母告诉之后反须代其女出资赎罪也，揆诸人情允乎，否乎？

劳乃宣最后提出增加"本律内有关服制诸条，应按服制轻重分别等差，皆于另辑判决例内详之"的条文。判决例本是沈家本和吉同钧所提之法，劳氏此时要求明确判决例保障服制在新律中的应用，显是对趋新的留学生并不放心。

颇为吊诡的是，劳乃宣尽管不满新刑律维持礼教未周，但是在总体上仍愿予支持，担心如果逐条审查的话不但会耽误会期，而且不够慎重。

> 刑律为全国人民所托命，一字一句皆关生死出入，又前后数百条彼此均有互相关系之处，一条变动，他条即有牵连，非可率意更改。若于议场之上，仓促之间，随便改动，遽行表决，殊非慎重之道。

253

因此他提出较为简便的审议办法，并获得易宗夔和雷奋等新派的签名赞成。劳乃宣的方案如下。

> 初读之日，除质问疑义外，即可讨论大体，讨论即毕，付法典股审查。议员有欲修正者，初读后即具修正案提出于议长，即由议长付该管股。原提修正之员即赴股员会讨论，由股员会议决可否，股员会以为可者，即列入股员修正案，于再读时付议场表决；其股员会为否者，原提修正之员得照议事细则在议场发议，付众表决。股员审查报告即付再读之际，惟将修正之条讨论表决，其未提修正之条一律作为通过，不得再有异议。再读已毕，付股员整理条项，修正字句，即付三读定案。①

无奈新旧之间的礼教论争过于激烈，互不相让，到审议时还是在大会上逐条表决。

按照资政院的议事程序，新刑律案（即宪政馆提出的第三案）先交法典股审议。法典股经全院选举，由18人组成：刘道仁、曹元忠、陶保霖、张缉光、胡礽泰、书铭、贡郡王、康詠、润贝勒、振将军、盈将军、陶镕、蒋鸿斌、周镛、顾视高、那亲王、汪荣宝、刘曜垣。② 其中汪荣宝和胡礽泰都是极力支持新刑律者，王公亲贵也多倾向于新派。③ 特别是汪氏任职法律馆和宪政馆，此前负责新刑律案的修订，现

---

① 《议员劳乃宣倡议新刑律议案酌定三读办法事》，《资政院知会折奏章程说帖质问陈请等案件》，北京大学图书馆藏油印本。
② 《资政院第二次议事旁听录》，《时报》宣统二年九月初十日，第2版。
③ 《民立报》登载"京函"，称"在未开院之先，已隐兆两党之争端。在分科举任审查专员时，即有多人运动，各布党援。其时适议员某君为预算事，私派股员，每股必使三数王公入其中，为将来办事便利起见，奔走游说，专为无意识之王公谋位置"，"运动既成，遂为法典股出死力，排挤反对党"，见《争新律之怪怪奇奇》，《民立报》庚戌（1910）十一月十四日，第2页。除此之外，"时溥伦以总裁为议长，秘书长则金邦平，均同情于新派者"，对于新派应该也有不小的帮助，见徐凌霄、徐一士《凌霄一士随笔》（二），山西古籍出版社，1997，第601页。

在身为法典股副股长，亦力保该案过关。这引起了一些舆论的批评，"汪荣宝以宪政馆编订法典之人，而为资政院法典股股长"，"此等现象为各国议院所无，中国资政院所独有也"。① 立法者即审议者，于法理上的确说不通，但汪荣宝的保驾护航确有利于新刑律案的通过。董康忆述："以政府员资格，时邀至法律股辩论，几于舌敝唇焦。幸股员长汪荣宝为编查、法律二馆同僚，曲予维护，勉强提出大会。"②

曹元忠（字君直）则是法典股内少数力主维护礼教之人，同时任职于礼部的礼学馆，尝为文驳斥新刑律改易服图、删除比附与广用罚金。劳乃宣当然引为同道："君任法典股，亦屡作驳议，而于余说尤赞成。时流多以顽固党讪之不顾也。每相与深论剧谈，辄忧礼教陵夷，神州将有陆沉之惧。"③ 张之洞则颇为欣赏其兼通新旧，举荐参加光绪二十九年的经济特科考试，称其"经学、词章兼长，并擅考求时务，通达和平"。④

在新旧力量对比严重失衡的情势下，汪荣宝等人比第三案更进一步，要把旨在维持礼教的暂行章程也一并删除。当时冈田朝太郎"恐删去无夫奸一条为众论所非，颇愿更改"，但汪荣宝"坚执不可"。⑤ 结果法典股经多数表决后认为，"暂行章程五条与新刑律所采主义，根本上不能并容，若因囿于中国旧俗，新律即无须编订"。至于人民程度问题，"若因人民程度未至，则是颁行期限迟早之问题，决不可于新刑律实行之际，又另设一暂行章程以破坏之也"。⑥ 对于此的解释如下。

　　暂行章程第一条，死刑仍用斩，与原案死刑惟一之旨不合，且

①　《刘泽熙与汪荣宝》，《帝京新闻》宣统二年九月十九日，第 7 页。

②　董康：《中国修订法律之经过》，《中国法制史讲演录》，第 160 页。

③　劳乃宣：《曹君直〈礼议〉序》，《桐乡劳先生（乃宣）遗稿》，第 191 页。

④　张之洞：《保荐经济特科人才折（并清单）》（光绪二十八年十二月十五日），《张之洞全集》第 3 册，第 1519 页

⑤　《陶葆廉致汪康年》，《汪康年师友书札》（二），第 2107 ~ 2109 页。

⑥　《资政院反对暂行章程》，《申报》宣统二年十二月初四日，第 1 张第 5 版。

同一绝人生命而故分轻重，徒留残酷之风，无关劝惩之实。第二条、第三条对于过失危害乘舆、内乱、外患、对尊亲属有犯、强盗、发冢各项，得因其情节仍处死刑，亦与原案改良刑法、酌减死刑之旨不符。

第四条定无夫奸罚例，宪政馆按语谓此种行为在教育，不在刑罚，顾又谓现在教育尚未普及，拟暂参照旧律，酌定罚例。夫所谓在教育者，指此等行为当以教育防止之，非谓须俟教育普及国中，全无此等行为，然后可以不定罚则。此时教育尚未普及，不免尚有此种行为，顾各国终未于刑律定罚例者，诚以此种行为决非特刑律所能防止也。

第五条定正当防卫不适用于尊亲属。查原案第十五条为定不为罪之原则，不能不包括对尊亲属在内。若尊亲属管教卑幼，自不能谓之不正之侵害；若防卫稍有过当之处，亦可援但书处断。①

法典股内的新派虽然联手推翻了暂行章程，但其间却因为亲属和奸条文而出现内部争论，颇可见旧时礼教注入西式法条的复杂性。十一月十五日，汪荣宝在法典股员会上提出删除亲属和奸需要"待直系尊亲属或本夫告诉始论其罪"的条文，因为：

> 亲属相奸，刑律既认为罪恶而处以重罚，则必以此为有害社会秩序之事，而决不仅以为一家之丑行。今若以告诉权限于尊亲属或本夫，则似以尊亲属等为犯罪之客体，殊于立法初意不相贯澈，且使无尊亲属者而犯此罪，则国家遂无处罚之途，与不设此罪行异。

会议结果，不但政府特派员八九人"交相辨难"，而且包括好友章

---

① 《资政院反对暂行章程》，《申报》宣统二年十二月初四日，第1张第5版。

宗祥、胡礽泰在内的"本股同人多不主删去",最后被否决。汪氏因此事与股内同人几至决裂。① 次日汪荣宝"访冈田博士,谈刑律事良久,抵暮而归",② 大概就是为了亲属和奸之争议。

股中的新派陶保霖后来发表一文,与汪氏进行商榷。③ 其文指出,当时"其他股员及政府特派员,是汪君说者,马君德润一人。汪君以少数被绌,争持颇激。其后汪君又屡为鄙人言,此条若终不削除,将贻笑法学界,必著论以驳之"。陶氏因久不见汪氏著文反驳,遂主动发表意见。

陶保霖反对的理由有三。首先,"其直接害私人之法益者,间接即为害社会之法益。以害私人之法益为第一位,害社会之法益为第二位",因此必须首先考虑私人之法益。其次,"奸非罪之必待亲告乃论,已毫无疑义矣",而亲属相奸同样事涉暧昧,若定为公告罪,则有种种不便:"若据风闻而即刻起诉也,则必有证据不充分之结果。若无端而可搜集证据也,则有骚扰家宅之虑,且于本夫及直系尊亲属,不能得国家保护之利益,而先受名誉之损害,是定为亲告罪,正与设定亲告罪之用意相合;况吾国风俗习惯,亲族间因觊觎财产而诬人以帷薄不修者,其事恒有,若法文削除此项,必致弊俗益滋。"再次,该条与德国刑法的主义不同,"在德刑法之条文,本无保护被害者之意寓其中。而本律增纂之意,则直以被害者为重。此立法区别之要点"。换言之,德国刑法其实视之为对国家犯罪,而草案原文以和奸妇女之本夫或尊亲属为被害人。

有意思的是,陶氏自述不大赞成亲属和奸单独定罪,"吾辈于宪政馆分析之意,本不能绝对赞同,特以合于社会一般心理,于法理亦无大悖,不欲反对之耳"并推测汪氏此举之心理:

① 《汪荣宝日记》宣统二年十一月十五日,第717页。
② 《汪荣宝日记》宣统二年十一月十六日,第718页。
③ 景藏(陶保霖):《新刑律议案二百八十四条之亲告罪》,《法政杂志》(上海)第1年第2期,宣统三年三月二十五日,第19~21页。

汪君本意，主张修订法律馆原案，亲属相奸即包含于二百八十三条中，不另立专条。今既已迁就宪政馆之核订矣，又颇不服其主义，遂强使就德刑法主义。譬之今有人恨人之事事慕仿欧风也，而谓之曰：汝何不并肤色而变之，而不知肤色决不能变也。读者幸善会汪君之意。

可见，汪荣宝本不赞成亲属相奸另立专条，但又无法改变宪政馆的决定，唯有以德国刑法主义为理由，由国家行使检察权，避免亲权之扩大化。

第二节 国家主义的提出与法律议题政治化

宣统二年（1910）十一月初一日，受宪政馆的委派，杨度到资政院发表演说，解释新刑律案的"主旨"。① 其说明改定刑律之理由和五大改动之处无甚新意，多沿用法律馆奏折之说，有意思的是其所阐释的"新刑律与旧刑律精神上、主义上之分别"。

在其看来，旧刑律代表的家族主义，不过是进化"所经之阶级"，现在正宜改用新法律，实行国家主义。过去中国"只要维持社会，即足以保国家之治安，并无世界竞争之必要，所以此种制度在从前为适宜之制度"，但是目前各国皆行国家主义：

> 人民对于国家亦不能不负责任，其对于外，则当举国皆兵，以御外侮；对于内，则保全安宁之秩序，必使人人生计发达，能力发达，然后国家日臻发达，而社会也相安于无事，人民对于国家负担责任，国家即与之以自由之权利，因之各国法律对于人民有成年、

---

① 《资政院第一次常年会记录》第23号，宣统二年十一月初一日，第52～55页。

不成年之别，未成年以前对于国家一切权利义务都归家长替代，到
成年以后，就非家长所能替代的。

杨度强调，"两主义相冲突，实无并行之理"。中国的四万万人
"不能算四万万国民，因为此四万万人都是对于家族负责任，并非对于
国家负责任"，即便是官员，"对于国家虽是贪官污吏，而对于家族都
是个慈父孝子、贤兄悌弟，所以中国之坏就出于慈父孝子、贤兄悌弟之
太多，而忠臣孝子之太少"，最终导致"国家二字几乎不能成立，而何
有于国家主义"的结果。为了"要使孝子慈父、贤兄悌弟都变为忠
臣"，"不可不使他的家人都有独立之生计与独立之能力，既然要他有
独立之生计、独立之能力，国家就不能不与他以营业、居处、言论等等
之自由，使其对于国家担负责任"。

杨度在议场的演说引起舆论的广泛注意。不少报刊如《北京日
报》、《帝国日报》、《申报》和《法政浅说报》，都登载了演说全
文，其内容更得到不少好评。如《顺天时报》称杨度为"维新派之
先进，而留学界之泰斗"，"议长与特派员以及全体议员百数十人皆
肃静无声，以共听杨君之雄论，拍掌之声更番造起。议场中一种欢
怡景象，实为开院以来所未有之大特色"；反观其后劳乃宣等人的辩
驳，却是"毫无价值"。[1] 该报还引用了"某西人"的赞赏之语：杨
度"将新刑律与旧刑律之区别等事，分晰极详极当"，"为政府特派
员中空前特色之员也"，而且一改"政府特派员全为无价值者"的印
象。[2]

杨度三日后在《帝国日报》发文详述己见，解释"中国与各国礼
教何以不同"。其前提已相当明确，礼教并非中国所独享，承认外国也
有礼教，且进一步加以引申：

---

[1] 《资政院第二十一次议事之特色》，《顺天时报》宣统二年十一月初二日，第 7 版。
[2] 《外人叹赏杨京卿之演说》，《顺天时报》宣统二年十一月初三日，第 7 版。

礼教并不能谓之天经地义，不过治民之一政策而已。审时变之所宜，应以何种政策治其民者，即以何礼教治其民，一切政治、法律、教育，皆视之以为转移，无所谓一成而不可变者也。①

杨度强调，"此问题者，非区区一刑律之问题，更非区区刑律中一、二条文字句之问题，乃中国积弱之根本原因，而此后存亡所关之大问题也"。因关乎国家存亡，无夫奸等条文所体现出来的家族主义，才是其关注和反对的重点。

早在数年前，杨度已萌发家族和国家冲突的观念。1907年发表的《金铁主义说》便有破除家族主义之意，所引理论即严复翻译"英儒"甄克思的《社会通诠》。杨度比照甄克思的蛮夷社会、宗法社会和国家社会（或称军国社会）三阶段说，认为"中国国家不合于军国社会者，仅三权分立之制未备耳"，社会上也仅有家族制度为"宗法社会一分之留余者"。"文明国"是以个人为单位组成的，但"今中国社会上权利义务之主体，尚是家族而非个人"，因此"有能力之家长，则以其家人皆无能力，皆无责任，而以一人肩之之故，致使人人有身家之累，不暇计及于国家社会之公益，更无暇思及国家之责任矣"。从家族解放个人，使之为国家效力，是其立意所在，也体现出王汎森分析的"（清季）打破因乡土及血缘所构成的小团体，将所有国民从这些旧藩篱（fetter）中解放出来"②的努力。

不过，杨度认为破除家族制度"亦非可以骤进"，"惟宜于国家制定法律时采个人为单位，以为权利、义务之主体，而又以教育普及，使无能力之家人，皆变而等于有能力之家长，人人有一家之责任，即人人有一国之责任，则家族制度自然破矣"。他反对骤进，缘于"此乃天演

---

① 杨度：《论家族主义与国家主义之区别》，刘晴波主编《杨度集》，湖南人民出版社，1986，第529~530页。
② 王汎森：《"群"与伦理结构的破坏》，《章太炎的思想（1868~1919）及其对儒学传统的冲击》"附录"，台北，时报文化出版公司，1985，第244页。

之事"，否则"今世少年所倡之家庭革命，败礼乱俗，其为蠹于社会，较之有恶劣之家族制度而愈甚"。[1]

其时家族与国家利益对立之说已颇见于舆论。在宣统二年（1910）五月的《宪政新志》上，吴贯因撰文激烈批判家族制度误国。[2] 资政院论战期间，《京津时报》和《申报》也刊登该文，借此声援杨度的国家主义说。吴贯因认为，家族制度"足以阻碍国家之进步"，"国家之发达，必其全国人民其精神与国家相直接，人民之心思材力于自营一身之外，其余力不复他用，而悉举以贯注于国家，夫而后其国能蒸蒸焉，日进于上"，而家族恰好阻断国家和个人"直接之线路"，"使人民之心思材力其作用为此阶级所圈限"。家长和家人互相拖累，"就构成国家之势力而论，以我一家实反不及他国之一人也"，甚至四万万人皆可"直谓之为家奴而非国民可也"。

由此以往，宗族自然也必须被破坏。吴氏进一步指出："中国社会之少进步，不惟受家族之阻碍，而又受宗族之阻碍。乡曲之民因族姓之界，动起猜嫌，甚则酿成械斗，兵连祸结，田园荒芜，职业不治，而其中之优秀者又以宗族之内自有事业，可以了其生涯，而无复驰心于远大之事。举一国人之精神于自顾一身之外，而家族分其若干焉，宗族又分其若干焉，其无复能顾及国家也亦宜。"

不过，吴贯因亦不主张立刻"由国家立法，采泰西之制度，不以家族为本位，而以个人为本位，以冀破去家族之组织"。除了不易实行之外，还顾虑到"以数千年承袭之制度，一旦而摧翻之，则于社会上将生几多之变动，或因此而造出无数之恶果"。因此作者主张改良而非

---

[1] 杨度：《金铁主义说》，刘晴波主编《杨度集》，第 256 ~ 258 页。原载《中国新报》第 1 ~ 5 号，1907 年 1 月至 5 月。

[2] 柳隅（吴贯因）：《论中国家族制度为政治上之阻力及将来改良之方法》，《宪政新志》第 10 号，宣统二年五月八日。后转载于《京津时报》宣统二年十一月三十日第 1 版、《申报》宣统二年十二月十一日第 1 张第 3 版。本节吴氏引文均出于《宪政新志》。吴贯因（1879 ~ 1936），清末举人，原名吴冠英，别号柳隅，广东澄海人。光绪间赴日本早稻田大学学习，与梁启超熟稔。民初协助梁氏编辑政论月刊《庸言》。

全废家族制度。其方法为"仿日本之制，以家族为组织社会之基础，而规定户主权，惟于家之组织缩小其范围，使杀减其弊而已"。

吴贯因觉得这样做更优胜于泰西的家庭模式，因为后者"固足脱家族之系累，而伸张个人之权利，而于人口之盈虚则将生非常之影响焉"。其观察到西方因过于提倡个人权利而即将产生严重的人口问题。

> 今西人之家以夫妇及幼子组织之，而对于父母则异地而居，不负养之之义务，于是为女子者，渐有厌于生子之心。今者西方诸国堕胎之事、弃儿之举，日见其多，虽其政府轻税以奖励生子，重罚以防止堕胎，而卒不能禁。故在今日，孝之一字，全球之政治家、教育家，苟不力为提倡，使人子负养亲之义务，则他日伴女学之发达，女权之伸张，不肯生子之弊必深中于一般女子之心，而人类不接续之大问题将于是发生焉。

反观中国改良后的家族新制，"宜以夫妇幼子为基础，而除去兄弟伯叔之同居，惟对于父母则规定有养之之义务，而全国之中禁立家庙（奉祖先公共之祠堂），以破其宗族之组织，使无九世同居之颓风，而存孝亲慈幼之国粹，斯则可收家族之利，而亦可杀减家族之弊者也"，即将"孝亲慈幼之国粹"限制于直系亲属之内，既可免原来家族的拖累依赖之风，也可以避免西方因"伸张个人之权利"而影响人口的增长——进化论讲究适者生存，故人多即国势强。吴氏甚至乐观地预测，比起将来外国"女权进步，因子无养亲之义务，群奔于堕胎之潮流，其国之人口悉为此问题所窘"，中国"民族则逐日蕃昌，分途移殖，将可以支配全世界焉，未可知也"。

支持劳乃宣的林芝屏同样看到家族制度有利于人口繁殖的优点。"凡一国之盛衰，可于其国民之蕃殖力验之"，中国人口虽"甲于世界"，但比较"近年德国、日本人口增加之速率，约七十年可加一倍，则我国今日犹称四万余万，其增加已为极迟"，而"列强政治以法国为最下，其人口殆有日减之势"，"一由于物质的文明太发达，一由于家族制度不立，国民无嗣续之期望"。因此林氏认为，"我国今日经济之困难百倍于法国，若一旦破坏族制，则人口之减退必不能免，则非家族主义足以减少国民之蕃殖力"。① 可见不论新旧派别，均以西方的标准寻找中国比西方优胜之处，并以之为取舍传统的标准。

杨度提出两种主义不能并存、孝子慈父即贪官污吏之说，甚为耸人听闻，使得舆论对于新刑律的讨论重心，由原本的法律条文转变为家族制度存废问题。据陶保霖的观察，"一般政界学界，因杨君之言，遂认定新刑律为破坏家族制度之法律"，"赞成破坏家族制度者，即为赞成新刑律，而反对破坏家族制度者，亦即为反对新刑律，若新刑律实为破坏家族制度之惟一利器者"。②

演说之次日便有传媒呼应杨说。由徐佛苏主办的《国民公报》宣称，"家族主义不破，国家主义不能成立，遍国中皆家民、族民，无一国民，不亡何待"。③ 同日的该报"时评"也说，"新刑律将以家族主义，进而为国家主义，且进而为世界的国家主义。此为吾人之所最欢迎者"，因为"今日舍国家主义，无以自存；舍世界的国家主义，无以插足于国际之中"，而所谓人民程度不足的问题，亦可如日本的经验去解决。文章引用日本法学家梅谦次郎（日本民法起草者）的说法，日本民法"在当时合于社会之程度与否，即吾亦不敢自信"，而到今日"恰合社会之程度"，以此说明"法律之力有以促进今日之程度也"。④

其实此说已经承认了新刑律并不适应中国目前的人民程度和风俗习惯，而这正是旧派立说之处。劳乃宣指出："礼教何自生乎？生于风

---

① 林芝屏：《林氏辩明国家主义与家族主义不容两立说》，劳乃宣编《新刑律修正案汇录》，《桐乡劳先生（乃宣）遗稿》，第 991~999 页。
② 陶保霖：《论新刑律果为破坏家族制度否》，《法政杂志》（上海）第 1 年第 3 期，宣统三年四月二十五日，第 36~43 页。
③ 《资政院杂感》，《国民公报》宣统二年十一月初二日，第 1 页。
④ 《时评：新刑律问题》，《国民公报》宣统二年十一月初二日，第 2 页。

俗。风俗何自生乎？生于生计。"中国正因为是三种生计之一的"农桑之国"，所以"礼教、政体皆自家法而生"。① 其实劳氏关于人类生计有三种的认知，很可能得自西籍。孙宝瑄说："西籍有言：凡人群进化之例，必由行国，进而为居国；由渔猎，进而为畜牧；由畜牧，进而耕桑。任父因是疑殷之五迁其都，未脱行国之风。"② 劳氏此处只是不言进化之轨迹而并列三种生计而已。

当时甚为趋新的孟森就观察到，"劳君独不以礼教为降于天，根于地，而曰生于风俗，则何尝与世之坚执者同科"，这是承认劳氏其实不算顽固守旧；新派和劳氏之所以意见相左，则在于新派对于"改良进步之责任，愿以身任之而为主动"，而劳乃宣"以凡民任之而自为被动"。孟森则要反其道而行："重视法律者之意，则何不可曰，法律生政体，政体生礼教，礼教生风俗，风俗生生计。"③ 此乃根于时不我待的忧惧心理，"诚以国家前途虽以飞代走，步武列强，尚亦望尘不及，不能不主张激进"。④

其时新旧相争之点，主要在于谁该为目前的国弱民穷负责。一部分新派（如吴廷燮和杨度等人）的矛头指向礼教，旧派则认为别有原因。劳乃宣认为："今中国诚贫弱矣，说者乃归咎于家法政治之不善，谓一国之民但知有家不知有国，欲破坏伊古以来家法之治，而以欧美尚平等重权利之道易之，未始不出于救时之苦心也，然而误矣！"就劳看来，"春秋之世，正家法政治极盛之时也，而列国之民无不知爱其国者"；而今日之民之所以不爱国，"则秦以来专制政体之所造成也"。

支持劳乃宣的汪康年也认为，秦汉以后，"法待人而行，若无人扶持，则渐有偏向之处"，而且近数十年来，"因受侮于外人，受屈辱于

---

① 劳乃宣：《新刑律修正案汇录·序》，《桐乡劳先生（乃宣）遗稿》，第867页。
② 孙宝瑄：《忘山庐日记》（光绪二十八年八月初四日），第564页。
③ 孟森：《新刑律修正案汇录书后》，《法政杂志》（上海）第1年第3期，宣统三年四月二十五日，第36页。
④ 炎炎：《资政院之乐观》，《帝国日报》宣统二年十二月十三日。

外人，不胜其忿，而以生命随之者，无虑百十万人。惜乎上之人不能存养之，利导之，晓喻之，使成强忍不拔之气，则上之罪也"。① 即统治者不修政治、不懂扶持国家思想，才会使国民的国家思想不发达，对清廷之不满已溢于言表。可见维持礼教也不一定得出忠于清廷的推论。

新派的言说在后来的历史发展中更占上风。1917 年吴虞在《新青年》上发表的《家族制度为专制主义之根据论》一文便撺拾杨度旧说，认为家族制度阻碍了中国从宗法社会进化到军国社会。其明言：

> 商君、李斯破坏封建之际，吾国本有由宗法社会转成军国社会之机；顾至于今日，欧洲脱离宗法社会已久、而吾国终颠顿于宗法社会之中而不能前进。推原其故，实家族制度为之梗也。②

与新派不同，旧派有意切断专制政治与礼教的关系，更能看到礼教在中国的积极作用，或者说更愿意利用礼教的原有基础去发展出中国的新未来。劳乃宣认为："今乃谓民之不爱国由于专爱家，必先禁其爱家乃能令其爱国，亦不揣其本之论矣。"欧美之民并非不爱家，只是"中国之家以父子为范围，西国之家以夫妇为范围。西国之所谓一家，犹中国之所谓一房，而其为有家则一也"。中国既已实行预备立宪，"家国一体之理渐明于天下，天下之人皆知保国，正所以保家，则推其爱家之心，而爱国之心将有油然而生，不期然而然者"。③

资政院议员江谦也欲重新解释家族主义，以适应新时代的需要。他认为"孝子慈父之家族主义"有狭义和广义二种："善事父母为孝，善事兄长为悌，此谓狭义之家族主义。事君不忠，非孝也；战阵无勇，非

---

① 汪康年：《读杨君度论家族主义国家主义演说系之以论》，《汪穰卿遗著》卷 4，钱塘汪氏铅印本，1920，第 18 ~ 21 页。录自《刍言报》宣统二年十一月初六日。

② 吴虞：《家族制度为专制主义之根据论》，赵清、郑城编《吴虞集》，四川人民出版社，1985，第 61 ~ 64 页。

③ 劳乃宣：《新刑律修正案汇录・序》，《桐乡劳先生（乃宣）遗稿》，第 867 ~ 876 页。

孝也。尧舜之道，孝悌而已矣。此谓广义之家族主义。"而这种广义的家族主义"谓之国家主义可也，谓之国家的家族主义可也"。江谦主张，"今欲提倡国家主义，正宜利用旧有之广义家族主义，以为之宿根"，因为"利用旧有者成功易，创造新有者成功难，破坏旧有以创造新有者成功尤难。况所破坏之旧有，即为所欲创造之新有，则破坏创造已为多事，而横生阻力，扰乱人心"。①

不难发现，旧派并不反对新派注重"国家"的思想观念，但是认为礼教与之可以并行不悖，甚至可以互相提携发展，并非像杨度所说的非此即彼的"主义"之争。

有意思的是，汪康年似乎受到杨度"主义"冲突说的刺激，也把相关争议上升到礼教存亡的高度进行讨论。其认为修订新刑律之事，并非仅为修改法律，其重要性"较之立宪及国会盖十百倍"，乃"变动三千年来立国基础问题，改变数千年相承习惯问题，废灭国教问题"。就历史而言，中国自秦汉以后"失抵抗力几二千余年"，"而能凝而不散，植而不倾"，正是因为有礼教（国教）在。礼教"自父子、兄弟、夫妇相爱，以及于宗族，以及于乡党，以及于国家，遂使极大极散之人群，能团合而为一"，至今"民间犹赖宗法维系，得以循习苟安"。②

至于对外方面，汪康年认为修改刑律以收回法权之说，不过为"倾向西法者唊朝廷之辞"，"试思此等大交涉，能以苟且改一刑律而即能乎？试问日本之为此，仅恃改正律法乎？"若急促行事，反而导致未收法权而"自促其祸乱"的结果。汪康年主张维持禁止外人内地杂居的政策，"与其使彼内地杂居，尚不如使彼得领事裁判权于租界之为愈"。再者，"天下事贵于治将来，不贵于究既往。吾国宜绸缪之事多

---

① 江谦：《江氏刑律争论平议》，劳乃宣编《新刑律修正案汇录》，《桐乡劳先生（乃宣）遗稿》，第 1001～1010 页。又见《申报》宣统二年十二月十三、十六、十七日之第 1 张第 3 版、《宪志日刊汇订》宣统二年十一月二十四日。

② 汪康年：《痛论颁行新刑律之宜慎》，《汪穰卿遗著》卷 4，第 5～8 页。录《刍言报》宣统二年十月初六日。

矣，何可以此而多费精神日力？"① 其说并非毫无所见，② 但是在重视国权的世风下，恐怕难以被新派所接受。连汪氏本人也预测，"此文所言，必为时贤所呵"。

杨度提出"主义"之争，即便新派内部也有不同声音，认为其言过于绝对，反而增加了新刑律案通过的难度。陶保霖认为，杨度之说从思路到结论都有错误，不过"特借此以发表其意见耳，与新刑律之专为收还领事裁判权之预备一语，同为非说明新刑律正确之论"；家族主义与国家主义并非绝对相反，服制家族制度之弊"不过交争相疾，及酿成一国经济上不利益二端而已，未见其于国家主义上，有直接之损害及冲突也"；今日多贪官污吏"于家族制度本少关系"，"如蓄妾也、早婚也，习于怠惰而豢养供使令之人过多也，习于奢侈而消费之额太钜也"都是重要的原因，而"其根本尤在教育缺乏，人人不能自立"。③

冈田朝太郎也认为目前的家族制度影响到国家的发展，"抱亲权万能主义，于家庭之秩序虽见整齐，而于国家之思想，终少发达"，但是绝对否定亲权，"以无道德破坏家庭之秩序，其流弊之大，又言不胜言"，最好还是因应中国当前"亲权最完固，而国家思想尚薄弱"的状况，"折衷而维持之，则国家间之关系庶得有利而无弊矣"。④

值得注意的是，无论守旧或趋新的参与论争者，大部分均不认为新刑律乃针对礼教而来。如劳乃宣在为反击新派言论而结集的《新刑律修正案汇录》写序时，便特意强调"新刑律中保存家法之处甚多，特

---

① 汪康年：《论租界与领事裁判权》，《汪穰卿遗著》卷4，第34～36页。录《刍言报》宣统二年十二月初六日。

② 那思陆指出："领事裁判权和会审公廨的设立，其实施范围仅限于通商口岸'租界'地区，其影响是局部的而不是全部的……（两者）虽然侵损了清政府司法审判权的实施范围，但基本上并未变更清代司法审判制度的本质与内容。"见其《清代中央司法审判制度》，北京大学出版社，2004，第5页。

③ 陶保霖：《论新刑律果为破坏家族制度否》，《法政杂志》（上海）第1年第3期，宣统三年四月二十五日，第36～43页。

④ 汪庚年编、冈田朝太郎讲授《京师法律学堂讲义·刑法总则》，第92页。

尚未能尽善耳"，① 旧派为维持礼教而提出的修正不过就是无夫奸、亲属相奸、干名犯义以及子孙违犯教令等少数几条而已。

新派认为新刑律对礼教的保障已经足够，目标绝不在于破坏家族制度。如陶保霖分析说："新刑律之关系于家族制度者，惟分则各章有尊亲属加重之规定，而无其他亲属加重之明文。凡期功之亲，皆与平人同视。此或者为破坏家族制度之说所自起也。"但在判决例中，有"上比下比之余地"，可根据服制等情况进行定罪。另外，"至现行律所有而现行律不明著条文者，如干名犯义，已包于诬告罪中。妻妾骂夫期功家长，已包于妨害安全信用名誉罪中。其他如三百七十五条亲属相盗、一百七十六条亲属相为容隐，尤为保存家族制度之明证。立嫡子违法、嫁娶违律等，自当规定于民律中"。至于子孙违犯教令，"或疑为减削亲权，然苟为正当之教令，违犯者重则有刑律分则各章之适用，轻则为尊亲属者当然有强制之权，何必规定于刑事法规？此尤不足生破坏家族制度之疑"。简言之，"新刑律四百零五条，无一条可为破坏家族制度之证"。②

若排除杨度等人的激烈言论，当时大部分参与论争者在效仿西方、渐变旧法的修律路径问题上，认识其实大体一致。新派并不欲全然破坏礼教，旧派亦大体支持新刑律案。新旧相争亦相通，最后才会通过一部大体崭新、微有旧痕的新刑律法案。

第三节　新律维持会的成立

杨度在资政院演说后，劳乃宣也以西方议会游说的方式，"既在院内运动各议员签名赞成伊之主义，复遍邀前日在议场赞成伊说者，飨以

---

① 劳乃宣：《新刑律修正案汇录·序》，《桐乡劳先生（乃宣）遗稿》，第875页。
② 陶保霖：《论新刑律果为破坏家族制度否》，《法政杂志》（上海）1 年 3 期，宣统三年四月二十五日，第 36～43 页。

酒食"。① 《时报》报道，劳乃宣"见游说诸议员无效，于日昨又改用酒食政策，招致议员多人，托其分途运动。查与宴者为高凌霄、江辛、沈林一、陈树楷、陶峻诸人，此外尚待调查"。② 十二月初一日的《帝国日报》引用《安东商报》的报道，称劳乃宣"特在某大员宅内，暗邀同人会议，商筹办法，以资抵辩。闻议员中到会者有十七人"。③

《神州日报》的"京函"认为此举颇有成效："劳大宴宾客，出其所撰说帖，要求同志赞成者签字。劳于政界颇占势力，而礼教二字又足以激发中国旧习惯之人心，政界之旧头巾先生又较新学子占多数。故赞成劳说者颇不乏人。即以该院议员而论，如万慎、江辛、陈树楷、陈懋鼎、陶峻、陶镕、沈林一等，皆赞成劳说，而陈宝琛赞成尤力。此外中立视望者亦复不少。似此相持不下，则此案在该院决难通过。"④

新派传媒对于劳氏"大宴宾客"的举动则颇有讥评。《京津时报》讽刺说，"苟游心于国粹之方面，则彼抱残守缺之士若劳议员者，亦自有其足供钦仰之处。而何为是运动也，而何为是酒食征逐为运动之手段也？"⑤《帝国日报》的"少少"亦指责"酒食响应"为资政院议员的恶劣风气之一。⑥ 其实劳氏的宴客之举倒是符合西方民主政治的惯例，正如汪康年所言，"今世发明之新法，凡议员以酒食招集人而运动之，乃为普通应然之事，则各报之对于劳君应责其吝酒食之费，不应诮其以此为运动之资也"。⑦ 新派传媒可能对西方议会政治的运作方式不甚了然，才会从传统鄙视酒食征逐的角度看待之。

十一月初六日，《帝国日报》指出，"新刑律提交资政院以来，外人视为中国一绝大问题，数日之间电报络绎不绝"。但揭诸版面的只是

---

① 《劳乃宣强聒不休》，《国民公报》宣统二年十一月初五日，第2页。
② 《劳乃宣之运动》，《时报》宣统二年十一月十四日，第2版。
③ 《请看反对撤回领事裁判权之恶对头》，《帝国日报》宣统二年十二月初一日。
④ 《新刑律案之暗潮》，《神州日报》宣统二年十一月十四日，第2页。
⑤ 《新刑律与劳议员》，《京津时报》宣统二年十一月十四日，第1版。
⑥ 少少：《议员之风气》，《帝国日报》宣统二年十一月十一日。
⑦ 《诘新》，《刍言报》宣统二年十一月十六日，内编第2版。

一道"伦敦要电"，"称英报无日不议论此事，有谓中国若能将刑律改良，我国即当撤废领事裁判权，以为各国倡者，有谓中国资政院议员程度不足者多，此刻决不肯弃其数千年相沿之野蛮法律，以步趋各国之文明，吾政府尚当审慎出之"。① 同一日，《国民日报》也报道了"外人注目新刑律"的消息，甚至称"撤退领事裁判权在此一举"。该报所接到的"英京友人专电报告"如下。

> 中国资政院提议新刑律问题，英国各大报均得有北京专员之电告，一时哄动全欧社会，均集视线于此问题。其国中舆论皆谓中国刑法向守残酷主义，今新刑律纯以崭新之学说编定而成，可知其所注重者在于撤退各国在中国之领事裁判权。领事裁判权本系为对待野蛮国主义。今中国果能改良法律，吾英人亦不惜以全力协助之云云。并闻各国政府已纷纷电致各该公使，询问新刑律之内容若何，及能否通过。

报道者甚至进一步解读，各国之所以如此"关切"，就是因为"各国将以刑律之能否通过决将来放弃（领事裁判权）与否之从违"。②

    检阅该时段的《泰晤士报》，只有两则关于中国法律改革的报道。一则是在 9 月 22 日，关于京师高等检察厅检察长徐谦在伦敦仲裁法院举办的午餐会上发表演说，讲述中国改良监狱、修改刑法和商法的进展。另一则是在 12 月 17 日，赞扬中国在改良监狱方面的进步。③ 即便其他各报有论及取消领事裁判权的相关报道，能否达到"英报无日不

---

① 《外人注意新刑律之一斑》，《帝国日报》宣统二年十一月初六日。

② 《外人注目新刑律》，《国民公报》宣统二年十一月初六日，第 2 页。该消息也见于《申报》宣统二年十一月十一日，第 1 张第 5 版；《民立报》庚戌（1910）十一月十二日，第 3 页；《外人注目新刑律问题》，《盛京时报》宣统二年十一月初十日，第 2 版；《外人注目新刑律问题》，《北京新报》宣统二年十一月初七日，第 2 版。

③ *Chinese Jurists in London*, The Times, September 22, 1910, p. 7; *The Reform movement in China*, The Times, December 17, 1910, p. 5.

议论此事""一时哄动全欧社会"的效果，似乎不无疑问；而《帝国日报》和《国民日报》都相当支持新刑律，有可能夸大其词。

十一月初八日《帝国日报》"时评"的论调渐趋激烈，"欲使酷吏劣幕失其窟宅，草菅人命之伎俩无所复施，不外立时废去旧刑律，规仿世界刑法之公共原则，改用新刑律"，因此，"此次新刑律法案之会议通过与否，实吾民生死关头，即吾民四万万生命托于二百议员之手矣"。而且此事关乎法权，"刑律不改良，领事裁判权万不能收回，议员苟反对新刑律，是又以个人私意，实行断送国权也"。该文甚至还威胁，若议员持"乡曲陋见"加以反对，"吾民即当设法取消其代表资格"。①

五日后，《帝国日报》专门为此事发表"社说"（署名"蘅"），并特别注意到外人的态度："各国新闻记者争欲探视其内容。而《伦敦时报》至谓中国律例果能改良，英国有履行条约之义务"，可见"各国皆注意此次之新刑律矣"。因此，"蘅"甚至将新刑律放在国家存亡的高度上加以看待，"此次刑律能否通过，将来国家存亡系之"，"使改良刑律之目的不能达，致国家从此永不能称完全，且或因是以归于灭亡"。"蘅"特别强调，"广漠虚空"的礼教不能解决"退穷送房"的问题，"徒谈名教而可强国，则我国数千年来谈之已精，今宜在世界列强之上，何乃积弱危亡至此？"换言之，救亡的需要远远急迫于维持礼教，礼教无用的潜台词已经呼之欲出。②

《宪志日刊》的记者对于外人关注新刑律的消息也颇感兴奋："今新刑律外征列强，勉趋于世界大同，内鉴国情，不致与社会习惯相柄凿，举国人民方且额手称庆，深幸撤退领事裁判权之有日。"但是，"英人之言至欲协力以助我，而实受领事裁判之祸者，反死力反对，惟恐此案之成立。呜呼，抑何我学士大夫谋国之忠，曾不外人若也！"③

---

① 《时评·维持新律之必要》，《帝国日报》宣统二年十一月初八日。
② 蘅：《告资政院议员反对新刑律者》（社说），《帝国日报》宣统二年十一月十三日。
③ 《新刑律平议（三续）》，《宪志日刊汇订》宣统二年十一月初九日，第17页。

　　立论稳健的商业大报《申报》的时评也为此激动，"新刑律方在资政院讨论耳，而外人舆论已惊天动地如此，设竟实行，不知其影响于国际上者更何如也！"外人注目新刑律，"亦惊中国断行轻典之决心，而喜一扫从前惨酷无人理之旧习耳"。由此反观"硕学通儒"中的反对者，可谓"不仁亦甚矣"。[①] 其后该报又发表"时评"认为，新刑律案的争论其实是"主权"和"亲权"之争，"欲主权则不可不减削其亲权，以希冀其挽救之一日；有亲权则无日可希望其主权，而外人裁判权永永恭让，莫可如何"，"此固不必断断争辩也，但熟审其利害之大小焉斯可矣"。[②]

　　《京津时报》也发表《论新刑律》一文，指出"外人之注重此事"，"欧洲各报无日不议论，有谓中国刑法向主残酷主义，今改用新律，志在收回领事裁判权，如果实能改良，我英国当先撤去领事裁判权，以为诸国倡。又有谓资政院议员程度不足者多，恐难通过，各国政府宜审慎从事"。因此"他日之能否收回领事裁判权，又在乎此举"。[③] 同样也是以欧洲关注新刑律这条消息为收回法权辩护。

　　各报如此兴奋，表明他们原亦相信旧派提出的劝告，即修律未必就能收回法权，还需要国力和兵力去支援；现在欧洲居然传来列强肯主动放弃领事裁判权的消息，难免欣喜若狂。

　　从后见之明看，即便欧洲的传媒报道是真的，列强也不会轻易放弃领事裁判权。西方虽然一直关注中国的修律进展，但并不满意。英国驻华公使馆对于1910年中国实施宪政的情况有一评价，堪可注意。该份报告已经注意到新刑律草案由资政院审议并由朝廷正式颁布，但却质疑实施的成效，"法律改革已经制定出很多重要的纸上条文，但它们是否真的有助于改善司法审判的情况却很令人怀疑"。报告亦指出，省会和商埠审判厅的建立，加剧了外国领事和地方官员的冲突。报告虽然肯定

---

① 《时评》，《申报》宣统二年十一月十二日，第1张第6版。
② 《时评》，《申报》宣统三年三月二十五日，第1张第6版。
③ 《论新刑律》，《京津时报》宣统二年十一月二十六日，第4版。

清廷实施司法独立的努力，认为这会缩短中国收回法权的时间，"然而没有人能够伪称我们距离那个时间并不遥远，或者过去一年中沿此方向有任何实质的进步"。①

除了法权的因素外，传媒对于新刑律案还有颇多法律之外的考虑和视角。有的从新旧角力的角度看待此次论争。例如《国民公报》认为："今日争论新刑律，盖非仅刑律问题，实新旧激战之大问题。赞成杨说者，大半皆新派，赞成劳说者，大半皆旧派。吾欲以此案之通过与否，觇社会程度之高低。"② 该报甚至将新刑律视作关系立宪成败的关键性问题之一。

> 今日所急宜解决者有三大问题：（一）新刑律问题。（二）剪发易服问题。（三）党禁问题。此三问题不解决，不独无立宪国之精神，亦且无立宪国之形式。凡欲为立宪国人民者，对于此三大问题只能赞成，无可反对。其有主张反对者，非顽固无识之老枪，即谀媚无耻之下流而已。③

《帝国日报》的"炎炎"则指出，新刑律案和剪辫案"能否圆满通过，全关人民程度问题，即全关资政院议员程度问题"；如果反对，"不过徒以脑筋简单见轻于政府，与遗诮于世界而已"。④ 待资政院通过剪辫案，"炎炎"甚受鼓舞，对于新刑律案的前途甚表乐观，"将于剪辫易服案之通过，以卜新刑律之通过"。而两案若通过，"吾民代表已有世界的知识，此后议决政事，必均□有世界的眼光，而吾国此后将渐

---

① *British Document on Foreign Affairs*, Part Ⅰ Series E, Volume14, *Annual Reports on China, 1906－1913*, p.190. 这份报告由使馆的 Mr. Max Müller 撰写，并由 J. N. Jordan 呈送 Edward Grey。

② 《资政院杂感》，《国民公报》宣统二年十一月初二日，第1页。

③ 《东鳞西爪》，《国民公报》宣统二年十一月十七日，第3页。

④ 炎炎：《剪辫子与改用新刑律》，《帝国日报》宣统二年十一月初五日。

趋为世界的国家"。①

特别的是，新派舆论多以劳乃宣修正数条即为反对新刑律全体。有匿名者去稿《帝国日报》，认为新刑律"主旨正确，计划详密，条文简要，精神统贯，万万无可搀杂之处"，"劳乃宣而敢主张废弃也则已，而曰保存礼教，真是海外大奇谭"。又谓"劳乃宣欲支支节节而为之，非惟不知法律，并且不知礼教。其所知者，但有章句而已，吃饭而已"。作者厌恶的是折中调和的改革思路，"从前之学务计划，近年之筹备宪政事宜，种种秕谬，至今为梗，何莫非劳乃宣辈自雄予智，强作解人之戾，今更欲为害于大清新刑律，孔子所以恶乡愿者在此"。②

《时报》的"孤愤"指出新旧刑法的目的和宗旨都不相同，就"万不能枝枝节节，以旧律思想掺杂于其间"，因为"法系不同，条文自不能沿袭也"。③ 远在日本的梁启超也认为劳乃宣将旧律的思想羼入新刑律有误："新刑律者，一种之法典也。法典与单行法异，全部皆为有系统的组织互相联属，若欲以门外汉而妄改其中一二条，此犹以不知画理之人而欲强画师惨淡经营之画幅，令其改削一水一石，必至全幅不复成片段而已。"④

随着各方争议趋于激烈，新刑律一案已然超出纯粹的法律范围，引起新旧派别的对立，于是有新律维持会的成立，以对抗劳乃宣的游说活动。《民立报》的"京函"观察到：

> 劳即邀是日会场为之赞同者小饮聚谈，如湖北陶峻、四川万慎、江西闵荷生皆在其列。一时众论哗然，翌日外间即有所谓新律维持会者发现，扰攘数日。其实新刑律之主义专为收回领事裁判权

---

① 炎炎：《时评·议员知识之进步》，《帝国日报》宣统二年十一月十五日。
② 隐投：《评劳乃宣之于新刑律》（投稿），《帝国日报》宣统二年十一月初九日。
③ 孤愤：《社论：论新刑律之恐难通过》，《时报》宣统二年十一月十六日，第1版。
④ 梁启超：《评资政院》（宣统二年十一月二十二日），《饮冰室合集·文集之二十五（上）》，第173页。

而设，与国内政治教育本并行相辅，并非除刑律外无他法令也。劳固一迂曲之士，无纤毫世界观念，而维持会亦不知资政院提出之本意，视为一种政党竞争之事，皆可谓庸人自扰。①

其论及新律维持会的成立与劳氏饮宴联络的直接关系，似有所见。不过，维持会的成立恐怕主要还是出于收回法权的需要，同时亦可能带有新旧相争、关乎立宪成败和维持新刑律完整性的考虑。

据《京津时报》消息，"都中政学界志士"为防止"顽固卑陋、无法律知识之议员挟持私意，运动反对，致不能通过"，决定创立新律维持会。签名之发起人不但有《帝国日报》记者周震鳞，而且还有钱维骥、张嘉森（君劢）②、张嘉璈（《国民公报》记者）等康梁门人。《时报》则谓，实际是周震鳞和陈佐清二人"发起新律维持会"。③

周震鳞和陈佐清均为咨议局联合会的在京成员。④ 周氏在庚子年参与过唐才常的自立军，后来成为革命党人，赴京与吴禄贞等人"专力联络布置北方各省实力"，任《帝国日报》编辑和顺天高等学堂教习。⑤ 陈氏为《神州日报》记者，⑥ 宣统元年正月与黎宗岳等人号召各省发起国会期成会。⑦ 两位发起人都有传媒的背景，正如《凌霄一士随笔》所谓，新刑律维持会"主其事者多新闻界中人"，"为新派议员作院外之声援"。⑧

---

① 《争新律之怪怪奇奇》，《民立报》庚戌（1910）十一月十四日，第 2 页。
② 张君劢于当年夏天从早稻田大学毕业，获得政治学学士学位，旋回国应学部游学毕业生进士考试，获授进士。见李贵忠《张君劢年编长谱》，中国社会科学出版社，2016，第 13 页。
③ 《专电》，《时报》宣统二年十一月初九日，第 2 版。
④ 谢海燕：《晚清资政院研究》，硕士学位论文，北京大学法学院，2004，第 59 页。
⑤ 《周震鳞自序》（1950 年 4 月笔述），《近代史资料》第 91 号，1997 年 4 月，第 252 页。
⑥ 《日本钦使宴请中日绅商之盛会》，《顺天时报》宣统二年四月二十四日，第 7 版。
⑦ 《专电》，《时报》宣统二年正月初九日，第 2 版。
⑧ 徐凌霄、徐一士：《凌霄一士随笔》（二），第 601 页。

综合各家传媒消息，① 新律维持会初十日在虎坊桥湖广会馆开会，到者三百余人，会议由周震鳞、陈佐清和钱维骥等人主持。会上，周氏说明"新刑律在实行立宪时代对外对内之必要，所以吾辈对于反对新刑律草案者不可不极力设法取消其阻力"。钱维骥则"演说礼教不可牵入法律范围，驳倒劳乃宣所据之意见"。

资政院议员陆宗舆、罗杰和席绶三人亦到场。陆氏衔宪政馆之命，赴奉天考察归来，② "演说新刑律与旧刑律之异点，并比校其得失，征引法理事实，反复推究"，又言及"奉天实用新律审判，毫无障碍，官民称便，以证明新刑律之功效"。其实新刑律尚未颁布，有何"功效"可言，陆氏所言应指奉天实行的司法独立之制（使用的是大清现行刑律）。不过，著名记者黄远庸所见远不如陆氏乐观：即使奉天法署"堂构巍然"，法官"严然有威仪"，"所与日本殊者，特服章言语耳"，但法官问案"理入狱半岁之囚，而惝恍不得一确实之证"，因此"司法之效，仅可期之二三十年以后"。③ 许世英在东北筹设审判厅时所感到的"真正困难所在"也是法官的素质问题。④ 可见旧派对于新法律仓促难以有成的忧虑并非毫无所见。

另一位议员罗杰也有演说："新刑律虽取国家主义，然别有民律保存家族主义，断不至因用新律以破坏家族主义"，意欲消除外间对于杨度以国家主义代替家族主义的疑虑。最后由陈佐清说明"迅速维持之办法"，请会员自愿"直接往晤资政院各议员谈判"，谈判结果无论赞成与否，"皆随时函达各报登载"。当时自愿签名者约有四十人之谱。

---

① 《新律维持会开会纪事》，《京津时报》宣统二年十一月十一日，第 2 版；《新律维持会纪事两则》，《申报》宣统二年十一月二十一日，第 1 张第 4 版；《神州日报》宣统二年十一月二十日，第 2 页。

② 关于陆宗舆考察奉天宪政，可参迟云飞《晚清预备立宪与司法"独立"》，《首都师范大学学报》（社会科学版）2007 年第 3 期。

③ 远生（黄远庸）：《陈宗藩条陈司法独立书书后》，《宪志日刊汇订》宣统二年十一月初四日，第 7 页。

④ 许世英口述《许世英回忆录》，台北，人间世月刊社，1966，第 101 页。

　　十三日新律维持会再行开会，商议具体事宜。"决定将反对较力者先向质问，当即配定五股，随分配随起行，颇有秩序"，对于"反对新律议员之最著名者，则由周君震鳞、陈君佐清等于十五日前往质问，必使反对者词穷理屈始已"。①

　　十五日，资政院部分议员在全蜀会馆商讨新刑律案，据《帝国日报》的报道，周震鳞和陈佐清"特莅会与各议员直接谈判"。刘景烈报告法典股的审查结果，即将暂行章程删除。其解释称：

　　　　其第四条［无夫奸罪立法］删去理由，以其为亲告罪，无亲告之人，谁为举发，有亲告之人又顾羞耻，不愿举发，所以删去，让诸民法中规定行使亲权及违警律处以密卖淫。删第五条之理由，以其卑幼对于尊属应有正当防卫，即古人云"大杖则逃"之义。正律内百六十三条改为有配偶而和奸者，处四等以上徒刑。

　　议员陈树楷不解，有所质疑："第一，不服尊属管理之时如何；第二，违警律只问受金不受金，不问和奸不和奸；第三，仍不能救济无夫之和奸，宜以四条加入正文。"据说陈树楷会后被周震鳞劝服，"周君将陈疑难之处一一解释，陈本精通法理者，立时省悟，并谓高议员凌霄肆口发言，殊多不合，即劳乃宣之说亦甚不当"。但高凌霄与陈佐清"反复辩论，约有两时之久，高始恍然。是时周君震鳞与各议员谈判已毕，见陈、高二君尚在争执，复大声峻驳高之误点。陈谓伊疑窦现已尽释"。高凌霄最后也表示"决不反对"。②

　　十七日，资政院议员在财政学堂开会商讨新刑律案，"议员到者约六十人，旁听者约七八十人"。③ 维持会成员与会旁听，却在会后与高

①　《再纪新律维持会开会》，《京津时报》宣统二年十一月十四日，第2版。又见《新律维持会纪事两则》，《申报》宣统二年十一月二十一日，第1张第4版。

②　《新刑律通过之先声（二）》，《帝国日报》宣统二年十一月十六日。

③　《财政学堂开会纪事》，《帝国日报》宣统二年十一月十八日。

凌霄、万慎等人发生肢体冲突，彼此互控对方殴人。以情理推断，周震鳞参与革命活动，1911 年又有"从旁听席投椅击散咨政院之事"，[①] 当时又急于劝服议员，首先出手殴人者似为周氏等维持会会员。议员胡骏的日记亦显示，次日他到资政院开会时，见到高、万二人，方"知报章故意颠倒是非"，真相原来是周、陈二人被捕，外省议员也因此"辄抱不平"。胡骏因此感叹，"足见报馆之无价值，而报律不得不严。从前院中为报馆出力，转觉无谓"。[②] 趋新的汪荣宝并没有在日记中言高、万殴人，只是说当时"忽闻议场门外喧嚷声，急出视之，则高君方与旁听者某君等口角。同人劝解不听，遂致互殴。经众拉开。章君伯初呼巡警至，一并带区"。[③]

暂且不论殴人事件之真相，重要的是传媒如何报道这条新闻，以及由此折射出的媒体生态。《帝国日报》报道，"高凌霄因附和劳乃宣、沈林一受嗤，恼羞成怒"，对周震鳞、陈佐清"肆口谩骂"，后又呼万慎前来，"围殴周君"。陈"大声质问高凌霄何以如此野蛮，高反诬周君殴人，周君更怒，遂由章君宗元呼巡警前来，并扭高凌霄、万慎同到内城右二区"。区官询问时，"忽有多数旁听人前来作证，证实高凌霄、万慎殴人"。最后区官"叫车将高、万二人送总厅"。[④] 周震鳞身为《帝国日报》中人，将此事完全报道成议员殴人事件并不令人意外。

值得注意的是，同日发表的《京津时报》和《北京日报》报道该事的内容文字，竟与《帝国日报》几乎完全相同（除了标题和副标题）。[⑤] 十九日的《顺天时报》、[⑥] 二十六日的《申报》[⑦] 和二十八日的

---

① 《周震鳞自序》（1950 年 4 月笔述），《近代史资料》第 91 号，1997 年 4 月，第 252 页。
② 胡骏：《补斋日记》（宣统二年十月十八日），台北，文海出版社，1982，第 423 页。
③ 《汪荣宝日记》宣统二年十一月十七日，第 719 页。
④ 《财政学堂开会纪事》，《帝国日报》宣统二年十一月十八日。
⑤ 《议员谈话会纪事》，《北京日报》宣统二年十一月十八日，第 2 版；《新刑律案之大风潮》，《京津时报》宣统二年十一月十八日，第 2 版。
⑥ 《新刑律案之大风潮》，《顺天时报》宣统二年十一月十九日，第 4 版。
⑦ 《高议员竟欲以挥拳胜口说耶》，《申报》宣统二年十一月二十六日，第 1 张第 4 版。

《时报》① 也刊登了类似的内容。十九日的《大公报》报道也是将《帝国日报》报道略做删减而成。② 可知京津沪各报协调立场，采用了《帝国日报》的通稿，形成众口铄金的效果。

直到二十二日，《国民公报》才刊出一封"议员来函"，自称"前日开会时情形与散会后冲突之事，当日曾经目睹"，"先是旁听席中有嗤叱之声，高起喝之。迨散会时虽有二人扭高，欲行殴打。经万慎告知本堂监督章君。章因呼巡警将殴人者送厅，高遂归寓云。将高、万送厅者，实系传闻之误"。言指高、万才是被殴者。③ 但到二十四日，《国民公报》又刊登周震鳞的启事，指二十二日所刊"实于情形不合，请为更正"。④

《刍言报》的汪康年对于此事颇有质疑，直指各报的报道"最为颠倒黑白"。

> 是日高议员方演说其宗旨，忽周、陈两人从旁听席中以口作声而嘘之，以示菲薄之意。高议员以旁听人必不能有此举动，即斥阻之。不意遽触二人之怒。临出时，周、陈已待于门见高，汹汹将用武，万议员乃前助高，而二人犹不舍。高、万二君呼警察至始至。此事明白昭著，且有证据。⑤

各报将殴人者报道为被殴者，汪康年分析其原因："以周震鳞为《帝国日报》主笔，《帝京新闻》本与相联，⑥ 于报亦存同业相护之心。

---

① 《旧刑律之害人》，《时报》宣统二年十一月二十八日，第 2 版。
② 《新刑律会议之冲突》，《大公报》宣统二年十一月十九日，第 1 张第 5 版。
③ 《财政学堂开会之误办》，《国民公报》宣统二年十一月二十二日，第 2 页。
④ 《来函更正》，《国民公报》宣统二年十一月二十四日，第 2 页。
⑤ 《愤言》，《刍言报》宣统二年十一月二十六日，内编第 2 版。
⑥ 据日本驻华机构的调查，《帝京新闻》"1910 年 5 月创刊，由原《大同报》总理、《帝国日报》记者康士铎独自经营"。见《关于清国报纸的调查（三）》，李少军编《晚清日本驻华领事报告编译》（第五卷），第 58 页。可与汪康年所见相互参看。

《国民公报》虽据函更正，而题目亦不敢显揭，后又登周辨正之函。"汪氏还透露，"新律维持会辄于资政院议新刑律之前一日，每议员处以二人往胁，令明日至资政院必须赞成新刑律，否则不相宽假"，不由感叹"国家大事而伊等乃敢以把持恫嚇行之"，传媒却不加过问，真"可怪孰甚"。①

汪自称"调查再三，始得其实"，背后其实与劳乃宣的主动澄清有关。劳致信汪，谓"此事共闻共见，弟所目睹"，请《刍言报》纠正各报之失，并亲拟启事云：

> 本报前载周、陈与高、万两议员殴骂一节，系得之传闻，兹闻调查得实，特录如下核之：十七日在财政学堂开谈话会，旁聆人周震鳞、陈佐清殴骂议员高君凌霄，经财政学堂监督章伯初君唆警察，将周、陈两人送区，由区送交总厅查办。议员高、万两君随至警区，并未发言，即回财政学堂云云。特此更正。②

所谓高、万殴人事件持续发酵，发展成开大会驱逐议员的局面。据《京津时报》报道，熊煜、欧阳煦、冉林懋、谢盛堂、古壹、刘昶育、袁焕崙、甘树棠等人，以"川省同乡"名义，决定于二十日在全蜀馆开大会对付"玷污全省名誉"的高凌霄。其公启称，高凌霄"以无普通法律智识之人，滥竽代表之数，于新刑律议案提出时肆力反对，意图附和硕学通儒议员某京堂，以为将来提携地步"；"其所主张之议论，与原始时代人民之口吻无异，不惟不知领事裁判权之必待改正条约而后撤去，且不知新律上原则、例外之用语"；"该议员荒谬绝伦，惟存一己之目的，始而反对新刑律，继而诬人殴打，大为吾蜀之羞"。因此开会"质问该议员，并筹保吾蜀名誉之方法"。③可知"川省同乡"对

---

① 《愤言》，《刍言报》宣统二年十一月二十六日，内编第 2 版。
② 《劳乃宣致汪康年》，《汪康年师友书札》（三），第 2175～2176 页。
③ 《川同乡拟开大会诘问高凌霄万慎》，《京津时报》宣统二年十一月二十日，第 2 版。

高凌霄的指责有三方面：攀附劳乃宣、反对新刑律和殴人。令人奇怪的是，与高氏同一立场且被认为助拳的万慎却被放过，表明这些四川同乡声讨高凌霄的出发点并非单纯是新刑律事件，恐怕还有一些不为人知的考虑。

其实高凌霄作为四川的"民选议员"，支持劳乃宣维持礼教的立场，倒还相当反映蜀中一般士绅的"民意"。刘师培在 1912 年曾言，川人程度落后"南人"十年。[①] 所谓"落后"，应为"保守"的代名词。以四川吴虞为例，他在宣统二年因公开其父恶行（即犯旧律之"干名犯义"）而被四川教育总会决议逐出教育界，川省咨议局亦进行纠举，又经川绅周凤翔等禀控，呈请护理四川总督王人文将之逮捕。[②] 可见吴虞所作所为在成都已经触犯众怒。

有意思的是，《帝国日报》在痛诋高、万二人之余，更辱及其故乡，"高凌霄与万慎为同乡人，生活于蛮风蜑雨之中，本不知有所谓国家，有所谓文明"。[③] 正表明在新派传媒眼中（也包括刘师培），四川在全国属于落后之区。同时他们又竭力鼓动"落后"的四川开除高凌霄的代表资格，实不无矛盾之处。

对于万慎，《帝国日报》并不像四川同乡对他轻轻放过，而是极尽讥讽之能事。其言道："议员万慎原名万人敌，又浑名万疯子。此次公然出头反对新刑律，但头脑冬烘，不特新刑律毫未梦见，即旧刑律亦向未寓目。"又谓万慎将新律草案"交同乡张明远，转托陕西陈少湍名雄藩签驳"，"陈二十余年老刑幕，精于旧律，尤欢迎新律，问万是旧派、

---

① 《吴虞日记》，第 48～49 页。

② 吴虞：《家庭苦趣》（1910 年 11 月；文前说明），赵清、郑城编《吴虞集》，第 18 页。汪康年：《汪穰卿笔记》，第 83 页。《家庭苦趣》讲到的"家君意不厌，时时以纤小琐碎之事，挑斥诅骂，又谓余不备鸡鱼绸缎"等事，其实都在子孙违犯教令范围之内，见《吴虞集》第 20 页。

③ 《新刑律之秽史》，《帝国日报》宣统二年十一月初九日。同题消息亦见《民立报》庚戌（1910）十一月十五日，第 3 页。《续纪新旧刑律之大激战》，《申报》宣统二年十一月十六日，第 1 张第 3 版。

新派，复知万新旧皆不识，乃将原书掷还，戒其不必作无意识之冲突"。①

二十一日，《帝国日报》又刊登《特别广告》，列举高凌霄的"顽固之言论、野蛮之举动"，以图增加与会人数。其中指出：高凌霄主要反对的是第八条："第二条、第三条及第五条至第七条之规定，如于国际上有特别成例者，不适用之。"高氏当时称："修订刑律原为收回领事裁判权，如有本条规定，即永无收回领事裁判权之一日。本议员为四万万人民代表，若本议员不争执删除而答允，即不啻四万万人民皆答允矣……收回领事裁判权乃全体之总原则，而第二、第三等条尤为原则中之大原则，据汪议员（汪驳谓本条乃为前数条之例外）称此条为例外，即应定入暂行章程及附则。"换言之，高氏正是因为太在意收回领事裁判权，担心此条会有负面作用，才会坚持反对。

《特别广告》却反驳说，"收回领事裁判权须法律、政治、军备各方面皆臻完备，乃可与各国提议改正条约。修订新律仅收回领事裁判权着手行为之一部分，不得谓新律成立，即当然消灭领事裁判权也"。而且从高氏"称此条为例外，应定入暂行章程及附则"看来，"不惟不知新律，并不知旧律，不惟不知法理，并不知法例也"。这是因为"编纂法律之体裁，有同条前半为原则，后半为例外者，亦有后项为前项之例外者，更有后条为前条或前数条之例外者，各国法律皆然，即大清律亦然"。可见，这些四川同乡已经承认单纯依靠修律无法收回法权，却又更愿意相信新派所制订的草案，担心片面的修订会破坏法权之收回。

高氏的第二条"罪状"较有意思，"高议员演说后，群以其为无意识之阻挠，全场姗笑，该议员无地可容，遂大吼曰：'议场之内，岂容糊闹，实属不知法律！'"其实议场允许旁听而不能受干扰本是惯例，高氏斥责这类违规行为本无可厚非，但却被指为"罪状"之一。但在

---

① 《帝国日报》宣统二年十一月初九日；《新刑律之秽史》，《民立报》庚戌（1910）十一月十五日，第3页；《续纪新旧刑律之大激战》，《申报》宣统二年十一月十六日，第1张第3版。

四川同乡看来，高氏演说之语"荒谬离奇，不通已极，宜乎惹起全场之姗笑"，反而是高氏"大声咆哮，状如泼妇，自行破坏议场之秩序"，才需要被惩戒。

第三条就是殴人事件，被认为破坏了四川之名誉。

值得注意的是，这次签名控诉高凌霄罪状的人数比前一天《京津时报》刊登者增加了十六人，包括蓝镇、李承烈、陈锟、何耀光、胡正章、屈厚蕃、陈煜、徐际恒、左攀龙、孙尔康、郑可经、唐维骕、郭兴绩、吴家兴、孙镜清、黄乐成。①

稍后，川人在全蜀会馆开会，声讨高凌霄，"到会者百余人"。据《帝国日报》报道，何梦庚力主废除高凌霄的川省议员资格。陈仲谋则提出三个方法：其一，"质问高反对新刑律之理由，并其迫自行辞职"；其二，"申明高议员不能胜任，川人不肯承认其为代表之情形，呈请资政院核议"；其三，将"高之不法行为"公电四川咨议局，并"请示办法"。三者皆获得通过。会上亦有杨某及其父为高凌霄求情，"愿诸君念同乡之谊饶他这遭，免惹出外省人笑话"。② 次日的《京津时报》和《帝国日报》报道此事时，登载了一些反对者的言论，透露出更多的内情。"杨君系留日法律生，演说法律上不能取消高某议员之理由，出语颇能根据法律，惟迹近为高辩护。"张罗澄也极力反对惩办高凌霄，"在旁大叫，我不明法律，且此等攻击个人之语我不会听"，其后又"怒气冲天，抢步上台，大呼我反对"。③ 显见川人之中亦不无支持高凌霄者。

《京津时报》却评论称，"新刑律已为一般心理所欢迎，倡议反对

---

① 《特别广告》，《帝国日报》宣统二年十一月二十一日。次日重登一次。

② 《川人对于高凌霄之公愤》，《帝国日报》宣统二年十一月二十五日。

③ 《旅京蜀人大会议》，《京津时报》宣统二年十一月二十五日，第2版。又见当日《帝国日报》，个别字句差异，无按语。又见《高凌霄不容于川同乡》，《申报》宣统二年十二月初一日，第1张第5版，少按语，该报道称，"继由杨君提议路事，然亦无甚主张，不过报告在沪查账情形"。显示在京川人此前因川汉铁路之事而有所组织，恰逢有涉及川籍议员事件，才开会处理。

最为不名誉，川人之对待实亦当然之结果，深愿议员诸君各自宝贵其人格，而勿步其覆辙也"。① 此语不无恐吓议员的意味，新刑律俨然变成了不可修正之事。部分议员在此气氛下，也不得不向传媒表明态度。

《帝国日报》报道，湖南和浙江两省议员较支持新刑律，"湖南籍议员除黎尚雯、易宗夔、罗杰、席绶赞成最力外，闻曾侯爵并主张将暂行章程五条一概取销，免与新刑律主旨冲突。外有反对者一二人，闻湘人已预筹对付之法。浙江议员亦多半是赞成派，以邵羲、王廷扬、余镜清诸君为最著"。② "直隶议员如李榘、刘春霖、胡家祺诸君，均力主从新，而李君搢荣则谓中国果欲实行立宪，则不能不步趋各文明国之通行刑律，以为收回领事裁判权之地，如劳乃宣、高凌霄辈所主持，实根本错误。鄙人决不与之表同情云。此外，奉天议员孙以苘、陈瀛洲、书铭、王玉泉，吉林议员庆山、徐穆如，黑龙江议员桂山，湖南议员李子爵等，业已一律宣言，祝新刑律早日通过。"而郭家骥则说："我于法律无丝毫阅历，不敢妄言。"③

另外，"如刘述尧谓广东议员全体对于新律均表赞成，所以日前未登台发表意见者，因言语隔阂，诸多不便之故。安徽议员如江谦、江辛、柳汝士诸君，亦系新派中人"。而理藩部郎中荣凯也说，"和奸与违犯教令二条，皆是道德及教育范围以内问题，非刑律所应规定"。林绍箕的主张更形激进，"余于新律非特不反对，且以为中国旧律已不能支配目前社会，即无领事裁判之问题，亦应修订新律，至劳议员所主张之条文，在旧律数百年中未尝适用一次，已属具文，何必赘设？盖新律旧律不可混杂，欲行新律则不可参以旧律，欲参用旧律则不如并新律而不议，宪可不立，国会亦可不开"。记者称赞"其言可谓透辟矣"。④ 有意思的是，在最后阶段的无夫奸问题投票中，江谦和林绍箕不知何故都

① 《旅京蜀人大会议》，《京津时报》宣统二年十一月二十五日，第 2 版。
② 《新刑律与议员》，《帝国日报》宣统二年十一月十八日。
③ 《新刑律与议员》，《帝国日报》宣统二年十一月二十一日。
④ 《新刑律通过之先声》，《帝国日报》宣统二年十一月十六日。

没有投票，而荣凯等人反而支持劳乃宣。看来确有议员在外界压力下被迫表态支持的可能性，或报章故意颠倒黑白。

汪康年对于新律维持会的行事以及川人开会声讨议员大为不满，"凡反对者辄可于院外禁嚇，令不敢言，然则所谓赞成者，必其被运动者可知，然则谓赞成者若干人，反对者若干人，皆在不可信之列，盖非被运动而赞成或被禁嚇而不敢反对，是皆出于旁人之提掇，而非本人自己之意思"，如此，将导致"议院成一虚假之器矣"。至于《京津时报》记者认为川人会议可证明人心所向，汪氏反驳称："川馆之集议既声明高议员反对新刑律为有罪矣，则孰敢披陈己意，自认为有罪之人乎？"而且会中"学生某据法理谓不能取消其议员，已大被呵斥，直至其父谢罪始已"，可见"所谓人心向新刑律者，强硬之力为之，非人心之自然也"。①

汪氏更认为新律维持会和旅京蜀人"公然集一二百人以干涉高议员反对新刑律"，无异于"蹂躏资政院"，因为"以一堂堂资政议员而被绝不相干之人随意处分，尤为无理"，但各报却置之不理，"则人以为议员不自相保重，随意蹂躏之可矣"，其实"保护者，公共之事"，"不能问其党见之如何"，保护高氏就等同于保全了资政院。② 后来汪又公开向议长溥伦呼吁，"有人纠众处置高议员一事，且明明诘问其反对新刑律之罪"，开了干涉议员言论自由之恶例，因为"议员在院中所发议论，院外之人万无可以干涉之理"，若开此先例，"将来必至议员于未入议院之前，院外之人可迫令其何事应若何措辞，何事应若何批驳，从我则生，不从我且死。又其甚，则此一党人既迫令如此说，彼一党人又迫令如彼说，则议员人人皆在死亡之区域中，而大局之不可问，更不必言矣"。③ 应该说汪氏的认知颇有所见，可惜此风愈

---

① 《诘问二》，《刍言报》宣统二年十二月初一日，内编第 3 版。
② 《记怪》，《刍言报》宣统二年十二月初六日，内编第 3 版。
③ 汪康年：《敬告伦议长》，《汪穰卿遗著》卷 4，第 31 页。录自宣统二年十二月初一日《刍言报》。

演愈烈，至民初便有各派势力威逼议员之事，议会的独立的确就不可问
了。

其实，传媒干涉议员，除了其本身的意愿外，很可能与院内的新派
议员有关。杨度与《帝国日报》关系密切，据胡思敬奏参，《帝国日
报》的前身《中央大同日报》为杨度所经营，主笔陆鸿逵也为湖南人，
两广总督袁树勋"投赀本其中，借以掩盖赃私，诛锄异己，俗所谓机
关报者是也"。[1] 议员雷奋本身就是《京津时报》的主事者，《宪志日
刊》则是拥有不少议员的预备立宪公会的机关报。后来刘廷琛参劾议
员暗通报馆，传闻某相国就曾对人言："该监督此层所见极是。盖各议
员之敢于恣意横行者，大抵恃有报馆为其后援耳。"[2] 张元济在宣统三
年（1910）也观察到，"日报为今日一大要事，京中要人无不各挟一报
以自护，从此国中恐只有个人之私言，而无国民之公论，非有贤者出为
拯救，世道人心，真有不可问者矣"。[3] 就新刑律事件而言，新派议员
纵容传媒谩骂异己之人，虽然在舆论上暂据优势，实际却削弱了资政院
的独立基础，从而有损立宪政治的未来。

相较而言，劳乃宣一方的言论貌似保守，行事却合乎议会政治的规
范。招宴议员之外，劳乃宣也甚为重视传媒的力量，一方面请汪康年登
报为殴人事件辩诬，另一方面又印刷赫善心的《新刑律论说》一千一
百余部和林芝屏《辨明国家主义与家族主义不容两立说》一千四百余
部，联系汪康年随报派送。[4] 其后将反驳新派的文章编成《新刑律修正
案汇录》，"庶几好礼之儒、明法之士，传播而发明之，俾公是公非大

---

① 胡思敬：《劾两广总督袁树勋折》，《退庐全集·退庐疏稿》，第 783 页。根据日本驻
　华机构的调查，《帝国日报》"前身是杨度（袁两广总督的幕僚）主持的宪政公会的
　报纸，名为《中央大同日报》（由北京的《大同日报》与《中央日报》合并，改为
　此名），1909 年被禁止发行，1909 年 12 月底改名为《帝国日报》后发行，发行量为
　5000 份"。见《关于清国报纸的调查（三）》，李少军编《晚清日本驻华领事报告编
　译》（第五卷），第 58 页。
② 《刘廷琛参劾资政院之由来》，《大公报》宣统二年十二月初一日，第 1 张第 5 版。
③ 《张元济致梁启超》（宣统三年三月初七日），《梁启超知交手札》，第 284 页。
④ 《劳乃宣致汪康年》，《汪康年师友书札》（三），第 2175～2176 页。

白于天下，则我国数千年礼教纲常之幸也"。① 然后交汪康年分发，后者随后利用自己的人脉寻求支持，如寄姚文倬《新刑律修正案汇录》两部，以及各送一册予传媒巨子张元济和陆费逵。②

这些举措固然无法扭转趋新的大势，不过亦为其在个人品格方面赢得了不少恕词。梁启超认为劳氏等人"谅非别有所为而为之，不过出于维持德化之盛心耳。此其意固可敬，然惜用之非其地也"。③ 革命报纸《民立报》连载"老谈"的讽刺小说《痴人梦》，里面的主人公游览"科罚总部"，即兴对新刑律之事发表议论，"大约那争的人到还没有什么私心，不过是不大晓得现在世界上的事体，他抱着一肚子的旧思想就是了，非同那些旁的争持通是与个人利权上有关系的可比，还可以稍予原情的"。④《国民日报》虽不赞成新律加入礼教条文，但仍佩服劳乃宣的"始终坚执"，认为"热心"，而"江辛、万慎徒摭拾一二枝辞蔓语，反对新刑律。其程度又在劳乃宣下"。⑤ 入民国后江庸也坦言，"劳氏思想虽旧，其研究法制之热心，要不可及"。⑥

第四节　无夫奸投票与新刑律的颁布

新律维持会以院外的传媒势力干涉议员的投票意向，加剧了议员间的意见对立，实际也对政党政治的萌芽提供了必要的生长环境。资政院

---

① 劳乃宣：《新刑律修正案汇录·序》，《桐乡劳先生（乃宣）遗稿》，第 876 页。
② 《姚文倬致汪康年》，《汪康年师友书札》（二），第 1256 页；《张元济致汪康年》，《汪康年师友书札》（二），第 1750 页。
③ 梁启超：《评资政院》（宣统二年十一月二十二日），《饮冰室合集·文集之二十五（上）》，第 173 页。
④ 老谈：《滑稽小说：痴人梦》，《民立报》庚戌年（1910）九月二十一日，第 6 页。
⑤ 《资政院杂感》，《国民公报》宣统二年十一月初二日，第 1 页。
⑥ 江庸：《五十年来之中国法制》，《最近之五十年》，第 8 页。

政治势力的分野原本在于民选和钦选。据梁启超的《国风报》观察，"大抵资政院议员中，隐分两派，一为政府党，一为民党。若满汉王公世爵，及蒙古王公世爵，则持中立态度"。[①] 但随着院内外新刑律争论的激烈化，这种界限逐渐模糊。高凌霄和万慎等民选议员提出与新派不同的修改意见，传媒开始对民选议员表达不满。《时报》刊登"孤愤"的论说，指责民选议员程度不及钦选议员："民选议员，其程度宜高于钦选议员，乃对于新刑律一问题，其智识反在钦选议员之下，窃不禁为民选议员羞也。"[②]《神州日报》的"京函"也注意到，"资政院自开院以来，民选议员与钦选议员政见往往不合。初八九两日议新刑律第二百八十八、九两条，钦选党自起冲突，民选党亦自起冲突，两党合观，则昔之互相冲突者，皆化为今之互相融洽"。[③]

十二月初八日的资政院投票尤为关键。新旧双方在议场内就无夫奸的问题进行激辩。议员胡骏在其日记中简单写道："是日议刑律，无夫奸冲突颇剧。"[④]《资政院第一次常年会记录》显示，会场竟然有18次因议员争抢发言而出现"声浪大作"的情形，尤可见辩论的激烈程度。辩论终结后，由在场119名议员投票决定。结果，支持无夫奸定罪一方（投白票，"白票党"）得77票，反对一方（投蓝票，"蓝票党"）只得42票。新派不服，又进行第二次投票，表决无夫奸罪是列入刑律正文还是暂行章程，"白票党"领先三票，以61票险胜。

《汪荣宝日记》记录了当时新派失利的情形："新党全体失败，有愤怒退场者。闰生〔陆宗舆〕起言，此之谓程度不足。余附和之。众大怒，一哄而散。余惘惘而归。"[⑤] 立场相反的许同莘却大为高兴，在日记中写道，无夫奸一条"辩论逾二小时之久，卒以多数议决，以为

---

① 《资政院议事摘要》，《国风报》第1年第26期，宣统二年九月二十一日，第97页。
② 孤愤：《社论：论新刑律之恐难通过》，《时报》宣统二年十一月十六日，第1版。
③ 《资政院最后之变相》，《神州日报》宣统二年十二月十六日，第2页。
④ 胡骏：《补斋日记》宣统二年十二月初八日，第432页。
⑤ 《汪荣宝日记》宣统二年十二月初八日，第741页。

有罪，添入刑律正文。此为议律以来第一快事"。①

这次投票结果至少说明以下数点。首先，支持"无夫奸"定罪者要远多于反对者，彼此距离有 35 票之多，表明在场的大部分议员支持劳乃宣维持礼教的观念，而传媒大肆宣扬的新派占优的报道并不确实，甚至可能因此促进了旧派的团结。其次，当第二轮投票表决"无夫奸"列在正文还是暂行章程时，"白票党"有所分化，有 16 位议员支持列入暂行章程，新旧派在无夫奸问题上可谓势均力敌（仅差 3 票），在第一轮的投票中，旧派正是在这一批折中新旧的议员的支持下取胜。换言之，新派在开院之初的策略可能过于急进，没有全力去争取议员支持暂行章程，反而是力主删除，使得旧派的票源趋于巩固，最终获胜。可见温故知新的折中派议员或是资政院内的关键少数。最后，"白票党"中民选、钦选议员各半，"蓝票党"中民选、钦选的比例为二比一，突破了开院之初"民党"（民选）和"政府党"（钦选）的分野，以致出现"民党大为分裂，而政府新进与民间新派乃不期而媾合"② 的现象。

对于"无夫奸"一条的投票结果，《宪志日刊》发文认为"新刑律从此破坏矣"。新刑律的争议，乃"保守派与进步派消长之机，而亦政府与人民争胜之点也"，此次政府提出新刑律，"能以崭新之学说，提供于资政院"，但"曾是俨然人民之代表"的议员"乃鼓其堵奸防淫之私说，为新刑律增莫大之污点"，此举将会造成外人以中国为守旧，"益视我为不足与图"，也将使政府更视人民程度为不足，而"益肆其专横"。③

《帝京新闻》的"小乙"颇有想象力地认为，政府其实是借新刑律案"觇人民程度足与不足"，而结果反映出"吾民即甘心居于不足之

① 《许同莘日记》（宣统二年十二月初八日），中国社会科学院近代史研究所藏，档案号：甲 622－11。
② 《资政院之谈余》，《时报》宣统三年正月初九日，第 2 版。
③ 《新刑律从此破坏矣》，《宪志日刊汇订》宣统二年十二月初十日，第 19 页。

列，与无法律知识之国民，而谈立宪，势如对牛抚琴"。[①] 劳乃宣之婿
陶葆廉则认为这样的言论"可笑可恨，无有过于此者"，"不思政府大
老，实未留意，且宪政馆所奏定新刑律于无夫奸罪名尚列在附条，自到
资政院经法典股删去耳"。[②] 其语或许更近真，无夫奸仅是新刑律四百
多条之一，传媒却放大至"破坏"新刑律的高度，以至于政府与人民、
外人与中国之间的胜负问题，确实揭示出趋新传媒对于中国的立宪前途
充满了高度的紧张感。

有意思的是《帝国日报》对于这一投票结果的分析。作者认为此
次失败乃由于"深恨平日号称明白议员纷纷请假，以消极主义雪积愤，
劳党乘之，故卒归失败"，"倘以未弹劾军机以前人数到会，胜败尚未
可知也"。[③] 次日，该报又发言否认投票结果的正当性，"服从多数之
说，只可施之于文明人。中国人民程度果尽如高凌霄、于邦华等，则惟
有励行开明专制以治之。立宪非空言，国会非儿戏，文明名词固不许滥
出邨俗浅人之口也"。[④]

新派虽然在初八日的投票中遭到失败，但也没有一蹶不振。初九
日，由于"赞成新律诸君皆愤愤"，遂相约不到议场。汪荣宝往宪政馆
上班，"院中屡有电话来馆，述议长命促往"，汪却"诡词却之"。随后
与章宗元和陆宗舆联名"招集昨日投蓝票诸君"，约次日上午"会议善
后之策"。[⑤] 许同莘对于新派的缺席抗议大为不满，指为"大有同盟罢
工之势。少数不服从多数，亦各国宪法史所未有也"。[⑥] 站在"蓝票"
一边的《京津时报》不明就里，亦不以杯葛为然，"既居一日之位，即
难宽一日之责。万一对付无人，其余之条文一任群盲瞎闹而轻轻通过，

---

① 小乙：《厄言片片》，《帝京新闻》宣统二年十二月初十日。

② 《陶葆廉致汪康年》，《汪康年师友书札》（二），第 2107～2109 页。

③ 《议场谈屑》，《帝国日报》宣统二年十二月初九日。

④ 《议场谈屑》，《帝国日报》宣统二年十二月初十日。

⑤ 《汪荣宝日记》宣统二年十二月初九日，第 742 页。

⑥ 《许同莘日记》（宣统二年十二月初九日），中国社会科学院近代史研究所藏，档案
号：甲 622－11。

则阙席者得无抱疚于心"。①

初十日上午新派的会商结果，"变更议事日表，破坏刑律分则之再读"，并"将刑律总则付三读"，事后证明该策略成功。当日开议时先由章宗元提议新刑律延后讨论，到最后，"籍议员忠寅请以刑律总则付三读。反对党哄然退场，留者仅七十余人。余请省略三读，即付表决。不起立者仅三四人，遂通过"。② 可见，按照议事日表，新刑律本可议完，但新派担心己方已寡不敌众，遂以非常之道破坏了新刑律分则的审议进程；而旧派则以"哄然退场"反制，只因新派早有准备，加上议长袒护，才能强行三读通过新刑律总则。新旧相争造成的议场乱象，在场的许同莘甚表不满，"议事将毕之际，纷纷出场，秩序大乱，竟有无法律之象。最后五分钟乃有此种怪相，可叹！"③

这一最终结果令趋新传媒喜出望外。《帝国日报》记者不无夸张地说，"资政院今年最后之三十分钟，蓝票党终奏凯而归，真可谓工于战术者。吾于此不禁手舞足蹈，浮一大白曰：今年之资政院得此结果，觉也未可厚非"。④ 随后，《帝国日报》"炎炎"更撰"社说"，认为"新旧政争最后之结果，新党大获胜利，旧党全归失败"，这是因为分则"决不能与总则主义冲突"，"今年既议决总则，则明年即应从分则第一条议起，将初八日劳党瞎闹通过之无夫奸一条根本取消"。"炎炎"且否认劳党势力占优，初八日的投票失利只是部分议员误投白票，"初八日投白票者纷纷与人言，多谓是日因未听明议长宣告表决之意思，故误书白票，是当时书白票之六十余人并非全体赞成无夫奸加入正条之人也"，因此，到初十日表决时，有八十余人赞成总则，"而劳党已成单薄之势"。⑤

---

① 《议场谈片》，《京津时报》宣统二年十二月初十日，第 2 版。
② 《汪荣宝日记》宣统二年十二月初十日，第 743 页。
③ 《许同莘日记》（宣统二年十二月初十日），中国社会科学院近代史研究所藏，档案号：622-11。
④ 《议场谈屑》，《帝国日报》宣统二年十二月十一日。
⑤ 炎炎：《社说：资政院之乐观》，《帝国日报》宣统二年十二月十三日。

其实旧派并不反对总则，初八日之前已经二读通过了总则，便是新旧妥协的结果；新派破坏分则的二读、强行通过总则的三读的意义，在于中断了旧派在分则条文上乘胜追击的势头；而总则先行三读通过，既可振奋新派的士气，又起码可以总则制约旧派在下届会期修改分则。正如冈田朝太郎所言，"虽有可经本年常年会之资政院，出多少之修正意见而经裁可。若大部分之变更，可预决其必无也"。①

但是在十一日，汪荣宝却从章宗祥处得知，宪政馆以分则未及议完为由，"议将以刑律原案颁布，不复与资政院会奏"，汪"闻之愕然，殊为宪政前途危惧"。② 十二日"蓝票同人"会商此事，议决办法："（一）要求会奏总则，不成则（二）请变通颁布年限，又不成则（三）请开临时会，又不成则惟有辞职。"其后汪荣宝等人又与杨度计议，"（一）会奏总则，惟将其中不同意之点特别声明，请旨裁夺。（二）由宪政馆草奏分则，请与总则同时颁布，但声明明年交资政院追认"。但宪政馆提调宝熙"颇有异同，卒不得要领而散"。③ 十五日，汪荣宝"应刘仲鲁〔刘若曾〕、达稺甫〔达寿〕招饮，坐皆同馆诸子，商榷颁布刑律问题"。④ 经过蓝票诸人的努力，宪政馆最后决定按照汪、杨的方案，与资政院"会奏总则草案，分则将于明日〔二十四日〕同时呈递，分则由绶金〔董康〕就股员会修正案及原案斟酌取舍"。

汪荣宝在董康定稿后，索阅修改，"复采用股员会修正案数条。绶金亦首肯，议遂定"。而会奏稿则由董康、许同莘和汪荣宝等人商定。⑤ 可见，新派最后以职权之便擅自改定分则的条文，再以谕旨颁布，以造成既成事实。不过，其能擅改者可能只是争议较少的条文，像责任年龄和暂行章程等关注度高的条文仍维持宪政馆的第三案版本。

---

① 冈田朝太郎：《日本冈田博士论改正刑律草案》，留庵译，《法政杂志》（上海）第1年第2期，第17~18页。
② 《汪荣宝日记》宣统二年十二月十一日，第744页。
③ 《汪荣宝日记》宣统二年十二月十二日，第745页。
④ 《汪荣宝日记》宣统二年十二月十五日，第748页。
⑤ 《汪荣宝日记》宣统二年十二月二十三日，第756页。

十二月二十四日，军机大臣和资政院会奏新刑律草案总则，并请旨决定责任年龄的期限。资政院方案主张未满十五岁不为罪。军机大臣则认为未满十二岁为妥，十二岁至未满十六岁"得减本刑一等或二等"。[1]上谕按照："新刑律总则第十一条之十五岁，著改为十二岁，第五十条或满八十岁人之上，著加入或未满十六岁人字样，余依议"，[2] 裁示赞同军机大臣的意见。

同日，宪政馆大臣另折请旨颁布新刑律草案分则和暂行章程，提出理由三大端。首先，期限必须遵照筹备清单。略谓：

> 恭查筹备清单，本年为颁布新刑律之期，按此项清单乃德宗景皇帝钦定之案，腾黄刊布，分限程功，最足握宪政进行之枢轴。以故年来内外臣工钦遵定限，胪陈成绩，未敢稍缓。斯须现在议院改于宣统五年开设，所有各项事宜更皆钦遵谕旨，提前办理……刑律与宪政关系尤切，如将赶期颁行之事项反行展缓，恐将来各主管衙门援为先例，适长因循玩愒之阶，于国会前途影响颇巨。

所谓遵照筹备清单的理由说得冠冕堂皇，其实一周前清单才修正通过，[3] 当时已明知资政院尚未审核完分则，但是新刑律仍定在宣统二年内颁布，应是出自宪政馆内新派的有意安排。其次，新刑律草案"采用各国立法例者亦复不少"，需要司法官吏预先研习。再次，新刑律不定，将影响刑事诉讼法的制订，"此外如刑律施行细则，乃沟通新旧之办法；判决例为适用刑律斠一之基础，亦须俟刑律确定之后，方能从事

---

① 《军机大臣奕劻等奏为议决新刑律总则缮单会陈请旨裁夺折》（宣统二年十二月二十五日），《钦定大清刑律·奏疏》，宣统三年刻本。
② 《钦定大清刑律·上谕》，宣统三年刻本。
③ 《宪政编查馆大臣奕劻等拟呈修正宪政逐年筹备事宜折（附清单）》（宣统二年十二月十七日），《清末筹备立宪档案史料》（上），第90页。

293

编纂”。①

上谕批准了宪政馆的奏请，同时又为后来的修订留下了空间。略称：

> 新刑律颁布年限，定自先朝筹备宪政清单。现在开设议院之期已经缩短，新刑律尤为宪政重要之端，是以续行修正清单亦定为本年颁布。事关筹备年限，实属不可缓行，著将新刑律总则、分则暨暂行章程先为颁布，以备实行。俟明年资政院开会，仍可提议修正具奏请旨，用符协赞之义。并著修订法律大臣按照新刑律，迅即编辑判决例及施行细则，以为将来实行之预备。余照所议办理。②

令人稍觉意外的是，劳乃宣对于新派的暗中活动未提出异议，竟对上谕安排表示满意，“刑律为人民所托命，是以讨论不厌求详，已奉明诏颁布，尚许提议修正，足征朝廷慎重法典之至意”。③ 这或是不得不然的门面语，其婿陶葆廉致汪康年的信中即指出：“从此新党之视旧党意见甚深，向所谓公事争论，交情如故者，皆不然矣。”但陶氏同时亦请汪氏“未可登报，恐更增嫌隙”，④ 可见劳乃宣一方颇有息争之意。

综上言之，上谕所颁布的新刑律钦定案（即第四案）基本维持了宪政馆第三案的规定：总则部分经过资政院审议程序的细部修正，分则部分则由汪荣宝和董康等人以宪政馆员的身份做细部修改。换言之，资政院内外的大辩论和无夫奸的投票结果对于新刑律条文的实际影响其实不太大，不过，却意外促成了新旧的大论战，影响到政界势力的分化组合。

---

① 《宪政编查馆大臣奕劻等奏为新刑律分则并暂行章程未经资政院议决应否遵限颁布缮具清单请旨办理折》（宣统二年十二月二十五日），《钦定大清刑律·奏疏》，宣统三年刻本。

② 《钦定大清刑律·上谕》，宣统三年刻本。

③ 劳乃宣：《〈新刑律修正案汇录〉跋语》，《桐乡劳先生（乃宣）遗稿》，第1055~1059页。

④ 《陶葆廉致汪康年》，《汪康年师友书札》（二），第2107~2109页。

第八章

宣统三年的礼教余波

新刑律案在宣统二年（1910）底冒险过关，修律事业却在宣统三年（1911）初遭逢不利开局。其时朝局诡谲多变，政出多门。朝廷因要维持传统礼教，作为"治统"的思想基础，故对胡思敬、刘廷琛等人的奏驳做出妥协。礼学馆参与修订新民律，刘若曾取代沈家本出任修律大臣等，反映出朝廷的平衡新旧之术。然终不免令人无所适从，缺乏改革的方向感。亦如冒广生所言："命改新刑律，又设礼学馆，修《大清通礼》。此如董子所云，一手画方，一手画圆，莫能成者也。"[①] 中西、新旧之间始终存有难以调和的张力。最终到辛亥革命爆发，清帝逊位，才使得皇权不再成为趋新的制度障碍。

第一节　沈家本的去职

新刑律颁布后两天，礼学馆奏复宣统元年甘大璋要求贯通宪政、法律和礼学三馆事务之奏。奇怪的是，礼学馆单衔上奏，与三馆会商复奏的谕旨并不相符，显然与宪政、法律两馆意见不谐。尽管新刑律案已然

①　冒广生：《叙》，曹元忠：《笺经室遗集》，第1页。

钦定通过，礼学馆仍表示："法律馆修正新刑律未与臣馆集议，其中有关礼教诸条，臣馆未能稍参末议，不无遗憾。"另有传媒消息指，直至宣统三年三月，"礼学馆某枢要"仍认为新刑律既未被资政院全部通过，"本馆仍有酌核之权限"，而"酌核之意旨，不外以本国习惯礼教为根本，有不足者则采取他国"，至于"治外法权能否收回，本馆不能过问"。① 可见礼学馆对于新刑律的通过甚为不满，即便新刑律已经钦定，还念念不忘。

礼学馆此奏主要要求参与修订新民律的事务："日用民生在在与礼教相为表里，臣馆若不预闻，非特法律馆所编民律恐有与礼教出入之处，即臣馆所编民礼亦恐与民律有违异之端，将来实行之时必多窒碍"，于是拟定了《礼学馆、法律馆会同集议章程》。章程规定：两馆"互相联络"，"法律馆编出草案底稿，应一律分送礼学馆"，"两馆书籍案卷应准彼此检查"，民律"应由礼部礼学馆、法部、法律馆会同具奏"。② 可见两馆的作用并不对等，礼学馆对法律馆编纂的各项草案有"研究集议"之责，法律馆则无权过问礼教馆之修礼工作。该奏连同章程获得朝廷批准。其后，沈家本与礼部尚书荣庆商定，从宣统三年二月起，"嗣后除有应行会核之件当知照礼学馆，随时协商外，并于每月举行会议三次，研究一切问题，以资联络"。③

对于礼学馆此次单衔独奏，《申报》认为这是礼部为求自保：

> 自吏、礼两部裁撤之议发表后，部员异常惶恐，各出其运动手段，或攘夺他部职权，或借口他种名目，以图保存本部之地位。今礼部又以编订民事法关系礼教，特咨行法律馆，要求会同礼学馆编订，此亦保全礼部之一法也。④

① 《礼学馆破坏新刑律》，《申报》宣统三年三月初九日，第1张第5版。
② 《礼学馆将参预民律》，《申报》宣统三年正月二十一日，第1张第4版。
③ 《法律、礼学两馆之联络》，《大公报》宣统三年正月十八日，第2张第1版。
④ 《礼部又得一保存之机矣》，《申报》宣统三年正月十六日，第1张第6版。

新成立的礼学馆自然也有任务，即编纂规模宏大的《大清通礼》，但通晓礼学的馆员并不在意，反而亟亟于立法事务，尤可见其时世风之偏向。

与此同时，"白票党"领袖劳乃宣虽然到任江宁提学使，仍获聘为宪政馆民律咨议员。《时报》的"专电"谓："江宁提学使劳乃宣运动充宪政编查馆民律咨议员。如遇有重要情事，仍来京面商。闻已有成议。"① 汪荣宝听闻礼学馆和劳乃宣两项消息，"不禁为法典前途惧"。②

宣统三年正月，胡思敬上奏参劾刚刚通过的新刑律案。与劳乃宣不同，胡氏并不认为朝廷有修律的必要，而且认为新刑律基本上一无是处。

> 自唐以来，行之千余年，上下相安，未尝有弊。今聚三五少年，全行变更，所拟新律只四百余条，订为一册，揆之民情风俗相背而驰，谬妄不胜枚举。

并具体指出，法无正条不定罪、凡有关伦纪名节者均行删除、律文概括而不具体、为富不仁者可借赎金逃避法网、改良监狱无异于"嘉奖"罪犯，均为新刑律的重大过失。③

这样一部新刑律却能闯关颁布，在胡思敬看来简直不可思议："新律不可行，督抚言之，各部院大臣驳之，言路参之，即同馆之人如劳乃宣等，亦起而攻之，而皆无丝毫之效，一任二三奸党抵死护持，将内外衙门签注各条尽行驳斥。此不当我朝三百年来未有之变局，亦中外古今所罕见也。"胡氏身在朝廷，当然不可能不知道中枢维护之内情，此时

---

① 《时报》宣统三年正月十三日，第 2 版。

② 《汪荣宝日记》宣统二年十二月二十七日，第 760 页。

③ 胡思敬：《请将新律持平核议折》（宣统三年正月二十五日），《退庐全集·退庐疏稿》，第 1010～1021 页。下文中的胡思敬言论均出于此。

也唯有为尊者讳，痛诋"二三奸党"而已。

对于收回法权之说，胡氏也认为不过是新派借此欺骗朝廷。各国"盖深知我国刑律自为系统，万不能轻议更张，姑为是言，权词以谢我耳"，而中国只需"内政修，兵力强，不但区区裁判之权无难据理力争，即各口商税、各埠租界，且当次第磋商，挽回已失之利"。

而且根据条约，外人要求"在中外刑律改同一律"，这在事实上并不可能。按照董康的讲法，新刑律"有本之《尚书》者，有本之《唐律》者，有杂采各国者，有根据旧律者，有特别规定，东西各国所无者"，因此实为"不东不西，别为一种风气，并非与各国一律，即欲争回裁判，已与条约不符，不待启齿，将为外人所窃笑矣"。

胡氏的建议尤值玩味："如果注重此事，则当会同外务部，与各国晤商，将新律草案奏准年月咨会各国公使，俟其允从，然后刊布未晚，何乃冒昧从事也。"这无异于默认可以用新刑律案来换取各国放弃领事裁判权，换言之，如果能够达到收回法权的目的，即便违反礼教也在所不惜。可知所谓旧派亦未必很"顽固"，只要满足一定的现实条件，其安身立命的纲常亦可"变通"。

胡思敬最后点名奏参："吴廷燮、杨度主持甚坚，汪荣宝、董康编制局诸员从而和之，沈家本老而务得，将数十年亲身阅历有得之学弃若弁髦，而碌碌傍人，拾取后生牙慧，识者莫不羞之。"

该折为胡思敬当时参劾系列折中的第三折。[①] 此折呈上后，"监国

---

① 第一折奏参宪政馆的吴廷燮、杨度、汪荣宝和李家驹等人，第二折奏参东北防疫事宜。参见《北京政界之暗潮》，《时报》宣统三年二月十一日，第 2 版。《清朝续文献通考》另载有胡思敬的《新刑律不适用于中国折》，或第三折的不同版本，亦可参考。该奏折认为中国礼教胜于外国，自然不可以夷变夏："风俗之美，虽由教化濡染而成，亦借律法以维持之。中国之律重在伦常，外洋之律重在财产，彼此相较，人格之优劣可见矣。五伦之教、男女婚姻之礼，此华夷中外之大防。杞用夷礼则夷之，非必限以疆域也。法律馆初拟草案，幸各省指驳不认，倘轻徇其谋，竟欲化中原为左衽，则父子之分不尊，夫妇之伦必破，世变所极，至父不能保其子，夫不能保其妻，君独安能有其臣乎？"见《清朝续文献通考》（三），第 9936 页。

指出以问军机，军机谨对未有乃已"。最后留中不发。①《时报》记者观察到，"入正以来，反对改革之风特甚，折奏云集于朝不可殚述"，新刑律之外，"现在新订民法，又有子过成年，亲权丧失之条，大为一般人所反对"。故其预言："改革之阻力，其必始于内阁官制及刑法、民法之二大难关矣。"②

不仅如此，到二月二十二日，沈家本同时被免去修律大臣和资政院副总裁之职。该人事变动相当突然，连接近权力中枢的汪荣宝都感到"殊出意外"。③《大公报》指出，"系为政府以该侍郎所订法律多与礼教不合，屡被言官指摘，且在资政院毫无建白，监国深滋不悦"。④ 而《时报》消息则谓："枢臣因沈家本修订法律，专主从新，故保刘若曾代之"。⑤ 沈氏一贯标榜修律宗旨为"折衷各国大同之良规，兼采近世最新之学说，而仍不戾于我国历世相沿之礼教民情"，至此被中枢认为过于趋新而无法保守礼教，最终去职收场，恐怕两个月前勉强通过的新刑律草案就是主因。

尽管沈家本在资政院的表现饱受恶评，但传媒对撤除其修律大臣职位仍多有不平之声。《大公报》的"梦幻"指出，"沈家本虽不足系人民之望，而于法律之学研究素精，顾何以既撤其副总裁，又撤其修订法律大臣?"⑥《时报》的"孤愤"也说，"沈侍郎之威望似不如伦〔正议长溥伦〕，然沈固法律专家也，于旧律既经验数十年，于新律亦研究数载，其智识实远出于诸老朽之上"。⑦

尤其以沈氏与继任者刘若曾做比较，更显得新不如旧。《时报》报

---

① 《清朝续文献通考》（三），第 9938 页。
② 《北京政界之暗潮》，《时报》宣统三年二月十一日，第 2 版。
③ 《汪荣宝日记》宣统三年二月二十二日，第 816 页。
④ 《沈侍郎开去兼差之原因》，《大公报》宣统三年二月二十六日，第 1 张第 5 版。
⑤ 《专电》，《时报》宣统三年二月二十四日，第 2 版。
⑥ 梦幻：《再论资政院之大更动》（续），《大公报》宣统三年二月二十七日，第 1 张第 3 版。
⑦ 孤愤：《论资政院更调正副总裁事》，《时报》宣统三年二月二十四日，第 1 版。

道"一深于政界消息者之谈"：

> 沈自先朝以来，专任修法之事，深通旧律，并明新律，极为法律馆中诸日本博士之为起草员者所推，奖励后进，所用人多知名之选，勤勤恳恳于所职，殆北京大老之所少见。被命开去差使归法部本任之日，犹自不知。清晨入馆手自点审草案。一时放出，念之惨然。且以久任修法之人，民法、商法、诉讼法均其一手经理，法律馆且议于今年裁撤，而乃中途去此要人，新律前途可以想见。盖政府于此等处用人之不知轻重又如此。刘若曾本直隶一老名士，文采甚佳，于中西律皆无所知晓者也。①

不过，据闻沈氏去职后感觉"非常愉快"，"曾语人云，予今开去此两项兼差，外间多有为予惋惜者，殊不知修订法律与充资政院总裁此两差最难理处，稍有不慎，非受攻于政府，必受谤于舆论，无论如何，恒处于丛怨地位。今一律释此重负，何快如之！"② 此语应反映沈氏心中的真实想法，③ 其身处新旧相争的夹缝之中，一直苦寻调和、折中之道，至此终得解脱。

朝廷此次任命刘若曾，大有加强礼教之深意。早在宣统元年（1909），《申报》就报道，"刘若曾为礼教家之专门"，"人皆以孝子称之，最为张相国器重，曾力保其才堪大用，现闻将升授礼部侍

---

① 《北京大员之变迁记》，《时报》宣统三年三月初五日，第2版。
② 《沈侍郎撤差后之愉快》，《大公报》宣统三年三月初一日，第2张第1版。
③ 早在前一年六月，沈氏便有辞职的打算。传媒报道："修订法律大臣沈子教侍郎，现因应修各律，政府及各省督抚政见不一，其中难以核断之处甚多，早有乞退之意。日前又谒枢臣，声言拟于日内具折奏请另简贤能，以重律制。当由庆邸、那相极意慰留，并谓近来各项新律均已将次脱稿，若更易生手，则前议难免更张，一有更张，必多窒碍，应仍力任艰巨，以期早日告成。设遇有疑难之处，亦不妨径赴枢廷，公同核订。"见《沈侍郎欲去未能》，《大公报》宣统二年六月初八日，第2张第1版。

郎，俾令掌管礼制"。① 此次适逢沈家本以维持礼教不力去职，军机大臣徐世昌便举荐"素以孝闻"的刘若曾，经奕劻赞成，继沈之后成为修订法律大臣。②

一如外界认为，刘若曾对于此前的礼法之争偏于守旧一方。其曾有言：

> 沈子敦修订新律，煞费苦心，然京内外与之反对者甚多，尤以子孙违犯教令诸条为众矢之的。无论东西各国，其人民习惯法律亦往往默认，中国与各国习惯原难强同，改订新律亦不能一概抹煞。国民程度如此，莫可奈何。③

加上前任沈家本因过于趋新而去职，刘若曾的修律方针确有回归保守的趋势。刘氏接任后，与礼部尚书荣庆"会议新律与礼教互相维系问题"，"荣尚书将新订刑律与礼教种种违背之处逐一指出，刘之意见恰亦彼此略同，已决定于续订各律时，会同礼学馆切实研究"。④《大公报》报道，刘若曾一向不赞成新刑律，任修律大臣后，"对于沈大臣所厘订之草案，每以一偏之见解，任意批驳，并加以诽谤，以冀得行其所抱之宗旨。闻各馆员多不以为然。现有拟即陆续请退之耗"。⑤ 数日后，又谓刘若曾"对于修正法律一事，抱定维持礼教宗旨"，"拟悉本大清刑律，参酌各国法律，择良补短，详加改订"。⑥ 不过，刘氏毕竟不如沈家本精通法律，在馆员中缺乏威望，即便欲守旧也难以贯彻。新民律亲属、继承二编终究难产，与礼学馆无法达成一致，至清帝逊位亦未能正式提出。

---

① 《京师近事》，《申报》宣统元年七月二十七日，第1张第5版。
② 《徐相国力保刘少卿》，《大公报》宣统三年二月二十六日，第1张第5版。
③ 《刘大臣之法律谈》，《宪报》宣统三年二月二十六日，第6页。
④ 《新刑律将来之归宿》，《大公报》宣统三年三月十二日，第1张第5版。
⑤ 《刘大臣编订法律之现相》，《大公报》宣统三年三月十八日，第1张第5版。
⑥ 《刘大臣修正法律之方针》，《大公报》宣统三年三月二十三日，第2张第1版。

第二节　刘廷琛奏驳新律

宣统三年（1911）二月二十三日，即沈家本被免去修律大臣之次日，京师大学堂总监督刘廷琛上奏弹劾新刑律不合礼教条文，请严饬删尽。① 此举对事不对人，确有并新刑律而去之的意味。②

刘廷琛出身"清流"，曾任翰林院编修和山西学政，而且与张之洞关系殊深。光绪二十八年（1902），张氏荐刘参加经济特科考试（该次保荐三十人），称其"文学优长，识力坚定，深明时务，独见先机，此才不可多觏"。③ 光绪三十三年（1907）九月上谕要求各级大吏荐举"有才堪大用及各擅专长者"，张氏以管理学部大臣的身份荐举五人，其中也有刘廷琛，当时的评语为：

> 德性坚定，器具宏深，在山西学政任内当拳匪势焰方盛之时，飞章劾抚臣酿乱，有胆有识，为世人所惊服。前年简署陕西提学使，赴日本考察学制，深探治本，不为浮慕之语。及抵提学使任，饬整学务，劳怨不避。上年蒙恩，擢补今职。到任未久，成效已著。其才气学识迥非时流所及。④

① 《大学堂总监督刘廷琛奏新刑律不合礼教条文请严饬删尽折》（宣统三年二月二十三日），《清末筹备立宪档案史料》（下），第 887～889 页；《刘廷琛反对新刑律附片》，《时报》宣统三年三月初八日，第 4 版。
② 《申报》的"嘉言"认为，沈家本的去位和刘廷琛的参劾皆出于枢臣之意，"刘廷琛虽胸无主张，其支离怪诞不过出于枢臣之授意而来"。见《辩刘廷琛反对新刑律》，《申报》宣统三年二月二十九日，第 1 张第 3 版。由于没有旁证，姑且存疑。
③ 张之洞：《保荐经济特科人才折（并清单）》（光绪二十八年十二月十五日），《张之洞全集》第 3 册，第 1520 页。
④ 《管理学部事务张之洞等奏荐举人才折》，《清季各省督抚办理实业及保荐人才奏稿》，北京大学图书馆藏抄本。

可见刘廷琛与劳乃宣有相似点，因处置义和团事件得当而名声渐著；同时也有劳氏所不具备的考察日本的经历，知晓外情。因此被张之洞调入学部，迅速由学部右参议改任大学堂总监督。① 据传媒报道："大学堂总监督现系三品之秩。闻张中堂意，俟大学各分科开学后，即将大学堂总监督升为二品秩，与各部侍郎平等，并予其专折奏事权。"②

据闻，刘廷琛"夙为监国所推重"，宣统元年十二月，"以假满乞休，奉旨慰留，赏假一月。盖三品以下卿贰人员之异数"。③ 宣统三年正月，郑孝胥欲使朝廷通过锦瑷铁路合约，需要朝廷内应，询问"朝士孰为有名望而得监国之信用者乎？"劳乃宣以座中刘廷琛相荐，刘随即应允。其后由郑氏拟稿，以刘之名义上奏。④

舆论初时对刘廷琛不无好评。如《时报》认为："刘廷琛在京朝士大夫中，固所谓铮铮佼佼者，其议论虽偏于笃旧一方面，而恒以扶翼风教，抨击官邪为职志。"⑤ 但后来因其弹劾资政院，引来传媒之攻讦。《民立报》批评说，"议员未必尽佳士，然不能以数人而概全体，刘之失言无可疑者。然倘因此而推翻全国利害关系之宪政，则刘其何辞以对天下"。⑥《大公报》则指出，"闻此折交到宪政馆时，各枢臣及馆员争相传观，击节赞赏"，并称"该监督此次之弹劾，实由枢府秘密授意之故"。⑦

刘廷琛奏劾修律之事过于趋新，脱离国情，其实早有征兆。前一年（宣统二年）五月，刘氏就上奏弹劾宪政馆，"立法杜撰，但知抄译外籍，于本国民情风俗及现在国势适合与否，皆不之顾"。⑧ 至本年二月，

---

① 《大清德宗景皇帝实录》（八），第 712 页。
② 《大学堂总监督将升二品》，《神州日报》宣统元年五月二十八日，第 2 页。
③ 《要闻》，《时报》宣统元年十二月二十六日，第 2 版。
④ 《郑孝胥日记》第 3 册，第 1309 页。
⑤ 《刘廷琛严奏资政院折书后》，《时报》宣统二年十二月初八日，第 1 版。
⑥ 《刘廷琛》，《民立报》庚戌（1910）十二月初一日，第 2 页。
⑦ 《刘廷琛参劾资政院之由来》，《大公报》宣统二年十二月初一日，第 1 张第 5 版。
⑧ 《京师近信》，《时报》宣统二年五月十二日，第 2 版。

更将矛头直指已经钦定颁布的新刑律，从中可见其对修律的基本态度："因世局推移而修改法律可也，因修改法律而毁灭纲常则大不可。"其承认修律的必要性，认为《大清律例》"条目日多，不无繁复窒碍之处。前经法律馆删订为现行律，向属繁简得中，然较之各国犹未周备，自应博加参考，取其所是，以成完善之书，为通变宜民之用"。可见他愿意以《现行刑律》为基础，参考各国法律之优长，此与胡思敬不愿变通旧律的立场有异。①

维持纲常是其议论的重心，甚至谓"政治坏，祸在亡国，有神州陆沉之惧；纲常坏，祸在亡天下，有人道灭绝之忧，宗旨不可不慎也"。礼学馆总裁陈宝琛也说过："礼之亡于人心久矣，益以异俗之渐染、新说之喧呶，不悦学之大，人以为无用也，而忽之，或且恶其害，已而坏其防，恶知其祸之烈有不止于亡国若此哉！"② 两说隐指维持纲常的必要性和迫切性，更甚于保国。

汪康年阅刘折后，并不同意其"一若轻视国亡"的语气，因为"社会固不可亡，国亦岂可听其亡者！苟国亡，则社会之不亡，亦仅矣。若欲恃社会之不亡以复国，抑亦甚难矣"。而且礼教之存亡其实不用争，"天下未有数千年所行用，而可以一时之力去之者"，最后不过"民情如彼，而法律忽如此，互相参错，不免一番捣乱耳"。③

刘廷琛参奏新刑律的具体条文仍是旧问题："不合吾国礼俗者，不胜枚举，而最悖谬者，莫如子孙违犯教令及无夫奸不加罪数条。"并参及于民律草案："今年为议民律之期，臣见该馆传钞稿本，其亲属法中有云，子成年能自立者，则亲权丧失；父母或滥用亲权及管理失当，危及子之财产，审判厅得宣告其亲权之丧失。又有云，定婚须经父母之允

---

① 《大学堂总监督刘廷琛奏新刑律不合礼教条文请严饬删尽折》（宣统三年二月二十三日），《清末筹备立宪档案史料》（下），第887~889页；《刘廷琛反对新刑律附片》，《时报》宣统三年三月初八日，第4版。以下刘氏所语皆出于此折、片。

② 陈宝琛：《序》，曹元忠：《礼议》，第1页。

③ 汪康年：《解释刘廷琛奏折之意义》，《汪穰卿遗著》卷5，第17~18页。录宣统三年三月初一日《刍言报》。

许，但男逾三十，女逾二十五岁者，不在此限。"刘氏认为这些条文"皆显违父子之名分，溃男女之大防"。

刘廷琛进一步指出修律者"意在废三纲"，尤其是父子、夫妇二纲受损尤烈：

> 天下至大，所恃以保治安者，全赖纲常隐相维系，今父纲、夫纲全行废弃，则人不知伦理为何物，君纲岂能独立，朝廷岂能独尊？……君臣一纲不敢公然议废，乃竟废父子、夫妇二纲，使人既忘名分之重，乃不复知天泽之严。

刘说实际肯定了新刑律对君纲的维护，但是"三纲"互相依存，"三纲"已去其二，君纲自难维持，因此才会提出纠正。

有意思的是，刘廷琛显然不满意旧派维持礼教的努力，"宪政编查馆修改，只在字句之间，资政院议员争论，亦在条文之末，而于大本大原无当也"。如杨度提出的"主义"之争一样，刘氏更能看到中西律法背后的"大本大原"不同。

> 欧美宗耶教，故重平等，我国重孔孟，故重纲常。法律馆专意摹仿外人，置本国风俗于不问，既取平等，自不复顾纲常，毫厘千里之差，其源实由于此……不论新律可行不可行，先论礼教可废不可废，礼教可废则新律可行，礼教不可废则新律必不可尽行，兴废之理一言可决。

他与杨度其实都没有耐心在具体条文上考虑折中调和的可能性，而欲在根本宗旨（或曰"主义"）上做讨论和解决。这样一种由新旧双方共同营造出来的非此即彼的对立风气，最终结果必然是新的彻底打败旧的，世风变得愈加激进。

引人注意的是，刘廷琛在附片中说道："使三纲废而国势立强，君子犹当慎之，窃恐纲维一裂，大乱旋生，以致篡弑相寻，生灵涂炭，贻祸百年，得罪万世，亦主持新律者所宜平心远虑而不容冒昧从事者也。"换言之，其也愿意以"三纲"换得"国势立强"，并非"天不变道亦不变"的礼教死硬派。而且刘氏的思想资源部分也源于日本经验，不无趋新的一面。其视学日本时，"其文部大臣牧野绅〔伸〕显等叹彼国欧化过之，尤其名士井上哲次郎、泽柳政太郎亦皆著书立说，提倡礼教。今年捕获无君党幸德秋水，日廷即处以极刑。我国事事效法日本，独礼教大端彼方提倡，我乃摧残，启人无君无父之心，以导奸而长乱。此臣所议痛叹深忧，虽欲缄默而终不能自已也"。

刘廷琛奏上后，奉旨交"该衙门知道"。法律馆为此开议，"起草员诸日本法律家若冈田朝太郎（刑）、严谷孙藏（民）等，皆力持此系文明诸国法律通例，凡法律之定自有法系，断无合篇采用新法系，而中间忽间杂旧法系中语之理。法律、礼教各有范围，不能牵混，又复条分缕析，辩明各条应行成立之理由"。但是，在刘若曾的主持下，法律馆终就参劾诸条做出让步：

> 一、无夫奸一条，载在刑律，已奉明谕作为定本，而俟今年资政院追认；二、为子及成年，亲权丧失一条；三、为男至二十，女至二十五岁，婚姻得不由父母承诺一条，均系民律之事。除第三项可酌量删减外，其二项则须分别办理。盖所谓亲权者，不外数种：一、管理财产权；一、惩戒权；一、监督权；一、教育权。中间惟财产管理权关系自由能力者大，而在亲权中不过一小小部分，特提出另订外，其余各种亲权均不在丧失之列。①

而且呼应刘奏提到"服制图尤关重要，不可率行变革"，在《钦定大清刑律》的篇首附上旧律的服制图，并将外祖父母排除在尊亲属的范围

---

① 《新刑律之前途颠倒》，《时报》宣统三年三月初十日，第 2 版。

之外。吉同钧评论此事："时有大学堂监督刘廷琛奏参，交馆修改，仅改正数条，并举旧日服图列诸篇首，以为掩饰。其实内容与服图全不吻合也。"①

较诸法律馆的敷衍修改，礼部对于刘廷琛之奏的态度要积极得多。《大公报》消息，"礼部各堂极韪其议，决计按照所陈办理。惟法律馆以该折所言，殊与新律大有牵掣，故拟于日内会同礼部妥议办法"。②

而传媒舆论对于刘廷琛之奏以负面意见为主。即便主张维持礼教的汪康年也对刘奏不以为然。汪氏批评说："辞气过于激烈，适以深彼此之意见"，而且"天下之事繁矣，万不可凝滞于此一事，致关碍要务"。言下之意，新刑律已非"要务"，与数月前视礼教为极重的态度几乎完全不同。

汪康年之所以有此转变，在于不同意以新刑律作为划分党派之标尺。"日前《京津时报》有不可以法律之意见分党派之论，实先获我心也"，因为"厘订法度，改革政治，皆平日之事，而非目前切要之事也"，而目前重要的是如何挽救"存亡呼吸之时"的国家。③ 有意思的是，到了三月十六日，汪又违前言，重谈新刑律之事。这次他不讲条文的立法问题，"不在彼等之主张斯事，而在彼等之处置斯事也"。其认为："因定新刑律，而改变数千年来立国之基础，此何如重要之事！按诸事理，自应特为提出，请旨办理，岂有隐匿不言，希冀资政院议员党己居多，一经通过，即为定则之理？"④

① 吉同钧：《论新刑律之颠末流弊并始终维持旧律之意》，《乐素堂文集》卷7，第5~6页。
② 《法律馆与刘廷琛》，《大公报》宣统三年二月二十八日，第1张第5版。
③ 汪康年：《解释刘廷琛奏折之意义》，《汪穰卿遗著》卷5，第17~18页，录宣统三年三月初一日《刍言报》。十天后，汪又重申此见，"近报有言，今日时事甚迫，不应沾沾于礼教刑律事，辨论不休，尤不宜因此互生意见。此真知时务之言也"，"若以大局之危为说，则刑律一事，亦可从缓之列"，汪康年：《杂说一》，《汪穰卿遗著》卷7，第41~42页，录宣统三年三月十一日《刍言报》。
④ 汪康年：《杂说一》，《汪穰卿遗著》卷7，第43页，录宣统三年三月十六日《刍言报》。

刘奏进一步引起了新派对于礼教更多、更深入的攻击。原本杨度所攻击的家族主义，本来只涉于父、夫二纲，这回君纲也受到了波及。君纲之受攻击，诚然不自此始，但在像《大公报》这样稳健的报刊中出现，毕竟不是常见的。该报的"无妄"因刘廷琛之奏疏，对于"三纲"之想法"在喉之鲠遂不禁跃跃而出"，方始著文表达己见。

吊诡的是，"无妄"强调自己并非反对"礼教"，而是欲批驳"三纲"。礼教与"三纲"相连，"千百年来陷入此十里雾中者比比皆是，刘廷琛特沧海中之一微尘耳"，"苟不辞而辟之，则三纲之谬说，永无扫灭之时，礼教二字将代三纲而蒙垢"。他解释说："（三纲）其源发于谶纬，诸儒据之以解经，遂使圣人之言支离怪诞，而无实理之可凭。"而且，"纲之云者，必其有条不紊而万无可轶出于例外者也"，而按诸事实，却不可通："何以桀纣为君，不能胁汤武以助暴，君为臣纲之谓何？瞽叟为父，不能迫虞舜以顽嚚，父为子纲之谓何？卫庄为夫，不能化庄姜以狂荡，夫为妻纲之谓何？是即人所共知之事实以折之，而三纲之说之不可通亦显而可见矣。"而"三纲"之所以"一倡百和"，就在于"适最合专制时代之心理，而为专制君主、专制家庭所利用"，而"大道之颓、世风之坏胥由此矣"。不过"压力愈重，则涨力愈大"，"臣也而不君其君，子也而不父其父，妇也而不夫其夫，弑逆大故，史不绝书！"正是因为"三纲二字，明示人不平之证，不平则鸣"，"驯至君臣、父子、夫妇之间，互皆隐蓄机心，使天然赋与之真性情荡灭而无余，驱中国为蛮貊，何莫非三纲二字为之播其毒，而阶之厉无惑乎？"[①]

《时报》的"惜诵"则认为刘奏提出"三纲"存废的问题，"意固别有所在，殆欲举宪政之全局而推翻之，非徒争新旧刑律之优绌而已"，特别是君纲问题，既用"立宪国之法律"，臣民就有权参与政治，"君主超然于是非之外"。并谓：

---

① 无妄：《为刘廷琛针膏砭肓》，《大公报》宣统三年三月十七、十八日，第 1 张第 4 版。

> 刘氏之心惟以国民干预政事为干犯天泽名分之大端，根本之见地既非，则凡宪法上之所以尊其君上者，自彼视之，皆与于大逆不道之甚，而不可一日姑容者也。①

言下之意，君纲既与立宪存有冲突，亦应在改废之列。"惜诵"与"无妄"一样，认为"三纲之说始于汉儒，周孔未尝言之"，以"二千年来儒家相传之大义微言"说明"三纲"并非周孔道统的正宗，乃汉儒添加之物（即谶纬之学），因此不存亦无不可。

新刑律的起草者冈田朝太郎也相当怀疑刘廷琛的上奏动机，质疑其以上达天听的方式企图推翻已经颁布之法律。此前大半年未见其参与辩论，直到上谕颁布，"刘君于此时始论新刑律蔑视礼教，以期推翻业经裁可之法律，毋乃于时机太不合乎？"②

《帝国日报》的"孟庚"亦认为刘氏弹劾新刑律的动机不单纯："即使新订各律条文于中国风俗习惯严格间有不合，不过请饬下该馆臣复核改良而止，乃假此大题目以耸动人心者，耸动朝廷，是直欲取两朝确定立宪宗旨破毁而摧锄之。"礼教与法律本为两事，"从表面观察，法乃以救礼教之穷，然有时以法律行之亦穷者，是又不得不仍待礼教或其他部分救济之"。③

从旧派方面观之，于刘廷琛之说观点亦有异同。劳乃宣之婿陶葆廉从刘廷琛的亲戚李霖卿处抄得刘氏奏疏，请汪康年刊于《刍言报》，后载于该报三月十六日之期。陶氏解释，刘奏"准乎天理人情，并非迂执"，但"各报未载全文，概以顽固目之，肆意诋諆"，遂有此请。④

---

① 惜诵：《刘监督参劾新刑律疏书后》，《时报》宣统三年三月初九日，第1版。
② 冈田朝太郎：《论〈大清新刑律〉重视礼教》，王健《西法东渐——外国人与中国法的近代变革》，第153～159页。原载《法学会杂志》第1卷第1、3期，宣统三年五月、闰六月。
③ 孟庚：《刘廷琛论新律疏之后言》，《帝国日报》宣统三年四月初九日。
④ 《陶葆廉致汪康年》，《汪康年师友书札》，第2106～2109页。以下三段陶葆廉言论亦出于此。

陶氏认为："刑律与礼教虽为两事，不妨彼此相济。讲新法者，必谓各不相关，奈中国久认为弼教之具，一旦将关涉礼教者删除，而谓有他项新法可以维持，谁敢信其有效？"易言之，对于新派所提出的家庭、教育和舆论等办法并不信任；关键在于礼教被破坏之后，国家的前途也未必乐观，"今天下大局已岌岌，即就小者论之，父子兄弟之亲、男女之分，无不岌岌，再由国家扬其波，家家如散沙，如冰炭，而谓国家尚可成立乎？"这些都与其岳丈劳乃宣的意见相同。

此前《时报》痛骂劳、刘二人，"新刑律之阻害，一由于劳乃宣，今再由于刘廷琛。推其用心，以为法律之外，均可不守道德，故必以礼教牵于法律之中。其识甚陋，而设心又极不肖。废灭礼教之根，实皆由彼辈也"。[1] 陶氏于信中亦为二人辩诬，"窃意诟为迂可也，斥为不肖则过矣。坐以灭礼教之罪，尤可怪"。陶氏辩解说：一方面"劳所驳者仅四百余条中之数条，并未阻止新刑律。刘疏系请饬修改，并非全部不用"；另一方面，二人的诉求皆在维持礼教，何以会"废灭礼教"？其实新派所述虽"怪"，但自有其逻辑：法律和礼教应该分开，强行将两者合在一起，就会降低礼教的要求（因为法律维持的仅是最低的道德标准）；若将两者分离，礼教的要求就可以大为提高。

陶葆廉认为新派的这套说法过于理想化，并反唇相讥说："以新为至美之名，神圣不可侵犯，辄坐人以守旧，以顽固，丝毫不受商量。抄人家之书，一句不肯改动，何异曩时八股家之迂执，绝不思办事与译书究竟两样，讵可如此呆板？"可见即便是旧派中人也不愿意落下"守旧"的名声，特别是以抄书式的修律行为比喻为八股作为，尤能体现一种"新"的崇拜。

总括言之，从宣统三年初春数月的系列事件可以看到，朝廷虽有意加强维持礼教的力度，如改任刘若曾为修律大臣，但是已经无力挽回修律宜仿西法的舆论趋势。而像胡思敬、刘廷琛这类貌似坚定拥护礼教的

---

[1] 《时闻滴滴》，《时报》宣统三年二月二十六日，第2版。

旧派也出现了游移之态，前者暗中表示可以为了法权而放弃礼教，后者
则愿意提请朝廷辩论应该使用何种之"礼教"。与此同时，社会的氛围
虽然不至于全然反对礼教，但是以"三纲"作为礼教的核心已经受到
越来越多的质疑。换言之，朝廷中枢犹欲维系过去一套的礼教论说，而
知识阶层对于包括君纲在内的礼教已有多元化的理解和认知，两者之间
事实上存在着越来越大的张力。

结　论

　　早在光绪二十七年（1901），梁启超已敏锐地观察到，"今日之中国，过渡时代之中国也"。其言谓："故今日中国之现状，实如驾一扁舟，初离海岸线，而放于中流，即俗语所谓两头不到岸之时也。"①

　　以前民间日常秩序之维持，主要依靠地方习惯和社群组织之调解，法律之作用往往颇受限制。然西潮东渐以后，原来的法律体系被认为是专制的（甚至于没有法律），② 而失去了正当性和合理性。③ 同时，法律的作用却因为西人的强调、引导和示范而受到重视，逐渐形成注重法治的社会氛围，重订法律成为朝野的共识。更为重要者，中国在外交层面上面临领事裁判权的难题，增加了处理内政问题的难度。庚子义和团事

---

① 梁启超：《过渡时代论》，张枬、王忍之编《辛亥革命前十年间时论选集》第1卷上册，第5页。
② 《神州日报》有文指出："吾中国之有法典三千年于兹矣，大清之有法典亦二百数十年于兹矣，而不足语夫立宪之法治国者，第责臣民以守法之义务，而不畀臣民以立法之权利。所谓法者，君主一人所发表之意见，非全国臣民所公定之规则也，故君有权而法无权。"见《对于法律馆请编纂大清法律全典之意见》，《神州日报》光绪三十三年十月十四日，第1页。《中外日报》的"论说"则认为："今我国所行者，非律法也，一二人之意见而已。意见所生，生杀予夺，可以任意，不必一证以律法之何如。"见《论中国于收回治外法权愈去愈远》，《中外日报》光绪二十九年八月初一日，第1版。
③ 由严复翻译的孟德斯鸠之《法意》说："既专制矣，则德、礼，刑名所附益者，皆空名而无实。"见严复《〈法意〉按语》，王栻编《严复集》，第961页。

件以后，法权作为国权的重要一环，开始受到国人的广泛重视，更由于中外商约收回法权条文的签订，燃起了越来越多的希望。

晚清修订新刑律的动机主要不是出于维持治安的现实需要，而是呈现出一种"意在法外"的倾向。正如身与修律的吉同钧所观察到的，时人"有谓新律为宪政之预备，以为司法独立基础者；有谓宪政重视人民权利自由，新律为保护人民权利自由之良法者；又有谓收回各国治外法权，非新律不能奏效者。种种抗议，牢不可破，几视新刑律为强国之利器"。①

朝野各方处此时代，对于修律之法一开始是颇有共识的，即遵循温故知新的取向，调和中西新旧，希望能走出"国粹不阻欧化"的道路。② 修律大臣沈家本提出的修律宗旨便是"折衷各国大同之良规，兼采近世最新之学说，而仍不戾于我国历世相沿之礼教民情"。③ 率先参奏新刑律的李稷勋对此亦表同情，"诚为洞见本原之论"。④ 大力奏驳的张之洞也是相当认可："果其所定各条皆能符合此旨，臣等尚复何言？"⑤

不过，实践这一修律宗旨却极为不易，舆论多元和见识局限始终存在。大多数参与讨论者很难做到就法论法，其旨趣亦不在法律本身。以沈家本为首的修律团体，虽然决心自创良法，事实上也做了不少的准备（例如广泛翻译东西洋法律和派员考察日本），但是清季社会呈现激进之趋势，立宪期限提前，政治党争和外交因素缠绕其间，根本没有充足

---

① 吉同钧：《论新刑律之颠末流弊并始终维持旧律之意》，《乐素堂文集》卷7，第7页。

② 参见罗志田《温故知新：民间的古学复兴与官方的存古学堂》，《国家与学术：清季民初关于"国学"的思想论争》，第83～142页。

③ 《修订法律大臣法部右侍郎沈家本奏刑律分则草案告成折》（光绪三十三年十一月二十六日），《政治官报》第69号，光绪三十三年十一月二十九日，第10～12页。

④ 《署邮传部右丞李稷勋奏新纂刑律草案流弊滋大应详加厘订折》（光绪三十四年三月初四日），《清末筹备立宪档案史料》（下），第854页。

⑤ 《张之洞等奏为新定刑律草案多与中国礼教有妨谨分条声明折（附清单）》（光绪三十四年五月初七日），宪政编查馆编《刑律草案签注》第1册。

的时间和精力仔细比较中西律法的优劣异同，只能且看且走。

沈家本的经历可视为理解晚清修律的主要线索。熟悉晚清掌故的陈寅恪称，"当时之言变法者，盖有不同之二源，未可混一论之"。其一源为"历验世务，欲借镜西国，以变神州旧法者"，如陈宝箴、郭嵩焘等人；另一源则为"南海康先生治今文公羊之学，附会孔子改制以言变法"。① 沈家本无疑可算第一类人。其修律办法大致有三：一是吸收西法养分，引进中国原本所无的新法制，例如西式监狱、惩治教育、假出狱和犹豫行刑等，这方面争议较少，然而影响的法制面却更为深远；二是增订过渡性质的现行刑律，为新刑律的实施创造条件和便利；三是针对西法所无的礼教条文，或是利用先秦、汉唐的律法资源，取消其合法性，如存留养亲，就此摒诸新律之外，或者以判决例或附则等隐晦办法加以维持，以免正式的律文遭受外人的指责，阻碍收回治外法权。

在沈氏看来，中西法律都各有擅长，有必要兼收并蓄。在为留学生新译日本《法学名著》作序时，亦不忘提醒注意新旧法学之汇通："吾国旧学，自成法系，精微之处，仁至义尽；新学要旨，已在包涵之内，乌可弁髦等视，不复研求。新学往往从旧学推演而出，事变愈多，法理愈密，然大要总不外'情理'二字。无论旧学、新学，不能舍情理而别为法也，所贵融会而贯通之。"② 甚至有时为了纠正过于趋新的世风，更愿意强调中律之有价值。其为吉同钧《大清律例讲义》作序时指出："余奉命修律，采用西法互证参稽，同异相半。然不深究夫中律之本原而考其得失，而遽以西法杂糅之，正如枘凿之不相入，安望其会通哉？夫中律讲读之功，仍不可废也。"③

然而，以如此理想编订的新刑律，却被众多的部院督抚和御史言官指为违反礼教，原本支持沈氏的吉同钧最后也与其分道扬镳，去实践自我认可的保护旧律之法。一方面是沈家本必须对法律以外的因素做出妥

---

① 陈寅恪：《读吴其昌撰〈梁启超传〉书后》，《寒柳堂集》，第 167 页。
② 沈家本：《法学名著·序》，《历代刑法考（四）·寄簃文存》，第 2240 页。
③ 沈家本：《大清律例讲义·序》，《历代刑法考（四）·寄簃文存》，第 2233 页。

协，另一方面也可见清季时人对于"礼教"及其保护之法容有相当大的不同认知。所谓"礼法之争"也随之而起，即在全面学习西方法制的同时，如何保守传统礼教的核心地位，或者说，礼与刑的关系一旦冲突该如何调适。

值得注意的是，除了胡思敬等极少数人以外，抨击新刑律者大体上都支持新刑律。他们论争的关键点不在于整部新刑律通过与否，而是数条涉及礼教法律的存废和修改。像无夫奸和子孙违犯教令之类的律文，他们企图借着法律的威力去宣示礼教的精神，尽管很少能在实际案件中应用到。留学生等新派对此也颇为坚持，认为会破坏新刑律，并妨害收回法权的根本目标。两不相让的结果，最后衍变成"主义"（杨度说）或"大本大原"（刘廷琛说）之争，新旧律之间再无折中调和的余地，"中体西用"也因此失去了法律上实践的可能性。

根本问题出于传统礼教无力处置退虏送穷等现实问题，或需要为国际竞争的失败而负责，而呈现出失语的倾向。张之洞、劳乃宣、陈宝琛等人主张以刑保教，正反映出礼教的衰落与自保无力。吴廷燮、杨度等新派更直指礼教误国，而主张以国家主义代替家族主义。沈家本虽然主张维持礼教，但是办法仅限于另行编纂判决录，态度也相当低调。与此同时，法律的地位却得到极大的提升。翰林院庶吉士高桂馨指出："中国自古重德教而黜法律，今则列强竞争时代，必先定明法规昭示中外，内治既修，外交自易。"[①] 而所谓法律要来自西方，才有其正当性。连负责修明礼教的礼学馆也主动要求参与修律，正好反映重视法律的时代风气。

新旧双方对于维持礼教几乎存有一个共识，即在不妨碍收回法权的前提下去保存礼教。李稷勋提出增加亲属专章，张之洞坚持保留礼教条文，都强调此举并不会影响到法权的收回。沈家本因为无夫奸是"最为外人著眼"[②] 的条文，担心会妨碍收回法权，便力主删除。而劳乃宣

---

① 《翰林院庶吉士高桂馨建言兴学理财练兵三事呈》（光绪三十三年七月十七日），《清末筹备立宪档案史料》（上），第221页。

② 沈家本：《书劳提学新刑律说帖后》，《历代刑法考（四）·寄簃文存》，第2286页。

和杨钟钰①等人却认为此条不至于妨碍收回法权，因此极力争取；御史胡思敬虽然奏参新刑律违背礼教，却暗示愿以礼教换取法权。连刘廷琛也提请朝廷公开辩论礼教之存废，以确定未来的法律应实行何种的"主义"，这足以反映旧派的礼教立场并非顽固，而是随着致用的需要有伸缩的空间。

新旧双方争议新刑律的结果，无疑是新派获胜。趋新的江庸却以《暂行章程》和沈氏离任修律大臣，作为"新旧势力终不能敌"之据。② 杨鸿烈也据此认为"这一场大论战，胜利仍属于旧的礼教一派"。③ 其实这不过是求全责备。因为宪政馆第三案的"暂行章程"成功取代了法部起草的"附则"，只保留了象征性维持礼教的五条而已。虽然劳乃宣在资政院审议时顺利地将无夫奸一条加入正文，但由于新派的运作，钦定案仍然维持第三案的规定，旧派的努力可谓劳而无功。大半年后清帝逊位，关于君主的正式条文和象征维持礼教的"暂行章程"被删除，④ 原定判决例的服制标准没有实施，民国所实行的暂行新刑律尤显趋新。⑤ 1912 年 5 月，吴虞阅报知暂行刑律已颁行到川，认为是"第一快事"，"去年新律后附暂行章程五条概行删去，尤快也"。⑥

在法升、礼降之间，礼教逐渐被广泛认为不能与西方法律合拍，导

---

① 杨钟钰：《杨氏陈请变通新刑律以维风化呈文》，《桐乡劳先生（乃宣）遗稿》，第 1011～1017 页。杨为江苏金匮县拔贡生。

② 江庸：《五十年来之中国法制》，申报馆编《最近之五十年》，第 8 页。

③ 杨鸿烈：《中国法律思想史》，第 292 页。

④ 1912 年 10 月，北洋政府《司法公报》称："新刑律后附暂行章程五条，或违死刑惟一之原则，或失刑当其罪之本意，或干涉个人之私德，或未谙法律之解释；即以经过法而言，亦无法律、章程两存之理。以上属无关于国体，当兹法令新颁，断不可留此疵类，自应一概删除。"引自黄源盛《沈家本法律思想与晚清刑律变迁》，第 252 页。

⑤ 黄源盛指出："《暂行新刑律》的内容，亦仅删除《大清新刑律》中'侵犯皇室罪'全章十二条，以及其它涉及君主专制的条款和字句，如'帝国'改为'中华民国'、'臣民'改为'人民'、'复奏'改为'呈准'、'恩赦'改为'赦免'等。另外，撤销旨在维护礼教纲常的《暂行章程》，从而使得这部刑法的精神、形式上较符合民国的共和政体。"见其《民初法律变迁与裁判》，第 228 页。

⑥ 《吴虞日记》，第 39 页。

致旧式礼教与现实法律日趋分离。时人的本意未必就是抛弃礼教，而是让两者各行其是。然而正如旧派所担心，礼教因为缺少了法律的保障，显得更加虚弱无力。因此吉同钧后来才会将辛亥革命归咎于修律事业："自缘坐之法废，而叛逆之徒不惮牺牲一身，以逞不轨之谋，故湖南、广东相继焚烧衙署，而大员被刺之事不一而足矣。自笞杖改为罚金，而富豪强梗之徒益复无所畏忌，故近来抗官拒差、诱拐奸占之案愈办愈多矣。……自流、徒免其实发，而无数匪徒丛集辇毂之下，一旦有事，揭竿为乱者不在草泽而在萧墙矣！"①

其实就在辛亥革命爆发前的数月，朝廷因为旧派的压力而革除沈家本的修律大臣之任，已经标志着调和中西的修律宗旨最后破产，后来亦无人有意愿且有能力去做沟通新旧的法律事业。到民国演变成全面西化的历史结局。沈家本去世后，司法部门口有碑文记曰："当清之末季，所兴作者众矣。上下交替，卒泄沓无所就。惟君之制作，历层累曲折而终底于成。其后君虽解任去，然后之人犹得循君所制，掇拾而赓续之"②，确实道出了沈氏在晚清法律转型中的关键作用。然而，正因为沈氏的初衷与结局未能一致，中西法律知识和制度的转型以西法大胜、中律消亡结束，沈氏自创良法、调和中西的形象在今日变得难以理解，以致言人人殊。③ 现在回顾并重建其修律的历史经验，进入晚清的历史现场，当是拨开这一谜雾的重要契机。

---

① 吉同钧：《律学馆第五集课艺·序》，《乐素堂文集》卷5，第17页。
② 《法学家沈君家本碑文》，《法政杂志》第3卷第7号，1914年1月10日，第89页。
③ 例如梁治平指出："沈氏尚未超越传统的历史观和法律观，其学术贡献仍在传统律学的框架之内。"见其《法律史的视界：方法、旨趣与范式》，《中国文化》第19、20期合刊，2002，第156页。刘广安则认为："沈家本的著述已在很多方面超越了传统的历史观和法律观，其学术贡献也超出了传统律学的框架。"见其《中国法史学基础问题反思》，《政法论坛》2006年第1期。另可参其《沈家本法学思想近代化简议》，中国政法大学沈家本法学思想研讨会编《沈家本法学思想研究》，法律出版社，1990。

参考文献

一 档案

（一）中国第一历史档案馆

法部全宗，第 23164、32074、32087、32088、32091、32106 号。

会议政务处全宗，第 5、8、44、141、181、271、299、380、665、1062 号。

《军机处录副奏折》，档案号：03－5496－009、03－5505－057、03－5746－124、03－6474－025、03－6666－089、03－6670－050、03－6670－072、03－6670－073、03－7221－001、03－7222－086、03－7222－087、03－7223－010、03－7223－011、03－7227－066、03－7228－027、03－7228－028、03－7228－029、03－7228－035、03－7228－048、03－7572－043、03－7572－111、03－7573－085、03－7573－086、03－7591－037、03－7227－065、03－7285－015、03－5463－102、03－5468－038、03－7227－057、03－7286－068、03－7174－024。

顺天府全宗，第 54 号。

宪政编查馆全宗，第 9、52、54、98 号。

刑－法部（新整）全宗，第 91、107、149、151 号。

修订法律馆全宗，第 2、3、6、7、10、13、15、16、17 号。

《议复条陈档、会议档》，《军机处汉文档册》207/3 – 50 – 3。

《议复文簿》，《军机处、责任内阁、内阁会议政务处、弼德院汉文档册》，档案号：208/3 – 51 – 2293。

赵尔巽全宗，第 112 号。

资政院全宗，第 2 号。

（二）中国社会科学院近代史研究所图书馆

《出使和国大臣钱恂咨札》，档案号：甲 248 – 2。

《钱恂日记函稿》，档案号：甲 248。

《许同莘日记》（1898 ~ 1911），档案号：甲 622 – 11。

许同莘：《三惜斋文集》，档案号：甲 622。

《许同莘札记》，档案号：甲 622 – 8。

《张文襄公奏稿原本》，档案号：甲 182 – 271。

《张之洞存札》，档案号：甲 182 – 214。

《张之洞致各处电稿》，档案号：182 – 440。

（三）日本外务省外交史料馆

「外国官庁ニ於テ本邦人雇入関係雑件　清国ノ部」，档案号：3 – 8 – 4/16 – 2。

（四）中国国家图书馆缩微室

British Document on Foreign Affairs, Part Ⅰ Series E, Volume14, *Annual Reports on China*, 1906 – 1913.

Dispatches from United States Minister to China（1902 – 1906），File Microcopies of Records in the National Archives.

二　报刊

《北京法政学杂志》、《宪报》、《宪志日刊汇订》、《中外日报》、《新闻报》、《大陆报》、《法政杂志》（东京、上海）、《游学译编》、《神州日报》、《顺天时报》、《帝国日报》、《湘报》、《申报》、《警钟日报》、《东方杂志》、《北京日报》、《刍言报》、《国粹学报》、《华字汇报》、

《帝京新闻》、《京报》、《中国日报》（香港）、《四川官报》、《广益丛报》、《中国报》、《民报》、《宪政新志》、《北洋法政学报》、《大同白话报》、《国风报》、《民呼报》、《民立报》、《民兴报》、《盛京时报》、《国民公报》、《协和报》、《政艺通报》、《时事新报》、《法政浅说报》、《天铎报》、《香山旬报》、《庸言》、《汉口中西报》、《国学月刊》（四川）、《国民日日报汇编》、《中西日报》（美国旧金山）、《中外实报》、《中华报》、《蜀报》、《南方报》、《京话日报》、《京都日报》、《京报》、《大同白话报》、《北洋官报》、《法政学交通社杂志》、《牖报》、《江苏》、《新民丛报》、《外交报》、《大公报》、《政治官报》、《时报》、《京津时报》、《法学会杂志》

The Chinese Recorder, *Chinese Repository*, *The North-China Herald*, *The Times*.

三　文献史料集等

"国立中央图书馆"特藏组编《梁启超知交手札》，台北，"中央图书馆"，1995。

《大清德宗景皇帝实录》第6～8册，中华书局，1985～1987。

《大清新刑律》，宪政编查馆，铅印版，宣统二年。

《法律馆奏折汇存》，铅印本，出版项不详。

《江庸自传》，《上海文史资料选辑》第45辑，1984年4月。

《瞿鸿禨朋僚书牍选（上）》，《近代史资料》第108号，2004年4月。

《劳乃宣公牍手稿》，北京大学图书馆藏稿本丛书，天津古籍出版社，1987。

《民政部折奏汇钞》，北京大学图书馆藏抄本。

《吴宗濂信稿》，北京大学图书馆藏稿本。

《钦定大清刑律》，刻本，宣统三年。

《清季各省督抚办理实业及保荐人才奏稿》，北京大学图书馆藏抄本。

《诉讼法驳议部居》，陈刚主编《中国民事诉讼法制百年进程》（清末时期·第1卷），中国法制出版社，2004。

顾迪光、吴尚廉会校《修正刑律案语·总则》，北京大学图书馆古籍部藏抄本。

《修正刑律案语》，修订法律馆铅印本（附手写签注），宣统元年，北京大学图书馆藏。

《宣统政纪》，中华书局，1987。

《周震鳞自序》（1950年4月笔述），《近代史资料》总91号，1997年4月。

《资政院会议速记录（宣统二年第一次常年会）》，铅印本，出版项不详。

〔澳〕骆惠敏编《清末民初政情内幕——乔厄·莫理循书信集：1895～1912》，刘桂梁等译，知识出版社，1986。

〔德〕花之安：《自西徂东》，上海书店出版社，2002。

〔美〕惠顿：《万国公法》，上海书店出版社，2002。

〔美〕明恩溥：《中国人的气质》，佚名译，黄兴涛校注，中华书局，2006。

〔美〕卫三畏：《中国总论》，陈俱译，上海古籍出版社，2005。

〔英〕赫德：《步入中国清廷仕途——赫德日记（1854～1863）》，中国海关出版社，2003。

〔英〕赫德：《这些从秦国来——中国问题论集》，叶凤美译，天津古籍出版社，2005。

包天笑：《钏影楼回忆录》，香港，大华出版社，1971。

曹汝霖：《曹汝霖一生之回忆》，台北，传记文学出版社，1980。

曹元忠：《笺经室遗集》，学礼斋，1941。

曹元忠：《礼议》，南林刘氏求恕斋刻本，1916。

陈宝琛：《沧趣楼诗文集》，刘永翔、许全胜校点，上海古籍出版社，2006。

陈承泽：《中华民国暂行刑律释义》，商务印书馆，1913。

陈夔龙：《庸盦尚书奏议》，《清末民初史料丛书》，台北，成文出版社，1969。

陈旭麓等主编《辛亥革命前后——盛宣怀档案资料选辑之一》，上海人民出版社，1979。

《陈寅恪集·寒柳堂集》，三联书店，2001。

《陈寅恪集·诗集》，三联书店，2001。

程德全：《程将军守江奏稿》，铅印本，出版项不详。

戴鸿慈：《出使九国日记》，湖南人民出版社，1982。

丁文江、赵丰田编纂《梁启超年谱长编》，上海人民出版社，1983。

丁贤俊、喻作凤编《伍廷芳集》，中华书局，1993。

董康：《中国法制史讲演录》，香港，文粹阁，1972。

杜春和等编《荣禄存札》，齐鲁书社，1986。

端方：《端忠敏公奏稿》，台北，文海出版社，1967。

樊增祥：《樊山政书》，那思陆、孙家红点校，中华书局，2007。

冯国鑫：《现行新刑律详解》，上海东方书局，1914。

冯煦：《蒿盦类稿·续稿·奏稿》，台北，文海出版社，1969。

甘韩：《皇朝经世文新编续集》，台北，文海出版社，1972。

冈田朝太郎：《日本刑法改正案评论》，胡长清译，上海法学编译社，出版时间不详。

冈田朝太郎：《刑法总论》，李维钰编辑，天津丙午社，光绪三十三年五月。

高汉成主编《〈大清新刑律〉立法资料汇编》，社会科学文献出版社，2013。

故宫博物院明清档案部编《清末筹备立宪档案史料》，中华书局，1979。

顾廷龙校阅《艺风堂友朋书札》，上海古籍出版社，1980。

广西师范大学出版社编《中美往来照会集》第11册，广西师范大学出版社，2006。

郭嵩焘：《郭嵩焘日记》，湖南人民出版社，1981。

郭嵩焘：《郭嵩焘奏稿》，岳麓书社，1983。

国家图书馆分馆编选《（清末）时事采新汇选》，北京图书馆出版社，2003。

国务院法制局法制史研究室：《〈清史稿·刑法志〉注解》，法律出版社，1957。

何刚德：《春明梦录》，上海古籍书店，1983。

何良栋编《皇朝经世文四编》，台北，文海出版社，1972。

何启、胡礼垣：《康说书后》，郑大华编《新政真诠》，辽宁人民出版社，1994。

何勤华、魏琼编《董康法学文集》，中国政法大学出版社，2005。

胡骏：《补斋日记》，台北，文海出版社，1982。

胡思敬：《退庐全集》，台北，文海出版社，1970。

胡珠生编《东瓯三先生集补编》，上海社会科学院出版社，2005。

华友根编《董康法学文选》，法律出版社，2015。

黄濬：《花随人圣庵摭忆》，中华书局，2008。

黄源盛纂辑《晚清民国刑法史料辑注》，台北，元照出版有限公司，2010。

黄彰健：《戊戌变法史研究》，上海书店出版社，2007。

杜春和、耿来金整理《吉同钧东行日记》，《近代史资料》总87期，1996年5月。

吉同钧：《乐素堂文集》，中华印书局，1932。

吉同钧：《律学馆大清律例讲义》，法部律学馆，铅印本，光绪三十四年。

吉同钧：《审判要略》，法部律学馆，石印本，宣统二年。

吉同钧：《新订现行刑律讲义》，法部律学馆，铅印本，宣统二年。

江庸：《趋庭随笔》，台北，文海出版社，1966。

江庸：《五十年来之中国法制》，申报馆编《最近之五十年》，上海申报馆，1923。

金梁：《光宣小记》，上海书店出版社，1998。

金绍城：《十八国游记》，王树荣参订，太原监狱石印本，出版时间未详。

军机处藏《清宣统朝中日交涉史料》，台北，文海出版社，1971。

姜义华、张荣华编校《康有为全集》，中国人民大学出版社，2007。

兰陵忧患生：《京华百二竹枝词》，《清代北京竹枝词（十三种）》，北京出版社，1962。

劳乃宣：《桐乡劳先生（乃宣）遗稿》，台北，文海出版社，1969。

雷梦麟：《读律琐言》，法律出版社，2000。

李欣荣编《中国近代思想家文库·沈家本卷》，中国人民大学出版社，2015。

梁启超：《饮冰室合集》，中华书局，1989。

梁漱溟：《东西文化及其哲学》，《梁漱溟全集》（一），山东人民出版社，2005。

刘大鹏：《退想斋日记》，乔志强标注，山西人民出版社，1990。

刘锦藻：《清朝续文献通考》（三），浙江古籍出版社，2000。

刘锡鸿：《英轺私记》，岳麓书社，1986。

刘雨珍、孙雪梅编《日本政法考察记》，上海古籍出版社，2002。

陆宗舆：《陆润生先生五十自述记》，北京日报承印，1925。

马鸿谟编《民呼、民吁、民立报选辑》，河南人民出版社，1982。

孙家红编《孟森政论文集刊》，中华书局，2008。

娜鹤雅点校《冈田朝太郎法学文集》，法律出版社，2015。

杞庐主人：《时务通考》，点石斋，光绪二十三年。

秦瑞玠辑注《大清新刑律释义》，商务印书馆，1911。

求是斋校辑《皇朝经世文编五集》，台北，文海出版社，1987。

日本法政大学大学史资料委员会编《清国留学生法政速成科纪事》，裴敬伟译，广西师范大学出版社，2015。

荣孟源、章伯锋主编《近代稗海》，四川人民出版社，1985。

谢兴尧整理《荣庆日记》，西北大学出版社，1986。

田涛、郑秦点校《大清律例》，法律出版社，1998。

商务印书馆编译馆编《大清光绪新法令》，商务印书馆，1909。

商务印书馆编译馆编《大清宣统新法令》，商务印书馆，1910。

上海图书馆编《汪康年师友书札》，上海古籍出版社，1986~1989。

沈家本：《历代刑法考（附寄簃文存）》，中华书局，1985。

刘海年、韩延龙等整理《沈家本未刻书集纂》，中国社会科学出版社，1996。

韩延龙等整理《沈家本未刻书集纂补编》，中国社会科学出版社，2006。

沈家本等：《大清现行刑律案语》，《续修四库全书·史部》第864~865册，上海古籍出版社，出版年不详。

史晓风整理《恽毓鼎澄斋日记》，浙江古籍出版社，2004。

胡珠生编《宋恕集》，中华书局，1993。

孙宝瑄：《忘山庐日记》，上海古籍出版社，1983。

汤志钧编《康有为政论集》，中华书局，1981。

陶保霖：《惺存遗箸》，商务印书馆，1922。

廷杰：《廷杰奏稿》，北京大学图书馆藏抄本。

万慎：《山憨山房杂著》，泸州开智书局代印，光绪甲辰（1904）孟夏。

汪庚年编、冈田朝太郎讲授《京师法律学堂讲义》，油印本，宣统二年。

汪辉祖：《佐治良言》，辽宁教育出版社，1998。

汪康年：《汪穰卿笔记》，上海书店出版社，1997。

汪康年：《汪穰卿先生遗文》，台北，文海出版社，1966。

汪康年：《汪穰卿遗著》，钱塘汪氏铅印本，1920。

汪庆祺编《各省审判厅判牍》，李启成点校，北京大学出版社，2007。

汪荣宝：《金薤琳琅文丛》，台北，文海出版社，1969。

汪荣宝：《思玄堂诗》，台北，文海出版社，1970。

汪荣宝：北京大学图书馆馆藏稿本丛书《汪荣宝日记》，天津古籍出版社，1987。

汪诒年纂辑《汪穰卿先生传记》，中华书局，2007。

王健编《西法东渐——外国人与中国法的近代变革》，中国政法大学出版社，2001。

王明德：《读律佩觿》，法律出版社，2001。

王树荣：《考察各国监狱制度报告书提要》，京师第一监狱，1923。

王韬：《弢园文新编·除额外权利》，三联书店，1998。

袁英光、胡逢祥整理《王文韶日记》，中华书局，1989。

王彦威、王亮编《清季外交史料》，台北，文海出版社，1985。

赵清、郑城编《吴虞集》，四川人民出版社，1985。

中国科学院历史研究所第三所主编《锡良遗稿·奏稿》第1册，中华书局，1959。

夏东元编《郑观应文选·刑法》，澳门历史学会、澳门历史文物关注协会，2002。

夏新华等整理《近代中国宪政历程：史料荟萃》，中国政法大学出版社，2004。

宪政编查馆编《刑律草案签注》，油印本，宣统二年。

熊元翰编、冈田朝太郎讲述《京师法律学堂讲义·刑法分则》，油印本，1910。

修订法律馆：《初次新刑律草案》，北京大学图书馆藏油印本，出版项不详。

修订法律馆：《刑事民事诉讼法（草案）》，刻本，光绪三十二年。

徐凌霄、徐一士：《凌霄一士随笔》，山西古籍出版社，1997。

徐世昌：《退耕堂政书》，台北，成文出版社，1968。

徐世虹编《沈家本全集》，中国政法大学出版社，2010。

徐一士：《近代笔记过眼录》，山西古籍出版社，1996。

许宝蘅：《〈巢云簃日记〉选》，《近代史资料》总115号，2007年7月。

许宝蘅：《〈巢云簃日记〉摘抄》，《许宝蘅先生文稿》，中国书籍出版社，1995。

许世英口述《许世英回忆录》，台北，人间世月刊社，1966。

薛允升：《〈读例存疑〉重刊本》，黄静嘉编校，台北，成文出版社，1970。

薛允升：《〈读例存疑〉点注》，胡星桥、邓又天主编，中国人民公安大学出版社，1994。

薛允升：《唐明律合编》，法律出版社，1999。

王栻主编《严复集》，中华书局，1986。

《严修日记》，南开大学出版社，2001。

刘晴波主编《杨度集》，湖南人民出版社，1986。

杨荫杭：《老圃遗文辑》，长江文艺出版社，1993。

饶怀民编《杨毓麟集》，岳麓书社，2001。

佚名编《刑律平议汇编》，铅印本，出版项不详。

廖一中、罗真容整理《袁世凯奏议》，天津古籍出版社，1987。

载泽：《考察政治日记》，岳麓书社，1986。

曾纪泽：《曾纪泽日记》，岳麓书社，1998。

张謇：《变法平议》，《张謇全集》第1卷，江苏古籍出版社，

1994。

张枬、王忍之编《辛亥革命前十年间时论选集》，三联书店，1977。

张一麐：《古红梅阁笔记》，上海书店出版社，1998。

苑书义等主编《张之洞全集》，河北人民出版社，1998。

章开沅等编《辛亥革命史资料新编》，湖北人民出版社，2006。

章含之、白吉庵主编《章士钊全集》，文汇出版社，2000。

章太炎：《自述学术次第》，傅杰编《章太炎》，三联书店，1997。

章一山：《一山文存》，台北，文海出版社，1972。

章宗祥：《新刑律颁布之经过》，全国政协文史资料委员会编《文史资料存稿选编》（晚清·北洋上），中国文史出版社，2002。

赵尔巽等：《清史稿》，中华书局，1997。

劳祖德整理《郑孝胥日记》，中华书局，1993。

政学社编《大清法规大全》，石印线装本，宣统二年。

中国第一历史档案馆编《光绪朝朱批奏折》（105），中华书局，1995。

中国第一历史档案馆编《光绪宣统两朝上谕档》（28～33），广西师范大学出版社，1996。

中华人民共和国海关总署研究室编译《辛丑和约订立以后的商约谈判》，中华书局，1994。

中国史学会主编《中国近代史资料丛刊：辛亥革命》，神州国光社，1956。

中外法制调查局：《日英美三国刑法比较类编》，北京大学图书馆藏抄本。

周馥：《周悫慎公全集》，秋浦周氏石印本，1922。

朱德裳：《朱淇及清末讫民国二十年北京报界概况》，《三十年闻见录》，岳麓书社，1985。

朱寿朋编《光绪朝东华录》（五），中华书局，1958。

资政院编《资政院知会、摺奏、章程、说帖、质问、陈请等案件》，北京大学藏铅印本，宣统年间。

冈田朝太郎「清国ノ刑法草案二付て」『法学志林』12 卷 2 号、明治 43 年（1910）。

冈田朝太郎『刑法総则講義案：漢文』有斐閣、1906。

四　专著

《沈家本法学思想研究》，中国政法大学纪念沈家本诞辰 150 年学术研讨会论文集，法律出版社，1990。

〔澳〕杰里·辛普森：《大国与法外国家——国际法律秩序中不平等的主权》，朱利江译，北京大学出版社，2008。

〔法〕福柯：《规训与惩罚：监狱的诞生》，刘北成、杨远婴译，三联书店，2003。

〔荷〕冯客：《近代中国的犯罪、惩罚与监狱》，徐有威等译，江苏人民出版社，2008。

〔美〕D. 布迪、C. 莫里斯：《中华帝国的法律》，朱勇译，江苏人民出版社，2003。

〔美〕M. G. 马森：《西方的中国及中国人观念，1840~1876》，杨德山译，中华书局，2006。

〔美〕费正清：《中国的思想与制度》，郭晓兵等译，世界知识出版社，2008。

〔美〕费正清编《剑桥中国晚清史，1800~1911》，中国社会科学院历史研究所编译室译，中国社会科学出版社，1993。

〔美〕高道蕴等编《美国学者论中国法律传统》（修订版），清华大学出版社，2004。

〔美〕哈罗德·伊罗生：《美国的中国形象》，于殿利、陆日宇译，中华书局，2006。

〔美〕列文森：《梁启超与中国近代思想》，刘伟等译，四川人民出版社，1986。

〔美〕马士：《中华帝国对外关系史》，张汇文等译，上海书店出版社，2000。

〔美〕任达：《新政革命与日本——中国，1898~1912》，李仲贤译，江苏人民出版社，1998。

〔美〕史华兹：《寻求富强：严复与西方》，叶凤美译，江苏人民出版社，1996。

〔葡〕叶士朋：《欧洲法学史导论》，吕平义、苏健译，中国政法大学出版社，1998。

〔日〕大隈重信：《日本开国五十年史》，上海社会科学院出版社，2007。

〔日〕牧野英一：《日本刑法通义》，陈承泽译，中国政法大学出版社，2003。

〔日〕实藤惠秀：《中国人留学日本史》，谭汝谦、林启彦译，三联书店，1983。

〔日〕织田万：《清国行政法》，李秀清、王沛点校，中国政法大学出版社，2003。

〔日〕宗方小太郎：《一九一二年中国之政党结社》，冯正宝译，中华书局，2007。

〔日〕佐藤慎一：《近代中国的知识分子与文明》，刘岳兵译，江苏人民出版社，2006。

〔英〕雷蒙·道森：《中国变色龙——对于欧洲中国文明观的分析》，中华书局，2006。

〔英〕梅特兰等：《欧陆法律史概览——事件、渊源、人物及运动》，屈文生等译，上海人民出版社，2008。

〔英〕约·罗伯茨：《十九世纪西方人眼中的中国》，蒋重约、刘林海译，中华书局，2006。

蔡枢衡：《中国法理自觉的发展》，清华大学出版社，2005。

陈顾远：《中国文化与中国法系——陈顾远法律史论集》，中国政法大学出版社，2006。

陈新宇：《从比附援引到罪刑法定——以规范的分析和清末民初案例的论证为中心》，北京大学出版社，2005。

程燎原：《清末法政人的世界》，法律出版社，2003。

戴天仇等：《政党与民初政治》，中华书局，2007。

丁伟志、陈崧：《中西体用之间》，中国社会科学出版社，1995。

范忠信：《中西法文化的暗合与差异》，中国政法大学出版社，2001。

费孝通：《乡土中国·生育制度》，北京大学出版社，1998。

高汉成：《签注视野下的大清刑律草案研究》，中国社会科学出版社，2007。

顾敦鍒：《中国议会史》，苏州，木渎心正堂，1931。

关晓红：《晚清学部研究》，广东教育出版社，2000。

郭明：《中国监狱学史纲——清末以来的中国监狱学术述论》，中国方正出版社，2005。

韩秀桃：《司法独立与近代中国》，清华大学出版社，2003。

华友根：《薛允升的古律研究与改革——中国近代修订新律的先导》，上海社会科学院出版社，1999。

黄静嘉：《中国法制史论述丛稿》，清华大学出版社，2006。

黄源盛：《民初法律变迁与裁判》，台北，政大出版社，2000。

黄宗智：《法典、习俗与司法实践：清代与民国的比较》，上海书店出版社，2003。

黄宗智：《清代法律、社会与文化：民法的表达与实践》，上海书店出版社，2001。

瞿同祖：《瞿同祖法学论著集》（修订版），中国政法大学出版社，2004。

瞿同祖：《清代地方政府》，范忠信、晏锋译，法律出版社，2003。

孔颖：《走近文明的橱窗：清末官绅对日监狱考察研究》，法律出版社，2014。

李春雷：《清末民初刑事诉讼制度变革研究（1895～1928）》，北京大学出版社，2004。

李光灿：《评〈寄簃文存〉》，群众出版社，1985。

李贵连：《近代中国法制与法学》，北京大学出版社，2002。

李贵连：《沈家本传》，法律出版社，2000。

李贵连：《沈家本年谱长编》，台北，成文出版社，1992。

李贵连：《沈家本评传》，南京大学出版社，2005。

李海东主编《日本刑事法学者》，法律出版社、（日本）成文堂，1995。

李启成：《晚清各级审判厅研究》，北京大学出版社，2004。

李细珠：《张之洞与清末新政研究》，上海书店出版社，2003。

李显冬：《从〈大清律例〉到〈民国民法典〉的转型》，中国人民公安大学出版社，2003。

李永胜：《清末中外修订商约交涉研究》，南开大学出版社，2005。

李贞德：《公主之死——你所不知道的中国法律史》，三联书店，2008。

里赞：《晚清州县诉讼中的审断问题——侧重四川南部县的实践》，法律出版社，2010。

廖梅：《汪康年：从民权论到文化保守主义》，上海古籍出版社，2001。

刘俊文、池田温主编《中日文化交流史大系·法制卷》，浙江人民出版社，1996。

刘俊文：《〈唐律疏议〉笺解》，中华书局，1996。

吕思勉：《吕著中国近代史·中国近世史前编》，华东师范大学出版社，1997。

罗志田：《国家与学术：清季民初关于"国学"的思想论争》，三联书店，2003。

罗志田：《激变时代的文化与政治——从新文化运动到北伐》，北京大学出版社，2006。

罗志田：《近代读书人的思想世界与治学取向》，北京大学出版社，2009。

罗志田：《裂变中的传承——20 世纪前期的中国文化与学术》，中华书局，2003。

罗志田：《民族主义与中国近代思想》，台北，东大图书公司，1998。

罗志田：《权势转移：近代中国的思想、社会与学术》，湖北人民出版社，1999。

罗志田：《再造文明之梦：胡适传（1891～1929）》，中华书局，2006。

罗志渊编著《近代中国法制演变研究》，台北，正中书局，1966。

马小红：《礼与法：法的历史连接》，北京大学出版社，2004。

马作武：《清末法制变革思潮》，兰州大学出版社，1997。

茅海建：《天朝的崩溃》，三联书店，2005。

茅海建：《戊戌变法史事考》，三联书店，2005。

那思陆：《清代中央司法审判制度》，北京大学出版社，2004。

那思陆：《清代州县衙门审判制度》，中国政法大学出版社，2006。

彭剑：《清季宪政编查馆研究》，北京大学出版社，2011。

亓冰峰：《清末革命与君宪的论争》，（台北）中研院近史所专刊第 19 种，1966。

桑兵：《庚子勤王与晚清政局》，北京大学出版社，2004。

桑兵：《晚清学堂学生与社会变迁》，学林出版社，1995。

尚小明：《留日学生与清末新政》，江西教育出版社，2002。

苏亦工：《明清律典与条例》，中国政法大学出版社，2000。

苏亦工：《中法西用——中国传统法律及习惯在香港》，社会科学文献出版社，2002。

　　孙家红：《关于"子孙违犯教令"的历史考察——一个微观法史学的尝试》，社会科学文献出版社，2013。

　　孙晓楼、赵颐年编著《领事裁判权问题》，商务印书馆，1937。

　　陶希圣：《清代州县衙门刑事审判制度及程序》，台北，食货出版社，1972。

　　田涛、李祝环：《接触与碰撞——16世纪以来西方人眼中的中国法律》，北京大学出版社，2007。

　　田涛：《国际法输入与晚清中国》，济南出版社，2001。

　　汪荣祖：《晚清变法思想论丛》，新星出版社，2008。

　　汪向荣：《日本教习》，中国青年出版社，2000。

　　王伯琦：《近代法律思潮与中国固有文化》，清华大学出版社，2005。

　　王尔敏：《中国近代思想史论》，社会科学文献出版社，2003。

　　王尔敏：《中国近代思想史论续集》，社会科学文献出版社，2005。

　　王汎森：《章太炎的思想（1868～1919）及其对儒学传统的冲击》，台北，时报文化出版公司，1985。

　　王汎森：《中国近代思想与学术的系谱》，台北，联经出版公司，2003。

　　王健：《沟通两个世界的法律意义——晚清西方法的输入与法律新词初探》，中国政法大学出版社，2001。

　　王宪明：《语言、翻译与政治——严复译〈社会通诠〉研究》，北京大学出版社，2005。

　　王亚新、梁治平主编《明清时期的民事审判与民间契约》，法律出版社，1998。

　　王志强：《法律多元视角下的清代国家法》，北京大学出版社，2003。

　　王中江：《近代中国思维方式演变的趋势》，四川人民出版社，

2008。

韦庆远、高放、刘文源：《清末宪政史》，中国人民大学出版社，1993。

卫藤沈吉、李廷江编著《近代在华日人顾问资料目录》，中华书局，1994。

吴孟雪：《美国在华领事裁判权百年史》，社会科学文献出版社，1992。

谢彬：《民国政党史》，中华书局，2007。

谢如程：《清末检察制度及其实践》，上海人民出版社，2008。

谢蔚：《晚清法部研究》，中国社会科学出版社，2014。

谢振民编著《中华民国立法史》，中国政法大学出版社，2000。

徐岱：《中国刑法近代化论纲》，人民法院出版社，2003。

徐小群：《民国时期的国家与社会：自由职业团体在上海的兴起，1912～1937》，新星出版社，2007。

许全胜：《沈曾植年谱长编》，中华书局，2007。

许章润：《说法·活法·立法》，中国法制出版社，2000。

杨鸿烈：《中国法律发达史》，上海书店出版社，1990。

杨鸿烈：《中国法律思想史》，中国政法大学出版社，2004。

杨湘钧：《帝国之鞭与寡头之链——上海会审公廨权力关系变迁研究》，北京大学出版社，2006。

尤志安：《清末刑事司法改革研究——以中国刑事诉讼制度近代化为视角》，中国人民公安大学出版社，2004。

余英时：《中国思想传统的现代诠释》，江苏人民出版社，2006。

俞江：《近代中国的法律与学术》，北京大学出版社，2008。

俞荣根等编著《中国传统法学述论——基于国学视角》，北京大学出版社，2005。

张从容：《部院之争：晚清司法改革的交叉路口》，北京大学出版社，2007。

张德美：《晚清法律移植研究》，清华大学出版社，2003。

张德泽：《清代国家机关考略》，学苑出版社，2001。

张国华、李贵连：《沈家本年谱初编》，北京大学出版社，1989。

张国华主编《博通古今学贯中西的法学家：1990 年沈家本法律思想国际研讨会论文集》，陕西人民出版社，1992。

张海林：《端方与清末新政》，南京大学出版社，2007。

张晋藩：《清律研究》，法律出版社，1992。

张晋藩：《中国近代社会与法制文明》，中国政法大学出版社，2003。

张晋藩主编《清朝法制史》，中华书局，1998。

张朋园：《立宪派与辛亥革命》，（台北）中研院近史所专刊第 24 种，1969。

张朋园：《梁启超与清季革命》，（台北）中研院近史所专刊第 11 种，1964。

张仁善：《礼·法·社会——清代法律转型与社会变迁》，天津古籍出版社，2001。

张小也：《官、民与法：明清国家与基层社会》，中华书局，2007。

张玉法：《清季的立宪团体》，（台北）中研院近代史所专刊第 28 种，1971。

张云樵：《伍廷芳与清末政治改革》，台北，联经出版公司，1987。

张中秋主编《中国法律形象的一面：外国人眼中的中国法》，法律出版社，2002。

赵娓妮：《审断与矜恤：以晚清南部县婚姻类案件为中心》，法律出版社，2013。

赵晓华：《晚清讼狱制度的社会考察》，人民大学出版社，2001。

郑秦：《清代法律制度研究》，中国政法大学出版社，2000。

中国法制史学会编《中国法制现代化之回顾与前瞻——纪念沈家本诞生一百五十二周年》，台湾大学法学院，1993。

周宁：《天朝遥远——西方的中国形象研究》，北京大学出版社，2006。

朱勇：《中国法律的艰辛历程》，黑龙江人民出版社，2002。

庄建平、卞修跃：《周震鳞传》，团结出版社，1995。

島田正郎『清末における近代的法典の編纂——東洋法史論集第三』創文社、1980。

〔日〕南里知樹「中国政府傭聘日本人人名表（1903～1912）」『中国政府雇用の日本人——日本人顧問人名表と解説』龍溪書社、1976、7頁。

小野和子「五四時期家族論の背景—刑法典論争」「清末の新刑律暫行章程の 原案について」『柳田節子先生古稀紀念・中国の伝統社会と家族』汲古书院、1993。

小野和子『五四时期家族论の背景——刑法典论争』同朋舍、1992。

滋賀秀三『中国法制史論集：法典と刑罰』創文社、2003。

Ernest Alabaster, *Notes and Commentaries on Chinese Criminal Law* (London：Luzac & Co.), 1899.

F. C. Jones, *Extraterritoriality in Japan and the Diplomatic Relations Resulting in Its Abolition* (1853 – 1899) (New York：AMS Press), 1970.

Joan Eleanor Molino, "A Study in Late Ch'ing Conservatism：Lao Nai-Hsuan (1843 – 1921), " Ph. D. Dissertation, Indiana University, 1986.

Joseph Kai Huan Cheng, "Chinese Law in Transition：The Late Ch'ing Law Reform, 1901 – 1911, " Ph. D. Dissertation, Brown University, 1976.

Kenneth G. Wheeler, "Shen Jiaben (1840 – 1913)：Toward a Reformation of Chinese Criminal Justice, " Ph. D. Dissertation, Yale University, 1998.

Linda Pomerantz-Zhang, *Wu Tingfang (1842 – 1922)：Reform and Modernization in Modern Chinese History* (Hong Kong：Hong Kong University

Press），1992.

Matthew H. Sommer（苏成捷），*Sex，Law，and Society in Late Imperial China*（Stanford，Calif.：Stanford University Press），2000.

Shih Shun Liu，*Extraterritoriality：Its Rise and Its Decline*（New York：Columbia University），1925.

Timothy Brook（卜正民），Jérôme Bourgon（巩涛），Gregory Blue（格力高利·布鲁），*Death by a Thousand Cuts*（Cambridge，Mass.：Harvard University Press，2008）.

Wesley R. Fishel，*The End of Extraterritoriality in China*（New York：Octagon Press，1974）.

五　论文

〔德〕陶安：《"比附"与"类推"：超越沈家本的时代约束》，马志冰等编《沈家本与中国法律文化国际学术研讨会论文集》，中国法制出版社，2005。

〔法〕巩涛：《西方法律引进之前的中国法学》，林惠娥译，《法国汉学》第 8 辑，中华书局，2003。

〔美〕史华兹：《论中国的法律观》，许纪霖、宋宏主编《史华慈论中国》，新星出版社，2006。

〔日〕宫崎市定：《清代的胥吏和幕友》，《日本学者研究中国史论著选译》（六），中华书局，1993。

〔日〕中村茂夫：《比附的功能》，寺田浩明编《日本学者考证中国法制史重要成果选译·明清卷》，中国社会科学出版社，2003。

鲍如：《儒者与法学家：近代夹层中的吉同钧》，硕士学位论文，中国人民大学，2004。

陈新宇：《向左转？向右转？——董康与近代中国法律改革》，（台北）《法制史研究》第 8 期，2005 年 12 月。

陈训慈：《桐乡劳玉初先生小传》，浙江图书馆编《陈训慈百年诞辰纪念文集》，北京图书馆出版社，2006。

成富磊：《礼之退隐——以近代中国刑律中君亲条文的变动及其争论为中心》，博士学位论文，复旦大学，2012。

戴银凤：《莫理循的中国观（1897~1911）》，博士学位论文，华东师范大学，2007。

杜钢建：《沈家本与冈田朝太郎法律思想比较研究》，中国人民大学清史所编《清史研究集》第8辑，1997年12月。

范忠信：《沈家本与新刑律草案的伦理革命》，《政法论坛》第22卷第1期，2004年1月。

高汉成：《大清刑律草案签注考论》，《法学研究》2015年第1期。

高汉成：《晚清法律改革动因再探——以张之洞与领事裁判权问题的关系为视角》，《清史研究》2004年4期。

高汉成：《晚清刑事法律改革中的"危机论"——以沈家本眼中的领事裁判权问题为中心》，《政法论坛》第23卷第5期，2005年9月。

郭凤明：《〈大清新刑律〉与〈大清现行刑律〉之比较》，（台北）《中国历史学会史学集刊》第34期，2002年8月。

何勤华：《清代法律渊源考》，《法律文化史谭》，商务印书馆，2004。

贺卫方：《司法独立在近代中国的展开》，何勤华主编《法的移植与法的本土化》，法律出版社，2001。

侯财安：《清末刑制变革之研究》，硕士学位论文，台北，中国文化大学，1993。

胡震：《亲历者眼中的修订法律馆——以〈汪荣宝日记〉为中心的考察》，《华中科技大学学报》（社会科学版）2010年第3期。

华友根：《董康的刑法思想与近代法制变革》，中南财经政法大学法律史研究所编《中西法律传统》（第2卷），中国政法大学出版社，2002。

黄金麟：《礼法斗争下的中国身体——法权身体的诞生》，《历史、身体、国家：近代中国的身体形成（1895~1937）》，新星出版社，2006。

黄源盛：《清末民初近代刑法的启蒙者——冈田朝太郎》，《黄宗乐教授六秩祝贺——基础法学篇》，台北，学林文化事业公司，2002。

黄源盛：《沈家本法律思想与晚清刑律变迁》，博士学位论文，台湾大学法律学研究所，1991。

黄源盛：《晚清继受外国法中"无夫奸"存废的世纪之争》，高明士编《东亚传统家礼、教育与国法（一）：家族、家礼与教育》，华东师范大学出版社，2008。

季福生：《暹罗司法及其法律教育》，王健编校《法律教育》，中国政法大学出版社，2004。

孔祥吉、〔日〕村田雄二郎：《日本机密档案中的伍廷芳》，《清史研究》2005年1期。

李贵连：《清末修订法律中的礼法之争》，硕士学位论文，北京大学，1981。

李良、彭时：《刑事学派与暂行新刑律》，《法律评论》第193期，1927年3月。

李培锋：《20世纪的英国刑罚改革》，何勤华主编《20世纪外国刑事法律的理论与实践》，法律出版社，2006。

李秀清：《法律移植与中国刑法的近代化——以〈大清新刑律〉为中心》，《法制与社会发展》2002年第3期。

李兆为：《中国传统刑律在清末的转型》，硕士学位论文，云南大学，2005。

里赞：《"变法"之中的"法变"——试论清末法律变革的思想论争》，《中外法学》2001年第5期。

林乾：《清代严治讼师立法——"以例破律"解析之一》，《法史学刊》第1卷，社会科学文献出版社，2007。

刘汝锡：《宪政编查馆研究》，硕士学位论文，台湾师范大学，

1977 年 6 月。

邱澎生:《以法为名:讼师与幕友对明清法律秩序的冲击》,《新史学》(台北)第 15 卷第 4 期,2004 年。

邱澎生:《真相大白:明清刑案中的法律推理》,熊秉真编《让证据说话——中国篇》,台北,麦田出版公司,2001。

邱晓里:《清末法律改革中的国家构建与文化转型——对沈家本刑法改革的一个政治学阐释》,硕士学位论文,北京大学,2004。

桑兵:《比较与比附——法制史研究的取径》,《中山大学学报》(社会科学版)2011 年第 2 期。

桑兵:《盖棺论定"论"难定:张之洞之死的舆论反应》,《学术月刊》2007 年第 8 期。

桑兵:《清末民初传播业的民间化与社会变迁》,《辛亥革命与 20 世纪中国——1990~1999 年辛亥革命论文选》,湖北人民出版社,2001。

孙聪聪:《西法东渐中的清末刑律变革》,硕士学位论文,中山大学,2005。

孙慧敏:《清末中国对律师制度的认识与引介》,(台北)《中央研究院近代史研究所集刊》第 52 期,2006 年 6 月。

孙家红:《光绪三十二年章董氏〈刑律草案〉稿本所附签注之研究》,《华东政法大学学报》(社会科学版)2010 年第 4 期。

孙家红:《清末章董氏〈刑律草案〉稿本的发现和初步研究》,《华中科技大学学报》(社会科学版)2010 年第 3 期。

谭雯倩:《论沈家本的刑事法治思想:以清末刑律修订为中心的考察》,硕士学位论文,西南政法大学,2005。

谭悦:《从逆伦到侵犯尊亲属——清季律改的伦常观念变迁》,博士学位论文,中山大学,2013。

唐启华:《清末民初中国对"海牙保和会"之参与(1899~1917)》,(台北)《政治大学历史学报》第 23 期,2005 年 6 月。

田涛：《沈家本在清末外法引进中的地位与贡献》《清末翻译外国法学书籍评述》，《第二法门》，法律出版社，2004。

王瑞：《清末刑律改革研究》，硕士学位论文，山东师范大学，2003。

王姗萍：《张之洞与中国近代法律的转型》，硕士学位论文，河北大学，2003。

王怡超：《清末法制改革思想研究——沈家本与〈寄簃文存〉》，硕士学位论文，台北，中国文化大学，1998。

吴义雄：《鸦片战争前英国在华治外法权之酝酿与尝试》，《历史研究》2006年第4期。

吴泽勇：《清末修订〈刑事民事诉讼法〉论考——兼论法典编纂的时机、策略和技术》，《现代法学》第28卷第2期，2006年3月。

徐立志：《〈大清民律草案〉现存文本考析》，《法史学刊》第1卷，社会科学文献出版社，2007。

徐立志：《沈家本等定民刑诉讼法草案考》，杨一凡总主编《中国法制史考证·清代法制考》，中国社会科学出版社，2003。

徐忠明：《关于中国法律史研究的几点省思》，法苑精萃编辑委员会编《中国法史学精萃》（2001～2003年卷），高等教育出版社，2004。

闫晓君：《走近"陕派律学"》，《法律科学》（西北政法学院学报）2005年第2期。

杨新娥：《传统与变革——关于〈大清新刑律〉的初步研究》，硕士学位论文，中国人民大学，2000。

叶龙彦：《清末民初之法政学堂（1905～1919）》，博士学位论文，台北，中国文化大学，1974。

音正权：《刑法变迁中的法律家（1902～1935）》，博士学位论文，中国政法大学，2001。

俞勇嫔：《戴鸿慈研究》，博士学位论文，中山大学，2007。

曾尔恕、黄宇昕：《沈家本西法认识述评》，马志冰等编《沈家本与中国法律文化国际学术研讨会论文集》，中国法制出版社，2005。

曾宪义：《清末修律初探》，《法律史论丛》（三），中国社会科学出版社，1983。

张灏：《中国近代思想史的转型时代》，《幽暗意识与民主传统》，新星出版社，2006。

张建华：《晚清中国人的国际法知识与国家平等观念——中国不平等条约概念的起源研究》，博士学位论文，北京大学，2003。

张松祥：《资政院述论》，硕士学位论文，湖南师范大学，2003。

赵娓妮：《清末中西竞争语境下的刑律修订》，《社会科学研究》2004 年第 4 期。

赵娓妮：《晚清知县对婚姻讼案之审断——晚清四川南部县档案与〈樊山政书〉的互考》，《中国法学》2007 年第 6 期。

赵元信：《沈家本法律思想的学术源流》，王立民主编《中国法律与社会》，北京大学出版社，2006。

周少元：《钦定大清刑律研究》，博士学位论文，中国政法大学，2003。

宮坂宏「清国の法典化と日本法律家——清国法典編纂の問題について」『仁井田陞博士追悼記念論文集（第三巻）・日本法とアジア』勁草書房、1970。

宮坂宏「清末の法典編纂をめぐつて」『法制史研究』第 14 号別冊、1963。

宮坂宏「清末の近代法典編纂と日本人学者‐刑律草案と岡田朝太郎」『専修大学社会科学研究所月報』46・47、1968 年 8 月。

Alison Sau-chu Yeung, "Fornication in the Late Qing Legal Reforms: Moral Teachings and Legal Principles," *Modern China* 29：3 （July 2003）: 297 – 328.

Bernard Hung-kay Luk, "A Hong Kong Barrister in Late-Ch'ing Law Reform," *Hong Kong Law Journal* 11：3 （September 1981）: 339 – 355.

Bourgon Jeome, "Abolishing 'Cruel Punishments': A Reappraisal of the Chinese Roots and Long-term Efficiency of the Xinzheng Legal

Reforms," *Modern Asian Studies* 37: 4 (Dec 2003): 851 – 862.

Cyrus H. Peake, "Recent Studies on Chinese Law," *Political Science Quarterly*, Vol. 52 (1937).

Nancy Park, "Imperial Chinese Justice and the Law of Torture," *Late Imperial China* 29: 2 (Dec 2008): 37 – 67.

Richard S. Horowitz, "International Law and State Transformation in China, Siam, and The Ottoman Empire during the Nineteenth Century," *Journal of World History* 15: 4 (December 2004): 452 – 455.

索　引

Z

后　记

　　本书是在我的博士学位论文基础上修订而成的。十三年前，我从中山大学来到北京大学，有幸成为罗志田老师在京的第一批博士生。师门五年，我的学术思维、见识和兴趣，受到了志田师潜移默化的影响，开始转攻原本并不熟悉的法史领域。博论从选题、资料、分析到写作，罗师均给予了细致、耐心的指导，令我永远感念于心。不过，志田师对学生的要求向以严格著称，博论之作距其期望尚有距离。此后八年，念兹在兹，数番修订，望能最终接近吾师理想之境。

　　同时，十分感激领我进入史学门墙的桑兵老师。我的本科毕业论文《张荫麟的史学及其交游》，便是桑师亲自下手，逐字逐句修改出来的，使我悟到撰写论文之要诀。到硕士阶段，桑师更是言传身教，指点精详，并给予编辑《张荫麟全集》等机会。2009年我有幸回到母校执教，桑师一面指导完成博士后研究工作，同时高屋建瓴，指示日后的学术路向，并收拙文两篇入其主持的学刊专栏，均获得不错的反响。师恩深重，铭感心中。

　　因合编《张荫麟全集》而与美国明尼苏达州立大学陈润成教授结缘十数年。陈老师稔熟晚清暗杀史事，与其讨论颇增见识。其所提供之数十种英、日文论著和资料，为我解决了"海外访史"的难题。博士班主任茅海建老师曾领鲁萍和我去一档馆和故宫，指点查档方法与宫中各处情形。课程所示读书方法亦启发至深，且惠借沈家本资料，并推荐我回母校任教。

北大历史系牛大勇、房德邻、杨奎松、郭卫东、欧阳哲生、徐勇等各位老师，或在课堂上惠我良多，或在中期考试、开题、预答辩时指点迷津。答辩时的座师杨天石、王奇生、潘振平、张鸣等先生为我攻错，给予了宝贵的修改意见。

在查阅资料的过程中，中国社会科学院近代史所的李细珠老师为我提供查档便利，指点阅读晚清史籍。台北大学李朝津教授和台湾暨南大学朱冬芝小姐提供难得的相关论著。东京大学竹元规人博士帮我找寻日本外交史料馆档案，并赠我日文书刊。华东师范大学戴银凤博士在澳洲为我复制岛田正郎的著作。

北大五年期间，能与同门鲁萍、薛刚、周月峰、王果、刘熠、梁心、赵妍杰、高波、王波、陈默和李动旭一起切磋问学，并得到谭徐锋、岳秀坤、任智勇、孙正军、戴海斌、陈丹、徐志民、罗丹妮、赵倩、郑小威等学友的帮助，是我人生中难得的幸运。

在中大学习和工作期间，吴义雄、关晓红、刘志伟、张荣芳、曹家齐、邱捷、赵立彬、孙宏云、曹天忠、何文平、谷小水、李爱丽、周湘等各位老师对我颇为照顾，心中甚为感激。林辉锋、安东强、柯伟明、於梅舫、张凯、黄健敏、张文苑、杨思机、杨向艳、李振武等各位同窗好友，给予我不少帮助和关心。在法史研究的征途上，有幸与李在全、孙家红、胡祥雨、杨昂、饶传平、龚汝富、胡永恒、陈新宇、李启成、韩策、尤陈俊、杜正贞、杜金、唐仕春、吴佩林诸君同行，切磋论学，亦人生之一大乐事。

愿以本书告别远去的学生时代，也意味着独力求索的新开始。

李欣荣谨识于康乐园向阳书房

2017 年 5 月 12 日

图书在版编目（CIP）数据

自创良法：清季新刑律的编修与纷争 / 李欣荣著
. －－北京：社会科学文献出版社，2018.1
（近代中国的知识与制度转型丛书）
ISBN 978 – 7 – 5201 – 1535 – 3

Ⅰ.①自…　Ⅱ.①李…　Ⅲ.①清律 – 研究　Ⅳ.
①D929.49

中国版本图书馆 CIP 数据核字（2017）第 244387 号

· 近代中国的知识与制度转型丛书 ·

自创良法：清季新刑律的编修与纷争

著　　者／李欣荣

出 版 人／谢寿光
项目统筹／徐碧姗
责任编辑／徐碧姗

出　　版／社会科学文献出版社 · 近代史编辑室（010）59367256
　　　　　　地址：北京市北三环中路甲 29 号院华龙大厦　邮编：100029
　　　　　　网址：www. ssap. com. cn
发　　行／市场营销中心（010）59367081　59367018
印　　装／三河市尚艺印装有限公司

规　　格／开 本：787mm × 1092mm　1/16
　　　　　　印 张：22.75　字 数：328 千字
版　　次／2018 年 1 月第 1 版　2018 年 1 月第 1 次印刷
书　　号／ISBN 978 – 7 – 5201 – 1535 – 3
定　　价／79.00 元